21世纪国际经济与贸易专业系列教材

International Trade in Services

国际服务贸易

（第三版）

王绍媛 主审
蓝 天 主编

东北财经大学出版社
Dongbei University of Finance & Economics Press
大连

图书在版编目（CIP）数据

国际服务贸易 / 蓝天主编. —3版 . —大连 ：东北财经大学出版社，2018.6

（21世纪国际经济与贸易专业系列教材）

ISBN 978-7-5654-3154-8

Ⅰ.国… Ⅱ.蓝… Ⅲ.国际贸易-服务贸易-高等学校-教材 Ⅳ.F746.18

中国版本图书馆CIP数据核字（2018）第096217号

东北财经大学出版社出版

(大连市黑石礁尖山街217号 邮政编码 116025)

网 址：http：//www.dufep.cn

读者信箱：dufep@dufe.edu.cn

大连永盛印业有限公司印刷 东北财经大学出版社发行

幅面尺寸：170mm×240mm 字数：390千字 印张：19 插页：1

2018年6月第3版 2018年6月第5次印刷

责任编辑：李 彬 龚小晖 周 慧 责任校对：齐 心

封面设计：冀贵收 版式设计：钟福建

定价：40.00元

教学支持 售后服务 联系电话：（0411）84710309

如有印装质量问题，请联系营销部：（0411）84710711

21世纪国际经济与贸易专业系列教材编委会

总　　序

国际经贸活动是在原始社会末期和奴隶社会初期随着阶级和国家的出现而产生的，直至资本主义生产方式确立后才获得了广泛的发展，才真正具有了世界性。对国际经贸活动的系统研究始于15世纪的重商主义学派，至今已形成涉及领域广泛、结构完整的学科知识体系。

与一国国内经济不同，国际经贸活动要涉及两个或两个以上国家（或地区）的当事人，而全球范围内又不存在一个超国家的权力机构对这些活动进行规范和管理，因此，国际经贸活动的习惯做法及各种规则往往是先发国家国内做法和规则的延伸，由此决定了先发国家和后发国家在国际经贸人才培养方面的差异：先发国家由于国内外经贸活动的做法和规则差异不大，因此很少专门设立国际经贸类专业，而是将其内容分散在相关专业的课程中进行介绍；后发国家由于国内外经贸活动的做法和规则差异很大，因此往往专门设立国际经贸类专业。

中华人民共和国成立后，在计划经济体制下，国际经贸本科层次人才的培养主要集中在少数几个财经类院校。改革开放以后，国内各类高校在本科层次纷纷设立了名称各异的外经贸相关专业或方向，包括对外贸易、国际贸易、国际经济、世界经济、国际经济合作、工业外贸等。1993年，国家教委印发了《普通高等学校本科专业目录》，将国际经贸本科层次专业规范为3个，即经济学学科门类下的“国际经济”专业和“国际贸易”专业、工学学科门类下的“工业外贸”专业。2012年《普通高等学校本科专业目录》中，“国际经济与贸易”专业没有调整，是经济学学科门类下的“经济与贸易类”专业之一。

最先在国家（或地区）之间发生的经贸活动是货物贸易，它至今仍是国际经贸领域的重要内容。关于国际货物贸易的教学与研究起步早，成果多，课程体系完整，主要包括理论、实务与惯例、专业外语三类课程。随着国际经贸活动领域的不断拓展，国际经贸类专业的课程体系也随之完善，增加了诸如“国际技术贸易”“国际经济合作”“国际投资”“国际服务贸易”“国际物流”等课程，国内部分院校还基于这些领域设立了专业方向，细化了课程体系。

21世纪是一个催人奋进的时代，科技革命迅猛发展，知识更替日新月异，国际竞争日趋激烈。

从国际经济环境看，跨国投资飞速发展，世界各国和地区间的经济依赖程度不断加深，经济全球化和区域经济一体化趋势不断加强，国际经济协调日显重要，经济集团内部以及经济集团之间的合作与竞争日益成为关注的焦点。

从国内经济环境看，社会主义市场经济体制的建立与不断完善改善了我国企业参与国际竞争的条件，加入世界贸易组织承诺的逐步履行、我国产业结构和贸易结构的调整也为我国企业参与国际竞争提供了机遇和挑战。

为了培养熟悉国际经济运行规则、符合社会主义市场经济建设需要的人才，优化人才的知识结构，我们组织东北财经大学国际经济贸易学院的专业骨干教师编写了“21世纪国际经济与贸易专业系列教材”。这套教材在保留原有教材体系优点的同时，结合教师多年教学的经验，尽可能地反映本学科领域最新的研究成果和发展趋势。

我们深知，教材从编写出来的那一天起就已经“过时”了，这就需要教师在讲授过程中不断充实、调整有关授课内容，我们也将根据国内外经济环境的变化适时修订本系列教材。为了便于读者深入理解相关知识和在教材更新期间及时更新信息，我们在部分教材（尤其是理论类教材）中设计了“延伸阅读”栏目，提供相关章节的主要数据来源和建议阅读的书目。

本系列教材是专门为国际经济与贸易专业本科生课程编写的，同时也适合于其他经济类专业和有兴趣学习、更新国际经济与贸易知识的人士使用。

受作者学识和资料所限，本系列教材难免有不足之处，敬请广大读者批评指正。

21世纪国际经济与贸易专业系列教材编委会

第三版前言

服务业在一国国民经济活动中占据越来越重要的地位，与之相对应的国际服务贸易也在以超过货物贸易的速度发展，全球贸易结构正在向服务贸易倾斜。乌拉圭回合签署了《服务贸易总协定》（GATS），将服务贸易纳入多边体制，这标志着多边贸易体制趋于完善，是国际贸易自由化发展历程中的一个突破。2013年3月启动的国际服务贸易协定（TISA）谈判，则是新一轮高端自由贸易组织谈判。我国于当年9月正式宣布加入该谈判，这也标志着我国服务贸易发展进入到了一个全新的阶段。国际服务贸易的教学与研究迟于货物贸易的教学与研究，也滞后于国际服务贸易发展的实践。本书正是基于这样的背景而完成的，围绕着服务贸易的理论与现实问题，探索服务业与服务贸易发展规律。

最近几年，国际服务贸易有了全新的发展，我们感到十分有必要修订本教材，并在新版中突出四个方面：第一，把国际服务贸易发展的最新动态介绍给读者；第二，在第二版各种统计数据的基础上，更新并极大丰富了教材中所涉及的各类数据；第三，增加了扩展阅读的内容，从而为读者了解国际服务贸易、从事相关主题的学术研究提供更多的方便；第四，调整和补充了许多案例及专栏资料，增强了内容的可读性和趣味性，为深化认识教学内容提供了有益补充。

本书的结构与内容是编者多年理论研究和教学实践的总结，整体框架包括四个部分：第一部分是国际服务贸易理论，由第1章、第2章和第3章构成，主要介绍服务业与经济增长的关系、国际服务贸易的发展及其理论研究的成果；第二部分是国际服务贸易政策，由第4章、第5章和第6章构成，主要介绍服务贸易保护政策、服务贸易自由化政策以及服务业的对外直接投资政策；第三部分是国际服务贸易规则，由第7章和第8章构成，主要介绍服务贸易的多边规则和区域性规则；第四部分是国别服务贸易发展案例，由第9章构成，介绍当今主要发达国家服务贸易的发展现状。

本书由王绍媛、蓝天任主编，东北财经大学国际经济贸易学院部分研究生为本书的修订特别是数据资料的更新做了大量的工作，他们是魏玮、吕文琦、毛明月、李佳敏、刘东雪、洪爽、裴佳丽、徐小晗、孙文瑞，在此表示衷心的感谢！

国际服务贸易是一个新兴的学科领域，服务贸易问题的研究仍处于起步阶段，有待于进一步拓展、深化。在编写过程中，编者学习和参考了近年来国内出版的有关著作、教材和论文等，并引用了其中许多观点和资料，限于篇幅，谅不能一一注明出处。由于编者水平有限，疏漏和错误在所难免，敬请读者批评指正，以便进一步修改完善。

编　者

2018年4月

目　　录

第1章/服务业与经济增长

学习目标

了解服务含义的历史演变，领会服务业与经济增长关系的理论；掌握服务业的含义与分类；重点掌握服务的特征、服务业在国民经济发展中的作用、服务业的发展趋势。

［引导案例］

服务业是服务贸易发展的基础。发达国家自20世纪60年代开始陆续进入服务经济时代（服务业在经济中所占的比重超过60%即为服务型经济），标志着其产业结构发生了革命性变化。世界银行的数据显示，1995—2015年，世界服务业增加值占GDP的比重从62.8%上升至69.0%。其中，高收入国家由69.5%增至74.2%，中高收入国家由48.1%增至58.4%，中等收入国家由46.8%增至57.1%，中低收入国家由46.6%增至56.9%，低收入国家由41.4%增至48.1%。从地域分布看，2015年，北美地区服务业增加值在GDP中的占比最高，达到了78.9%，其次是欧洲与中亚地区，占比为72.1%，中东和北非地区占比最低，为52.8%。

近年来，全球服务业由于受世界经济复苏缓慢、增长低迷的影响，总体呈现低速增长、稳中趋缓的态势。但是与整个世界经济相比，服务业仍然有较好的表现，全球服务业跨国直接投资、服务贸易的增速均高于全球FDI和世界贸易增速；跨境电商、物联网、互联网金融、众包、大数据、共享经济等新兴服务业、新的服务模式蓬勃发展，成为拉动全球服务业增长的主要引擎；新业态的不断涌现推动了各国服务业政策的不断创新。各国经济发展阶段的巨大差异导致不同经济体之间服务业发展的极度不平衡，发达国家仍保持绝对优势，同时发展中国家也具有较大的增长空间和潜力。全球服务业增长已经进入一个相对稳定、增速平缓的新时期，服务业结构调整已经进入创新驱动、新兴服务业拉动的动力转换期，新兴业态与传统业态融合将成为未来服务业转型升级的主要方向。

资料来源　王晓红，李勇坚．全球服务业发展形势分析与展望［EB/OL］．［2016-04-18］．http：//www.cssn.cn/zk/zk_zkbg/201604/t20160418_2971362.shtml.

1.1 服务与服务业

1.1.1 服务含义的历史演变

“服务”是经济学中一个极具争议性的范畴，许多与之有关的基本理论问题以及实际操作问题可以说迄今为止尚未解决；“服务”又是人们日常生活中经常使用的词语，这一词语使用的相对简单性与经济分析中服务确切定义的困难性形成了鲜明的对比。

在日常用语中，服务通常被认为是“为集体或为别人工作”；在英语词典里，service有两个相近的解释：work or duty done for someone 和 an act or job done in favor of someone，意思都是“为某人做某事”，主词 work 或 act 都表示一种活动（activity），与产品的主词thing相对应。《辞海》的解释是：“服务”亦称“劳务”，不以实物形式而以提供活劳动的形式满足他人某种特殊需要；认为服务是相对于产品的一个经济学概念，是以提供活劳动形式满足他人某种需要并取得报酬的活动。《企鹅经济学词典》的定义是：服务主要是不可捉摸的、往往在生产的同时就被消费的消费品或生产品。

自古典经济学产生以来，经济学家就试图在经济分析范围内给服务一个明确的定义，但始终未得到令人满意的答案，许多经济学家围绕服务给出了若干解释。

1）第二次世界大战之前的服务概念

古典政治经济学之父威廉·配第（1623—1687）在《赋税论》中确立了劳动是财富的来源的结论，在《政治算术》中进一步提出：农民、海员、士兵、工匠和商人，在任何国家都是社会的真正支柱。所有其他职业，都是由于作为支柱的人们有缺点或不能完成任务而产生的[①]。显然，配第把服务业人员归入非生产劳动者类。重农学派的创始人、法国古典政治经济学的主要代表弗朗索瓦·魁奈（1694—1774）在《经济表》一书中，把一国国民划分为三个阶级，即生产阶级、土地所有者阶级和不生产阶级。他指出：生产阶级是耕种土地、逐年再生产国民财富的阶级……他们担负产品出卖以前的一切支出和劳动。土地所有者阶级包括君主、土地所有者及什一税的征收者……不生产阶级，是由从事农业以外的其他劳动人员组成的。[②]被魁奈视为生产阶级的只有租地农场主阶级，而工商业者和服务劳动者则都被归入了非生产阶级之列。重农学派的另一个代表人物雅克·杜尔阁（1727—1781）进一步阐明了这一观点：农民的劳动不仅生产他们自己的工资，而且生产用于偿付整个工人及其他薪资人员阶级的收入，工人则不生产任何收入，因此，他们可分别称为生产阶级和不生产阶级。

从英国古典政治经济学的代表人物之一亚当·斯密（1723—1790）开始，经济

① 配第．政治算术［M］．周锦如，陈冬野，马清槐，译．北京：商务印书馆，1981.
② 魁奈．经济表［M］．吴斐丹，张草纫，译．南昌：江西人民出版社，1998.

学研究的主视角从农业转向了工业，这也是工业在社会经济结构中的地位和作用逐步上升在思想理论领域中的具体体现。在《国民财富的性质和原因的研究》中，斯密认为：有一种劳动，加在物上，能增加物的价值；另一种劳动，却不能够。前者因可生产价值，可称为生产性劳动，后者可称为非生产性劳动。工农业劳动者属于生产性劳动者，而官吏、牧师、律师、医师、文人、演员、歌手、仆役等则属于非生产性劳动者。[①]

法国庸俗政治经济学的创始人让·巴蒂斯特·萨伊（1767—1832）最早定义了服务的内涵和外延。萨伊认为，物品满足人类需要的性能叫作效用。对于生产，他在《政治经济学概论》中将其定义为：所谓生产，不是创造物质，而是创造效用。生产数量不是以产品的长短、大小或轻重估价，而是以产品所提供的效用估价，因此，他把服务看作是生产劳动。萨伊指出：还有另一部分的资本，它生产效用或愉快。因此，它既不属于用在生产有形产品的资本的范畴，也不属于完全不起作用的资本的范畴。这项资本包括住宅、家具、装饰品等。这些东西只提高生活的舒适性，它们所提供的效用是无形产品[②]，无形产品（服务）同样是人类劳动的果实，是资本的产物；医生的意见是用诊费换来的，发表意见就是生产，倾听意见就是消费，生产和消费是同时发生的，这就是无形产品的特点。

深受萨伊影响的另一位法国经济学家弗雷德里克·巴师夏（1801—1879）在其名著《和谐经济论》中写道：付出努力以满足他人的需要，就是为他人提供劳务。我为劳务下了定义：这是一种努力，对于甲来说，劳务是他付出的努力，对于乙来说，劳务则是需要和满足。劳务必须含有转让的意思，因为劳务不被人接受也就不可能有人提供，而且劳务意味着努力，但我们不去判断价值与努力是否成比例。[③]巴师夏还认为，服务也是资本，是物。衡量服务有两个尺度：一是提供服务的人的努力和紧张程度；二是获得服务的人摆脱的努力和紧张程度。

服务经济理论也是马克思经济学的重要组成部分。马克思指出：服务这个名词，一般地说，不过是指这种劳动所提供的特殊使用价值，就像其他一切商品也提供自己的特殊使用价值一样；但是这种劳动的特殊使用价值在这里被冠以了“服务”这个特殊名称，是因为劳动不是作为物，而是作为活动提供服务的。对于提供这些服务的生产者来说，服务就是商品。服务有一定的使用价值和一定的交换价值。马克思的定义首先肯定了服务具有使用价值，是劳动产品，可以在市场上进行交换；其次说明了服务与其他商品的差别只是形式上的，商品具有实物的形式，而服务则体现为一种活动形式，“服务不留下任何可以捉摸的，同提供这些服务的人分开存在的结果……例如，一个歌唱家为我提供的服务，满足了我的审美的需要；但是我所享受的，只是与歌唱家本身分不开的活动。他的劳动，即歌唱一停止，我的享受也就结束了。我所享受的是活动本身，是它引起了我的听觉的反应”[④]。

---

① 斯密．国民财富的性质和原因的研究［M］．郭大力，王亚南，译．北京：商务印书馆，1972.
② 萨伊．政治经济学概论［M］．陈福生，陈振骅，译．北京：商务印书馆，1997.
③ 巴师夏．和谐经济论［M］．唐宗义，译．北京：中国社会科学出版社，1995.
④ 马克思，恩格斯．马克思恩格斯全集［M］．北京：人民出版社，1972.

2）第二次世界大战之后的服务概念

第二次世界大战以后，特别是20世纪六七十年代以来，服务经济迅猛发展，服务领域理论研究的学者越来越多，对服务含义的理解也越来越多样化。正如英曼在1985年所指出的：正如美丽一样，服务活动的定义常常取决于观看者的眼睛。[①]

第二次世界大战以后，最早对美国的服务经济进行经典研究的服务经济学家富克斯指出，服务就在生产的一刹那间消失，它是在消费者在场参与的情况下提供的，它是不能运输、积累和贮存的。里德尔将服务定义为服务生产者为服务接受者带来一种变化时，它是提供时间、地点和形态效用的经济活动。服务是靠生产者对接受者有所动作而产生的；接受者提供一部分劳动和/或接受者与生产者在相互作用中产生服务。

1977年，希尔发表了一篇文章，在文中对服务提出了一个具备一致特征的一般定义，现在的经济学家广泛地采用这个定义。他指出："一项服务活动是这样一种活动，即生产者的活动会改善其他一些经济单位的状况。这种改善可以采取消费单位所拥有的一种商品或一些商品的物质变化形式。另外，改善也包括改善某个人或一批人的肉体或精神状态。""服务和商品生产形成了鲜明的对照，在商品生产中，生产者也许没有谁会有要获得他正在制造的商品的想法……就服务来说，实际生产过程一定要直接触及某一进行消费的经济单位，以便提供一项服务。""不论提供的服务性质如何，贯穿一切种类服务的一个共同要素是，服务在其生产时一定要交付。这就成为服务与商品生产的根本区别，在商品生产中没有这样的生产限制。另外，服务在其生产时一定要由消费者获得，这个事实意味着，服务是不能由生产者堆放到存货中的。"[②]可见，希尔是从服务生产入手来解释什么是服务的，反对对商品和服务不加区别的观点：商品可被定义为能被占用的物质实体，因此，在经济单位之间可以转移；而服务必须直接用于需要这种服务的商品或人，所以对服务的消费必须与服务的生产同时发生。任何服务活动，既可以用于货物商品也可以用于人，它们可以是暂时的或长期的，可以是可逆的或不可逆的，可以引起肉体的变化或精神的变化。他依次分析了每一种分类，并指出合适的区分可能不在于区分货物商品和服务，而是区分对人的服务与对物的服务。特别是对人的服务，他注意到锅炉工的服务是容易度量的，而教师、医生、演员或音乐家等单个个人的产出常常是不能度量的，这是因为当考虑对人的服务时，度量服务提供者的服务使服务接受者改变的程度是有困难的，而且改变的情况随服务接受者的变化而变化。

20世纪80年代，随着科学技术的发展，有些无形的服务变得"有形化"了，巴格瓦蒂、萨姆森与斯纳普、格鲁伯与沃克提出并使用了"物化服务"[③]的观念。在服务生产活动者改变了一些人或其他人所有商品的状态以后，服务就被认为是"物化"了。这种改变对个人或商品所有者是有价值的，如学生受益于教师的物化

---

① Inman.Managing the Service Economy［M］. Cambridge：Cambridge University Press，1985.
② Hill.On Goods and Services［J］. Review of Income and Wealth，1977，23（4）.
③ 巴格瓦蒂（1984）、萨姆森与斯纳普（1985）、格鲁伯与沃克（1989）均提及了"物化服务"。

服务；医治中的病人受益于医生的物化服务；音乐家的服务体现在唱片中；计算机程序员的服务体现在数据存储设备中；商店里的鞋子体现了运送原料和最终产品的运输服务，体现了鞋子与皮革制造厂的会计人员的服务以及零售商店的服务，鞋子离开商店时，体现了售货员的服务。“物化服务”概念在分析上是重要的，它集中注意在商品生产中服务所起的作用，以及多少商品的有用性质要直接归因于服务的投入。它彻底改变了服务“看不见，摸不着”和不能储存的观念，这是在服务理论分析中作出的最重要的贡献之一。

从统计的角度看，修订后的《国际服务贸易统计手册》总体上遵照《国民账户体系（2008）》对服务一词的解释。它对服务下的定义如下：服务是一项生产活动的成果，它改变了消费单位的状况，或是促进了产品或金融资产的交换。服务是定制产出，一般由生产者按照消费者需求进行活动，从而实现消费单位状况的变化。在确定所有权时，服务不能被单独分离。服务不能脱离生产单独地进行交易，到生产完成时，它们必须已经提供给消费者。[①]

根据上述对服务的不同探讨，我们认为可以把服务定义为：服务是区别于一般有形商品的，对其他经济单位的个人、商品或服务的增加价值，并主要以活动形式表现其使用价值或效用。

1.1.2　服务的特征

经济学把人类必须付出努力才能得到的物品称为经济物品。在人类社会生活中占有相当重要的地位并且数量有限的经济物品有两种基本的存在形态：实物形态和非实物形态。实物形态的经济物品就是商品，非实物形态的经济物品就是服务。服务作为非实物的使用价值，与一般商品相比，具有以下被普遍认可的特征：

1）服务的无形性

商品的存在形式是直观的、确定的、有形的，其生产、供给、消费伴随着它的空间形态而产生、转移和消逝。作为非实物形态的经济物品，服务也具有在特定时间和地点生产和消费，并随之消逝的特点，但服务的消费者无法根据服务的空间形态直接判断其价值或价格。一方面服务的存在形态基本上是不直接可视的、不固定的、无形的，服务提供者通常无法向消费者介绍空间形态确定的服务样品；另一方面，服务消费者在未购买服务之前，往往不能感知服务，购买服务后也只能感觉到服务的结果，或是要经过一段时间后，方能感觉到服务的作用与质量。服务的这一特性决定了服务交易面临着严重的信息不对称问题，相应产生相关的逆向选择和道德问题，这种信息不对称也为服务提供者创造了一个向消费者展示服务品牌和服务质量的机遇。随着科学技术的进步，服务的无形性也并非绝对的，在服务无形性基础上产生了“物化服务”，如电影光盘、软件等；但作为服务产品的载体，其自身

---

① United Nations, Statistical Office of the European Union, International Monetary Fund, Organisation for Economic Co-operation and Development, United Nations Conference on Trade and Development, World Trade Organization. Manual on Statistics of International Trade in Services 2010［M］. New York: printed by the United Nations, 2011.

价值相对于所提供的整个价值很小，其价值主体仍是物化其上的服务。

2）服务的异质性

在社会化大生产的条件下，产品质量基本上是稳定的，消费者在不同地点、不同市场购买的同类型产品通常是均质的。而服务行业是以“人”为中心的产业，即使是同一服务提供者提供同种类型的服务，服务的效用或服务对消费者的满足程度也是不同的。这一方面是由于服务提供者的技术水平和服务态度往往因人、因时、因地而异，另一方面是由于消费者的不同服务要求，使其对服务满意程度产生了差异。对于一般服务而言，制定一个统一的标准是可行的，但对于特殊的、个别的服务，难以制定一个统一的标准，这就使得服务质量具有很大的弹性。服务质量的差异性或者弹性，为服务行业创造优质服务提供了广阔的空间，也为提供劣质服务留下了余地。此外，服务的异质性还表现为服务价格的弹性，因为服务的价格多取决于服务对消费者的主观效用和消费者的意愿支付水平。

3）服务生产与消费的时空一致性

商品进入市场体系或流通领域便成为感性上独立的交易对象，生产与消费的过程在时间和空间上是相互分离的。而服务是一种具有双向性的活动，一般具有不可分离的特征，即服务的生产过程与消费过程同时进行，两者在时空上是不可分离的。例如，教育服务中的教师和学生、医疗服务中的医生和患者。当然，通信系统的发展使服务的提供者与消费者获得了同时但在异地进行的可能；物化服务的出现，使服务提供者与消费者在时间和空间维度可以分离，这些现象都增加了人们认识服务时空一致性的难度。但是，这只是一种特殊现象，并没有改变服务生产与消费时空一致性的本质。此外，服务的一致性还表现为提供者与消费者之间存在的互动关系。例如，教育过程既需要教师的讲授能力，也需要学生的接受领悟能力。

4）服务的不可储存性

商品从生产领域制造出来以后，不进入消费领域，这种储存状态不一定会给所有者带来损失，或造成商品价值的降低。但服务一旦被生产出来，就要立即被消费或者立即进入消费领域。如果服务不被使用，则既不能给消费者提供效用，也不能给提供者带来收益。但是，服务的不可储存性并不意味着服务不可被运输传递，如电力供应系统提供的服务；不可储存的服务产品的消费过程可能会在时间维度上持续相当长的时期，如保险服务；现实生活中一些服务表现出物理性质方面的可储存性，如自动电话应答系统提供的服务。因此，服务的不可储存性不是物理性质上的不可能，而是逻辑上的不可能。这些现象大多归因于现代技术在服务领域的应用，随着现代技术水平的提高与发展，这些特殊形式的服务所占的比重会逐步增加。

5）服务所有权的不可转让性

所有权的不可转让性是指服务的生产和消费过程中不涉及所有权的转移。既然服务是无形的且不可储存，服务产品在交易完成后便消失了，消费者并没有实质性地拥有服务产品。以从银行取款为例，通过银行提供的服务，顾客手里拿到了钱，但这并没有引起任何所有权的转移，因为这些钱本来就是顾客自己的，只不过是

“借”给银行一段时间而已。缺乏所有权会使消费者在购买服务时感觉有较大的风险。因此，服务这一特征导致服务交易风险较商品交易风险要大，服务交易更加复杂。

6）服务的经验特征和信任特征①

1970年，美国经济学家尼尔森将产品品质区分为两大类，即寻找品质和经验品质。寻找品质是指顾客在购买之前就能够确认的产品属性（如颜色、款式、手感、硬度、气味等）及产品价格；经验品质是指只有在购买之后或者在消费过程中才能体会到的产品属性，包括味道、耐用程度等。1973年，达比和卡内两个人又在这种商品品质二分法的基础上增加了信任品质，它是指顾客即使在购买和消费之后也很难作出评价的属性。譬如阑尾手术，由于通常不具备足够的医学知识（此病专家患了该病除外），病人即使在接受手术之后，也很难判断手术是否必要或者手术实施得是否得当，病人只能相信医生的诊断，认为手术确实达到了所期望的效果。

很显然，不同的产品表现出不同的品质特征。像服装、家具、珠宝等有形产品，顾客在购买之前就可以借助其颜色、款式、手感、硬度、价格等对其质量进行评判，因此具有较强的寻找特征；像度假、餐饮等服务产品，其品质只有在顾客度完假和用完餐之后，或者在度假和用餐的过程中才能感知到，因而具有较强的经验特征；其他一些技术性、专业性较强的服务，如汽车修理、电器维修等，由于消费者常常缺乏足够的专业知识（这些方面的专家除外），即使在购买和消费之后也很难对其质量作出判断，从而表现出较强的信任特征。如图1-1所示，从有形产品到服务，再到专业性服务，产品的特征逐渐从较强的寻找特征向经验特征和信任特征过渡；伴随着这一过渡，消费者对商品的评价由易变难，同时，消费者在购买或消费时所承担的风险也在逐渐加大。产生这一变化的根本原因在于服务的无形性和异质性特征。

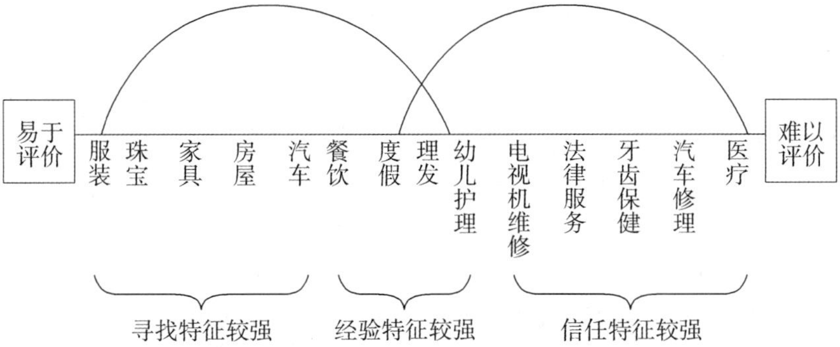

图1-1　三大类产品特征图

尽管服务与商品在感性形态上存在着差别，但两者之间并不是泾渭分明、毫无联系的。在现代市场经济体系中，服务与商品存在着一定的替代性和统一性。替代

① 陈宪，程大中. 国际服务贸易［M］. 北京：高等教育出版社，2003.

性表现在服务可以替代商品，如餐饮服务可以替代消费者自己的炊事活动；反过来，商品也可以替代服务，如消费者自备工具清洁卫生替代家政服务。统一性主要体现在两者的基本一致性，如人们对服务与商品的需求都是通过货币购买来实现的。服务和商品与货币资产交换的一致性，或许为统一服务和商品提供了某种感性的经验基础。

1.1.3 服务业的定义

17世纪中叶，配第以一个财政学家特有的敏锐眼光叙述了社会经济生活中的一个规律性现象：当工农业发展到一定程度时，就业人员就会大量涌入其他部门。但在古典政治经济学时代，工农业以外的经济活动的经济价值并不突出，突出的只是它的货币吸入功能。当世界上主要资本主义国家的商品经济进一步发展时，经济结构急剧变化，工农业以外的经济活动日渐兴旺，就业人数大幅度增长，而工农业中的就业人数不仅相对而且绝对地下降了。在这种实践的启示下，在新西兰奥塔哥大学任教的英国经济学家艾伦·费希尔将工农业以外的所有可以吸纳货币的活动统称为第三产业。1935年，费希尔在《安全与进步的冲突》一书中提出了三次产业分类法：第一产业为人类提供满足最基本需要的食品；第二产业满足其他更进一步的需要；第三产业满足人类除物质需要以外的更高级的需要，如生活中的便利性、娱乐等各种精神上的需要。费希尔关于对三次产业的分类新颖、实用，澳大利亚、新西兰两国的经济学家和政府部门很快就接受了这种分类，并开始正式使用三次产业分类方法来整理各自的统计资料。

1940年，英国经济学家科林·克拉克在其《经济进步的条件》一书中，用发达国家的历史数据总结出劳动人口从农业转移到制造业，再从制造业移向商业和服务业，并认为这是所有国家在经济进步过程中最具有一般性的规律。克拉克在论述第三产业的发展规律时说："随着时间的推进，作为社会朝着更经济的方向进步的结果，在农业中的就业人数相对于制造业中的就业人数趋于下降。接着，制造业中的就业人数相对于服务业中的就业人数趋于下降。"1957年，克拉克在《经济进步的条件》一书的第三版中，不再使用"第三产业"，而以"服务性行业"代之，并明确地把产业结构划分为农业、工业、服务业。

简单地说，服务业是生产或提供各种服务的经济部门或企业的集合。"服务业"与"第三产业"是两个非常相近的概念，但二者是有区别的。第一，对第三产业的界定采用剩余法，即将第一产业和第二产业以外的所有经济活动统称为第三产业；事实上，关于第一产业和第二产业涵盖的经济部门也并未形成统一的意见，如建筑业的归属问题，从而使得按照剩余法确定的第三产业的范围也不明确。而服务业的界定是以是否提供或生产各种类型的服务为标准，其范围比较明确。第二，三次产业划分的思想基础是经济体系的供给分类，暗含着高阶层次产业的发展单向依赖低阶层次产业产品的观点，即第二产业依赖于第一产业提供的原料，第三产业又依赖于第二产业和第一产业的产品供给。而服务业与其他经济产业的区分是以经济体系的需求分类为思想基础的，强调服务业与其他经济产业之间的相互依赖关系。第三，第三产业概念的经济结构含义主要是相对于国内经济而言的，而服务业概念的经济结构含义是同时面向国内和国际两个市场的。

尽管“服务业”与“第三产业”在许多场合可以交换使用，但无论是从思想方法上还是从理论逻辑上分析，服务业的提法都更符合现代经济的特征与要求。

1.1.4　服务业的分类

服务业中的许多行业在产业性质、功能、生产技术、与经济发展的关系等方面都存在着很大的差异，服务业理论中最为人们所质疑的就是该产业所包容的各种类别的行业，因此，服务经济学家们很早就开始试图对服务业进行分类。分类就需要有一个分类标准，不同的标准有不同的分类方法，服务业的分类也不例外。一般来说，对服务业既可以根据各服务业在经济发展阶段的不同特点来分类，也可以根据各服务业的不同功能来分类。诚如布莱逊和达尼尔所说：“有多少服务理论研究者就有多少服务业的分类方法。”

对服务业分类的主要目的，一是要揭示服务业内部结构的变化，二是要揭示不同服务业的经济性质，研究各服务业与整体经济增长的关系以及对经济增长的贡献，制定正确和准确的产业政策。

1）依据经济发展阶段理论的分类

依据罗斯托的经济发展阶段理论以及各服务业在不同经济发展阶段的特点，可将服务业分为传统服务业、补充性服务业和新兴服务业。

传统服务业是指具有“传统”生产方式的服务行业，而“传统”的生产方式是指“前资本主义”的生产方式，家仆服务和传统商业是这类服务的代表。随着资本主义生产方式的深入发展，传统服务业的重要性也在降低，但它们的发展变化在发达国家和发展中国家是不同的。首先，在发达国家的工业化过程中，一是工业发展所需要的大量劳动力除来自于农业转移外，还有从传统服务部门转移出来的；二是服务工作被机器所取代，如家务劳动被家用电器替代；三是传统服务被现代服务所取代，如现代交通工具取代传统交通工具后，出现了出租车、汽车修理、公共交通服务等新的服务行业；四是家庭服务的外部化，这些现代服务不再具有传统服务的特征，因此在发达国家经济发展过程中传统服务部门是快速减少的。其次，现代发展中国家的工业化发展事实是，从农业和家庭中转移出来的劳动力被现代工业部门所吸纳的数量越来越少，过剩的劳动力被迫转向“非正式”部门。由于服务业所具有的典型生产特征，使服务业成为非正式部门的主要组成产业，因此，在现代发展中国家工业化过程中的服务业就业增长超过了工业的就业增长，而这些服务业又主要是传统服务业。

补充性服务业是相对于制造业而言的，这类服务业是为工业生产和工业文明“服务”的，是工业化过程的“随生物”，包括金融、交通、通信和商业，还包括政府部门中与工业化过程有关的制度性安排所引起的服务，如政府部门的法律服务、与微观管制有关的行政性服务等。补充性服务的需求受到经济发展过程中城市化的影响，也受到生产的迂回化，即生产分工的影响，因此，伴随着工业化的发展，它们得到快速发展；伴随着工业化的成熟并进入稳定发展阶段，它们的发展也开始稳定，但随着生产的迂回化程度不断加深，这类服务业也可能继续发展。

新兴服务业是指工业产品的大规模消费阶段以后出现加速增长的服务业，包括教育、医疗、娱乐、文化和公共服务。新兴服务业不是“新生”的服务业，因为这些服务业在人类发展史的各个时期都存在，只是在工业化以前，它们是“奢侈”消费品，收入弹性较大，需求被压缩在十分小的范围内；只有在工业化后期，它们才成为具有普遍性消费需求的行业，才出现加速增长的态势。当然，“奢侈”消费品是动态的，随着价格、收入和收入分配以及社会价值观的变化而变化。

2）以功能为基础的分类

经济发展表现为经济资源在部门间的转移，依据经济发展过程中服务业内部结构的变化，经济学家辛格曼使用了一种四类分类法，将服务业划分为流通服务、生产者服务、社会服务和个人服务，这种分类法的依据主要是基于服务的功能。

流通服务包括交通业、仓储业、通信业、批发业、零售业（不含饮食业）、广告业以及其他销售服务业。流通服务与第一产业和第二产业加起来就是商品从原始自然资源经过提炼、加工、制造、销售最后到达消费者的整个生产、流通、消费的完整过程。

生产者服务又称为生产性服务，是指市场化的非最终消费服务，即作为其他产品或服务生产中间投入的服务。生产者服务是围绕企业生产活动进行的，包括银行、信托、保险及其他金融业、房地产业、工程和建筑服务业、会计和出版业以及法律服务等。从实际情况看，生产者服务并非完全作为商品生产的中间投入，也有一些是为最终消费者服务的，但其重要性和规模远远不及中间投入。这类部门随着商品生产规模的扩大而发展，也会随着专业化程度的加深和产业组织的复杂化而不断从商品生产企业中“外部化”出来并不断扩大。

社会服务包括医疗和保健业、医院、教育、福利和宗教服务、非营利机构和政府、邮政及其他专业化服务。社会服务具有公共需求的特性，这种需求是物质文明高度发展的产物，它们的实现也必须借助于高度发达的物质生产条件，类似于新兴服务业，它们的显著发展出现在工业化后期。

个人服务也称消费者服务或者消费性服务，是指消费者在市场上购买的服务，包括家庭服务、旅馆和餐饮业服务、修理服务、洗衣服务、理发与美容服务、娱乐和休闲服务以及其他个人服务。个人服务主要来自最终需求，大多是传统服务业，一般具有规模小、分散经营、人力资本和物质资本投入少、技术含量低等特点。

3）联合国标准产业的分类

联合国《国际标准产业分类》（ISIC）按照服务功能同时考虑了技术上的一致性，将服务业划分为商业及零售业，酒店旅游业，交通仓储业，通信业，金融中介，房地产租赁和经营活动，公共行政与国防，教育，医疗及相关社会服务，其他社会社区服务，家庭雇佣服务以及国际和跨国组织。表1-1是联合国有关组织对三大产业的划分。

表1-1　　联合国有关组织对三大产业的分类

产业划分	产业范围
第一产业	农业、畜牧业、林业、渔业、狩猎业
第二产业	制造业，建筑业，自来水，电力和煤气生产，采掘业和矿业
第三产业	商业、餐饮业、仓储业、运输业、交通业、邮政业、电信业、金融业、保险业、房地产业、租赁业、技术服务业、职业介绍、咨询业、广告业、会计事务、律师事务、旅游业、装修业、娱乐业、美容业、修理业、洗染业、家庭服务业、文化艺术、教育、科学研究、新闻传媒、出版业、体育、医疗卫生、环境卫生、环境保护、宗教、慈善事业、政府机构、军队、警察等

4）关税与贸易总协定的分类

1989年4月，关税与贸易总协定秘书处开列了“服务部门参考清单”，将服务业划分为14个部门，即商业服务、通信服务、建筑服务、销售服务、教育服务、金融服务、保健服务、旅馆和旅店服务、保险服务、个人服务、文化娱乐服务、动产的销售、交通运输服务以及其他服务。

1.2　服务业与经济增长

20世纪80年代以来，蕴含着科技、人力及资源等现代经济发展诸要素的服务贸易进入了一个前所未有的良好发展时期。与此同时，在这段时间里，世界经济逐渐呈现出一种不同以往的增长方式，表现为以高新技术和知识应用为基础的经济发展模式。在这样的经济发展过程中，服务贸易作为现代国际经济交往最为重要的组成部分之一，发挥着不可替代的作用。

1.2.1　服务业与经济增长的理论分析

1）经济发展阶段理论①

李嘉图是最早用不同的发展阶段来描述经济发展过程的经济学家，马克思不仅将这种方法用来描述经济发展过程，还用来描述社会发展过程；20世纪五六十年代，这种方法被广泛用于早期发展经济学的研究之中，其中较有影响的经济学家当属非均衡经济发展理论的代表人物之一——罗斯托，他根据经济史的一些事实，提出了经济发展的五个阶段理论。罗斯托认为：“根据它们的经济发展水平，任何社会都可以归入下面五个阶段之一：传统社会阶段、为起飞准备条件阶段、起飞阶段、成熟社会阶段和高消费社会阶段。”

① 黄少军．服务业与经济增长［M］．北京：经济科学出版社，2000.

所谓“传统社会阶段”是指生产力水平停留在“牛顿定理所带来的人类对世界的科学认识能力以前的状态”。由于人类对世界的认知处于原始状态，在传统社会里人们的生产完全受自然条件的限制，生产的扩张主要依靠人口和土地的增长。在生产结构方面，因为生产力的限制，人们的生产活动必然集中于农业部门。

“为起飞准备条件阶段”基本上是一个转型期，即由传统社会向起飞阶段的过渡时期，之所以有这样一个阶段主要是因为科学知识要实践于生产需要社会在各方面做出准备。罗斯托认为，要实现社会和经济的转型，传统社会不会从内部自发地产生变革的力量，因此需要外部的冲击。这个阶段是一个激烈的动荡期，社会观念、文化价值和制度都在发生深刻的变化。与大多数发展经济学家一样，罗斯托认为，这一阶段的突出特点是占劳动人口大多数的农业劳动力向工业、交通、贸易和现代服务业转移；农业和社会基础设施，尤其是交通的革命性生产率变革是起飞的条件。因此，在经济上逐步表现出社会商业化的趋势，如金融市场的出现和发展、商业化的经济活动、对交通和通信投资的出现等。但由于处于转型期，传统社会的力量仍然很强大，因而转型的步伐就依赖于传统社会的制度刚性。如果传统社会的制度刚性很强，转型不能完全完成，就会形成二元的经济格局。

罗斯托将“起飞”定义为“一种工业革命，与生产方式的激烈变革紧密相联，在短期内对社会发展起着关键作用”。“起飞阶段”是一个较长的阶段，在这个阶段，传统障碍已被清除，经济开始进入快速增长的稳定时期，新的价值结构建立起来并成为主流。推动起飞阶段经济持续增长的主要因素是技术进步，还包括社会基础设施和新的政治力量；在产业结构上，起飞阶段主要表现为现代部门的增长，传统产业（如农业）也经历商业化进而产业化，成为现代农业，农业生产率的提高是起飞成功的关键。

“成熟社会阶段”是一个更长的发展阶段，是一个依靠技术不断进步以达到高度物质文明的阶段，也可以说是“纯技术阶段”，即基本的社会政治和文化结构是稳定的，变化主要表现在由技术进步引起的主导产业的变化。

“高消费社会阶段”有两个主要特征：一是大部分人的基本衣食住行完全得到满足；二是人口高度城市化、就业劳动力高度“白领化”。由于技术完全成熟，物质财富极大丰富，资源分配开始超越个人领域，出现社会福利化的资源配置方式。在罗斯托看来，福利社会的出现是技术成熟的结果，技术成熟是福利国家出现的前提条件。

2）配第-克拉克定理

（1）配第-克拉克定理的产生

技术水平、生产规模、流通规模、收入水平、消费习惯等因素的变化，使得世界各发达市场经济国家的经济结构在20世纪发生了很大变化，突出特点是服务业在经济结构中的地位迅速提高，其主要表现在服务业产值和服务业就业人数的不断上升。克拉克考察了20世纪30年代到40年代世界主要国家的12个部门的劳动力组成结构的变化，以及主要发达国家在早期工业化时期劳动力在10个主要经济部门之间分布结构的变化，认为不同的经济发展水平与劳动力部门结构的分布模式有着密切相关性。在《经济进步的条件》一书中，克拉克总结出在经济发展过程中，"劳动人口由农业转移到制造业，再从制造业转移到商业和服务业"；随着国民经济的发展、人均国民收入的提高，农业劳动力急剧下降，从事制造业的劳动力比重与经济增长同步，但通常在接近40%时便稳定下来，而从事服务业的劳动力比重则不断提高。

克拉克在阐述其观点时引证了英国经济学家配第早在1691年发现的相关规律，该定理被文献指定为"配第-克拉克定理"。这一定理作为有关经济发展与产业结构变动之间关系的经验性总结，被后来的许多经济学家所证实，如库兹涅兹、富克斯、钱纳里等，其也可以从目前各个不同发展水平国家的现状中得到印证，越是发达国家，人均国民收入越高，产业结构中的农业所占的份额越小，制造业、服务业所占份额越大。可以说配第-克拉克定理揭示了产业结构变化的基本趋势。

（2）配第-克拉克定理的解释

第一，克拉克的分析。克拉克认为，除了远古时代，在人类社会的其他各个发展阶段，农业的劳动生产率和人均产品总是有规律地提高的，农业生产率的提高以及对农产品相对需求的下降，是引起农业劳动力向外转移的主要原因。工业的每小时劳动产出和人均产出的增长速度都快于其他产业，而对工业品的需求却相对稳定，因此，随着经济的进步，工业劳动力必然会逐步减少。即便是对工业产品的需求增加，在一个较长的时期内，工业劳动力也会减少，因为工业劳动生产率的提高很快，对工业产品的需求增长则相对缓慢。对于服务业来说，人们对服务业产品需求的增长要快于服务业劳动生产率的提高，因此，随着人均收入的提高，劳动力必然由制造业流向服务业。显然，克拉克认为，配第-克拉克定理所揭示的三次产业就业结构随人均收入提高的演进规律的根源在于：服务业的需求增长快于服务业劳动生产率的提高，而农业、工业劳动生产率的提高要快于社会对其产品需求的增长。

第二，富拉斯蒂埃的解释。法国经济学家富拉斯蒂埃对劳动力在产业间演进顺序的分析与克拉克的分析明显不同。他认为，技术进步是引起劳动力产业分布结构改变的主要原因。这种演进的速度在不同国家、不同行业是不同的，也缺少规律性。技术进步导致两方面的结果：一方面提高了生产总量；另一方面改变了生产结构，生产结构的改变又会相伴产生需求结构的改变。因此，技术进步丰富了供给，而富足的供给又会使人类某一层次的欲望和需求迅速得到满足，进而产生新的需要。这种情况造成一方面技术进步影响着不断调整的生产结构；另一方面社会生活条件的变化和人类日益增长的需求又决定着日益改变的消费结构，而这两者之间是不协调的。这种不协调迫使生产适应强烈的消费需求，并不可避免地促使劳动力从需求已经饱和了的产业部门转向那些需求旺盛的产业部门。正因为如此，才出现了农民离开土地，工人改换行业的劳动力转移现象。

1.2.2 服务业在国民经济中的作用

服务业的迅速发展是21世纪经济发展的主要特点之一，服务业发展水平的高低是一个国家经济发展水平高低的重要标志。根据各国服务业的发展状况，服务业在一国国民经济中起着重要的作用。

第一，充当基础设施。运输、通信、金融、教育、保健、公用事业等服务业是每个国家基础设施的主要组成部分，拥有这些服务部门有助于解决经济发展的“瓶颈”问题，为经济发展提供良好的前提条件。

第二，作为中间环节，特别是生产者服务，如数据服务、研究与开发服务、会计服务、法律服务、广告服务等，这些中间投入通过与工业活动和其他服务业相互作用，其效能将会影响经济竞争力的提高。

第三，对经济具有战略意义。一般来说，银行、保险等金融服务被许多国家看作经济增长的重心，对经济发展具有战略意义。如果一个国家不能有效地控制宏观经济政策，其管理经济的其他方面就会产生困难。

第四，服务业可以发挥调整经济结构的作用，特别是在国际经济交往中具有竞争力的国家，总是把服务业看作是经济增长、取代夕阳产业、实行结构调整的基本着眼点。

第五，对社会文化的影响。大众媒介、教育、出版、旅游等服务业具有一定的社会文化价值，这些服务行业的活动会影响人们的价值取向、行为模式和消费模式。

服务业对一国经济发挥着重要的作用，但对不同国家、不同服务部门来说具体情况会大不相同，应该具体行业具体分析。

1.2.3 服务业的发展趋势

20世纪60年代以来，世界经济的重心开始转向服务业，之后服务业在世界经济中的占比就一直呈现快速上升的趋势，而工业和农业在经济中的比重则呈现下降的趋势。从20世纪80年代开始，世界经济向服务经济转型。这是继工业革命之后的一次新的经济革命，是从技术到产业组织、经营管理、商业模式、运行体制、发展方式的全方位变革，可以称之为“服务革命”。它代表着经济发展的战略方向和总体趋势。随着世界经济进入服务经济时代，服务业占世界经济的比重已经超过60%、占发达国家经济的比重已经超过70%、占发展中国家经济的比重在60%左右；服务业跨国投资占国际投资总额的比重超过2/3；服务贸易总额占世界贸易总额的比重超过1/5。服务业正成为引领技术创新和商业模式创新的主导力量。世界经济向服务经济转型，是服务业自身发展规律和发展趋势的体现。[①]

第一，服务业升级的知识化。信息通信技术与服务业相融合，促使服务业从传

① 张祥. 服务经济的发展规律和特征［N］. 人民日报，2010-12-24.

统的以劳动密集型和资本密集型为主转向以技术密集型和知识密集型为主，促进了服务业的现代化。传统的生产性服务业（如金融、保险等）主要以资本要素投入生产过程，充当“资本的中间人”；现代的生产性服务业向信息、广告、市场调查、会计、律师、管理资源等领域拓展，主要以知识要素投入生产过程，充当“知识的中间人”。当前，服务业发展的专业化、信息化、知识化趋势不断增强，知识密集型服务业已经成为服务业发展的主力军。

第二，服务业内容的中间化。这主要表现在生产性服务业。目前，生产性服务业已成为“产业的中间人”，成为产生产品差异和产品增值的主要来源，也是服务业中增长最快的领域，其产业增加值占整个服务业的比重在70%以上。生产性服务业通过向生产部门传递人力资本和知识资本也传递了比较优势，可以深化产业分工、促进产业融合，从而提升生产效率、降低交易成本和运营风险。生产性服务业是现代服务业的核心。

第三，服务业分布的集聚化。城市是服务业功能集聚的主要场所，城市化推进的过程也是服务业发展的过程。服务业在城市经济中扮演着重要的角色。服务业，特别是生产性服务业的大规模发展，促进了城市知识、资本、信息、人力资源等的大规模流动，促进了城市的功能转型。

第四，服务业发展的外部化。服务业的产生和发展经过了一个以市场为导向的外部化过程。随着专业化分工逐步细化、市场化水平不断提高，生产企业的研发、设计、仓储、营销等服务职能逐渐被分离出去。20世纪50年代，许多跨国公司开始把商务活动外包给专业服务公司，从而使得生产性服务业迅速发展起来。政府公共服务的外部化即政府向社会和市场购买公共服务，是政府从“管理型政府”向“服务型政府”演变、从“大政府”向“小政府”发展的必然结果。一方面，对社会和市场能够提供的公共服务，“小政府”不需要设立专门机构并配置人员来参与提供；另一方面，“服务型政府”又必须成为公共服务的最大供给者，政府向社会和市场购买服务因此成为一种必然。

第五，服务业拓展的离岸化。得益于信息通信技术的飞速发展和广泛运用以及以世界贸易组织为代表的全球经济贸易制度的完善，服务的可贸易性大幅度增强，服务贸易流量占世界贸易总额的比重日益提高，服务外包发展迅猛；服务业跨国投资壁垒明显降低，服务业转移成为全球产业转移的重点，服务业离岸化发展已经上升到全球化阶段。

第六，创新是服务经济的生命线。技术创新与服务经济之间形成了一个循环：一方面，技术创新是服务经济发展的重要动力；另一方面，服务经济的发展需求引领着技术创新。发达国家在完成工业化以后，推动经济向内生增长模式转变，引领创新的主要动力是服务业。目前，生产性服务业的技术进步与创新已经成为整个产业链技术进步与创新的源泉，对整体经济的技术进步和创新越来越具有关键性作用。商业模式创新成为当代服务创新的新内涵，包括供应链、运营、销售渠道、服务方式、赢利模式等方面的综合创新。

遵循这些发展规律与趋势，世界经济沿着三个维度向服务经济转型：一是沿着市场化、社会化方向挖掘服务经济发展的深度，其主要路径是推动制度变革、空间集聚（城市化）、产业融合等；二是沿着信息化、知识化方向提升服务经济发展的高度，其主要路径是推进科技创新；三是沿着离岸化、全球化方向拓展服务业发展的广度，其主要路径是参与国际合作和竞争。

● 本章小结

1.服务是区别于一般有形商品的、对其他经济单位的个人、商品或服务的增加价值，并主要以活动形式表现的使用价值或效用。

2.服务具有无形性、异质性、生产与消费的时空一致性、不可储存性、服务所有权的不可转让性、经验特征和信任特征。

3.服务业是指生产或提供各种服务的经济部门或企业的集合。

4.依据罗斯托的经济发展阶段理论以及各服务业在不同经济发展阶段的特点，可将服务业分为传统服务业、补充性服务业和新兴服务业。依据经济发展过程中服务业内部结构的变化，经济学家辛格曼将服务业划分为流通服务、生产者服务、社会服务和个人服务，这种分类法的依据主要是基于服务的功能。

5.依据经济发展阶段理论，任何社会根据它们的经济发展水平，都可以归入下面五个阶段之一：传统社会阶段、为起飞准备条件阶段、起飞阶段、成熟社会阶段和高消费社会阶段。

6.配第-克拉克定理指出，在经济进步过程中，劳动人口由农业转移到制造业，再从制造业转移到商业和服务业；随着国民经济的发展、人均国民收入的提高，农业劳动力急剧下降，从事制造业的劳动力比重与经济增长同步，但通常在接近40%时便稳定下来，而从事服务业的劳动力比重则不断提高。

7.服务业的迅速发展是20世纪经济发展的主要特点之一，服务业发展水平的高低是一个国家经济发展水平高低的重要标志。根据各国服务业的发展状况，服务业在一国国民经济中起着重要的作用。

8.服务业的发展趋势表现为：第一，服务业升级的知识化；第二，服务业内容的中间化；第三，服务业分布的集聚化；第四，服务业发展的外部化；第五，服务业拓展的离岸化；第六，创新是服务经济的生命线。

● 扩展阅读

1.沃克. 服务业的增长：原因与影响［M］. 译者不详. 上海：上海三联书店，1989.

2.罗斯托. 经济成长的阶段［M］. 译者不详. 北京：商务印书馆，1962.

3.何德旭，夏杰长. 服务经济学［M］. 北京：中国社会科学出版社，2009.

4.黄少军. 服务业与经济增长［M］. 北京：经济科学出版社，2000.

5.裴长洪，彭磊. 中国服务业与服务贸易［M］. 北京：社会科学文献出版社，2008.

6.原毅军. 服务创新与服务业的升级发展［M］. 北京：科学出版社，2014.

7.朱高峰. 现代服务业培育与发展研究报告［M］. 北京：科学出版社，2015.

8.姜长云，洪群联，邱灵. 服务业大趋势［M］. 杭州：浙江大学出版社，2016.

9.宁吉喆. 新常态下的服务业：理论与实践［M］. 北京：中国统计出版社，2017.

● 基本概念

服务　服务经济　物化服务　服务业　第三产业　传统服务业　新兴服务业　补充性服务业　流通服务　生产者服务　社会服务　个人服务　配第-克拉克定理

● 复习思考题

1.结合商品特征分析服务的基本特征。

2.何谓“物化服务”?它对服务的原有特征有何影响?服务物化最重要的驱动因素是什么?试举例说明你的观点。

3.简述服务业与第三产业的区别和联系。

4.分析服务业在国民经济发展中的作用。

5.试分析服务业的发展趋势。

第2章/国际服务贸易发展

学习目标

了解国际服务贸易的分类、发展现状与统计的发展；掌握国际服务贸易的概念以及统计体系；重点掌握国际服务贸易的特点、发展动因和趋势以及影响因素。

［引导案例］

近年来，随着信息技术的发展，国际分工的深化，全球服务贸易格局正在发生深刻变化，未来走势也日趋明朗。

从规模与增速看，国际服务贸易以高于GDP和货物贸易的速度增长。1990年至2013年，国际服务贸易增速发生了三大变化：一是国际贸易的出口增速超过全球GDP增速；二是服务贸易出口增速超过货物贸易出口增速；三是近10年来，转型经济国家、发展中国家服务贸易出口增速超过发达国家，其中，转型经济国家出口增速最快。国际服务贸易快速发展，使全球服务贸易规模达到了一个新的高度，2005年至2015年，全球服务贸易规模翻一番，已接近10万亿美元。2015年，虽然全球贸易增速低于经济增速，且出现13.23%的负增长，但服务贸易增速下滑速度仍低于货物贸易增速下滑速度。

从国家分布看，发展中国家是国际服务贸易出口的新生力量。近10年来，全球服务贸易的国家分布出现了三大变化：一是发展中国家打破了长期以来发达国家主导国际服务贸易的利益格局，不仅在全球服务贸易出口中的占比突破了30%，而且在旅游、建筑、运输服务、其他商业服务、计算机与信息服务五大产业出口中占比接近或超过40%。二是世界前两大发展中国家中国和印度已经跻身于全球十大服务贸易出口国行列。其中，2015年中国仅次于美国，成为全球第二大服务贸易国。三是转型经济国家、发展中国家对全球服务贸易增长的贡献度增大。世界贸易组织公布的数据显示，2015年，发展中国家的服务贸易额在全球占比达到了36%。

从产业分布看，新兴服务将成为未来服务贸易新的增长点。联合国贸易和发展会议数据显示，2005年至2015年，国际服务贸易出口结构出现了三个变化：一是在服务贸易四大类统计中，运输、旅游两项传统服务的出口比重下降，由2000年的占比超过一半下降到2015年的43.7%，而包括计算机与信息服务等新兴服务在内的其他服务在出口中占比提高，由2005年的48.97%提高到2015年的53.19%，占服务贸易出口的一半以上。二是在其他服务出口中，其他商业服务、计算机与信息服务的占比明显提高。2015年，其他商业服务占比最高，由2005年的19.36%增至2015年的21.25%；其次是电信、计算机和信息服务，占比由7.78%增至9.79%；最后是金融服务，占比由8.07%增至8.63%。三是计算机与信息服务、通信服务、技术服务等新兴服务增速较快，正在成为未来国际服务贸易新的增长点。其中，计算机与信息服务增速最快，2005年至2013年，平均年增速为14%。

资料来源　赵瑾. 全球服务贸易发展未来走势明朗 [N]. 经济日报，2017-02-18.

2.1　国际服务贸易概述

2.1.1　国际服务贸易的概念

虽然服务业作为一个传统的产业部门已有数千年的发展历史，但“国际服务贸易”这一概念的提出是相对于国际货物贸易而言的，是一件并不遥远的事情。国际货币基金组织（IMF）在统计各国国际收支时将服务贸易列入无形贸易（Invisible Trade）一栏中，这种情况一直持续到1993年。

国际服务贸易问题得到官方的认同是在20世纪70年代初。1971年，许多主要的工业化国家的贸易政策制定者认识到有必要推进贸易进一步的自由化，时任经济合作与发展组织（Organization for Economic Cooperation and Development，OECD）秘书长的范・里纳普就此召集了一些国家的专家开会，从长远的角度分析贸易以及相关问题。1972年9月他们提出一份《高级专家对贸易和有关问题的报告》，这份报告是为《关税与贸易总协定》（GATT）的东京回合谈判寻求达成共识；这份报告中有一个不长的章节专门讨论了服务贸易，这是“国际服务贸易”（International Trade in Services）第一次出现在官方文件中，并以此讨论服务贸易问题，主张将服务贸易问题写入该报告的其中一人便是瑞典著名经济学家、诺贝尔经济学奖获得者B.俄林。该报告指出：“虽然服务部门的许多活动对国际贸易影响不大……但在一些重要的领域，国际贸易发展迅猛，以与国际货物贸易相同的或更快的速度发展着……服务部门和工业部门一样正经历着一个国际化的相互渗透的过程。对有些国家来说，服务贸易至少与货物贸易同等重要，而在有些情况下它比货物贸易更重要。”

由于服务本源的庞杂性，人们对服务贸易的认识各有千秋，定义也多种多样，加之服务跨国交易的复杂性，理论界对国际服务贸易的定义有着不同的表述形式，各种经济贸易文献里也没有统一的、公认的、确切的解释，比较有代表性的表述有：

1）统计学家的表述

统计学家从国民收入、国际收支平衡出发，以国境为标准，将服务出口解释为将服务出售给其他国家的居民，将服务进口解释为本国居民从其他国家购买服务。“居民”是指按照所在国法律的规定，基于居住期、居所、总机构或管理机构所在地等负有纳税义务的自然人、法人和其他在税收上视同法人的团体[①]；“贸易”是指销售具有价值的东西给居住在另一国家的人；“服务”是指任何不直接生产制成品的经济活动。

2）联合国贸易和发展会议的表述

联合国贸易和发展会议利用过境来阐述国际服务贸易，将国际服务贸易解释为货物的加工、装配、维修以及货币、人员、信息等生产要素为非本国居民提供服务并取得收入的活动，是一国与他国进行服务交换的活动。狭义的国际服务贸易是指有形的、发生在不同国家之间，符合服务定义的、直接的服务输出与输入。广义的国际服务贸易是指既包括有形的服务输出与输入，也包括在服务提供者与消费者没有实体接触情况下发生的无形的国际服务交换。除了特定情况下，一般所说的服务贸易是指广义的国际服务贸易。

3）《美国与加拿大自由贸易协定》的表述

《美国与加拿大自由贸易协定》是世界上第一个在国家间贸易协议上正式定义服务贸易的法律文件，它将国际服务贸易解释为由国家或代表其他缔约方的一个人，在其境内或进入一缔约方提供所指定的一项服务。“缔约方的一个人”是指法人或自然人。“指定的一项服务”包括：

① 生产、分销、销售、营销及传递一项所指定的服务及进行的采购活动。

② 进入或使用国内的分销系统。

③ 以商业存在形式分销、营销、传递或促进一项指定的服务。

④ 遵照国际投资法的规定，任何为提供指定服务的投资及任何为提供指定服务的相关活动，如公司、代理机构、代表处和其他商业经营机构的组织、管理、保养和转让活动；又如各类财产的接受、使用、保护及转让，以及资金的借贷等活动。

4）《服务贸易总协定》（General Agreement on Trade in Services，GATS）的表述

关税与贸易总协定主持的乌拉圭回合谈判所签订的《服务贸易总协定》按照服务的提供方式，将国际服务贸易解释为：跨越国界进行服务交易的商业活动，即服务提供者从一国境内向他国境内，通过商业或自然人的商业现场向服务消费者提供服务并取得外汇报酬的一种交易行为。

GATS的解释是一个具有权威性的定义，这个定义已为各国普遍接受。该定义包括服务贸易的四种方式：

①从一成员方的境内向另一成员方的境内提供服务，即跨境提供（Cross-border Supply），这种服务不构成人员、物资或资金的流动，而是通过电信、邮政或计算机网络实现服务，如视听、金融和信息等；

②在一成员方的境内向另一成员方的消费者提供服务，即境外消费（Consumption Abroad），如接待外国游客、提供旅游服务，为国外病人或客户提供

① 从统计的角度看，“居民”通常被定义为在某国生活3个月以上的人，也有的国家认为至少生活1年以上的人才成为居民。

医疗服务，接收外国留学生等；

③一成员方的服务提供者在另一成员方境内设立商业实体提供当地化的服务，即商业存在（Commercial Presence），如投资设立合资、合作和独资服务型企业；

④由一成员方的自然人在另一成员方境内提供服务，即自然人流动（Movement of Personnel），如一国的医生、教授或艺术家到另一国从事个体服务。

同时，GATS对服务贸易的判别有四个标准，即服务和支付的过境移动性（Cross－border Movement of Services and Payments）、目的具体性（Specificity of Purpose）、交易连续性（Discreteness of Transactions）、时间有限性（Limited Duration）。从而可以较为有效地鉴别与理解服务贸易。

以上具有代表性的表述都采用说明性、非规范性的方式，说明了国际服务贸易的多样性和复杂性，反映了人们认识的差别和理解的深浅，也体现了人们的不同视角。

2.1.2　国际服务贸易的分类

国际服务贸易概念的代表性表述采用说明性、非规范性的方式，说明了国际服务贸易的多样性和复杂性，许多经济学家和国际经济组织为了分析方便和研究的需要，从不同的角度对国际服务贸易进行了划分，至今也未形成统一的分类标准。

1）以移动与否来划分

按照服务是否在提供者与消费者之间移动，桑普森和斯内普（1985）、斯德恩和豪克曼（1988）先后将国际服务贸易划分为分离式服务、消费者所在地服务、提供者所在地服务和流动服务。

（1）分离式服务是指服务提供者与消费者在国与国之间不需要移动，只是借助于国内信息手段就可以实现的服务，这种服务贸易方式也称为跨国境的远距离服务贸易。国际运输服务是分离式服务的典型例子。

（2）消费者所在地服务是指服务的提供者转移后产生的服务。国际金融服务是消费者所在地服务的典型代表。

（3）提供者所在地服务是指服务的提供者在本国国内为外籍居民提供的服务，一般要求服务消费者跨国接受服务，如国际旅游服务。

（4）流动服务是指服务的提供者与消费者相互移动所提供和接受的服务，要求服务的提供者与消费者存在不同程度的资本和劳动力等生产要素的移动，如设在法国的美国诊所为英国病人提供医疗服务。

以移动与否作为划分国际服务贸易类型的核心，其本质涉及资本和劳动力等生产要素在不同国家间的移动问题。随着技术的进步以及政府管制、供求关系、交易成本等因素的变化，国际服务贸易可能从一种类型转变为另一种类型，如放开教育管制后，外资进入东道国兴办教育机构，消费者不出国就可以接受国外的教育服务，此时的服务贸易就由提供者所在地服务转变为消费者所在地服务。

2）以生产过程为标准来划分

根据服务与生产过程之间的内在联系，国际服务贸易可划分为生产前服务、生产服务和生产后服务。

（1）生产前服务在生产过程开始前完成，涉及市场调研和可行性研究等，对生产规模及制造过程有着重要影响。

（2）生产服务是指在生产或制造过程中为生产过程的顺利进行提供的服务，如企业质量管理、软件开发、人力资源管理等。

（3）生产后服务是联结生产者与消费者之间的服务，如广告、营销、运输服务等，通过这种服务，企业与市场进行接触，了解产品是否适销、是否满足了消费者需求等。

以生产过程作为划分国际服务贸易的核心，其本质涉及应用高新技术提高生产力的问题，这种划分有利于生产者对国际市场的变化迅速做出反应，以改进生产工艺，为消费者提供满意的产品或服务。

3）以服务在商品中的属性为标准来划分

GATT乌拉圭回合服务贸易谈判期间，谈判小组曾于1988年6月提出以服务在商品中的属性为标准来划分，将国际服务贸易分为以商品形式存在的服务、对商品实物具有补充作用的服务、对商品实物形态具有替代功能的服务和具有商品属性却与其他商品无关联的服务。

（1）以商品或实物形式体现的服务称为以商品形式存在的服务，如电影、电视、书籍、计算机以及专用数据处理与传输装置等。

（2）对商品价值的实现具有补充、辅助功能的服务称为对商品实物具有补充作用的服务，如商品储运、财务管理、广告宣传等。

（3）对商品实物形态具有替代功能的服务是指伴随有形商品的移动，但又不是一般的商品贸易，不像商品贸易实现了商品所有权的转移，只是向服务消费者提供服务，如技术贸易中的特许经营、设备和金融租赁及设备的维修等。

（4）具有商品属性却与其他商品无关联的服务是指具有商品属性，其销售并不需要其他商品补充就能实现的服务，如通信、数据处理、旅游、旅馆和饭店服务等。

以这种方式来划分，将服务与商品联系起来，意味着从理论上承认无形服务与有形商品一样，既存在使用价值，也存在价值，服务的无形性可以在一定形式下以商品的形式体现。

4）以服务贸易与商品贸易的关系为标准来划分

按照服务贸易是否伴随着有形商品贸易的发生，国际服务贸易可划分为国际追加服务贸易和国际核心服务贸易。

（1）国际追加服务贸易是指伴随商品贸易而发生的服务贸易。对于消费者而言，商品实体本身是其购买和消费的核心效用，服务则是提供或满足了某种追加的效用。在科技进步对世界经济的影响不断加深的情况下，追加服务对消费者消费行为，特别是所需核心效用的选择具有深远的影响。科技进步对生产的影响也不断扩大着生产要素的内涵和范围，除了资本、劳动力、土地等传统生产要素外，各种名目繁多的追加服务，如知识密集型服务、信息密集型服务、研究与开发型服务引起了人们的高度重视，也被广泛应用于有形商品生产的各个阶段。对于生产者和经营者而言，不仅要开展商品的价格竞争和质量竞争，而且服务竞争也日趋激烈，提供服务成为促进商品销售的重要方式，成为商品非价格竞争的重要因素，服务贸易与商品贸易相辅相成。这类追加服务大致可以分为生产前服务、生产服务和生产后服务。

（2）国际核心服务贸易是指与有形商品的生产和贸易无关，是作为消费者单独所购买的、能为消费者提供核心效用的一种服务贸易。根据服务提供者与消费者是否直接接触，国际核心服务贸易又可分为面对面型国际核心服务和远距离型国际核心服务。面对面型国际核心服务是指服务提供者与消费者双方通过实际接触才能实现的服务。实际接触的方式可以是提供者流向消费者，也可以是消费者流向提供者，或是提供者与消费者的双向流动。面对面型国际核心服务伴随着生产要素中的人员和资本的跨国界移动，典型的面对面型国际核心服务包括国际旅游服务、劳务输出等。远距离型国际核心服务不需要服务提供者与消费者的实际接触，但一般需要通过一定的载体方可实现跨国界服务，如以通信卫星作为载体传递进行的国际视听服务、数据处理、国际咨询等。在国际资本流动不断加快的推动下，加之计算机网络、遥控电信技术等应用于银行服务，一个由电脑数据处理、电子信息传递和电子资金转账系统为标志的金融服务体系已经形成，远距离国际金融服务在国际服务贸易中所占比重逐渐增大。随着科技与信息产业的发展，国际核心服务贸易的领域不断扩展，日益成为国际服务贸易的主体。

5）国际货币基金组织的分类

1993年9月，IMF修改了沿用多年的《国际收支手册》（Balance of Payment Manual，BPM），并在此基础上形成了BPM第5版，BPM5逐渐成为世界各国进行国际收支统计的基础，并以此进行相应的服务贸易统计。BPM5中首次将服务贸易单列，细分为11个具体服务项目：运输、旅游、通信服务、建筑服务、保险服务、金融服务、计算机与信息服务、特许权使用与许可费用、其他商业服务、文化娱乐服务、其他处未包括的政府服务。

为了更好地应对世界经济出现的诸多新变化，IMF又于2008年12月发布了《国际收支手册》第6版，BPM6在BPM5的基础上调整了部分服务贸易项下的内容，将服务贸易具体分为12项：对他人拥有的实物投入的制造服务①，别处未涵盖

---

①　对他人拥有的实物投入的制造服务包括由不拥有相关货物的企业承担的加工、装配、贴标签和包装等服务。该制造服务由不拥有货物的实体进行，且所有者需向该实体支付一定的费用。在这些情况下，货物的所有权未发生变更，所以在加工者与所有者之间不记录一般商品交易。

的维护和维修服务[①]，运输服务，旅行，建设，保险和养老服务，金融服务，别处未涵盖的知识产权使用费[②]，电信、计算机和信息服务，其他商业服务，个人、文化和娱乐服务以及别处未提及的政府货物和服务。

6)《服务贸易总协定》的分类

乌拉圭回合服务贸易谈判小组在对以商品为中心的服务贸易分类的基础上，结合服务贸易统计和服务贸易部门开放的要求，在征求各谈判方的提案和意见的基础上，提出了以部门为中心的服务贸易分类方法，将服务贸易分为12大类。

第一类是商业性服务，是指在商业活动中涉及的服务交换活动，包括个人消费的服务，也包括企业和政府消费的服务。服务贸易谈判小组列出6类这种服务：

①专业性（包括咨询）服务。专业性服务涉及的范围包括法律服务、工程设计服务、旅游机构提供服务、城市规划与环保服务、公共关系服务等；专业性服务中也包括涉及上述服务项目的有关咨询服务活动，安装及装配工程服务（不包括建筑工程服务），除固定建筑物以外的一切设备的维修服务，如成套设备的定期维修、机车的检修、汽车等运输设备的维修等。

②计算机及相关服务。计算机及相关服务包括计算机硬件安装的咨询服务，软件开发与执行服务，数据处理服务，数据库服务及其他。

③研究与开发服务。研究与开发服务包括自然科学、社会科学及人类学中的研究与开发服务，以及在纪律约束下的研究与开发服务。

④不动产服务。不动产服务是指不动产范围内的服务交换，但是不包含土地的租赁服务。

⑤设备租赁服务。设备租赁服务主要包括交通运输设备（如汽车、卡车、飞机、船舶等）和非交通运输设备（如计算机、娱乐设备等的租赁服务），但不包括其中有可能涉及的操作人员的雇佣或所需人员的培训服务。

⑥其他服务。其他服务是指生物工艺学服务，翻译服务，展览管理服务，广告服务，市场研究及公众观点调查服务，管理咨询服务，与人类相关的咨询服务，技术检测及分析服务，与农、林、牧、采掘业、制造业相关的服务，与能源分销相关的服务，人员的安置与提供服务，调查与保安服务，与科技相关的服务，建筑物清洁服务，摄影服务，包装服务，印刷、出版服务，会议服务，其他服务等。

第二类是通信服务，主要是指所有有关信息产品、操作、储存设备和软件功能等服务。通信服务由公共通信部门、信息服务部门、关系密切的企业集团和私人企业间进行信息转接和服务提供，主要包括邮电服务，信使服务，电信服务（其中包含电话、电报、数据传输、电传、传真），视听服务（包括收音机及电视广播服

---

① 别处未涵盖的维护和维修服务包括居民为非居民（反之亦然）所拥有的货物提供的维护和维修服务。维修可以在维修者的所在地或其他地方实施。对于船舶、飞机和其他运输设备的维护和维修计入本项。对运输设备的清洁计入运输服务。建设工程维护和维修不包括在内，而是计入建设。计算机的维护和维修计入计算机服务。

② 别处未涵盖的知识产权使用费包括：知识产权使用费（如专利权、商标权、版权，包括商业秘密的工业流程和设计、特许权），复制、传播（或两者兼有）原作或原型中的知识产权（如书本和手稿、计算机软件、电影作品和音频录音的版权）和相关权利（如现场直播和电视转播、线缆传播或卫星广播的权利）时，所涉及的许可费。

务)，其他电信服务。

第三类是建筑服务，主要是指工程建筑从设计、选址到施工的整个服务过程，具体包括选址服务，涉及建筑物的选址；国内工程建筑项目，如桥梁、港口、公路等的地址选择等；建筑物的安装及装配工程；工程项目施工建筑；固定建筑物的维修服务；其他服务。

第四类是销售服务，指产品销售过程中的服务交换。其主要包括：商业销售，主要指批发业务；零售服务；与销售有关的代理费用及佣金等；特许经营服务；其他销售服务。

第五类是教育服务，指各国间在高等教育、中等教育、初等教育、学前教育、继续教育、特殊教育和其他教育中的服务交往，如互派留学生、访问学者等。

第六类是环境服务，指污水处理服务、废物处理服务、卫生及相似服务等。

第七类是金融服务，主要指银行业和保险业及相关的金融服务活动。

①银行及相关的服务：银行存款服务；与金融市场运行管理有关的服务；贷款服务；其他贷款服务；与债券市场有关的服务，主要涉及经纪业、股票发行和注册管理、有价证券管理等；附属于金融中介的其他服务，包括贷款经纪、金融咨询、外汇兑换服务等。

②保险服务：货物运输保险，其中含海运、航空运输及陆路运输中的货物运输保险等；非货物运输保险，具体包括人寿保险、养老金或年金保险、伤残及医疗费用保险、财产保险、债务保险；附属于保险的服务，如保险经纪业、保险类别咨询、保险统计和数据服务；再保险服务。

第八类是健康及社会服务，主要指医疗服务、其他与人类健康相关的服务；社会服务等。

第九类是旅游及相关服务，指旅馆、饭店提供的住宿和餐饮服务、膳食服务及相关的服务；旅行社及导游服务。

第十类是文化、娱乐及体育服务，指不包括广播、电影、电视在内的一切文化、娱乐、新闻、图书馆、体育服务，如文化交流、文艺演出等。

第十一类是交通运输服务，主要包括货物运输服务，如航空运输、海洋运输、铁路运输、管道运输、内河和沿海运输、公路运输服务，也包括航天发射以及运输服务，如卫星发射等；客运服务；船舶服务（包括船员雇用）；附属于交通运输的服务，主要指报关行、货物装卸、仓储、港口服务、起航前查验服务等。

第十二类是其他服务。

综上所述，无论从何种角度来表述国际服务贸易的定义和分类，国际服务贸易都存在着人员、资本、信息以不同的形式跨国移动，或在一定形式下存在于商品的跨国移动中。但国际服务贸易的复杂性以及与商品贸易的差异，使其表现出自身的特性。

2.1.3 国际服务贸易的特点

我们在前面研究过服务的特征，而服务贸易的基本特点就是由服务的特征决定的。与实物产品贸易相比，服务贸易作为非实物劳动成果的交易，具有如下特点：

1）服务标的的无形性

服务贸易的标的是一种看不见、摸不着的生产和消费在时空上不可分离的活动或行为。这种活动或行为可以由人提供，也可以由物提供。例如，医生提供医疗保健服务、自动取款机提供取款服务等；活动或行为的接受对象可以是人的身体，也可以是人的头脑，还可以是有形物或无形物，如医疗、教育、设备维修、金融服务等。以物为接受对象的服务活动的购买者和最终受益者仍然是物背后的人，包括自然人和法人。作为一种无形产品，大多数的服务产品不能储存、不能运输、不能被包装、不能被反复转让。当然，随着科学技术的进步，一些服务活动已有了自己的物质载体，并使部分服务产品的生产和消费在时空上分离成为可能，使服务产品的储存和运输成为可能。例如，电子图书、光盘等已使图书馆提供的服务得以储存和运输，使图书馆服务的提供和消费在时空上分离成为可能，但从总体上来说，服务标的的无形性是国际服务贸易最基本的特性。

2）交易过程与生产和消费过程的同步性

服务价值的形成和使用价值的创造过程，与服务价值的实现和使用价值的让渡过程，以及服务使用价值的消费过程往往是在同一时间和地点完成的；在服务再生产过程中，服务交易具有决定性意义，服务交易的完成必须两个主体同存于同一时间和同一地点。例如，医疗服务，医生提供服务的过程，就是让渡服务产品的过程。没有病人，医生就失去了服务对象，也就不存在两个主体间的交易，服务就不能存在。随着科学技术的发展，有些服务活动可以通过有形的介质作为载体，形成一种有形商品，从而使服务产品的提供者和消费者得以分离，如大型国际体育赛事可以通过电视直播和录播的方式，使观众不必来到现场就可以欣赏。当然，即使科学技术高度发达，也仅仅是部分服务贸易可以通过有形商品的形式实现自身的价值。

3）贸易主体地位的多重性

由于服务交易过程与生产和消费过程的同步性，服务的卖方往往就是服务的生产者，并作为服务消费过程中的物质要素直接加入服务的消费过程；服务的买方则往往就是服务的消费者，并作为服务生产者的劳动对象直接参与服务产品的生产过程。例如，医生在为病人提供医疗服务的过程中，病人不仅是医疗服务的消费者，同时又作为医生的直接服务对象和劳动对象参与服务的生产过程。但是，有的国际服务贸易双方当事人的关系比较简单，如国际咨询服务，双方当事人的关系与商品贸易一样简单。

4）服务贸易市场的高度垄断性

国际服务贸易在发达国家和发展中国家的发展严重不平衡，少数发达国家在国际服务贸易中具有绝对垄断优势。服务市场的开放涉及诸如跨国银行、通信工程、航空运输、教育、自然人跨国界流动等直接关系到输入国主权、安全、伦理道德等敏感领域和问题，全球服务贸易壁垒森严，服务贸易障碍林立，因此，国际服务贸易市场的高度垄断性在短期内不可能消失。

5）服务贸易涉及法律的复杂性

法律关系的复杂主要是由法律事件所涉及的主体关系、权属关系决定的。由于国际服务贸易涉及的主体比较复杂，权属关系盘根错节，适用于国际服务贸易领域的法律关系就显得尤为复杂，管辖这些法律关系的法律法规体系十分庞杂。例如，在会计服务中，会计师提供的服务不仅涉及服务消费者的利益，而且可能涉及广大投资者的利益，因而存在引发投资者对会计服务的提供者提出法律诉求的可能。在服务贸易中，服务提供者与消费者原则上进行的是所有权和使用权相分离的交易，很容易产生权属转让过程中的法律问题，如知识产权领域的贸易，一般许可方仅仅是转让使用权，而不是所有权。

6）贸易保护方式的刚性和隐蔽性

由于服务贸易标的的特性，各国政府对本国服务业的保护只能采取在市场准入方面给予限制或进入市场后不给予国民待遇等非关税壁垒形式，这种以国内立法形式实施的非关税壁垒，难以体现为数量形式，也往往缺乏透明度，使国际服务贸易受到的限制具有刚性和隐蔽性。

2.2　国际服务贸易发展

2.2.1　国际服务贸易的发展现状

第二次世界大战前，国际服务贸易随着交通、金融、通信等行业的发展而有所发展，但与国际货物贸易相比，国际服务贸易无论是发展规模和速度，还是在世界经济中的地位和作用都是微不足道的。第二次世界大战后，尤其是20世纪80年代以来，科学技术的发展促进了社会分工的扩大和深化，加强了经济部门间和经济部门内的相互依赖，需要有新的要素加入到生产过程中以协调生产经营各环节的关系，合理配置生产要素，生产性服务行业应时崛起，成为生产经营活动不可缺少的成分。随着经济的发展，人民物质生活水平的不断提高，对高消费的服务需求也在增加。国际服务贸易随之迅速发展，并出现了空前的国际化浪潮和趋势，这主要表现在国际服务贸易额和增长率的快速提高以及贸易结构改善等方面。

1）国际服务贸易的增长速度高于货物贸易

20世纪60年代以来，国际服务贸易规模不断扩大，1967年国际服务贸易额为700亿~900亿美元，1980年猛增到6 500亿美元。[①]但从服务贸易的总体规模上看，

① 张汉林.国际服务贸易［M］.北京：中国对外经济贸易出版社，2002.

20世纪70年代，全球服务贸易与货物贸易相比，仍显得微不足道。到20世纪80年代，服务贸易与货物贸易的比例由过去的1∶10变为1981年的1∶5；进入2000年，二者比例进一步上升为1∶4，到2016年，二者比例在1∶3左右。据联合国贸易和发展会议（UNCTAD）数据显示，1985—2009年间，全球服务贸易额由8 549亿美元增加到69 786亿美元。国际服务贸易额在1987年突破万亿美元后连年增长，特别是在1993年、1998年、2001年、2016年国际货物贸易出现负增长的情况下[①]，国际服务贸易仍然呈现出正增长。2009年受到全球金融危机的影响，尽管国际服务贸易增长率是负的，但是降幅明显低于国际货物贸易。2015年，受中国经济增速放缓、巴西等发展中国家经济衰退、美元快速升值、能源和矿产品等大宗商品价格下降以及发达国家货币政策波动等众多因素影响[②]，全球货物贸易出现了12.7%的负增长，全球服务贸易也出现了5.9%的下降。2016年，受发达国家经济增长疲软和中国等主要发展中国家面临经济结构深化调整等影响，国际货物贸易出现了2.8%的负增长，而全球服务贸易则实现了0.6%的正增长，国际服务贸易额到2016年已经达到96 767亿美元（见表2-1）。

从服务贸易的发展速度看，据IMF统计，20世纪70年代服务贸易的年均增长率为17.8%，与同期的货物贸易年均增长率大体持平；期间只有1979年的服务贸易增长率超过了同年的货物贸易增长率，该年服务贸易增长率为24%，货物贸易增长率为21.7%。WTO的年度报告和联合国《统计月报》显示，1981—2001年间，国际服务贸易的年均增长率为6.8%，同期货物贸易年均增长率为6.2%。如果分阶段来看，1981—1986年的服务贸易年均增长率为5.0%，而同期货物贸易年均增长率为3.7%；1986年乌拉圭回合正式启动服务贸易谈判，国际服务贸易的发展日新月异，年均增长率高达10%，大大超过货物贸易和世界经济的增长率；20世纪90年代，服务贸易的年均增长率与同期货物贸易的年均增长率基本持平，均约为6%。[③]2005年之后，国际服务贸易呈现出加速增长的态势，在WTO最新发布的《World Trade Statistical Review 2017》中，2006—2016年，国际货物贸易的年平均增长率只有3.7%，而国际服务贸易的平均增长率约为6.6%，发展速度远远快于国际货物贸易。

2）国际服务贸易结构变化明显，新兴服务成为新的增长点

1980年，运输服务占整个服务贸易出口的33.9%，旅游服务占26.2%，其他商业服务占31.9%。经过近40年的发展，服务贸易的结构发生了明显变化。从表2-2和表2-3可以看出，2005—2016年，运输服务贸易和旅游服务贸易的出口、进口占世界服务贸易的份额呈现不断下降的趋势，而包括金融、通信、计算机和信息等新兴服务在内的其他商业服务贸易则呈现持续增长的态势。在此期间，传统的运输服务出口年均增长率只有3.6%，旅游服务出口的年均增长率为5.4%，而其他商业服

---

① 2014年货物贸易环比负增长0.1%是由于数据统计口径由BPM5更新至BPM6标准带来的变化所导致.
② World Trade Statistical Review 2016.
③ 商务部服务贸易司课题组. 国际服务贸易的发展趋势及我国的对策［R］，2006.

表2-1 全球货物贸易和服务贸易额与增长率

年份	贸易额（亿美元）		增长率（%）	
	服务贸易	货物贸易	服务贸易	货物贸易
1985	8 549	37 804	1.4	0.2
1986	9 847	40 988	15.2	8.4
1987	11 634	48 523	18.1	18.4
1988	13 134	55 566	12.9	14.5
1989	14 344	60 118	9.2	8.2
1990	17 065	68 134	19.0	13.3
1991	17 989	69 864	5.4	2.5
1992	19 835	74 896	10.3	7.2
1993	20 051	74 296	1.1	-0.8
1994	21 770	83 967	8.6	13.0
1995	24 632	101 289	13.1	20.6
1996	26 329	106 819	6.9	5.5
1997	27 239	110 851	3.5	3.8
1998	27 444	108 881	0.8	-1.8
1999	28 664	113 592	4.4	4.3
2000	30 414	128 482	6.1	13.1
2001	30 623	123 382	0.7	-4.0
2002	32 571	127 550	6.4	3.4
2003	37 593	148 697	15.4	16.6
2004	45 311	181 135	20.5	21.8
2005	50 456	206 813	11.4	14.2
2006	56 666	238 535	12.3	15.3
2007	67 716	275 447	19.5	15.5
2008	76 707	317 353	13.3	15.2
2009	69 786	245 463	-9.0	-22.7
2010	76 355	298 906	9.4	21.8
2011	85 535	358 266	12.0	19.9
2012	87 665	360 742	2.5	0.7
2013	92 194	367 796	5.2	2.0
2014	102 239	367 450	10.9	-0.1
2015	96 205	320 692	-5.9	-12.7
2016	96 767	311 561	0.6	-2.8

注：1985—2013年数据按照BPM5标准统计，2014—2016年数据按照BPM6标准统计。

资料来源 作者根据UNCTADstat数据整理计算.

务的出口年平均增长率达到了6.5%。根据UNCTAD的统计，2016年世界服务贸易出口总额为48 793亿美元，运输服务和旅游服务贸易出口额分别为8 525亿美元和12 055亿美元，分别占世界服务贸易额的17.5%和24.7%，而其他商业服务贸易出口额则达到了26 552亿美元，已经占到整个服务贸易出口额的54.4%[①]，而其进口额也占到了整个服务贸易总进口额的50.4%，这表明以通信、建筑、金融、保险、计算机和信息、其他商务服务、特许权使用费和许可费等为代表的新兴服务正成为服务贸易新的增长点。

表2-2　　世界服务贸易进出口结构的变化（2005—2016年）

出口	占比（%）				
	2005年	2010年	2014年	2015年	2016年
服务贸易	100	100	100	100	100
与货物有关的服务	3.6	3.6	3.3	3.4	3.5
运输服务	22.4	21.5	19.5	18.6	17.7
旅游服务	26.6	24.8	24.5	24.7	25.1
其他商业服务	47.4	50.1	52.7	53.3	53.7
进口					
服务贸易	100	100	100	100	100
与货物有关的服务	2.6	2.1	2.3	2.3	2.3
运输服务	27.5	26.5	23.9	22.9	21.8
旅游服务	26.0	23.2	24.9	25.3	25.5
其他商业服务	43.9	48.2	48.9	49.5	50.4

资料来源　World Trade Statistical Review 2017.

表2-3　　世界服务贸易出口增长率变化（2006—2016年）

	2016年出口额（亿美元）	年均增长率（%）			
		2014	2015	2016	2006—2016
服务贸易	48 793	6.9	-5.6	0.4	5.4
运输服务	8 525	2.6	-9.9	-3.9	3.6
旅游服务	12 055	8.6	-4.7	2.0	5.4
其他商业服务	26 552	9.2	-4.7	1.9	6.5

资料来源　作者根据UNCTADstat数据整理计算.

① 由于WTO和UNCTAD的统计口径略有差别，从而造成分部门的服务贸易占比份额略有不同，但数值相差不大。

3）国际服务贸易地区结构相对稳定，发展中国家成为新生力量

国际服务贸易发展的地区结构相对稳定，北美和欧洲等发达国家是国际服务贸易的主要进出口地区。从表2-4可以看出，2006—2010年间，在国际服务贸易进出口世界排名前十位的国家和地区中，美国始终处于领先位置，其次为英国和德国，而发展中国家中在2010年之前排名靠前的只有中国，并且排名有逐年上升的趋势；2010年，世界服务贸易排名前十位的发展中国家增加了印度，其服务贸易出口和进口世界排名分别跃至第10位和第7位。根据表2-5，2011年之后，美、英、德、法等发达国家依然是服务贸易强国，作为发展中国家的中国和印度的服务贸易规模已经稳定在世界前十位。2016年，中国服务贸易出口位列世界第5位，进口位列世界第2位，成为名副其实的国际服务贸易大国。

表2-4　　国际服务贸易主要进出口国家和地区（一）

排序	2006年		2007年		2008年		2009年		2010年	
	出口	进口	出口	进口	出口	进口	出口	进口	出口	进口
1	美国	美国	美国	美国	美国	美国	美国	美国	美国	美国
2	英国	德国	英国	德国	英国	德国	英国	德国	德国	德国
3	德国	英国	德国	英国	德国	英国	德国	英国	英国	中国
4	日本	日本	日本	日本	法国	日本	法国	中国	中国	英国
5	法国	法国	法国	中国	中国	中国	中国	日本	法国	日本
6	意大利	意大利	西班牙	法国	日本	法国	日本	法国	日本	法国
7	西班牙	中国	中国	意大利	西班牙	意大利	西班牙	意大利	西班牙	印度
8	中国	荷兰	意大利	西班牙	意大利	西班牙	意大利	爱尔兰	新加坡	荷兰
9	荷兰	爱尔兰	荷兰	爱尔兰	印度	爱尔兰	爱尔兰	荷兰	荷兰	意大利
10	中国香港	西班牙	爱尔兰	荷兰	荷兰	韩国	荷兰	西班牙	印度	爱尔兰

资料来源　Word Trade Report.

近年来，美国、英国、德国、法国、日本等发达国家虽然在国际服务贸易中占有主要份额，但是其国际服务贸易的增长速度已有下降的趋势，与之相对比，以中国、印度等发展中国家为代表的新兴经济体则异军突起，它们的服务贸易呈现出迅猛增长的态势。根据中华人民共和国商务部服务贸易和商贸服务业司的《中国服务贸易统计2015》（见表2-6），2005—2014年间世界服务贸易增长较快，年均增长率为7%，其中尤其以亚洲的中国、印度，中南美洲的巴西和欧洲的俄罗斯为代表的发展中国家增长最为快速。这期间中国、印度、巴西和俄罗斯的服务贸易出口年均增长率分别达到11%、13%、12%、10%，进口年均增长率分别达到18%、11%、17%、13%，远远高于8%的世界服务贸易进出口年均增长水平；而美国、英国、德

表2-5　　国际服务贸易主要进出口国家和地区（二）

排序	2012年		2013年		2014年		2015年		2016年	
	出口	进口	出口	进口	出口	进口	出口	进口	出口	进口
1	美国	美国	美国	美国	美国	美国	美国	美国	美国	美国
2	英国	德国	英国	中国	英国	中国	英国	中国	英国	中国
3	德国	中国	德国	德国	德国	德国	中国	德国	德国	德国
4	法国	英国	法国	法国	法国	法国	德国	法国	法国	法国
5	中国	日本	中国	英国	中国	日本	法国	英国	中国	英国
6	印度	法国	印度	日本	日本	英国	荷兰	日本	荷兰	爱尔兰
7	日本	印度	西班牙	印度	荷兰	荷兰	日本	荷兰	日本	日本
8	西班牙	新加坡	日本	俄罗斯	印度	爱尔兰	印度	爱尔兰	印度	荷兰
9	新加坡	荷兰	荷兰	新加坡	西班牙	新加坡	新加坡	新加坡	新加坡	新加坡
10	荷兰	爱尔兰	中国香港	荷兰	爱尔兰	印度	爱尔兰	印度	爱尔兰	印度

资料来源　Word Trade Report.

国、法国、日本等发达国家在此期间的服务贸易进出口年均增长率则只维持在0~8%之间，远远低于新兴经济体服务贸易的增长速度。在这一时期，亚洲、中南美洲、独联体国家/地区的服务贸易进出口年均增长速度也高于北美和欧盟地区服务贸易的增速。这表明发展中国家已然成为国际服务贸易发展的新生力量。

从WTO最新发布的《World Trade Statistical Review 2017》来看（见表2-7），2014年之后世界服务贸易增速出现明显下降，2015年增速为-6%，2016年增速为0；发达经济体服务贸易增长速度明显放缓，如2016年美国服务贸易出口增速为0，欧盟出口增速只有1%。发展中国家也未能独善其身，国际服务贸易进出口表现同样疲软，如2016年中国、巴西、俄罗斯、南非等新兴经济体服务贸易出口增长速度分别为-4%、-1%、-2%、-5%。分析其原因，主要是近两年世界经济处于后危机时代的深度调整阶段，不稳定因素的干扰增多，如大宗商品价格低位震荡、部分商品暴涨暴跌，贸易和投资保护主义加剧、逆全球化思潮蔓延，使得世界经济总体增长乏力；发达经济体增长持续低迷，私人投资增长放缓，消费需求不振，金融市场动荡不安，缺乏强劲复苏动力；新兴经济体增长缓中趋稳，但分化态势加剧，部分经济体经济结构单一、财政赤字偏高等结构性问题未得到根本改善，结构调整任务艰巨等。

进入2017年，随着世界经济复苏势头向好，全球贸易复苏步伐明显加快，主要经济体均实现良好开局。美国房地产市场量价齐升，工业生产增长强劲，消费者和企业信心持续增强。欧元区、日本经济增长前景均在好转，通缩基本得到控制。

表2-6　　世界主要国家和地区服务贸易的发展（一）　　单位：%

国家/地区	出口年均增长率				进口年均增长率			
	2005—2014	2012	2013	2014	2005—2014	2012	2013	2014
世界	7	3	5	4	7	4	6	5
北美地区	7	5	5	3	6	4	3	3
美国	8	4	5	3	6	4	3	4
中南美地区	9	6	2	4	12	6	7	1
巴西	12	5	-2	6	17	7	7	5
欧洲地区	6	0	7	5	6	-1	8	5
欧盟	—	—	8	5	—	—	8	5
德国	6	-3	8	5	5	-2	13	1
英国	4	1	3	4	1	2	4	-1
法国	6	0	7	4	7	0	14	6
荷兰	—	-4	8	11	10	-4	6	8
爱尔兰	5	12	9	10	2	3	16	8
独联体国家	10	9	9	-8	12	18	15	-4
俄罗斯	10	7	12	-5	13	19	18	-5
乌克兰	4	4	2	-35	6	10	11	-23
非洲地区	6	7	-4	3	10	2	1	5
埃及	3	12	-16	7	6	8	-4	11
南非	3	2	-6	0	3	-11	-7	-5
中东地区	—	4	2	6	—	5	5	9
阿联酋	—	18	15	—	—	12	12	—
沙特	—	-5	5	7	—	-9	4	17
亚洲地区	10	8	3	5	9	8	4	6
中国	11	17	-4	8	18	18	17	16
日本	5	-3	1	19	4	5	-8	12
印度	13	5	2	4	11	4	-3	-1
新加坡	12	7	4	2	10	9	4	0
韩国	9	14	0	3	8	6	1	4
中国香港	9	8	7	2	4	3	0	2
澳大利亚	6	3	0	0	8	6	3	-7

资料来源　中国服务贸易指南网.

新兴经济体和发展中国家经济活力增强，新兴大国经济增速多数呈加快之势，大宗商品价格回升推动能源资源出口国经济状况逐步好转。其中，中国和印度仍是全球经济增长的重要支撑；巴西和俄罗斯经济将重新走上增长轨道。全球主要经济体经济复苏，将促进资本、技术、人力等生产要素加快流动，服务贸易，各行业、各领域将继续保持较快增长，特别是货物贸易逐步回稳，有望带动运输服务贸易加快增长。

表2-7　**世界主要国家和地区服务贸易的发展（二）**　单位：%

国家/地区	出口年均增长率			进口年均增长率		
	2010—2016	2015	2016	2010—2016	2015	2016
世界	4	-6	0	4	-6	1
北美地区	5	0	1	3	0	2
美国	5	1	0	4	2	3
加拿大	1	-10	1	0	-10	2
中南美和加勒比地区	3	-4	0	2	-11	-5
巴西	2	-16	-1	1	-20	-11
阿根廷	-1	2	-9	5	7	11
欧洲地区	3	-9	0	3	-7	2
欧盟（28国）	3	-9	1	3	-7	2
瑞士	3	-7	1	5	-5	1
独联体国家	1	-16	2	1	-24	-12
俄罗斯	0	-21	-2	0	-27	-16
乌克兰	-6	-16	-1	-3	-17	4
非洲地区	0	-3	-6	-1	-13	-10
埃及	-8	-11	-23	4	-1	-3
南非	-2	-11	-5	-4	-9	-4
中东地区	—	4	4	—	-6	-1
阿联酋	—	4	8	—	-4	3
沙特	7	15	11	0	-11	-8
亚洲地区	—	-3	1	—	-3	3
中国	—	-1	-4	—	1	4
日本	4	-1	7	2	-7	3

资料来源　World Trade Statistical Review 2017.

2.2.2 国际服务贸易迅速发展的原因

推动国际服务贸易迅速发展的原因是多方面的，有经济发展的因素，有科学技术进步的因素，也有制造业国际转移、发展中国家发展战略调整等因素。

1）发达国家与发展中国家服务业的崛起

服务业是基于物质生产部门一定程度的发展而发展的，服务经济的发展基础依赖于物质生产部门的发展。第二次世界大战以后，在科技革命的推动下，社会生产力有了明显的提高，生产的社会分工也在不断加强和深化，与之相连的生产社会化程度也日益提高，许多服务性行业逐步从企业中分离出来。面对国内和国际市场的激烈竞争，各种企业对专门服务的需求日益增加，服务业的交换迅速扩大，在一国GDP中的比重在上升，吸纳的就业人数比重也在提高。发达国家服务业占国民总产出和就业人数的比重大约在60%以上；发展中国家服务业起步虽然比较晚，但从20世纪六七十年代开始有了长足的发展，在产业和就业中的比重呈现出明显的上升态势；新兴工业化国家和地区的经济服务化取得重大突破，服务业在其产出和就业中的比重均开始超过制造业而成为最大的产业。各国服务业的迅速崛起为国际服务贸易的发展奠定了坚实的物质基础，是国际服务贸易迅速发展的主要原因。

2）世界经济发展的不平衡

世界经济发展的不平衡导致世界经济的分工与协作，发达国家的物质生活水平高，对社会服务的要求也高，推动了发达国家服务产业的高度发展。伴随着直接投资和跨国经营的发展，发达国家将服务产业广泛渗透到发展中国家，如将银行、保险、广告等行业拓展到发展中国家市场；同时，来自发展中国家具有优势的廉价劳动力大量进入发达国家的低级劳务市场。发达国家与发展中国家在经济发展上的不平衡性和互补性，导致二者间服务的扩散和对流，从而成为促进国际服务贸易在全球范围内迅速发展的重要原因。

3）信息技术的进步

信息技术的飞速进步及商业化带来了新的国际服务贸易的需求，使原来不可贸易的许多服务领域可以进行跨国贸易，并且使核心服务特别是高新技术跨国服务的贸易得到更快发展。国际信息网络的建立提高了交通、通信、信息处理能力，使得跨国公司有能力提供超出其本身业务范围的服务。计算机广泛运用于服务部门，大大提高了服务部门的生产率和国际竞争力，更加快了国际服务贸易的发展。信息技术改变了许多服务的提供方式，并且使信息更加便于收集、甄别、处理、储存和传递，降低信息处理的传递成本，刺激了直接建立在信息技术基础上的服务贸易的加速发展。

4）跨国公司产业布局的调整

企业活动大量外置化，使得服务业与制造业的界限越来越模糊，而且促进了中间投入的服务也大量兴起，带动了整个服务业的快速发展。制造业企业跨国投资的发展，需要贸易、金融、电信、物流等生产性服务业提供支持。20世纪90年代以来，跨国公司开始了新一轮全球产业布局的调整，许多制造业跨国公司转移到新兴经济国家；伴随着制造业的国际转移，服务业向新兴市场国家转移的趋势也渐趋明显，这一转移热潮涉及软件服务、电信服务、金融服务、管理咨询服务等多个行业，转移的工作岗位动辄成千上万，业务额以亿美元计算。

5）国际货物贸易的增长

世界经济的快速发展，各国国民收入水平不断提高，各类生活性服务，如国际旅游服务、医疗服务逐步发展起来。伴随着国际货物贸易的发展，与之相应的服务活动也同时发展起来，如通过海运完成的国际货物贸易必然会相伴着运输服务，因此，国际货物贸易的增长为国际服务贸易的加快发展提供了广阔的空间。同时，国际货物贸易的自由化以及世界经济的区域集团化，也为国际服务贸易的快速发展创造了良好的外部环境。

6）发展中国家发展战略的调整

尽管发展中国家开放本国服务贸易领域，参与经济全球化进程，可能会给自己带来各种风险和挑战，但在发达国家的积极推动下，在世界贸易组织、世界银行、国际货币基金组织等国际组织的努力下，发展中国家逐渐认识到，如果采取恰当的保护措施，提高本国政府的监管能力和水平，可以做到趋利避害，享受全球化带来的巨大收益。因此，大部分发展中国家开始顺应经济全球化的大趋势，在设立必要的保护措施的基础上，积极对外开放服务贸易领域，扩大了全球服务贸易的市场空间。

2.2.3 影响国际服务贸易发展的因素①

国际服务贸易的发展受很多因素的影响，主要有生产力的发展和服务业国际分工的发展，各国参与服务业国际分工的比较优势、自然条件、跨国公司的生产经营活动、各国执行的各种服务业发展政策和服务贸易政策等。

1）社会生产力是国际服务贸易发展的决定性因素

（1）社会生产力是服务业国际分工形成和发展的决定因素

生产力的增长是社会分工的前提条件，突出表现在科学技术的进步上。迄今为止的三次产业革命对生产产生了革命性的影响，不断更新工艺技术、劳动过程和生产过程，使社会分工和国际分工随之发生根本性的变革。在欧洲国家先后实现了产业革命以后，机器大工业的建立，改善了交通运输工具，也促进了古老的民族工业的解体，使生产和消费具有世界性而出现了国际分工，也预示着服务业国际分工的萌芽。

19世纪70年代以来的第二次科技革命加速了社会生产力的发展，也加快了资本积累和集中，以资本输出为特征的国际资本移动成为当时重要的经济现象，使国际分工进一步发展，形成了资本主义国际分工体系，也标志着服务业国际分工开始

---

① 张汉林. 国际服务贸易［M］. 北京：中国对外经济贸易出版社，2002.

走向成熟。

20世纪初，服务业国际分工最终形成。第二次世界大战后，科技革命进一步加快了生产和经济生活的国际化步伐。跨国公司的大量涌现极大地促进了生产要素在国际上的流动，尤其加速了资本的国际流动，推动了整个服务业的国际分工，也使服务业内部结构发生了较大变化。

20世纪70年代以来，随着生产力的发展、科学技术的进步和社会分工的深化，服务几乎渗透到社会再生产过程的各个领域，服务既可产生于物质生产领域，也可产生于非物质生产领域，成为个人生活、社会和生产活动的组成部分，成为世界经济的一支生力军。

随着世界经济相互渗透和相互依存的加强，生产向集约型转变，信息和知识等进入服务领域，出现了服务国际化和生产国际化彼此交织、国际货物贸易和国际服务贸易彼此交织的大趋势。这反过来又使国际分工进一步深化，并成为资本增值的必要条件。这一趋势还使参加服务贸易的国家之间、非物质领域之间、物质生产部门和非物质生产部门之间的配合日益密切，从而进一步影响了世界市场的变化。

（2）各国社会生产力水平决定其在国际服务业分工中的地位

在世界经济发展史上，英国率先实现产业革命，生产力得以发展，成为“世界工厂”，处于当时国际分工中的领先地位。欧美国家相继完成产业革命后，生产力的发展使其与英国共同成为国际分工的中心和支配力量。第二次世界大战后，各国生产力普遍得到发展，以美国为首的西方国家和少数新兴工业化国家与地区发展较快。因而，美国及其西方盟国在国际服务贸易中处于绝对的优势地位，新兴工业化国家与地区也跻身于世界服务贸易前25位。

（3）社会生产力的发展最终决定国际服务贸易的内容、范围和方式

科学技术作为第一生产力对经济的影响越来越大。科技使各国产业结构发生变化，从农业转向制造业，又从制造业转向服务业，也使服务业的分工形式、贸易方式、贸易内容、贸易结构发生变革。社会生产力的发展对服务业国际分工的形式、广度、深度具有决定性影响。

从服务贸易的方式看，服务与当代科学技术的结合使服务贸易方式发生了很大变化。现代信息处理和传递技术的出现，使诸如时间和距离这样的问题丧失了其重要性。卫星和光纤电缆技术不仅能在瞬间传递信息，而且使得在同一时间提供服务并在以后某个时间消费它们成为可能。电信技术的发展使人们不需要亲自去银行，不需要为传递商业报纸和杂志而进行商业会晤。新技术大大提高了服务的信息化程度，使银行、保险、医疗、咨询等许多服务从原来采用供求双方直接接触的方式转向越来越多地采用远距离信息传递的方式，从而改变了服务不可储存和运输的传统特性。

现代科技的不断发展大大推动了各国服务业结构的变化，使社会经济进一步服务化。在物质产品生产领域中，其表现为白领工人、专业人员的数量有所增加。现代物质产品生产和服务行业的投入成本中，知识、信息投入的比重不断增加。随着

工厂的自动化和产品生产的复杂化，在流水线上工作的工人在日益减少，更多的人力和物力将用于计算机程序的编制、机器人的设计，以及从事研究、管理计划、销售及售后服务等。

新技术革命给服务业和服务贸易在内容、方式、结构及数量上所带来的变化使服务业和服务贸易在各国国民经济中的战略地位大大提高。

2）自然条件是服务贸易比较优势的重要来源

自然条件是一切经济活动的基础，没有一定的自然条件，任何经济活动都无从谈起，正像威廉·配第所说："劳动是财富之父，土地是财富之母。"所以，自然条件对国际服务贸易有一定的影响，尤其是服务基础设施对服务贸易的方式、规模和质量有着重要的影响。

所谓服务基础设施，是指能提供服务的基本资源。在现代条件下，其主要是指信息技术设施、电信设施、交通运输设施、维修设施、旅游设施等，其中以信息技术设施、电信设施和交通设施最为重要，它们影响着现代国际服务贸易的方式、规模和质量。

信息技术设施包括计算机、各种外围设备及信息资源本身，如各种软件、数据库等，这些信息资源已成为国际服务贸易中比较优势的决定因素，一国拥有信息资源的程度决定其能否成为国际服务贸易的主导国家。发达市场经济国家拥有丰富的信息技术设施，它们可"以知识为基础"来提高制造业和其他部门的竞争力，如美国拥有世界上近 2/3 的数据库，美国公司控制着全世界 80% 的数据库，所以美国的服务出口以智力服务为主，并有潜力发挥服务的出口优势。

电信设施是信息传递的基础，电信设施与信息技术设施的结合造就了新技术革命，加快了服务进入国外市场及服务市场国际化的速度。电信设施还是其他一些服务，如运输、金融和音像等服务的基础，对劳动密集型的服务部门也有很大作用，是国力的一种体现。大多数发展中国家由于缺乏先进的电信设施，所以不能支持各种服务行业的发展。虽然发展中国家在劳动密集型服务业中具有比较优势，但现在的劳动密集型服务业中，有很多工作需要由发达国家先进的计算机分析系统来完成，发达国家由于拥有技术优势和发达的信息网络，仍占发展中国家劳动密集型服务收益中的一部分。

3）各国参加国际服务贸易竞争的比较优势

目前的国际服务贸易总格局是发达国家占据优势，发展中国家作为一个整体在服务贸易中处于逆差状态，其中相当多的发展中国家巨额逆差，个别新兴工业化国家和地区在国际服务贸易中拥有少量顺差。

在国际服务贸易中，比较优势不是来自明确的自然因素，而是经济发展水平和国际经济格局产生的结果。当前，地理环境、资源、劳动力价格等这些相对稳定的因素在决定成本方面的作用在下降，而资本和技术因素的作用在上升，资本和技术是决定国际竞争力的主要因素，国际服务贸易本身又是一种资本积累和技术转让的渠道，它可以通过影响技术和其他生产条件来改变原来的比较优势，形成新的国际贸易格局，也可以强化原来的比较优势。

4）跨国公司对国际服务贸易的影响

第二次世界大战结束后，在西方经济发展不平衡和新技术革命的作用下，国际分工进一步深化，资本输出空前繁荣，资本国际化程度大大提高，跨国公司蓬勃发展，它们集商品贸易、服务贸易、对外直接投资于一身，在全球范围内活动。它们通过承包和技术转让，促进了劳动力的国际流动，带动了金融服务、法律服务、保险服务、运输服务、计算机服务、技术服务、工程咨询服务等国际服务贸易的发展。

5）社会需求结构的变化影响着国际服务贸易

生活水平的提高，对较高生活质量的期望，空暇时间的增加，城市化，儿童和老龄人口的增长，社会经济结构的变化，消费者需求的复杂多样化，技术的发展，管理行为的国际化、高级化、系统化，贸易和投资的国际性竞争，使世界各国对服务产生了更多的新需求，尤其是增加了对高质量服务的需求。社会的需求是服务业发展的动力，人类社会对于各种新兴服务的需求极大地推动了国际服务贸易的发展。

6）各国政府的政策对国际服务贸易产生巨大的影响

各国政府所采取的政策对世界服务贸易的发展有着举足轻重的作用。纵观世界各国政府的政策，一般有两种：一种是鼓励国际服务贸易的政策；另一种是限制国际服务贸易的政策。实行鼓励国际服务贸易的政策，必将实行较为自由的服务贸易，进而促进服务贸易的发展；而如果实行限制国际服务贸易的政策，则会抑制国际服务贸易的发展，从而对国际服务贸易的发展产生不利影响。

2.2.4　国际服务贸易发展的特点和趋势

1）国际服务贸易发展的特点

国际服务贸易的快速发展呈现出鲜明的特征：第一，服务贸易发展的地理分布不均衡。发达国家与新兴工业化国家和地区在国际服务贸易中占据主导地位，在发达国家中尤其以美国最为突出；在发展中国家和地区中，亚洲服务贸易的发展尤为迅速，超过所有发展中国家和地区服务出口的一半。第二，服务贸易对象的技术含量越来越高，在行业分布中，新兴服务贸易发展迅速，生产性服务成为国际服务贸易中最主要的一大类服务；发达国家在新兴服务贸易中占据重要地位，发展中国家和地区虽然仍然主要依靠旅游、运输等传统服务业，但包括金融服务、通信服务、知识产权交易等的新兴服务业所占比重也有所上升。第三，信息技术在国际服务贸易中的广泛运用把一系列涉及国家经济命脉、主权、安全的关键领域引入国际市场，这使得各国不得不把以信息流动为主的国际服务贸易作为战略问题加以处理，实行有效监督和管理，服务贸易日渐成为衡量一国国际竞争力的重要指标。第四，随着科技的进步和经济全球化的深入，服务外包日益成为服务贸易的新方式。全球服务外包业务起始于20世纪80年代，开始仅限于少数传统行业，随着经济全球化的加强和跨国公司战略的调整，服务外包发展迅速，影响广泛。进入20世纪，全球服务外包仍保持着快速发展势头。据全球最著名的管理咨询公司麦肯锡预测，到2020年，全球服务外包市场整体收入将超过150万亿美元。服务外包的主要国家和地区依次是美国、欧盟、日本。在全球服务外包支出中，美国约占2/3，欧盟和日本占近1/3，其他国家所占比例较小。亚洲是承接服务外包业务最多的地区，约占全球外包业务的45%。印度是亚洲的外包中心，墨西哥是北美的外包中心，东欧是欧洲的外包中心。近年来，中国、俄罗斯等正成为承接服务外包业务较多的国家。

2）国际服务贸易发展的趋势

世界经济、贸易的稳步发展，跨国投资的持续提升，各国服务市场的进一步开放，都将刺激国际服务贸易的发展，国际服务贸易也将出现一些新趋势。

（1）新兴服务行业发展迅速，服务贸易结构进一步调整

在服务贸易规模方面，服务贸易在国际贸易中所占比重将越来越大，服务贸易将成为推动生产国际化和全球贸易发展的火车头。在行业结构方面，与跨国投资和经营活动有关的金融、保险、运输、通信、信息咨询等服务贸易将得到迅速发展。这具体表现在：高新技术广泛应用到服务产业，使得专业服务、建筑设计服务、计算机信息服务、环境服务等新兴服务行业不断涌现并迅速扩张。随着可持续发展、崇尚自然、确保健康成为未来世界的重要主题，包括污水处理、废物处理、环境咨询、环境监测、环境工程设计等的环境服务业正在异军突起。有关数据显示，一直占世界服务贸易额60%左右的运输、旅游服务在发展中呈下降趋势，其他服务，包括通信、金融、信息、专利许可和其他商业服务等现代服务行业则增长较快，所占比重不断上升。国际服务贸易正逐渐由传统的以自然资源或劳动密集型为基础的传统服务贸易转向以知识技术密集型或资本密集型为基础的现代服务贸易。

（2）服务贸易地区结构仍不平衡，发展中国家和地区的不平衡加剧

国际服务贸易的发展是以各国和各地区服务业的发展为基础的，由于经济发展水平的不平衡，资源禀赋、经济结构、发展阶段、文化背景等方面的差异性，造成了服务贸易地区结构上的不平衡性。凭借技术与经济实力、制度优势以及规则的制定权，在服务贸易地区分布方面，发达国家将继续保持竞争优势，但发达国家间显著不平衡的状况可能会有一定改观，美国在世界服务业的绝对优势不大可能被动摇，德国等在不少领域的竞争力会有明显增强。发展中国家和地区的整体地位将继续上升，在旅游、运输等传统服务贸易领域和其他新兴服务贸易领域所占份额会有所提升，但在知识产权等服务贸易领域仍将处于比较劣势，并在整体上处于逆差状态。一些新兴工业化国家和地区将继续快速发展，地位明显提高，将出现一批新的服务贸易大国和地区，加剧发展中国家和地区服务贸易发展不平衡的态势。

（3）服务贸易自由化趋势明显，同时贸易壁垒日趋隐蔽化

发达国家在服务贸易方面具备巨大的竞争优势，它们极力主张服务贸易自由化。1994年GATS的诞生第一次为服务贸易自由化提供了体制上的保障，不仅各国政府逐步开放服务市场，而且其有遍及各个服务行业的趋势，国际服务贸易自由化

趋势日益明显。同时，服务贸易领域依然存在许多壁垒，尤其是在投资设立商业服务机构方面。鉴于服务贸易不易征收关税、不容易监管等特殊性，加上缺少服务贸易方面的国际规则，各国都在不同程度上存在着非关税壁垒和大量复杂的规定与措施，以此来保护本国的国家安全、本国的民族服务业以及本国的文化和传统的价值观。

（4）服务业国际转移趋势愈演愈烈，服务外包的发展势不可挡

世界经济的变革与发展总是伴随着一轮又一轮的国际产业转移。产业转移随着各国经济和技术的不断发展、基础设施的愈发完备以及国际联系的日趋紧密而不断变化发展。转移的客体逐渐从有形的商品生产转向无形的服务提供；转移的方式逐渐从传统的对外直接投资生产等发展为包括外包、跨国并购在内的多种转移方式并存。在此过程中，国际产业转移的附加值逐步提高。

在经济全球化和产业融合的背景下，发达国家的跨国公司逐步把部分服务内容通过项目外包、业务离岸化、外国直接投资等方式向发展中国家转移。从2003年开始，发达国家服务业工作岗位向低收入国家转移的速度明显加快，而且这一趋势愈演愈烈，随之而来的将是发达国家服务业向海外转移高峰的到来。由于服务业转移具有较强的选择性，它不仅青睐低人力成本，而且要求有受过良好教育、具有创造力的人力资源，以及日臻成熟的技术条件、相关产业基础和制度保障等，因此，现阶段服务业的转移仅集中在少数亚洲新兴市场经济国家，如印度、菲律宾、中国等。

新一轮国际产业转移主要是以外包形式出现的服务业转移，开始于20世纪70到80年代，大型企业的业务流程从北美和英国转移到爱尔兰等中等发达国家。90年代后期信息技术应用服务及业务流程迁移到印度、菲律宾等发展中国家。进入21世纪后，服务外包进一步向包括中国在内的发展中国家转移。新一轮产业转移给国际产业分工合作和各国经济发展带来了重大机遇。美国、欧洲和日本等成为全球最主要的转移方和发包地区，这三者的服务外包业务占全球服务外包市场的90%以上。爱尔兰是最早承接服务外包业务的国家之一，在欧洲市场上处于垄断地位。印度后来者居上，其服务外包行业在政府的重视与支持下迅速发展，于2001年超过爱尔兰成为世界上最大的接包国，有“世界办公室”之称。受印度成功经验的影响，其他国家，特别是发展中国家，竞相出台各种政策法规、制定发展战略，鼓励和促进软件和服务外包承接，占全球60%以上的市场份额；拉美地区的巴西、墨西哥等也是重要的服务外包承接国。

尽管服务外包的发展仍处于初级阶段，首先开展服务外包的金融和IT产业依然处于国际产业重组的起始阶段，但服务外包的影响力已经显示出不可逆转的势头，可能在各个行业和许多国家迅速蔓延。虽然服务外包的发展规模和程度尚不能确定，但在模式和地区特点方面已基本固定，处于不同发展水平的少数国家已经吸引了绝大多数对外分包的服务业务。影视和文化服务，主要包括动画和录像带产品及其分销，动画设计、广播和电视传输、音像、娱乐、文化和运动服务以及新闻机

构服务。出口这些服务的发展中国家和地区主要有阿根廷、巴西、中国香港、印度、墨西哥和委内瑞拉。商务服务主要包含各种办公室支持流程，客户交易和技术支持，如制作摘要和目录、数据录入和加工、电子出版、诉讼支持、邮递名录管理、远程秘书服务、技术性写作、电子营销、电子支持和网站设计等。印度是迄今为止此类服务最大的发展中国家出口国。计算机及相关服务主要是指计算机硬件和软件工具安装服务、数据加工、包括计算机在内的办公设备维护和维修以及其他计算机服务。爱尔兰、印度和以色列占据了这种服务出口市场的绝大多数份额。高等教育和培训服务受益于新技术的发展，使得低成本传递影像和声讯制品成为可能，直接通过互联网促使跨境教育以电子方式蓬勃发展，一些发展中国家正在这个市场上争取自己的位置。金融服务主要包括保险和与保险相关的服务、银行及金融信息服务等其他的金融服务。许多发展中国家出口此类服务是通过合资企业或作为发达国家大型金融服务跨国公司的分支机构。外国分支机构不仅向其母公司和东道国提供服务，而且还向第三国出口服务，包括向其他发展中国家市场提供服务，印度在这个领域扮演着重要角色。在拉美，再保险企业正在与金融服务提供者及保险公司协作，提供一系列有竞争力的新的金融产品。各类专业服务，包括法律服务、会计服务、审计服务、税务服务、建筑设计服务等，代表了服务外包的尖端领域，这些领域有很高的技能要求，并要求服务提供者在国外市场建立良好的信誉。通常的外包流程包括为顾客记账、文件管理、人员配备、IT服务。印度、新加坡和其他中欧及东欧国家是此类服务的出口大国。

【专栏2-1】　全球服务外包发展的新趋势

全球服务外包是从20世纪80年代开始的，90年代中期以后得到较快发展。近年来，全球服务外包出现了一些新的发展态势。

（1）业务流程外包将成为服务外包的主要方式。服务外包大致可分为两种形式：信息技术外包（ITO）和业务流程外包（BPO）。信息技术外包发展较早，20世纪80年代一些信息服务企业为了节约成本，就将部分软件开发、应用系统设计、动漫制作等非核心业务以签订合同的方式委托给外包商，90年代又出现离岸外包的趋势，充分利用发展中国家的人力资源进一步降低成本。近年来，随着互联网在发展中国家的普及，全球服务外包业务正逐渐由以信息技术外包为主向以业务流程外包为主转变。业务流程外包的增长速度已经连续几年高于信息技术外包，2006年全球信息技术外包的市场规模为2 170亿美元，同比增长6.1%，占服务外包市场的62.2%；业务流程外包的市场规模为1 320亿美元，占服务外包的比重为37.8%，但是其增长速度却是信息技术外包的两倍多，高达15.1%。预计2010年以前，业务流程外包的市场规模将超过信息技术外包的市场规模。业务流程外包的特点是在线同步服务，如商场的订单处理、物流的配送处理、银行的数据处理、企业的用户支持等。业务流程外包不仅面广量大，而且突破了人才专业的限制。信息技术外包需要的是专业IT人才，而业务流程外包需要各种各样的人才，甚至一般人才，这就大大拓宽了服务外包的范围。

（2）全球服务外包市场格局出现新调整。全球服务外包市场主要集中在北美、西欧、亚太和拉美地区。其中，美国服务外包市场较为成熟，是全球服务外包的首发地和最大客户，2006年北美服务外包市场为1 716.6亿美元，占全球服务外包市场的份额为49.2%。欧洲和日本的服务外包也有一定的市场，2006年西欧服务外包市场为984.8亿美元，占全球服务外包市场的份额为28.2%；日本的服务外包市场为374.5亿美元，占全球服务外包市场的比重为10.7%。亚太地区的服务外包市场发展呈现强劲增长趋势，成为全球服务外包业务增长最快的区域之一。2006年亚太地区市场规模为231.1亿美元，占全球服务外包市场的比重为5.2%。目前，澳大利亚、加拿大、爱尔兰和印度被视为发展最为成熟的离岸ITO与BPO接包市场。印度凭借语言、电子信息专业人才规模、产业政策以及服务外包质量等优势，占全球ITO与BPO市场40%以上的份额，在全球20大ITO/BPO供应商中有7家是印度公司。但近年来印度开始出现人才供应能力减弱、招募成本和难度上升的问题，而跨国公司出于自身经济安全和分散风险的考虑，也开始重视对其他发展中国家的开发，中国、马来西亚、菲律宾、俄罗斯、墨西哥、巴西、罗马尼亚以及非洲等新兴国家正在成为强有力的竞争者。据互联网数据中心预测，未来五年中国信息技术接包将以每年38%的速度增长，规模将超过80亿美元，其业务流程接包将是2006年的2.5倍。

（3）国际专业化服务外包生产企业正在形成。过去承接服务外包业务的企业大多是小规模企业，人数不多，以灵活和低成本为主要竞争优势。但近年来，出现了一批以提供不同程度服务外包作为核心业务的厂商，它们的规模为数千人甚至上万人，并已建立起具有全球竞争力的服务品牌，有的已在全球细分市场中形成相当集中的寡头结构。IBM从传统计算机制造企业演变为目前大量承接IT专业外包业务的巨型服务型公司是一个突出案例。

资料来源　许佩倩．国际服务外包新趋势与中国服务外包业发展［J］．现代经济探讨，2008（11）．

国际服务外包发展的主要原因如下：

第一，日益激烈的国际市场竞争是服务外包发展的根本原因。国际市场的竞争由一般技术竞争转向核心技术竞争，由区域性竞争转向全球性竞争。企业为了不断进行技术创新，开发和垄断核心技术，不得不把一般技术的生产和服务外包出去，以最大限度地保持企业的竞争力。必须利用国外资源，与国外企业建立战略同盟，才能保持和扩大国际市场占有率，服务外包就是其中一种有效的模式。

第二，信息的飞速发展为服务外包的发展提供了技术基础。信息技术特别是Internet的发展，从根本上改变了企业管理模式和运行方式，企业进行信息收集、加工、传递的成本大大降低，企业协作的交易费用大为减少。相互协作的企业以信息网络为依托，集中不同公司的资源，提高自身的竞争力，从而使服务外包得以实现。

第三，现代企业战略管理理论为服务外包的发展提供了理论指导。传统企业战略管理理论认为，企业只有集研发、设计、生产、销售、售后服务为一体，把企业做大，才能把企业做强；现代企业战略管理理论认为，企业只有保持竞争优势，培育核心竞争力，才能做强，强不一定要大。服务外包经营方式遵循的是比较优势原理，通过服务外包可以最大限度地利用其他国家和企业的资源，创造出更大的竞争优势。

第四，成本最小化、利润最大化的企业目标为服务外包的发展提供了强大动力。服务外包的发展主要得益于不同国家间的工资成本差异，如我国的平均工资水平约为美国的1/40，通过服务外包利用国外人力资源优势，能有效地降低生产成本。就短期效应而言，服务外包可以节省20%~40%的运营成本；就长期效应而言，服务外包将对相关服务的价格走势造成影响，从而提高企业和整个行业的效益。

【专栏2-2】　　　　中国服务外包七大发展趋势

（一）创新成产业发展新动力

近10年来，我国服务外包产业经历了从小到大快速发展的起步阶段，党中央、国务院先后出台了一系列政策措施，注重引导通过创新促进产业向高新技术、高附加值方向发展。2017年是服务外包发展“十三五”规划实施之年，创新成为服务外包产业发展的关键因素，建立创新机制、培育创新企业、拓宽创新领域、拓展新市场、制定创新管理政策是事关产业发展全局的重点工作。

当前，全球价值链的发展与重构广泛地拓展到服务领域，全球服务分工网络体系的迅猛发展使得服务渗透到生产的每一个环节，整合协调着全球化生产的各个方面，服务外包也由此成为全球价值链的核心环节和关键节点。离岸服务外包极大地促进并强化了全球生产“碎片化”的特征与趋势。企业需通过整合技术、资本、市场、人才、信息、渠道、管理等国际优势资源，在全球范围内设立研发中心、交付中心、共享中心、服务中心、营销中心和管理中心，不断扩大国际市场业务规模、提升产业技术研发创新能力、增加新的业务模式与服务产品组合，培育转型升级过程中以设计、研发、营销、服务为核心的增长新优势。

新技术推动新业态不断涌现。云计算、大数据、物联网、移动互联、人工智能、区块链等技术的快速研发与应用，促进云服务、互联网反欺诈、大数据征信、供应链金融服务、工业物联网应用、场地智能化设计、知识产权管理服务、新能源汽车服务、创意设计等技术与价值含量较高的业务向成熟化发展，为服务外包产业注入了新的动力。

据独立咨询机构Forrester当时预测，2017年人工智能的投资将同比增长300%，帮助企业在精准营销、电子商务、产品管理等更多领域更快地作出业务决策。由中国发起的首个全球区块链理事会刚刚成立，该平台致力于将区块链技术应用于资产托管、产业链金融、消费金融、金融科技等领域。中国在该领域的领先技术将推动更多的国内外企业与服务提供商建立基于区块链技术的区块链服务合作，将该技术应用于金融和运输、制造等非金融领域，促使服务外包更具技术密集型产业特性，推动服务外包产业能级再上台阶。

与此同时，互联网让服务外包共享经济、网络协作成为可能，通过线上线下融合、大数据与平台化，打破地域、资源与成本的限制。众包模式为服务提供方与需求方的对接提供了新的渠道，不仅提高了资源整合效率，形成了新的平台数据价值，更重要的是为服务外包促进大众创业、万众创新提供了重要载体。

（二）发包市场有望快速发展

过去的10年是我国服务外包产业发展的起步阶段，从产业来看，以承接国际服务外包业务为主，但作为服务进口的发包尚未被纳入服务外包统计范畴，对服务贸易贡献低估明显。服务外包作为整合全球资源的重要模式，既要开拓新的国际市场空间，进一步扩大承接离岸服务外包业务，提升在全球外包中的竞争力，增加服务出口能力，又要服务于全球化投资与本地化建设，建立双向互动的国际服务合作关系。这就要充分挖掘我国服务发包市场的巨大潜力，鼓励金融、制造、能源、医药等行业的大型机构和企业扩大服务发包规模，引导我国在境外开展对外投资合作的企业在当地购买服务，配置全球资源、提升价值链分工地位。

同时，通过发包加快服务与传统产业的融合，加速释放在岸服务外包市场业务，形成"服务外包+农业""服务外包+制造业""服务外包+金融""服务外包+信息技术""服务外包+能源""服务外包+医药"等新模式，促进传统产业提升附加值，延伸产业链。

（三）产业融合特性更加突出

服务外包正加速与技术、行业及国家战略全方位、广领域、深层次的融合发展。技术方面，新一代信息技术加速与传统服务外包产业融合，基于云的服务模式被广泛认可，云端交付也大量被传统服务外包企业所采用，SaaS（软件即服务）和On-demand Payment（按需付费）成为主流的交付与定价模式。

此外，服务外包与人工智能融合催生了新业态，比如传统的呼叫中心通过引用人机智能交互技术，实现自动语音识别、语音信息抓取及其智能应答，并通过分析客户体验与反馈意见获得客户需求与市场信息，再利用新媒体平台进行精准的互联网营销。

行业融合方面，"服务外包+"逐步构建出新型的农业、制造业、现代服务生产体系，实现传统产业的信息化、数据化、智能化与服务化。国内服务外包领军企业软通动力，近年来专注于智慧城市、产业互联网、跨境电子商务领域的服务外包业务，同时积极挖掘工业链上下游的产业机会，形成企业级服务外包集群效应。浙大网新为大庆采油业提供一整套利用大数据控制成本的信息化解决方案，实现实时监控、降低污染与能耗的智慧采油新模式。同时，越来越多的服务外包企业通过行业内外并购实现资源整合与服务能力拓展。

战略融合方面，服务外包与"中国制造2025""互联网+"等国家战略紧密融合。当前，我国经济发展进入到新常态下服务经济引领期和创新国际竞争优势关键期，处于从"中国制造"向"中国智造"和"中国服务"转型的过程中，服务外包产业正成为推动中国产业结构转型升级、吸纳中高端人才就业、培育国际竞争新优势与提升全球价值链的中坚力量，尤其对于正在迈向制造强国的中国制造业转型而言意义重大。

据中国服务外包研究中心统计，全国已有130多个地级以上城市发展服务外包产业，正在形成服务外包全国一盘棋的生动发展局面，对国民经济和服务贸易增长的贡献度有望进一步提升，持续为中国产业转型与宏观经济的健康发展注入动力。

（四）外包新理念形成外包新价值

帮助客户带来价值成为外包新的理念。国内服务提供商通过不断积累经验和技术创新，通过服务外包实现资源共享和优势互补，参与全球化分工的深度和广度前所未有，服务供给能力大幅提升。从最初承接非核心业务或业务中间环节到逐步尝试一些核心业务，发包方与接包方的关系从简单的雇佣关系转向利益共享、风险共担的战略合作关系。

目前，越来越多的中国信息服务提供商及生物医药研发企业加速在海外设立研发中心，由乙方变为甲方，出现向发达国家发包购买研发服务、共同致力于研发创新的新态势。传统的发达国家向发展中国家发包的固定模式被打破，更具战略合作意义的长期伙伴关系逐渐形成。

（五）数字贸易有望成为新增长点

在全球数字贸易迅猛发展的大趋势下，一旦符合共同利益的数字贸易规则落地，将增强跨国企业全球发包的意愿，促进我国服务外包与数字贸易的融合发展。从国内市场政策环境层面看，全国服务贸易创新试点将加快深入开展，第三批自贸区也将加速推进以负面清单模式为核心的贸易自由化制度创新，为国内更广泛区域加速离岸服务外包的创新发展提供良好的制度保障。

（六）多元市场促进形成产业新格局

美欧日等发达国家和地区是中国服务外包传统的主要国际市场，随着“一带一路”倡议的实施和我国传统产业尤其是制造业的转型升级，“一带一路”相关国家服务外包业务加速释放，在岸市场规模快速扩大，中国服务外包产业有望形成发达国家、新兴国家和国内市场“三位一体”的产业新格局。

随着“一带一路”互联互通工程建设的加速推进，我国在中亚、西亚等地区将获得更多工业技术服务、信息化解决方案、专业业务服务需求。安永咨询公司研究报告显示，2018年中东北非地区服务外包市场规模预计将达到70亿美元，部分经济贸易发展良好的城市（如迪拜等）已经将服务外包列为重点发展对象。

（七）继续为区域协同发展提供新动能

以长江经济带、环渤海及珠三角为核心的服务外包领先区域将继续发挥集聚示范效应，引领全国产业的制度创新、技术创新、业态创新与模式创新，同时将中低端业务加速向成本更低的中西部欠发达地区转移，服务外包产业核心区雏形将加速显现，对协调发展的带动促进作用更加明显。

资料来源　邢厚媛，涂舒．2016年中国服务外包发展回顾和2017年七大发展趋势［EB/OL］．［2017-02-03］．http：//coi.mofcom.gov.cn/article/t/201702/20170202509802.shtml.

2.3　国际服务贸易统计

全球贸易自由化倾向的发展以及各国政府对经贸活动管制的放松，推动了国际投资和贸易在货物与服务领域稳定增长，对具有完备的、及时的、准确的、可比的国际服务贸易统计数据的需求也就越来越迫切。然而，由于长期缺乏统一的服务贸易概念和统计标准，加之世界各国服务贸易发展水平很不平衡，国际服务贸易统计远远落后于服务贸易的发展。

2.3.1　国际服务贸易统计的发展

1987年末，联合国统计局和IMF统计局联合向各国的统计局和国际收支统计汇编单位发送了“服务贸易统计问题调查表”，1988年和1989年又两次将各国答复意见的汇总情况发送各国征求意见，并据此对国际收支统计进行了改进。1993年，IMF在BPM 5中首次将服务贸易单列，目前各国多数以BPM 5为指导编制本国的国际收支统计（BOP统计），并以此为基础进行相应的服务贸易统计。按照BOP统计原则，国际服务贸易统计仅是居民与非居民之间的服务性交易，即跨境交易。

1993年乌拉圭回合最终结束，各缔约方签署了第一套有关国际服务贸易且具有法律效力的多边规则GATS，各缔约方特定服务部门的具体承诺是根据跨境提供、境外消费、商业存在、自然人流动四种提供方式分别做出的。按照GATS的统计原则，国际服务贸易统计既包括跨境交易（以跨境提供、境外消费、自然人流动方式提供），也包括境内交易（以商业存在方式提供）。

随着跨国投资和经济全球化的发展，已有一半以上的外国直接投资进入了服务业领域，外国附属机构（FATS）以商业存在的方式所提供的国际服务贸易越来越重要，并已经超过BOP统计的服务贸易，但大多数国家却没有将其纳入统计范围。鉴于此，要综合反映一国国际服务贸易的实际情况，就必须同时建立两套国际服务贸易统计标准：BOP统计和FATS统计。

然而，碍于人力、财力、业务能力等方面的因素，各国的服务贸易统计发展非常不平衡：美国在服务贸易统计方面居世界领先地位，不仅可以提供BOP统计数据，还可以提供FATS统计数据，并产生分产业、分国别的详细数据，但在按服务提供方式统计服务贸易方面进展缓慢。欧洲共同体统计局成员基本可以提供BOP口径的服务贸易统计，在内向FATS统计方面也取得了一定突破，但外向FATS统计进展不大，按服务提供方式分类的服务贸易统计尚未进行。多数发展中国家的服务贸易统计限于BOP口径的服务贸易数据，在FATS统计方面尚处于起步阶段。

为了在服务贸易统计方面加强国际组织之间的合作，1994年联合国统计委员会批准成立了国际服务贸易统计机构间工作组，其任务是加强各国际组织之间的合作，鼓励开发国际服务贸易概念、定义和分类，促进国际服务贸易统计的可获性、质量和国际可比性。1995年GATS的实施，以列举、描述的形式给国际服务贸易下了一个新定义，即国际服务贸易的4种提供方式，服务贸易的国际谈判、协议履行情况的检查都得围绕这4种方式进行。这样，贸易谈判者、政策制定者、市场开发者、经济分析者等都需要符合4种提供方式的服务贸易统计数据。

1996年，由来自联合国、欧洲共同体委员会、国际货币基金组织、经济合作与发展组织、联合国贸易和发展会议、世界贸易组织的专家组成的国际服务贸易统计机构间工作组开始起草《国际服务贸易统计手册》，力求制定既有创意又与现行统计体系相一致的新的国际统计方法。1999年，针对手册与1993年国民账户体系（1993 SNA）分类的协调问题进行了审议，广泛征求各国统计部门和BOP汇编部门的意见，70多个国家给予了答复。2000年，联合国专家小组对手册的内容和结构进行了全面审议，于2001年3月提交统计委员会第三十二届会议，统计委员会批准了手册。手册详细阐述了国际服务贸易统计的概念框架，界定了FATS统计的相关统计指标，与其他相关统计体系做了横向对比，明确了相互间的关系，最大限度地弥补了统计体系的不足。

2.3.2 国际服务贸易统计体系分析

1）BOP统计

BOP统计是政府或专业机构收集的有关产业和具体部门的信息，反映一定时期内一国与外国或境外地区发生各种往来的流量和规模。就服务贸易统计而言，BOP统计是目前能够较全面反映全球服务贸易状况的权威统计，它将国际收支账户中的服务贸易流量分成两种类型：一种是与资本项目相关，即与国际上的资本流动或金融资产流动相关的国际服务贸易流量，称为要素服务贸易；另一种是与经常项目相关，而与国际上资本流动或金融资产流动无直接关联的国际服务贸易流量，称为非要素服务贸易。图2-1为BOP统计示意图。

- 国际服务贸易
  - 非要素服务贸易
    - 运输、通信
    - 金融、保险、专业服务
    - 旅游、广告
    - 知识产权、技术咨询
    - 特许使用费
    - 其他私人服务
  - 要素服务贸易
    - 股息（包括利润）
    - 利息
    - 国外再投资的收益
    - 其他资本净收益

图2-1 BOP统计示意图

BOP统计非要素服务和要素服务的划分是不尽合理的。按照三要素理论，作为典型的劳动要素跨国服务项目的国际工程承包、劳务输出及航运维修服务等收支应列入要素服务贸易项目。随着世界经济一体化、全球化程度的不断加深，表现为土地要素的国际批租、开发区建设、保税区建设及离岸金融市场建立等租金流量也应列入要素服务贸易项目，但根据现行的国际收支账户体系和统计分类标准，这些项目由于与国际资本流动不存在直接关联，因此，不可能进入要素服务贸易的范围。同时，由于BOP统计数据高度累计，以及存在统计范围、记录时间和各种货币换算上的差异以及统计口径的不同等原因，使得BOP统计经常不准，或被高估或被低估，与实际情况存在较大差异。

2）FAT统计

FAT统计反映的是外国附属机构在东道国发生的全部商品和服务交易情况，包括与投资母国之间的交易、与东道国其他居民之间的交易以及与其他第三国之间的交易，但核心是其中的非跨境商品和服务交易。图2-2为FAT统计示意图。

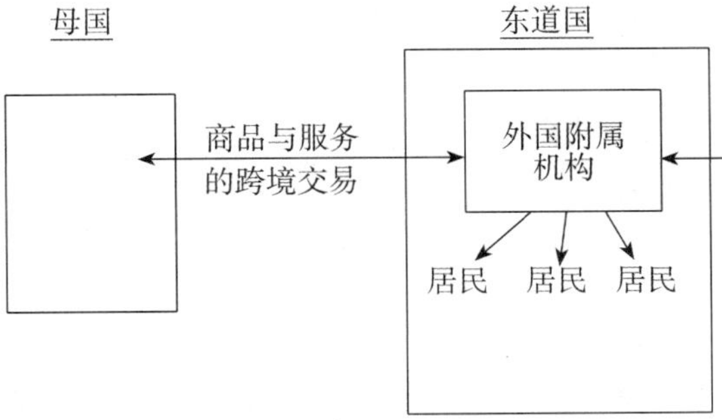

图2-2　FAT统计示意图

按照WTO的要求，外国附属机构的当地服务销售作为国际服务贸易的内容，因此，对非跨境的服务销售进行FAT统计，作为广义国际服务贸易统计的内容；对外国附属机构的当地商品销售进行FAT统计，作为对外国直接投资统计的进一步深化和对商品贸易统计的有效补充。FAT统计弥补了国际商品贸易统计、跨境服务贸易统计和外国直接投资统计的不足，将外资企业的生产和服务提供对贸易流动的影响，以及由此产生的利益流动反映出来。

对任何一国来说，直接投资都是双向的，既有外国在本国的直接投资，也有本国在外国的直接投资，这种投资的双向流动反映在统计上，就形成了FAT的内向统计和外向统计。就报告国而言，记录外国附属机构在本国的交易情况的统计，称为内向FAT统计；记录本国在国外投资形成的附属机构在投资东道国的交易情况的统计，称为外向FAT统计。就统计范围而言，FAT统计包括了外国附属机构的全部交易——跨境交易和非跨境交易，但核心是非跨境交易，即企业的国内销售。就统计对象而言，FAT统计反映的不仅是投资状况，更主要的是贸易利益问题，只有外国投资者拥有并控制了该企业，才有可能决定贸易过程并获得贸易利益，因此，只有外国投资者绝对控股并且能够控制的企业，及外国投资比例在50%以上的企业才被列入FAT统计范围。

3）4种服务提供方式的简化统计

国际服务贸易的提供方式是GATS的核心，为实现统计上的可操作性以及与国际标准的一致性，《国际服务贸易统计手册》提出了一个简化的统计方法，作为将BPM5和FATS服务交易分配给GATS提供方式的起点，这种简化的指导方针只用于统计目的，不包含对GATS条款的任何法律解释。简化的策略是：第一，如果国外分支机构与商业存在实体十分相似，可以通过FATS统计获取第3种服务提供方式的信息；第二，居民与非居民之间的服务交易，BPM5规定的BOP统计已经包括了第1、2种服务提供方式的全部和第4种服务提供方式的部分。图2-3为服务提供方式统计。

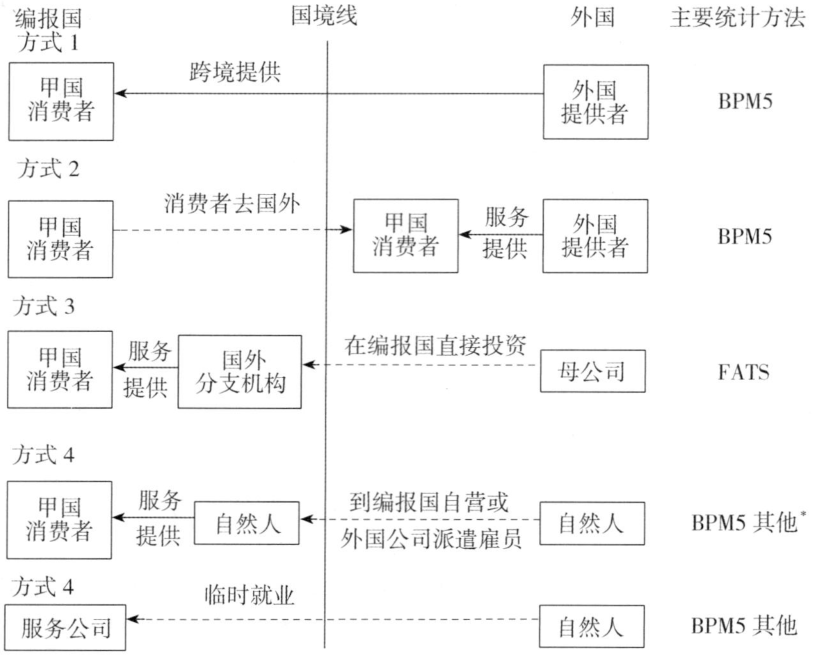

*其他，指不在手册定义的统计框架内的，如迁徙和就业统计。

图2-3 服务提供方式统计

建立符合GATS关于服务贸易定义的并且能够充分满足贸易谈判和协议履行等方面需要的国际服务贸易统计体系是一个漫长的历史进程，各国经济发展水平不同，服务业发达程度不同，对外直接投资和利用外资的规模及成效也有很大差异，因而对服务贸易谈判和签订协议的积极程度就不一致，对服务贸易数据需求的迫切程度也不一样，因此，手册提议采取分阶段执行其建议的方法，以便各国包括正准备编制国际服务贸易统计资料的国家可以根据这一新的国际标准框架逐步开始编制可利用的信息。

● 本章小结

1.国际服务贸易是跨越国界进行服务交易的商业活动，即服务提供者从一国境内向他国境内，通过商业或自然人的商业现场向消费者提供服务并取得外汇报酬的一种交易行为。该定义包括服务贸易的四种方式：跨境提供、境外消费、商业存在、自然人流动。

2.GATS对服务贸易的判别有四个标准，即服务和交付的过境移动性、目的具体性、交易连续性、时间有限性。

3.由于国际服务贸易的多样性和复杂性，许多经济学家和国际经济组织为了分析方便和研究的需要，从不同角度对国际服务贸易进行划分，主要有以移动与否划分、以生产过程为标准划分、以商品为核心划分、以服务贸易和商品贸易的关系划分、IMF的划分和GATS的划分等六种不同的划分标准。

4.国际服务贸易具有以下特点：第一，服务标的的无形性；第二，交易过程与生产和消费过程的同步性；第三，贸易主体地位的多重性；第四，服务贸易市场的高度垄断性；第五，服务贸易涉及法律的复杂性；第六，贸易保护方式的刚性和隐蔽性。

5.国际服务贸易第二次世界大战前发展缓慢，但战后20世纪80年代以来，科学技术的发展促进了社会分工的扩大和深化，同时随着经济的发展，人民物质生活水平的不断提高，对高消费的服务需求也在增加，国际服务贸易随之迅速发展，这主要表现在国际服务贸易额和增长率的快速提高以及贸易结构改善等方面。

6.国际服务贸易迅速发展的原因是多方面的，主要是由于发达国家与发展中国家服务业的崛起、世界经济发展的不平衡、信息技术的进步、跨国公司产业布局的调整、国际货物贸易的增长、发展中国家发展战略的调整等因素。

7.影响国际服务贸易发展的因素有：①社会生产力是国际服务贸易发展的决定性因素；②自然条件是服务贸易比较优势的重要来源；③各国参加国际服务贸易竞争的比较优势；④跨国公司对国际服务贸易的影响；⑤社会需求结构的变化影响着国际服务贸易；⑥各国政府的政策对国际服务贸易产生巨大的影响。

8.国际服务贸易发展的特点：第一，服务贸易发展的地理分布不均衡。第二，服务贸易对象的技术含量越来越高，在行业分布中，新兴服务贸易发展迅速，生产性服务成为国际服务贸易中最主要的一大类服务；发达国家在新兴服务贸易中占据重要地位，发展中国家和地区虽然仍然主要依靠旅游、运输等传统服务业，但包括金融服务、通信服务、知识产权交易等的新兴服务业所占比重也有所上升。第三，信息技术在国际服务贸易中的广泛运用把一系列涉及国家经济命脉、主权、安全的关键领域引入国际市场，这使得各国不得不把以信息流动为主的国际服务贸易作为战略问题加以处理，实行有效监督和管理，服务贸易日渐成为衡量一国国际竞争力的重要指标。第四，服务外包日益成为服务贸易的新方式。

9.国际服务贸易发展的趋势：①新兴服务行业发展迅速，服务贸易结构进一步调整；②服务贸易地区结构仍不平衡，发展中国家和地区的不平衡加剧；③服务贸易自由化趋势明显，同时贸易壁垒日趋隐蔽化；④服务业国际转移趋势愈演愈烈，服务外包的发展势不可挡。

10.国际服务贸易统计体系主要由BOP统计和FAT统计两种标准构成。

● 扩展阅读

1.世界贸易组织每年发布《世界贸易报告》（World Trade Report），对上一年度的世界服务贸易进行总结和分析，可以在世界贸易组织网站（http：//www.wto.org）免费下载。

2.世界贸易组织每年发布《国际贸易统计》（International Trade Statistics），包括上一年度世界贸易发展概述、各类货物和服务以及各地区贸易的统计数据，可以在世界贸易组织网站免费下载。

3.联合国贸易和发展会议每年发布《贸易和发展报告》（Trade and Development Report），对与发展有关的贸易问题按专题进行分析，可以在联合国贸易和发展会议网站免费下载。

4.联合国服务贸易统计数据库（UN Service Trade Statistics Database）不但载有全世界170多个国家详细的服务贸易进出口数据，而且可以按照国别、服务部门等类项查询双边服务贸易数据。此数据库由联合国统计署编制，可在联合国官方网站免费下载。

5.国际货币基金组织统计数据库中的国际收支统计（Balance of Payments Statistics，BOPS）分年度详细记录了世界各国和地区的国际收支平衡状况，并可以查询其经常项目下服务贸易以及具体服务贸易部门的贸易收支情况，此数据可以在IMF官方网站免费下载。

● 基本概念

国际服务贸易　分离式服务　消费者所在地服务　提供者所在地服务　流动服务　生产前服务　生产服务　生产后服务　国际追加服务贸易　国际核心服务贸易　BOP统计　FAT统计

● 复习思考题

1.结合服务的基本特征分析国际服务贸易的特点。

2.分析国际服务贸易发展的新趋势及动因。

3.分析影响国际服务贸易发展的主要因素。

4.试分析国际服务贸易统计体系。

第3章/国际服务贸易理论

学习目标

了解国际服务贸易纯理论的发展以及发展中国家与发达国家服务贸易显性比较优势的差异；掌握国际服务贸易理论研究的特点及存在的问题；重点掌握国际服务贸易比较优势的影响因素。

[引导案例]

20世纪80年代以来，最引人注目的经济现象是以美国为首的发达国家显现出经济服务化趋势，这种本质性的变化源于技术革命引发的全球产业结构的重大调整。服务贸易持续超过商品贸易的增长，服务业、服务贸易与服务业国际投资良性互动带动经济迅速增长已是不争的事实。相对于实践的迅猛发展，服务贸易理论研究严重滞后，迄今尚未形成统一的理论分析框架，但作为对服务贸易时间的回应，服务贸易理论研究价值已受到国际经济学界的普遍重视。

由于主流国际贸易理论体系中没有专门论述服务贸易的内容，服务贸易理论研究一直处于空白状态。美国经济学家罗纳德·谢尔普通过考察已有的研究后得出结论：以往的经济理论家没有系统地涉足和研究这一范畴，在有关比较优势的经济文献中找不到讨论服务业的内容，甚至以某个服务型产品的事例来说明比较优势的内容也找不到。随着服务业日益成为产业进步的标志，服务贸易的增长超过商品贸易的增长，西方理论界自20世界70年代中期开始关注服务贸易领域的研究。

资料来源　庄丽娟. 国际服务贸易理论的研究进展及其特征［J］. 华南农业大学学报，2004（1）.

3.1　国际服务贸易理论研究综述

传统的国际贸易理论体系是建立在商品贸易的基础上的，服务贸易理论研究一直处于空白状态。随着服务业日益成为产业进步的标志，服务业、服务贸易与服务业国际投资良性互动带动经济迅速增长已是不争的事实，国际服务贸易理论研究越来越受到国际经济学界的普遍重视。如何构建相对完整的服务贸易理论体系，存在着两种选择：一是根据国际服务贸易的实践和特点，借鉴相关学科领域的研究成果，发展出相对独立的服务贸易理论；二是将传统的商品贸易理论加以延伸，扩展到服务贸易领域，用相应的逻辑和概念来阐述服务贸易，从而实现商品贸易理论与服务贸易理论的衔接。从服务贸易理论的实际发展来看，更多地倾向于第二种选择。20世纪80年代中期以前，西方学者主要致力于界定服务与服务贸易的内涵和外延，从经验实证分析方面评价服务贸易与经济增长的关系；80年代中期以后，西方学者逐渐转向商品贸易理论在服务贸易领域的适用性研究。

3.1.1 国际服务贸易理论研究的特点

1）服务贸易理论研究的逻辑线索始终未脱离主流国际贸易理论的分析框架

传统国际贸易理论是由一系列“完美”假设推导出的，在现实世界中不断遇到严峻的挑战，推动理论研究的发展。传统国际贸易理论向两个方向发展：一是比较优势理论的发展与完善，如比较优势的动态化发展；二是新贸易理论的出现，但新贸易理论并没有否定比较优势理论，而是兼容了传统理论的正确结论并有新的发展，从本质上说是将传统贸易理论的相对要素禀赋原则修正为相对要素禀赋和规模经济优势原则。

国际服务贸易理论研究的演进路径基本上分为两个方向：一个方向是集中于传统比较优势理论在服务贸易领域的适用性分析，争论的结果是服务贸易中存在比较优势，只不过决定比较优势的因素不同，需要修正比较优势模型；“比较优势不适用论”者试图建立独立的服务贸易理论体系，但最终还是回到了主流国际贸易理论的分析框架内。另一个方向是将新贸易理论和国家竞争优势理论引入服务贸易理论，认为规模经济和不完全竞争对服务贸易的解释力要强于货物贸易，服务贸易中适当的政府干预可以改变市场本身运行的次优状态，其结论是比较优势理论可能在一定程度上误导对服务贸易格局的判断，而不完全竞争理论更符合服务贸易模式的客观现实；服务贸易的发展不仅可以提高服务业专业化水平，获取规模经济效应，还可以推动服务业技术标准化和服务综合化；国家竞争优势理论也可以很好地解释服务业贸易竞争力的形成。

2）服务贸易理论研究始终带有政治经济学分析的色彩

尽管主流国际贸易理论描述的是自由贸易的美景，但各国贸易政策的选择却与之背道而驰，即使国际多边贸易体制也无非是霸权国家分割贸易利益的自由化幌子。许多经济学家从新的视角研究这一现象，将政治经济学分析方法引入国际贸易政策领域，用现实主义思维替代自由主义思维，把政治行为和经济行为结合起来研究贸易政策，大大增强了对现实的解释力。按照公共选择理论，国内贸易政策是在国内政治、经济等因素综合作用下，反映各利益集团的政治过程的决策。国际贸易政策体系的形成，是国与国之间政治、经济等关系相互作用的结果，霸权国家往往会左右政策选择的倾向。

服务贸易的研究以及服务贸易纳入国际多边贸易自由化的体制，美国等发达国家的直接推动起到了关键性的作用。尽管乌拉圭回合达成了GATS，但并不意味着服务贸易的完全自由化，由于服务业涉及一个国家宏观经济的方方面面，而且许多服务行业涉及国家安全和意识形态领域，因此，各国都会进行不同程度的限制和保护，服务业市场的开放是一个长期的过程，服务贸易理论研究始终会受到政治原则的影响。

3）服务贸易理论研究假设前提的放松更符合服务贸易实践

比较优势理论基于完美的假设条件，但与社会现实相去甚远，新贸易理论假设条件的放松使贸易理论更具说服力。服务在国际交换中大部分都要涉及一项或几项要素的流动，除跨境交付外，境外消费、商业存在和自然人流动都要不同程度地引起生产要素的跨国界移动。因此，对比较优势理论进行修正时，最先放松的假设条件就是生产要素可以跨国界流动：桑普斯和斯内普认为，放弃两国生产要素不能移动的假设，仍然可以运用比较优势原则分析服务贸易格局；伯格斯放弃两国技术无差异的假设，用技术差异因素对要素价格均等化定理（H-O-S模型）做了简单扩展得到描述服务贸易的一般模型，并阐述了不同国家在提供服务技术上的差异如何形成比较优势；萨格瑞用同样方法分析了国际金融服务贸易。

4）服务贸易比较优势的形成更具复杂性

传统贸易理论认为，相对要素禀赋的差异是国际贸易发生的根本原因。新贸易理论认为，相对要素价格差异和国家间经济规模差异共同作用的结果是国际贸易发生的根本原因。收入相似论和需求偏好论从需求角度说明产业内贸易的重要基础。服务业涵盖行业众多，不同行业的要素组合不同，如金融服务业中人力资本对比较优势的形成起着关键的作用，建筑工程承包行业劳动力因素起着决定性作用，技术许可服务中技术因素起着至关重要的作用。因此，研究服务贸易比较优势的决定基础要比研究货物贸易比较优势的决定基础复杂得多，有学者认为，服务领域的比较优势主要取决于技术知识和管理；有学者认为，服务贸易比较优势的决定要素可以归纳为体力要素、人力资本要素和实物资本要素；还有学者认为，应该分行业研究形成服务贸易比较优势的因素。

5）将技术变动、国际竞争力与国际服务贸易结合起来研究

比较优势理论认为技术是一种外生变量，应从动态角度分析技术变动对贸易模式和各国福利水平的影响；新贸易理论认为技术是一种内生变量，不仅应分析技术变动对贸易模式和福利水平的影响，还应分析技术作为科研、投资、贸易和经济增长的一种结果。国际服务贸易理论研究中始终重视技术因素，研究技术变动、国际竞争力与服务贸易之间的关系：迪尔多夫和伯格斯模型从供给角度分析了服务贸易的比较优势，琼斯和马库森从需求角度分析了规模经济和不完全竞争下的服务贸易，都揭示了技术差异是服务贸易持续发展的重要因素。在服务贸易实践中，技术差异所导致的国际技术转让日益成为服务贸易的主要内容之一，通过服务业国际投资等方式带来的“技术外溢”效应为发展中国家竞争力的提高提供了有效途径。

3.1.2　国际服务贸易理论研究存在的问题

1）服务经济理论研究的步履维艰影响到服务贸易理论研究的发展

传统理论认为服务业的发展是在工业化的后期，但有证据表明，服务业的发展早于工业，这个事实不仅表现在发达国家在工业化早期就已拥有了占经济体比重接

近50%的服务业，而且现代的发展中国家在低收入水平条件下也有高于工业比重的服务业。以往的经济发展理论过于重视工业化或工业革命，服务业的重要性被忽略了。[①]虽然从古典经济学家萨伊、巴斯夏开始到克拉克、马克思、富克斯等都试图界定“服务”与“商品”的本质区别，配第-克拉克定理所揭示的产业发展规律显示服务业在现代经济生活中占据越来越重要的地位，以至有“服务社会”的到来。但“服务”从现代经济学诞生以来就是一个极具争议性的范畴，许多与之有关的基本理论问题可以说迄今尚未得到解决，这使得服务贸易的理论研究缺乏相应的逻辑起点。

2）服务贸易统计分类的不统一导致理论研究难以进行精确的经验检验

由于服务贸易涵盖行业的特殊性和复杂性，至今尚未形成各国公认和实施的服务贸易统计体系，各国主要使用的是BOP统计，其最大缺陷是不包括商业存在，却多了政府服务。目前西方国家正在推行FAT统计，但只有美国获得了比较完整的数据。这种现状非常不利于理论研究的实证分析和经验检验。

3）服务业的长期价值歧视使服务贸易理论研究滞后于实践

在传统经济学中，一直以来都存在对服务的价值歧视问题，古典经济学理论中普遍的看法是“服务不创造价值，是非生产性劳动”；这场经济学史上旷日持久的讨论，直到20世纪80年代中后期尚未取得一致性意见。加之长期以来，服务贸易发展较商品贸易滞后，服务贸易在经济发展中的作用被低估，西方经济学界基本上是将服务与一般商品统一起来研究，因而，服务贸易理论研究忽略了商品贸易与服务贸易之间的本质联系，导致服务贸易理论研究徘徊不前，迄今尚未形成独立的理论分析体系。

3.2 比较优势理论与国际服务贸易

3.2.1 比较优势理论对服务贸易的适用性

1817年，李嘉图在《政治经济学及赋税原理》一书中利用一种生产要素、两种商品、两个国家模型分析了比较优势的存在和贸易利益所得，认为国际贸易的存在是由于商品生产过程中消耗劳动要素价格的差异。1933年，俄林出版了《区际贸易与国际贸易》，创立了要素禀赋理论（H-O模型），他认为各国生产要素禀赋的相对差异构成国际贸易的来源，国际交易可以逐步消除不同国家和地区商品价格差异，从而消除生产要素价格差异，使所有贸易国能够因相对丰裕的资源禀赋而获得比较优势。萨缪尔森进一步完善了要素价格均等化的基本命题，认为国际贸易会使各国同质要素获得相同的相对收入与绝对收入，证明了要素价格均等定理（H-O-S模型）。比较优势理论不断得以充实和完善，成为经济学家研究传统国际贸易理论的逻辑起点，也是经济学家研究国际服务贸易理论的出发点；但比较优势理论没有明确涉及服务贸易，20世纪70年代末80年代初，国际理论界开始比较多

① 黄少军. 服务业与经济增长［M］. 北京：经济科学出版社，2000.

地关注服务贸易的比较优势问题，对比较优势在服务贸易中的适用性问题展开讨论，基本上产生了三种不同的观点。

1）不适用的观点

最早尝试系统解释服务贸易模型的学者R.迪克和H.迪克在1979年的一篇论文中，借助显示性比较优势法分析了知识密集型服务贸易，如运输服务和其他民间服务等。他们以要素禀赋为基础，对18个经济合作与发展组织（OECD）国家的各种显示性比较优势指标进行了回归分析，其结果是没有证据表明比较优势决定服务贸易模式。他们坚持认为，排除非关税壁垒的影响，如果不考虑贸易扭曲，要素禀赋在服务贸易模式中的决定作用不明显。

美国经济学家菲克特库迪认为，服务贸易的产生基于四个基本因素：劳动力移动、信息交流、资本输出、货物贸易。劳动力作为服务贸易最基本的要素而存在，完成服务贸易必须通过服务提供者的移动，自然人跨国界移动是实现服务提供的前提；信息交流也是服务贸易产生的主要前提，服务贸易的产生通常由于服务消费者缺乏生产所需服务的有关知识或信息，信息丰裕程度与传递效率成为影响服务贸易强弱的重要因素；由于服务贸易的不可运输性与不可储存性，开展服务贸易需要在服务消费地直接投资，所以资本流动是服务贸易的基础，直接投资的规模和效益构成服务贸易规模与扩张的重要因素；货物贸易成为服务贸易产生的重要基础，因为许多服务贸易是借助货物贸易的发展而产生的。由此可以看出，服务贸易与商品贸易有着明显的差别，这些差别表现在：第一，国际服务贸易提供的是劳动活动与货币的交换，而不是物与货币的交换；第二，国际服务贸易中的服务生产和消费多数是同时发生的，提供的劳动活动一般不可储存；第三，国际服务贸易的统计在各国海关进出口和国际收支表上没有体现。国际服务贸易的这些特点决定了比较优势理论在服务贸易中是不适用的。

2）适用的观点

1981年，萨皮尔和卢茨对迪克等人的观点提出挑战，他们根据国家间要素禀赋和技术差异，使用简单的计量经济模型对货运、客运和其他民间服务做了一系列的实证研究，结果表明，有形资本（或实物资本）禀赋充裕的国家在运输服务业享有比较优势，人力资本丰富的国家在保险和其他私人服务业拥有比较优势；“传统的贸易理论不仅适用于货物贸易，也适用于服务贸易，要素禀赋在货物贸易和服务贸易模式的决定上都具有重要作用”[①]。萨皮尔进一步指出，服务贸易的比较优势是动态的，发展中国家具有成为服务出口国的潜力。1986年，拉尔通过对发展中国家的实证研究得出与此相类似的结论。

欣德利和史密斯就政府对服务业实行特别管制、限制服务业对外投资、为保护优质服务业而封闭国内市场三个方面的行为进行了详细的分析，从而排除了比较优势理论适用性问题的干扰。他们认为，出于各种各样目的而对服务业施行特别管制

---

① SAPIR.Trade in Services：policy issues for the eighties［J］，Columbia Journal of World Business，1982，17（3）：77-83.

和市场干预、对服务业外国直接投资的顾虑而引发的限制政策、出于保护幼稚工业的需要而拒绝开放国内服务市场所出现的管制措施并非政府必然要制定的政策，因为这些看起来理所当然的措施未必是最优的，没有理由认为它们是影响比较优势理论适用于服务贸易的主要障碍。相反，在理论或经验分析中，没有必要在概念上严格区分商品和服务。尽管服务与商品有着显著区别，对此也应该予以重视，但比较优势理论强有力的逻辑性能够超越这些区别。

哈佛大学著名的国际经济学家库伯认为："作为一个简单的思想，比较优势论是普遍有效的……对传统比较优势论的依赖是基于一个简单的命题——每个团体所专注的共同利益正是自身效率更高的那项活动所带来的。这个命题总是有效的，试图解释各个团体所拥有的比较优势结构的不同理论确实存在，但是其中一些甚至全部都是错误的。正如存在于商品生产中那样，比较优势也存在于服务业中。"①

3）不完全适用的观点

第三种观点认为传统比较优势理论不能完全适用于服务贸易，在解释服务贸易方面存在着缺陷。服务贸易领域同样存在比较优势的合理内核，但服务贸易的特征使传统比较优势的某些特征被扭曲或改变，主张在利用比较优势理论来解释服务贸易时，必须对传统理论进行修正。总体来说，这种观点得到了国际学术界较多的认可，认为比较优势理论是适用于国际服务贸易的，但需要进行适当的修正。

迪尔多夫对比较优势理论在服务贸易中的适用性做了开创性的研究。1984年，他选择了服务业可能导致比较优势理论失灵的三个特征进行分析，认为一些服务的需求仅仅是货物贸易的派生需求，不存在贸易前价格以及许多服务涉及要素流动这两个特征不影响比较优势理论在服务贸易中的运用，但某些要素服务可以由国外提供的特征会导致比较优势原则不成立。随后，他对标准的H-O模型中的个别要素作了改变，率先成功地解释了国际服务贸易是如何遵循比较优势原则的。

1985年，桑普森和斯纳普以服务交易地点的不同，或者服务提供者与消费者的物理接近程度的不同，将服务贸易划分为四种交易形式。他们以服务交易对策矩阵（如图3-1所示）为工具说明了H-O模型的适用性。显然，建立在生产要素不移动基础上的国际货物贸易理论基本适用于A类服务交易，其他服务交易形式在用传统的H-O模型解释时，需要放弃两国生产要素不能移动的假设。

		服务消费者	
		不移动	移动
服务提供者	不移动	A	B
	移动	C	D

图3-1　服务交易对策矩阵

① 韶泽，等．国际服务贸易的相关理论［J］．财贸经济，1996（11）．

1988年，塔克和森德伯格指出，尽管国际贸易理论、厂商理论、消费者理论均适用于对服务贸易的分析，但在应用这些理论分析国际服务贸易时存在着四个方面的局限：第一，H-O模型以及多数由此演变的模型主要是从供给角度分析国际贸易，但当可贸易服务的生产函数与主要要素投入相结合时，任何国际服务贸易都将依赖于需求因素而不是生产成本；运输成本、消费者收入、服务种类及消费环境等因素都构成了服务的贸易条件。第二，商品和服务在研究与开发投入和广告效用上存在差别，研究与开发投入和广告将加强服务贸易而不是在生产中使用要素的需求市场特征，导致某些服务流出偶然地具有与服务出口国的国内市场不同的需求特征与规模。第三，许多如金融、咨询、电信服务通常是作为中间投入出现在贸易品与非贸易品的生产过程中的，因而会出现服务生产函数和使用服务投入的商品生产函数，这两个阶段的要素投入是异质的。第四，相对于商品而言，服务贸易受市场结构和国内管制环境的影响更为重要和直接。他们认为，由于存在上述局限，传统比较优势理论不能圆满解释服务贸易，但通过分析与服务贸易相关的市场结构和需求特征，或许可以恰当地解释服务贸易比较优势；借助传统比较优势理论，可以更好地认识服务贸易特征，并获得拓展传统比较优势理论的空间。

1990年，伯格斯指出，国际贸易理论是可以用来解释服务贸易的，他以传统的H-O-S模型为基础，对标准的H-O-S模型作了简单修正，得到解释服务贸易的一般模型。

3.2.2　国际服务贸易比较优势的影响因素

1）人力资本

人力资本是指人们在学校教育、培训、医疗保健、迁移、信息取得等方面的投资所形成的资本。人力资本与其拥有主体密不可分，获得者一经拥有就会不断拥有，并且周而复始地自我增强；同时，人力资本具有规模经济效应，克拉克曾说过："知识是唯一不遵守收益递减规律的生产工具。"这些特点决定了人力资本是推动现代经济增长与发展的最重要因素，人力资本的获得、发展和使用方式证明了人力资本是一国服务业比较优势形成和保持的关键。

第一，人力资本作为一种要素禀赋可以与服务业的比较优势形成互动效应。政治经济学原理认为，实物资本的损耗有两种形式：因使用或自然力作用而在物质上受到的损失（即实物损耗）和因科学技术进步而出现的在价值上的损失（即精神损耗）。然而，人力资本却并不如此，信息、知识等是不容易消失或难以消失的，但即便如此，所需的再培训成本也有可能比初次培训成本低；知识的消耗对服务生产来讲，并不减少其现有的数量或质量，况且在今天这样一个对新的知识资源开放以及倡导获取、积累、创新、使用知识的社会里，知识更新、积累的速度不断加快，知识的储存已经达到了足以引起传统生产方式发生重大变革的程度。依据雷布津斯基定理[①]，人力资本的增加无疑将提高服务的产量和质量，使一国服务贸易能够获取比较优势的产业基础得以形成，服务业的比较优势又反过来促进其改善和扩大人力资本的投资以维持优势地位，从而形成彼此互相促进、互相依存的良性循环。

第二，如果将人力资本作为中间投入品即生产者服务投入，通过前向和后向联系，可以加大最终服务或商品的生产深度，这种生产或加工深度本身会成为服务业比较优势的来源之一。高质量、高效率、低成本的生产者服务投入，如生产上游阶段所需投入的可行性研究、产品设计、市场调查与预测、风险资本筹措，生产中游阶段所需投入的设备租赁和维护、质量控制、后勤保障、仓储，生产下游阶段所需投入的广告、运输、分销、售后服务，整个生产过程所需投入的会计、审计、金融、保险、数据处理、通信、培训、法律服务、管理和技术咨询、公共关系等，直接关系到企业的市场竞争力和持久的生存与发展。即使各国其他要素禀赋相似，以人力资本作为主要投入的生产者服务的联系效应，也会使国与国之间服务业产业结构存在差异，这就为服务贸易比较优势的凸现提供了可能。

第三，人力资本借助于外溢效应，使一国服务业中的某一部门，甚至整个服务业受益，实现一国服务业由比较劣势向比较优势的转变；同时，人力资本本身就是一个动态学习过程，通过"干中学"，改进服务技术，带来服务业规模经济的动态化。

国际服务贸易的发展过程实际上是服务业外向化的过程，由人力资本决定的服务业的比较优势或比较利益是短暂的、转瞬即逝的。首先，从空间上看，与人力资本紧密相关的技巧、知识是随着拥有者个人而自由移动的，不同国家和地区的环境及政策必然引起高技术人才的流动，在一个国家的不同地区之间的流动性更大，这种与工程技术人员、会计师、律师、专家等相关的地区间比较利益取决于该国或该地区是否有能力将这些人力资本稳定在本区域范围内。其次，从时间上看，与人力资本相联系的比较利益可以通过教育、培训而为他人获得，这种因为具有专业知识或较先进的现代化技术而产生的优势会因为其他国家也拥有而很快消失，比较优势难以获得长期的独占性。一般来说，教育水平高的国家，也就是人力资本丰裕的国家，由此产生的比较优势主要取决于提供从事教育、培训、研究与开发等人力资本的经济能力。

2）资本和技术

在国际服务贸易中，地理环境、资源、劳动力等相对稳定的因素在决定成本方面的作用在下降，而资本和技术因素的作用在上升，资本和技术是决定国际竞争力的主要因素。同时，国际服务贸易本身又是一种资本积累和技术转让的渠道，它既可以通过影响技术和其他生产条件改变原来的比较优势，形成新的国际贸易格局，也可以强化原来的比较优势。

---

① 1954年，波兰学者雷布津斯基在《要素禀赋和商品相对价格》一文中提出的定理，即如果商品（服务）和生产要素的相对价格不变，一种生产要素增加了，另一种生产要素不变，则密集使用已增长生产要素的产品的绝对产量将增加；密集使用未增加生产要素的产品的绝对产量将减少。

服务贸易的资本和技术因素常常与直接投资相联系，而服务业对外直接投资的主体是跨国公司，不仅包括服务业跨国公司，也包括制造业跨国公司。例如，目前国际工程项目规模不断扩大，对于任何一家公司来说都常常过于庞大或复杂，以致要通过跨国集团或合资企业才能更好地进行管理。一些公司也通过与较大的跨国公司联合，在市场上获得了适当位置。服务业对外直接投资与跨国公司的发展促进了劳动力的国际流动，也带动了金融服务、法律服务、保险服务、运输服务、计算机服务、技术服务、工程咨询服务等国际服务贸易的发展。

第一，以物质生产为基本目标的跨国公司利用其雄厚的资本、先进的技术、灵活的信息等优势积极参与服务生产和出口。计算机生产公司大量出口信息处理方面的服务，工业部门的跨国公司积极开展银行、保险、经纪人等项目的国际服务交换，世界主要的航空公司也在涉足旅游业和旅游保险，某些专业的跨国服务公司更是不断开辟市场，扩大自己的活动范围。

第二，跨国公司利用其全球战略和适应贸易壁垒及投资限制的能力，规避贸易保护措施，促进服务出口。

第三，服务部门跨国公司比制造业跨国公司的资本密集度更高，拥有的技术更先进，劳动力的报酬也高，这对东道国的就业政策和产业结构改造有着更为重要的影响，服务部门的跨国公司更能充分地运用与外国公司合作的渠道来掌握国外市场。

第四，跨国公司能够更好地利用现代通信、计算机技术及信息网络了解服务市场行情，提高竞争能力，加强国际服务贸易中的垄断，通过扩大联合服务企业的活动领域，使物质生产部门的跨国公司与服务部门的跨国公司相互渗透，最明显的特点是金融资本向服务部门渗透，在向新的服务领域渗透的过程中，金融资本的垄断越来越带有银行—生产—服务垄断的性质。

3）自然条件与信息技术

自然条件对国际服务贸易有着一定的影响，特别是服务基础设施对服务贸易的方式、规模、质量有着重要的影响。在服务基础设施中，信息技术设施、电信设施和交通运输设施最为重要，这些设施带来了新的服务贸易机会，提高了服务业的竞争优势。随着信息技术革命的出现和通信技术的迅猛发展，信息技术产业与能源、材料工业一起构成现代社会生产力的三大支柱，并且信息技术对服务业的影响远远超过对商品的影响。

赫尔曼认为，服务部门信息技术的使用是产生国际服务贸易竞争力的一个重要因素。第一，信息技术可以发展新的服务供应系统，如信用卡、预定系统等；新的服务能够带来竞争优势。第二，采用信息技术可以提高服务部门的劳动生产率，采用信息技术进展顺利的国家可以取得竞争优势。第三，通过使用信息技术可以提高服务的输出能力，凡是内容可以译成电码的服务，只要具备必要的信息系统，都只需花费较少的费用就可以传递到世界各地。

波特和米勒认为，信息技术可以从三个方面给企业带来竞争优势。第一，由于产品中信息处理的含量越来越高，改变了公司的成本结构，运用信息技术可以降低生产成本。第二，信息往往是产品的包装，信息含量越高的服务，其服务质量的差别就越明显，而产品差别也是一种比较优势的来源。第三，信息技术可以提高一个公司的地区和全球协调能力，使该公司可以在更大的范围内和更复杂的环境下开展跨国经营。

很明显，比较优势已经逐渐加强对技术创新的依赖程度，通信网络给服务业带来了规模经营的可能；服务部门信息技术的广泛使用，已经成为提高国际服务贸易竞争力的一个重要因素；而国际服务贸易的快速发展也呼唤着新的信息革命，信息技术的发展又为国际服务贸易的更快发展提供了条件。

4）产业组织结构

卡卡巴德斯认为，在理解国家间有什么样的服务贸易比较优势，或这些优势在国内和国家间将如何变化等问题上，至少应当在传统的劳动力熟练水平、资本成本、自然资源禀赋等要素之外，增加考虑厂商策略与新服务基础设施两项要素。

厂商策略不仅指企业家精神这一重要因素，而且包含总体的管理能力、营销与生产技能、分销系统、培训方法、理解顾客并与之沟通的新方法以及对信息的创新运用等。这些技能和组织的资源组合，构成相当新颖且有力的国际服务贸易发展的影响因素。在国际竞争环境下，影响厂商策略的具体因素在不同情况下各有不同，但某些共同的因素应包括：

第一，对市场需求的灵敏反应。运输、分销、货运保险等服务与商品贸易密切相关，许多货物的市场价值越来越多地与其相关的服务数量和质量联系在一起。例如，“点到点”的交货方式，不仅使商品在从制造商流动到零售商的过程中需要多种运输方式的组合技术，而且还需要提供金融、保险、仓储等一系列相关服务，所有这些都要求高水平的管理，这种管理技术在航运业中的重要性已经使船舶管理不再成为货运管理的唯一中心。

第二，明显的厂商特征。有效的厂商策略要求厂商对其服务产品有更加明确的营销目标，还要有区别于其他同类服务厂商的明显的服务特征。吉尔伯特·特里加诺的地中海俱乐部的成功就是基于这样的厂商特征：在俱乐部成员交纳旅游费用后，除向成员提供飞机票、陆地客运、膳食等基本服务外，还提供多种多样的文化体育活动以及由每个地中海俱乐部村提供的具有鲜明地中海特色的旅游活动。为防止原有服务项目变得陈旧而缺乏吸引力，管理者不断创新服务项目，这些创新的目的之一就是获得与同类旅游公司不同的服务特征。

第三，适应当地环境。大的服务厂商，特别是与消费者密切相关的服务厂商，雇佣东道国的雇员是十分必要的，甚至是至关重要的。在当地购买服务使跨国厂商更容易与当地环境相适应，从而更能从适合当地政治、经济、文化的角度去营销服务和产品，并且能有效地规避东道国的投资与贸易限制。这种总体福利收益往往超过在当地购买价格更高的服务和产品而损失的福利总额。

第四，服务质量控制与国际标准化。麦当劳是严格的服务质量控制与国际标准化的典型例子。麦当劳成功的国际特许经营理念将严格的采购、营销控制、特许经营合作者的创业动机紧密地结合在一起。麦当劳要求每个快餐店都要有高质量的产品和服务，同时设计出包括从卫生标准、服务规范到炸土豆的油温等所有步骤的严格操作要求，以确保产品质量的一致性。然而，其又允许其特许经营的合作者开发吸引当地消费者的产品。事实上，麦当劳的国际服务贸易，销售的不仅仅是一种服务产品，更是一种服务管理系统，人力资本、广告设计、图案与色彩的组合、购买程序、质量控制、餐厅布局、产品标准化、联营战略等多方面的组合构成了麦当劳的竞争优势。

5）非经济因素

服务业经常处于政府的严格管制下，一国管理体制优劣可能是比较优势的来源之一。事实上，政府的各种管制政策或产业政策，与服务业的比较优势有着密切的联系。比较优势明显的服务部门，政府的管制相对会放松些；不具备比较优势的服务部门，政府的管制相对会严格些。然而，服务部门比较优势在管制较弱的环境下比管制较严的环境下更能获得发展。管理体制的和谐和放松，将促进服务业的竞争，迫使服务厂商在服务产出质量不变的条件下降低服务价格，服务效率的提高无疑从根本上增强了服务部门的竞争优势。

里德尔以发展中国家服务出口量增加为根据，认为比较优势可能来源于文化，即服务贸易还存在文化上的比较优势。他说，美国在全球服务市场上的销售额受到损失，这是否由于在竞争不断增加的环境中，大多数美国厂商处理事务的文化素质较低才导致只能占领一个有限的市场呢?按照里德尔的观点，发展中国家服务厂商由于市场适宜，能够不断向国际服务市场提供具有高文化素质的服务人员。

与商品贸易相比，服务贸易中的比较优势具有不确定性。传统贸易理论在很大程度上可以解释服务贸易的发生，但一国政府出于不同的目的会对服务业施行特别管制和市场干预，会对服务业引进外资实行限制，会拒绝开放幼稚服务业，这些限制确实能影响到比较优势的发挥，从而影响到服务贸易现实的流向。

因此，对服务贸易的理论分析应从比较优势原则出发，着眼于服务业的竞争力分析才更具有现实意义。

3.3　国际服务贸易纯理论的发展

3.3.1　服务贸易比较优势理论模型

1）迪尔多夫模型

1985年，迪尔多夫率先利用传统的2×2×2（两个国家、两种产品、两种要素）H-O模型探讨服务贸易比较优势，他从作为商品贸易副产品的服务贸易、要素移动的服务贸易、含有缺席要素的服务贸易三个角度进行分析，认为前两个领域存在比较优势，最后一个领域比较优势不足以说明贸易结构。

（1）作为商品贸易副产品的服务贸易

许多服务贸易是为了方便国际商品贸易而逐步发展起来的，我们将这类伴随货物贸易而发展起来的服务贸易，如运输业、保险业等生产者服务业，称为作为商品贸易副产品的服务贸易。

假设存在三种情形：

第一种情形是全封闭情形，表明没有任何商品和服务贸易发生，以a表示；

第二种情形是自由贸易情形，表明商品和服务都实现自由贸易，以f表示；

第三种情形是半封闭情形，表明只有商品可以自由贸易，以h表示。

在第一种全封闭情形下，市场均衡可以用向量（P_x^a，P_s^a，X^a）表示，P_x^a和P_s^a分别表示商品和服务的均衡价格，X^a表示商品的均衡产量；由于禁止贸易而没有服务需求，服务的均衡产量为零，即$S^a=0$。假设实现利润最大化，那么，对于所有可能的（X，S）有：

$$P_x^aX^a \geqslant P_x^aX+P_s^aS$$

在第二种自由贸易情形下，市场均衡可以用向量（P_x^d，P_s^w，X^f，S^f）表示，P_x^d表示本国市场商品价格，P_s^w表示国际服务市场价格，X^f和S^f分别表示商品和服务的均衡产量。如果用T、V、U分别表示商品、服务的净出口和本国服务消费量，当国际商品市场价格$P_x^w=P_x^d+P_s^w$时，那么，假设均衡状态下利润最大化，对于所有可能的（X，S）有：

$$P_x^dX^f+P_s^wS^f \geqslant P_x^dX+P_s^wS$$

服务出口达到利润最大化，对于所有可能的T和U有：

$$(P_x^w-P_x^d)T^f-P_s^wV^f \geqslant (P_x^w-P_x^d)T-P_s^wU$$

贸易平衡方程为：

$$P_x^wT^f+P_s^wV^f=0$$

比较上述两种情形，依据显示性偏好弱定理①，可以证明：

$$P_x^aT^f+P_s^aV^f \leqslant 0 \qquad (3-1)$$

式（3-1）表明，按封闭情形下的价格出口商品和服务不如进口商品和服务，这说明商品和服务贸易与传统的比较优势理论相符。

在第三种半封闭情形下，市场均衡可以用向量（P_x^h，P_s^a，X^f，S^a）表示，利润最大化时，对于所有可能的（X，S）也同样有：

$$P_x^hX^f+P_s^aS^a \geqslant P_x^hX+P_s^aS$$

如果将T^f变换成T^h，而且由于没有服务贸易，所以V=0，同样可以推出：

$$P_x^aT^h \leqslant 0 \qquad (3-2)$$

式（3-2）意味着即使作为商品贸易副产品的服务不可贸易，也不会影响传统比较优势理论在服务贸易分析中的适用性。因此，比较优势原则解释商品贸易和作为商品贸易副产品的服务贸易模式是有效的。

---

① 显示性偏好弱定理：若在某个预算下，x显示性偏好于y，则在任意预算下，y绝不能显示性偏好于x。

（2）要素移动的服务贸易

服务贸易的一个显著但并非不可少的特征是可能要求出口企业在进口地有商业存在，这意味着出口企业或者在当地设厂以生产服务或提供服务，或者某些雇员出现在当地以管理市场或监督服务，这些都需要涉及资本要素或劳动要素从出口地转移到进口地。

传统意义的某些服务往往被看成是非贸易品，但一般都承认生产要素可以跨国移动，如在封闭情形下，欧洲顾客无法在欧洲享用全聚德餐饮服务，必须付出较高的代价才能享受全聚德餐饮服务。然而，一旦允许人员跨国移动，全聚德的高级厨师就可以到欧洲并与当地成熟的管理技能相结合，使自身优势得以发挥，就能以较低价格提供服务。显然，这是由比较优势决定的，因为实际上进行的贸易不是这种餐饮服务本身，而是服务的生产要素——全聚德厨师、品牌和管理。

（3）含有缺席要素的服务贸易

服务贸易的产生未必都需要生产要素的移动，通信技术的发展可以使经理通过电话或传真传达其管理指令，同样全聚德厨师可以通过图像电话或电视系统指导欧洲助手操作。假定服务生产所需投入中至少含有某些要素不需要在生产地实际出现，迪尔多夫称这些要素为“缺席要素”，包括跨国公司为其子公司作出的贡献。

假设两个国家A和B均生产两种产品，一种产品为贸易商品X，一种产品为服务S，两国有相同的需求结构，且两种产品的生产都只需要劳动要素L和管理要素M，管理要素M即使不能移动，也能进行国际贸易。封闭经济情况下诱发服务价格差异有三种不同情形。

第一种情形：两国要素禀赋不同，A国管理要素M丰富，且服务S属于M密集型产品。

第二种情形：A国劳动力充裕，且服务S属于L密集型产品。

第三种情形：A国在服务S的生产中具有希克斯中性技术优势[①]，从而产生技术差异。

如果实现自由贸易，在第一种情形下，A国在服务上具有比较优势，A国生产商有出口服务动机，他们会在B国设立机构并在当地雇用劳动力提供服务，继续使用A国管理人员，这些管理人员尽管仍留在A国，但已不再为A国生产服务；A国用向B国市场出口M的收入进口商品X。

在第二种情形下，A国服务生产商进入B国市场将受到阻碍，因为A国服务生产商将雇佣B国相对较贵的劳动力和本国相对昂贵的管理人员；相反，B国服务生产商将有贸易动机，他们会利用本国管理人员与A国劳动力在A国提供服务；A国出口商品X进口M。这两种情形都是X和M的价格决定了贸易流向，X和S的相对价格不是决定因素，显然要素禀赋原理可以用来解释这两种贸易模式，符合比较优势原则。而在第三种情形下，迪尔多夫认为比较优势理论遇到了障碍。

① 希克斯中性技术优势是一种外生技术变量的理论分析框架，即假定要素价格比率不变，在资本和劳动两种要素边际生产力同比例提高的情况下所导致的成本的节约和最佳要素投入组合点的移动。

在第三种情形下，如果两国封闭均衡、价格相同、需求相同，A国将比B国生产更多的服务和更少的商品，A国生产和消费的服务量一定比B国更多，用X衡量的A国管理人员的薪金将比B国同行高，但低于A国技术优势所要求的程度；如果允许贸易，A国必定会向B国出口服务，因为A国生产商拥有技术优势，尽管A国的管理人员薪金高于B国，但其高出的差额不足以抵消厂商竞争力。这意味着要素价格较高的一方成为该要素的净出口方，与比较优势理论相背。对此，迪尔多夫认为是由于A国与B国的管理人员薪金并没有完全体现技术差异而造成的；琼斯则认为迪尔多夫在分析中隐含地假定两国管理者对两国生产所提供的服务存在质量差异，因此上述矛盾并不影响比较优势理论在服务贸易中的适用性。

2）伯格斯模型

伯格斯认为，对标准的H-O-S模型作简单修正，就能得到适用于服务贸易的一般模型，从中可以推断出不同国家在提供服务技术上的差别是如何形成比较优势和商品贸易模式的。

假设市场完全竞争，生产两种产品和一种服务，且只使用资本和劳动两种要素，规模收益不变，该经济的技术结构可表示为三个单位成本等于价格的方程：

$$C^1(w, r, p_s)=p_1 \tag{3-3}$$

$$C^2(w, r, p_s)=p_2 \tag{3-4}$$

$$C^s(w, r)=p_s \tag{3-5}$$

其中，$C^i(\cdot)$表示生产一单位产品i的最小成本，C^s表示生产一单位服务的最小成本，p_i（i=1，2）表示两种可贸易品的竞争价格，p_s表示服务的竞争价格，w和r分别表示在完全竞争条件下的工资和租金。

将式（3-5）分别代入式（3-3）和式（3-4），得到最初投入生产两种最终产品的简单模型。由于该模型与标准的H-O-S模型相同，可以认为传统的H-O-S模型在一定程度上可以解释服务贸易。当然，服务部门的产出可以作为中间投入参加最终产品的生产，服务部门使用的全部要素同样可以用于产品生产部门。

根据谢泼德引理[①]，可得到作为初始投入的劳动和资本要素的市场均衡条件：

$$Q_1C_w^1(\cdot)+Q_2C_w^2(\cdot)+Q_sC_w^s(\cdot)=L \tag{3-6}$$

$$Q_1C_r^1(\cdot)+Q_2C_r^2(\cdot)+Q_sC_r^s(\cdot)=K \tag{3-7}$$

其中，Q_i（i=1，2，s）表示两个生产部门和一个服务部门的产出水平。

如果技术和政策壁垒阻碍国际服务贸易，服务的供给必然等于部门需求的总和，即：

$$Q_1C_{ps}^1(\cdot)+Q_2C_{ps}^2(\cdot)=Q_s \tag{3-8}$$

如果一国经济并没有集中生产一种产品，那么，式（3-3）至式（3-5）可以单独决定国内相对于世界市场贸易品价格中任何组合的竞争要素价格和国内服务价格。由于商品价格决定要素价格，同时决定各部门对每种要素和服务单位成本的最

① 谢泼德引理：使用单位成本函数相对于要素价格的一阶偏导，可得到使每单位成本最小的要素需求。

低需求，式（3-6）至式（3-8）构成一个含有三个未知数的三个线性方程组，从中可以解出唯一一组作为要素禀赋函数的部门产出。若考虑产品价格，如果经济保持分散化，那么要素存量的任何变化只会导致部门产出的变化，而不会影响要素价格和国内服务价格的变化。另外，如果技术相同的两国商品可以自由贸易，即使没有一种要素能够在国际上流动，而且服务不可贸易，两国的要素价格和国内服务价格的差异也会逐渐缩小；在没有运输成本的情况下，价格差甚至会完全消失。因此，在服务存在于消费者的效用函数而不是存在于厂商的生产函数内的情况下，商品贸易壁垒的减少将降低市场参与者从事服务贸易的欲望。

按照伯格斯模型，一个厂商是选择合约经营还是选择自身进行服务，取决于服务的市场价格和要素价格的相对水平：如果服务价格相对高于要素价格，生产厂商就较少依赖服务部门，但用于服务的支出将由于要素间的替代程度不同而升降。如果技术或政策壁垒阻碍服务贸易，各国提供服务的技术差别将成为一国商品比较优势的重要决定因素。当然，对此做完整的分析存在困难，但考虑到作为各部门中间投入的服务需求，如果两个部门的要素密集程度与两种产品的要素密集程度相反，且各国只在服务技术上存在差别，则具有服务技术优势的国家将获得相对昂贵的服务而不是低廉的服务。即使服务在技术先进国相对低廉，服务技术优势反映在较高的要素报酬上，这种较高投入成本的损失可能会超过技术优势带来的收益，也可能不会给相对密集使用服务的部门带来比较优势。

事实上，较低廉的服务意味着服务密集部门相对于其他部门将会扩张规模，同时意味着大量使用服务部门中密集使用的要素的部门也将扩大规模。这两种部门的扩张是不尽相同的。例如，如果服务部门只使用劳动一种要素，而且技术符合里昂剔夫技术条件[①]，那么无论哪种产品密集使用服务，服务部门的中性技术进步都将导致劳动密集型产品的增加和资本密集型产品的减少；如果技术符合柯布-道格拉斯技术函数[②]，则相对于其他部门的产品，密集使用服务部门的产品将会增加。

据此，伯格斯认为，即使服务部门的产品不可贸易，服务技术的国际扩散也会对收入分配和贸易条件产生影响。那么，一国通过许可证贸易或免费向外国转让其具有优势的服务技术是否会削弱其竞争优势?如果服务技术优势是服务贸易比较优势的唯一来源，或服务技术优势是加强其他决定服务贸易比较优势的因素，答案将是肯定的。如果一国服务技术优势抵消了其他更重要的比较优势的决定因素，即使该国无偿转让技术，也可以通过这种转让改善贸易条件而获得某些收益。如果具有服务技术优势的国家同时也是资本丰富的国家，且资本丰富就可提高资本密集型产品的比较优势，这样，如果服务部门密集使用劳动，且服务被密集使用于劳动密集型产品的生产中，服务技术优势将增强劳动密集型产品的比较优势。如果相对要素存量差别是比较优势和服务贸易的决定因素，且服务技术优势可无偿转让给外国，那么外国劳动密集型产品的生产将会增加，资本密集型产品的生产将会减少，服务

① 里昂剔夫技术条件：投入-产出系数不受投入价格的影响。
② 柯布-道格拉斯技术函数：要素的分配与投入价格无关。

技术出口方的贸易条件将会得到改善，服务技术的出口未必会损害服务出口方的比较优势；相反，由于服务是作为中间产品参与国际贸易，服务贸易自由化可能会损害服务进口方的利益。

3）萨格瑞模型

从国际贸易实践来看，技术差异所导致的国际技术转让日渐成为服务贸易的主要内容之一。1989年，萨格瑞将技术差异引入传统的H-O-S模型并进行修正，用于分析国际金融服务贸易比较优势的来源。

H-O-S模型证明了在要素价格均等化、各国投入产出模型相同的条件下，要素禀赋与贸易的关系可表述为：

$$T_j=A^{-1}（E_j-EW_j） \quad (3-9)$$

式中，T_j表示j国商品净出口的n×1向量，A表示n×n向量，E_j表示j国要素禀赋的n×1向量，$E=\sum_j E_j, W_j=（Y_j-B_j）/Y$，$Y_j$表示j国国民生产总值，$B_j$表示j国商品贸易差额，$Y=\sum_j Y_j$。

传统比较优势理论没有涉及服务贸易，现假定存在国际服务贸易，将式（3-9）中的T_j和B_j分别作出调整：T_j表示j国商品和服务净出口的n×1向量，B_j表示j国商品和服务的国际收支。这样，式（3-9）可改写为：

$$T_j=（A^{-1}-QW/Y）E_j+B_jQ/Y \quad (3-10)$$

式中，Q表示世界商品和服务的生产数量，W表示生产要素的世界价格。式中$（A^{-1}-QW/Y）E_j$表示j国商品和服务贸易量的要素禀赋，若设$N=A^{-1}-QW/Y$，则矩阵N既反映有关A^{-1}构成的生产函数，又反映与QW/Y相关的消费函数；B_jQ/Y反映贸易收支平衡对贸易量的影响。

如果再将式（3-10）引入国际金融服务领域，则该式可表示为：

$$TF_j=Y\sum_n b_n E_{nj}+b_{n+1}B_j \quad (3-11)$$

其中，b_n是相应于金融服务的矩阵N的第n列，b_{n+1}是世界产出与世界收入的比率。在要素价格均等化的条件下，b_n在不同国家之间是相同的，b_{n+1}却是不相同的。尽管从式（3-11）中可以得知一国商品和服务贸易收支状况与出口量有关，但在传统的H-O模型中假设贸易均衡，即$B_j=0$，因而可以省略该变量。

萨格瑞认为，国家之间的技术差异不仅存在，而且技术差异将导致所有投入要素成比例地节约。仍按习惯使用2×2×2模型，且消费、产出与贸易的关系为：

$$T_j=Q_j-C_j \quad （j=1，2）$$

如果存在里昂剔夫技术和技术差异，对任何工资—租金比率，每种产品的K/L比率在各国都保持不变，并且一个国家每种产品的投入产出系数是另外一个国家投入产出系数的倍数，即：

$$A（2）=DA（1） \quad 〔A（j）为2×2要素投入矩阵〕$$

两国净贸易量分别为：

$$T_1=A^{-1}（1）E_1-〔A^{-1}（1）E_1+D^{-1}A^{-1}（1）E_2〕W_1$$

$$T_2=D^{-1}A^{-1}（1）E_2-〔A^{-1}（1）E_1+D^{-1}A^{-1}（1）E_2〕W_2$$

国家2的资源禀赋可以调整到国家间只存在一种投入产出矩阵状态，即通过与国家1的比较来表示国家2的单位资源要素。在世界范围内，A（j）=A（1）D（j）（j=1，2，…，n），D（j）是与国家1相比较，国家j技术差异的对角线矩阵；D（1）是单一矩阵，使A=A（1），则国家j的净出口量为：

$$T_j = D^{-1}(j)A^{-1}E_j - [\sum_j D^{-1}(j)A^{-1}E_j]W_j \quad (3\text{-}12)$$

在式（3-12）中，第一项是j国商品和服务的生产，第二项是j国商品和服务的消费。令

$$M = I - [\sum_j D^{-1}(j)A^{-1}E_j]P/Y$$

P表示商品和服务的世界价格，则式（3-12）可改写为：

$$T_j = MD^{-1}(j)A^{-1}E_j + (B_j/Y)\sum_j D^{-1}(j)A^{-1}E_j \quad (3\text{-}13)$$

与传统的H-O模型式（3-10）相比较可以看出，在式（3-13）中，第一项同样反映j国资源禀赋对贸易量的影响，第二项反映国际收支不平衡的作用。

据此推论，如果用j国的第n个变量表示该国在金融服务领域的净贸易量，则有：

$$TF_j=m_{h1}[V_{11}(E_{1j}/d_{11}(j))+\cdots+V_{1n}(E_{nj}/d_{11}(j))]+\cdots+$$
$$m_{hn}[V_{n1}(E_{1j}/d_{nn}(j))+\cdots+V_{nn}(E_{nj}/d_{nn}(j))]+B_jQ/Y \quad (3\text{-}14)$$

其中，m_{hi}和V_{hi}分别为矩阵m和A^{-1}的h列第I个要素。假设国家1是技术最先进国家，d_{ii}（j）表示j国技术差异矩阵的第I个对角线量，并等于j国生产商品或服务I的投入产出要素量与技术最发达国家同类生产要素与同类商品或服务的投入产出系数比。

在实证分析中，可以近似地用R&D支出与GDP比率的函数形式来表示一国的技术发展水平。然而，我们难以获得各国不同部门的这一比率，因此需要增加约束条件，即假定各部门的技术差异是不变的。令

$$d_{ii}(j)=d(j)\ (i=1, 2, \cdots, n)$$

则式（3-14）可改写为：

$$TF_j = \sum_n G_n[E_{nj}/d(j)] + G_{n+1}B_j \quad (3\text{-}15)$$

其中，$G_n = \sum_i m_{hi}V_{in}, G_{n+1}=Q/Y$。

将式（3-15）与传统模型式（3-11）进行比较可以看出，二者极为相似，区别仅在于式（3-15）中的资源禀赋量需要根据各国技术发展阶段进行适当调整，这一必要调整反映了与技术最先进国家相比j国单位资源的要素禀赋状况；另外，式（3-15）中的资源禀赋变量的系数比式（3-11）复杂得多，这种提高了的复杂程度为将技术差异等因素纳入H-O模型提供了可能。

总之，从以上模型分析可以看到，萨格瑞将技术差异因素引入传统的H-O-S模型来分析国际金融服务贸易，在一定程度上克服了该模型假定技术要素无差别且相对静止所带来的局限性，使修正后的模型更加符合现代国际服务贸易的基本特征。另外，萨格瑞还用最小二乘法分析了1977年世界44个国家的相关数据，进一步证明了技术差异和熟练劳动是各国金融服务贸易比较优势的来源。

3.3.2 服务价格国际差异分析

价格差异常常是国际贸易发生的基础，国际服务贸易也不例外。对服务价格国际差异的解释有两种途径：一是借助于传统贸易理论（如假定服务为非贸易品模型）解释服务价格与实际人均收入之间的关系；二是用实证方法分析价格差异的决定因素。

1）克莱维斯与巴格瓦蒂的分析

根据标准的李嘉图式贸易理论假设，即不同国家贸易品的价格相同，克莱维斯等人认为，各国生产贸易品的行业工资因为生产率的差别而不尽相同。由于各国贸易品行业的工资率决定非贸易品行业（主要是服务业）的工资率，而且服务行业的国际生产率差异较小，因此，穷国低生产率贸易品行业的低工资，运用于生产率相对于富国并不低的服务和其他非贸易品行业，导致了低收入国家或地区的服务和其他非贸易品的低价格。联合国有关部门对34个国家的调查证明了这一观点。

巴格瓦蒂通过两要素一般均衡模型进一步阐释了克莱维斯的观点。图3-2中的X和Y分别代表两种贸易品，S代表非贸易品——服务，下标R和P分别代表富国和穷国。假设在生产过程中，规模报酬不变，与三条等产量曲线相切的租金-工资价格线W决定了各种商品的价格，这样，富国的X_R、Y_R、S_R可以相互交换。

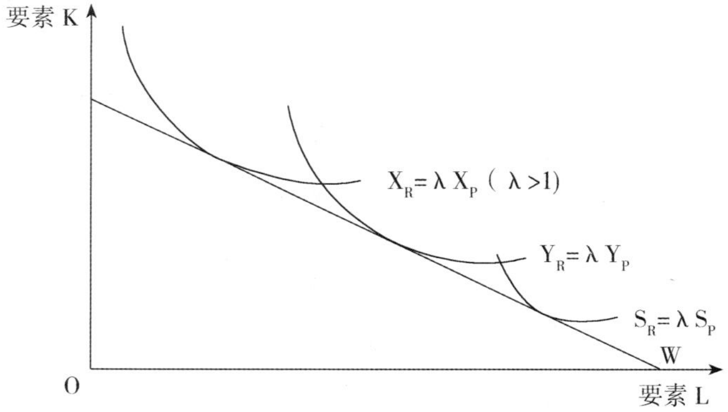

图3-2 巴格瓦蒂两要素模型

克莱维斯认为，虽然穷国贸易品部门生产率只相当于富国的1/λ，如果自由贸易使得穷国贸易品价格与富国贸易品价格相等，则λX_P与λY_P的交换必然得出相同的价格比X/Y。由于穷国服务部门的生产率与富国相同，虽然λX_P可以与λY_P进行交换，但只能交换S_P；而穷国与富国的贸易联系导致$S_R=\lambda S_P$（$\lambda>1$），因此，在相对价格状态下，穷国比富国的服务价格显得更低。

克莱维斯的解释并不令人满意，其缺陷在于假定各国的非贸易品部门生产率相等。巴格瓦蒂认识到这一点，他摈弃国家间贸易品和非贸易品（服务）部门的生产率差异，提出了另一种模型进行解释，如图3-3所示。

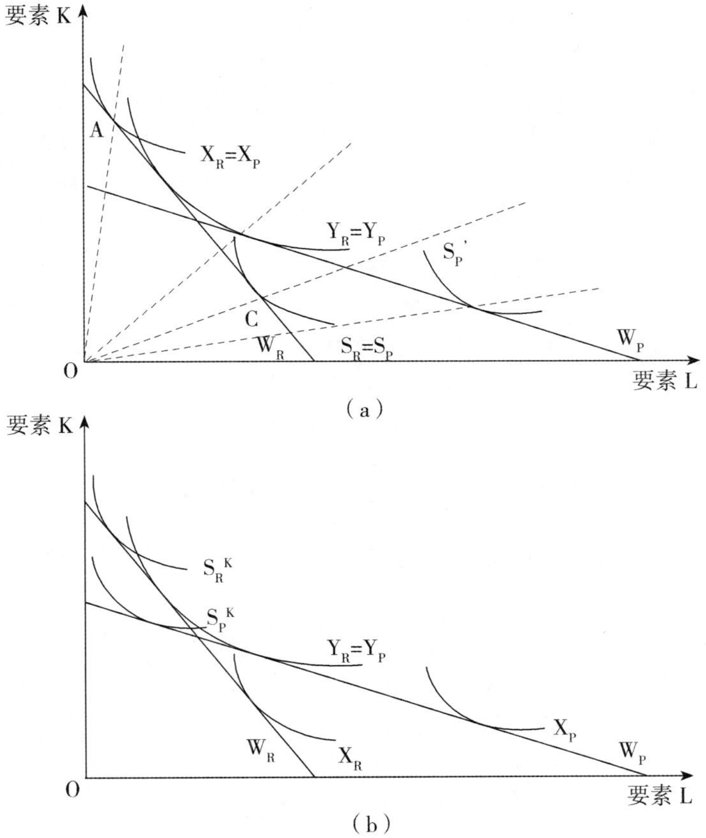

图3-3 服务价格国际差异模型

在图3-3（a）中，巴格瓦蒂假定富国和穷国的各个部门的生产函数相同，即假定富国和穷国不存在生产率差异，W_R为富国租金-工资比，暗示着X_R可以交换Y_R或S_R。如果穷国具有同样的租金-工资比，其所有部门的总禀赋比（K/L）$_P$必然在OA线和OC线的跨度内，然而（K/L）$_P$不完全在AOC范围内；假设穷国的劳动力禀赋丰富，则其租金-工资比$W_P<W_R$，那么，在富国既定的价格$X_R=Y_R$条件下，穷国不可能再生产X，而且Y_P交换的是S_P'，$S_P'>S_P$，所以，穷国的服务价格比富国低。

巴格瓦蒂这一模型隐含的假定条件是服务部门为劳动密集型，而事实上，在现代发达国家中，服务部门尤其是生产者服务部门大多是资本和技术密集型部门，如果将技术作为无形资产归入资本，则生产者服务的资本密集型属性将更加明显。将巴格瓦蒂模型所隐含的假定条件改为服务部门为资本和技术密集型部门，如图3-3（b）所示，在$X_P=Y_P$条件下，富国不再会生产X，而且Y_P交换的是S_P^K，$S_R^K>S_P^K$，S^K表示资本密集型服务，所以，富国的资本密集型服务价格较低。

巴格瓦蒂模型及拓展可以在相当程度上解释为什么发达国家在金融、工程咨询和信息处理等资本密集型服务上价格相对较低，某些发展中国家在工程承包等劳动密集型服务上具有比较优势。

2）法尔维与格默尔的分析

法尔维与格默尔运用计量分析方法解释国际服务价格水平的差异，他们从一个包括贸易品部门和非贸易品部门以及固定和流动要素的一般贸易模型出发，将各国服务价格表示为许多外生变量的函数，这些外生变量的不同导致各国服务价格之间的差异。

法尔维与格默尔将国家间服务价格和实际人均收入的差异表示为要素禀赋、贸易差额、人口和贸易品价格差异的函数，以此建立分析国家间服务价格差异的计量模型。他们以美国为基准国，对52个国家1980年的数据进行回归分析后得出以下主要结论：

第一，国家间服务价格与实际人均收入成正相关。

第二，假设其他因素不变，农业耕地、矿藏、资本、较大的贸易赤字和较高的贸易品价格（由于贸易政策的影响），将倾向于提高国内服务价格和实际人均收入；较多的人口和劳动力禀赋倾向于提高实际人均收入，但却会降低对服务的净需求，从而降低国内服务价格。

第三，非熟练劳动力的增加将降低服务价格，熟练劳动力的增加则可能降低也可能提高服务价格，但当对有技能的劳动力进行价格补贴时，无论是熟练劳动力还是非熟练劳动力都将降低服务价格。

法尔维和格默尔的分析与克莱维斯和巴格瓦蒂的分析不谋而合，都解释了为什么穷国的服务价格比富国更低；不同的是，克莱维斯和巴格瓦蒂的分析为静态分析，法尔维和格默尔的分析为动态分析。虽然穷国的服务价格较低，但并不意味着穷国一定能够向富国出口服务，他们的分析说明了各国要素禀赋不同导致的服务价格差异可能是服务贸易产生的坚实基础之一。

3.3.3 规模经济与不完全竞争下的国际服务贸易理论

国际贸易格局的变化，特别是发达国家产业内贸易的迅速发展，对传统的H-O-S模型是一个严峻的挑战。美国经济学家保罗·克鲁格曼指出，规模经济和与国际市场不完全竞争相联系的国际产品差异可以更好地解释增长迅速的工业国之间和相同产业之间的贸易。他证明了如果垄断厂商生产一种差异产品，即使两个国家在所有方面完全相同，也会存在贸易，也就是说，各国间要素禀赋的差异是贸易发生的一个原因，只要存在规模经济，技术水平和资源条件完全相同的国家间照样可以专业化分工和贸易，且当规模经济占据重要地位时，从生产规模化和产品多样化中获得的贸易利益会超过常规的比较利益，成为贸易利益的主要来源。

规模经济和产品差异在国际服务贸易领域更为明显。产品差异一般可分为垂直差异和水平差异，反映在服务贸易部门就是所提供服务的范围与质量的差异、发达国家与发展中国家的差异。一些西方经济学家探讨了规模经济贸易理论在国际服务贸易领域的应用，其中代表性的理论是琼斯和克尔茨考斯基的生产区段和服务链理论，马库森和弗兰科斯分别从服务部门内部专业化和外部专业化的角度，具体论证、充实了琼斯和克尔茨考斯基的服务贸易规模经济理论。

1）生产区段和服务链理论

埃塞尔在1979年和1982年的两篇文章中认为，贸易国规模收益递增体现在使各种生产要素与总产出相联系的线性生产函数中，这些生产函数能够被解释为固定成本与可变成本的组合关系。琼斯和克尔茨考斯基就是采用这种思路来分析生产区段内规模收益递增效应的，认为生产规模的扩大受到来自国内和国外需求增长的驱动，这种扩大导致生产分散水平的提高，服务贸易或服务链在贸易中的主要作用是促进生产区段在国内和国外的分散化。

（1）服务的扩展与分散

图3-4描述了生产过程的分散化。假设某个生产过程在同一地点完成，服务投入的影响在这一阶段并不明显，仅仅参与生产区段的内部协调以及联结厂商和消费者的营销活动，如图3-4a；又假设在生产区段内的技术隐含着规模报酬递增效应，且边际成本不变，那么图3-5中的线aa′表示总成本随着生产规模的扩大而上升，其斜率为边际成本，截距oa表示厂商和其他与生产区段有关的固定成本。

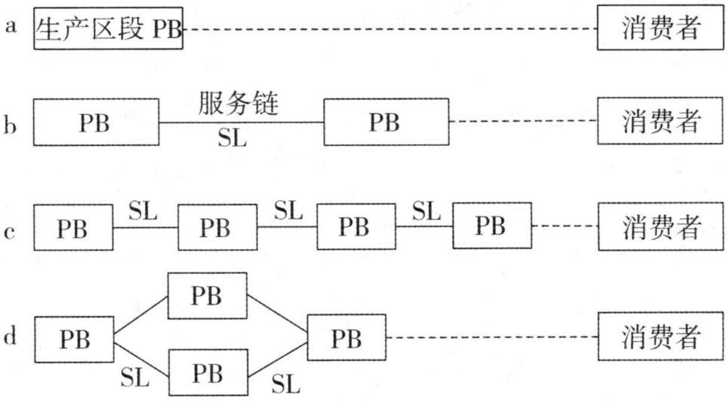

图3-4　生产过程的分散化

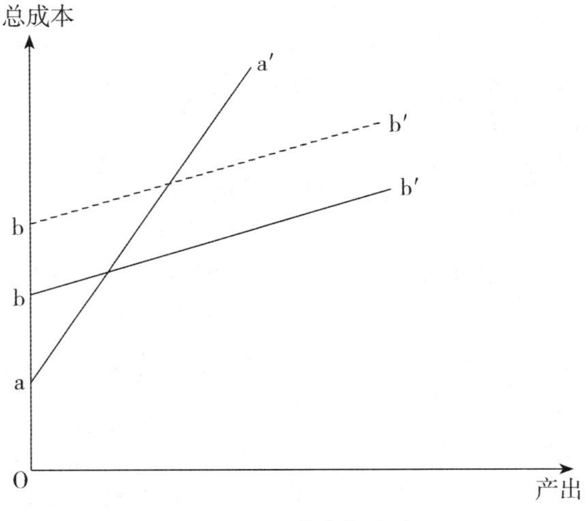

图3-5　总成本与产出

生产的扩张使得社会分工和专业化日益加深，从而加速了生产过程的分散。假设生产分散化改变了固定成本和可变成本之间的比例，且生产区段之间增加投入的大量固定成本可以获得较低的边际生产成本，利用分散技术后的总成本与总产出的关系如图3-5中的实线bb′。在该阶段中，两个生产区段需要通过服务设施来协调和联结，必然会产生服务链成本。例如，生产区段的地理位置的不同，服务链成本中就应包含运输服务成本，对两条生产线的速度、产量、质量作出计划和协调的服务成本等。由于生产区段的分散导致总成本中增加了联结生产区段的服务链成本，所以新的成本产出线应为虚线bb′。服务链成本与生产规模基本无关，即使服务链成本随着生产规模的扩大而增加，也只需将虚线bb′画得比实线bb′稍陡一些，因为含有服务链成本的边际成本应该低于相对集中生产的边际成本（线aa′），否则厂商将不会愿意采用分散生产方式。

如果生产区段和服务链重复图3-5的过程，生产区段和服务链的数量将不断增加，总成本、平均成本与总产出的关系就会演变成图3-6所描述的情形。事实上，工业发展的进程已经不断加深劳动分工和专业化，导致了生产分散度的提高和生产者服务贸易的增加。图3-4c表示前一生产区段的产品可能作为下一生产区段的生产原料；图3-4d表示各个生产区段同时运行，每一生产区段的产品在最后的一个生产区段组装成最终产品。

对于任何分散水平，生产区段内固定成本和边际成本的结合，使得平均成本随着产量的增加而下降。而且，当一项新的分散技术导致更高的分散水平时，平均成本下降的速度将会更快。图3-7说明随着生产的增长，边际成本对产量的依赖关系刺激厂商采用更为分散的生产技术。假设生产仍然停留在单一厂商完成的生产阶段，且市场需求弹性低于无限大，厂商就会在边际成本等于边际收益时停止生产。采用分散的生产技术，边际成本阶段性下降，产量则呈阶段性上升；边际收益曲线或相应的需求曲线越富有弹性，产量的阶梯状也越明显。

（2）国际贸易中的服务链

如果世界市场上交易的都是最终产品而非中间产品和服务，一国将生产并出口集中反映本国比较优势的产品，递增的规模收益加剧了对集中化生产的重视，允许最终产品自由贸易带来的专业化分工能够改善贸易国的福利。但是，任何一国都不可能同时拥有在每一个生产区段和服务链的成本优势，厂商为追求更高效率会将生产分布至全球；对于服务链来说，会引入外国服务链。图3-8显示了引入外国服务链对成本的影响，即在同一分散水平上由一条服务链联结的两个生产区段的比较优势结构。线aa′代表两个生产区段都在国内时的固定成本和可变成本，线bb′代表增加了的服务链成本。如果国内和国外各有一个生产区段成本较低，同时假定固定成本仍与aa′相同，那么线aa″则代表了国内和国外组合生产后的成本线；由于联系国内和国外生产区段的服务链成本大于两个区段都在国内时的服务成本，即ac>ab，那么，用于联结跨国生产区段的服务链成本将最优成本产出曲线从beb′折成bec′，也就是说，当产量大于h时，可以采用国内和国外相互结合的分散方式进行生产。

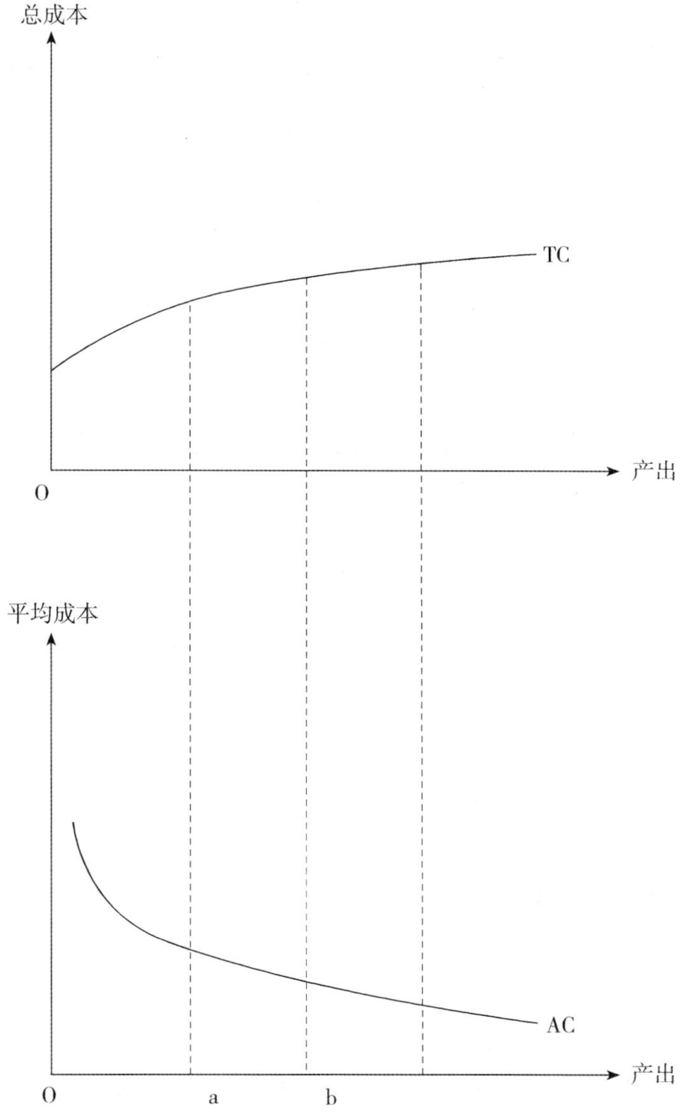

图3-6　分散后的平均成本与产出

在模型中，假定国内外生产区段的固定成本不变，假定联结跨国生产区段的服务链成本大于联结国内生产区段的服务链成本，实际上，如果国外生产区段拥有成本优势，这种优势不仅体现在可变成本上，而且也应体现在固定成本上；国际服务链成本也可能小于国内服务链成本。

以电信、运输、金融服务业为代表的现代服务技术的进步，已经卓有成效地降低了国际服务链的相对成本，使得跨国生产所需要的最小规模变得越来越小，即图3-8中的点h逐渐左移，这样就极大地刺激了各厂商利用国际服务链进行高效率的跨国分散生产的积极性，国际服务贸易特别是生产者服务贸易获得巨大推动力而不断增长。

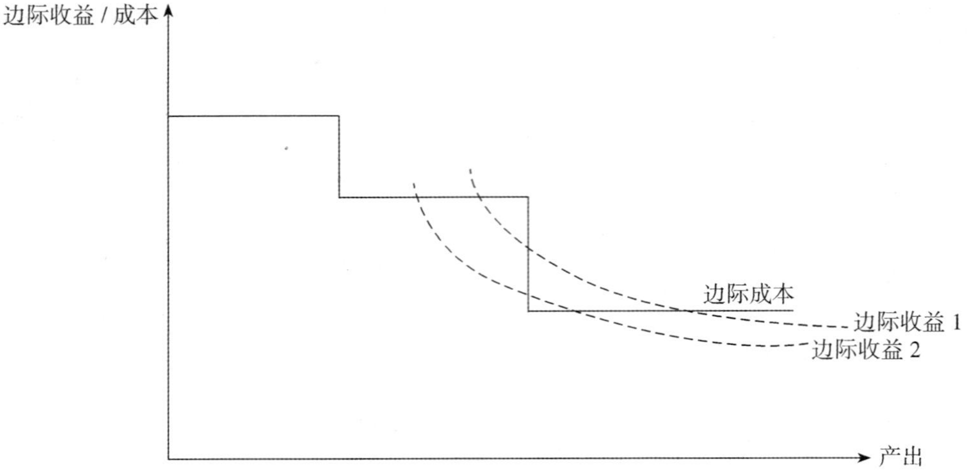

图 3-7 边际收益成本与产出

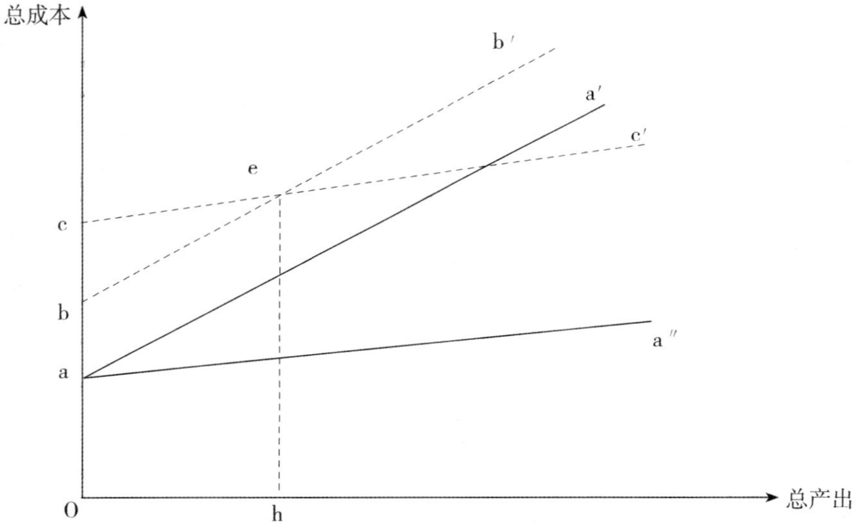

图 3-8 总成本与总产出：外国服务纽带的影响

2）马库森理论

在埃塞尔的模型中，两个国家分别拥有竞争部门（Y）和需要使用中间要素或服务进行生产的部门（X），后者具有规模报酬递增效应和生产互补性。结果表明，有两个原因使含有生产要素的贸易优于单纯的最终产品贸易。第一，由于价格与边际成本之间发生扭曲，当单纯的商品贸易不能保证获得帕累托改进[①]时，允许生产要素自由贸易使两个国家被扭曲部门的生产得到扩张，这种扩张被作为当价格超过边际成本时贸易收益的充分条件；最终产品自由贸易导致小国或技术落后国家这一生产部门收缩，这种收缩则是贸易利益丧失的充分条件。第二，从世界角度分析，允许要素自由贸易也优于单纯最终产品的自由贸易，这种结果来源于在最终产品生

① 帕累托改进：至少使一个人境况变好而又不致使其他任何人境况更糟的资源重新配置。

产中国内与国外专业要素间的互补性以及自由贸易带来的更高水平的社会分工。

马库森在埃塞尔研究的基础上，进一步发展了差别性中间要素贸易的模型。马库森根据服务部门的柯布—道格拉斯生产函数和熟练劳动力生产的不变替代弹性函数得出的结论是，生产企业和特殊专业化服务的生产规模报酬不变，而服务业与其所提供的服务总量成规模报酬递增。他认为，服务部门产出虽然处于竞争均衡，但并不是帕累托最优[①]，因为没有考虑规模经济效应；服务部门同样存在“先入者优势”现象，报酬递增规律会使率先进入服务市场的厂商从较低成本扩展规模，阻碍其他服务厂商提供同样的服务，从而降低后来者的福利水平；同样道理，这种现象也使小国生产规模报酬递增效应受到限制而降低其福利水平。因此，马库森主张提供适当补贴以使福利最大化，这种补贴包括生产补贴和由政府无偿提供的公共投入。

马库森指出，在一个具有两种商品X和Y的模型中，包含作为X生产的排他性投入的n个生产者服务S_i（i=1，2，…，n）；X和Y在规模报酬恒定条件下生产和在完全竞争市场上销售，生产者服务投入在规模报酬递增条件下生产和在垄断竞争市场上销售。假设两个国家在所有其他方面都相同，仅仅在绝对大小上存在差别，这时需要考虑两种情形：第一种情形是X和Y可贸易，而S_i不可贸易；第二种情形是Y和S_i可贸易，而X不可贸易。

在第一种情形中，现代国际贸易理论预言，如果两个国家情况完全相同，它们在X和Y的贸易自由化中将不会获得任何利益；如果两个国家在绝对大小上存在差别，小国甚至可能在贸易中遭受损失。这种结果可以通过封闭条件下的均衡与市场出清条件下自由贸易均衡之间的比较获得。可以认为，自由贸易条件下X的国内生产得到扩张并构成获得贸易利益的充分条件；然而，如果小国国内X的价格与边际转换率之间发生扭曲，造成相对于大国的成本劣势，情况将发生变化。

在第二种情形中，两个国家都会从生产者服务中获益。首先，由于允许两个国家共同承担与S_i的生产相联系的固定成本，它们都将从生产者服务中获得利益；其次，虽然X不可贸易，但由于有更多种类的S_i以比第一种情形更低的成本提供给每个国家，两国都会因生产者服务而使生产可能性边界向外移动；再次，在一般情况下，两个国家都将从更多样化的生产者服务中获得利益；最后，两个国家都因在第二种情形下获得比第一种情形下更多样化的生产者服务而获得利益。

总之，规模报酬递增是资本密集型中间产品和知识密集型生产者服务的共同特征，而许多中间产品又呈现出差异化或与国内要素互补的特征。在包含高度熟练劳动的生产者服务贸易中，相对于初始的固定成本，实际提供的服务边际成本比较低，使得服务贸易具有与传统的H-O模型不同的成本特征，而这一特征在相当大程度上导致了专业化程度的提高和国际分工的发展。因此，马库森的主要结论是生产者服务贸易优于单纯的最终产品贸易。但要注意的是，马库森理论的核心不是服

① 帕累托最优：使一个人境况更好的唯一方法是使另一个人境况变坏的商品和投入的分配。

务与商品的区别，而是中间投入与最终产品的区别。

3）弗兰科斯理论

与马库森强调的服务部门内部专业化模型相反，弗兰科斯强调服务在协调和联接各专业化中间生产者过程中的作用。他通过建立一个具有张伯伦垄断竞争特征的产品差异模型①，讨论了生产者服务与由于专业化而实现的报酬递增的关系，以及生产者服务对货物生产的影响。

在弗兰科斯模型中，劳动力扩张带来市场范围的变化，导致经营规模的变化从而促进了专业化水平的提高和生产者服务中劳动力投入份额的增长。与不断增加的生产过程复杂性相联系的组织性的要求限制着专业化产生的报酬递增的实现，而生产者服务恰好能够满足这种组织性的要求，在这一过程中发挥重要作用。在向贸易均衡方向增长或移动时将伴随着产品价格的下降，消费者可获得产品品种的增加，以及应用于生产过程的专业化的增加。服务贸易自由化的结果与这种增长的结果相近似，服务贸易自由化导致服务产品种类得到增加，规模获得扩大，从而使服务进口国朝着更加专业化生产方向发展，而服务出口国则或者可能朝着专业化方向发展，或者可能朝着非专业化方向发展，并使与要素总收益相联系的制成品的价格下降。随着本国厂商数量的减少，外国厂商数量逐渐增加，但保留下来的本国厂商规模较贸易自由化前扩大了。因此，服务进口国与出口国都在生产者服务贸易自由化过程中获得利益。

3.3.4 竞争优势理论与国际服务贸易竞争优势

1）竞争优势理论与国际服务贸易

从事企业战略问题研究的波特教授提出了一套全新的钻石模型（如图3-9所示）来解释一国竞争优势的来源，强调国内因素对一国竞争优势的重要性，同时侧重政策应用价值，强调国家在决定国际竞争力方面的重要作用。钻石模型由四个基本决定因素和两个辅助因素组成，要素条件、需求条件、相关产业与支持产业以及企业战略、企业结构和同业竞争四个基本决定因素互动作用，每一个因素都对产业国际竞争优势的形成起决定性作用；政府行为和发展机遇两个辅助因素也会通过四大因素而间接影响竞争力的走势。

波特将一国的生产要素分为高级要素和基础要素，认为一个国家真正的竞争优势来源于经过不断地、大量地投资、创新和升级所取得的高级要素；基础要素的重要性因对其需求的下降而容易获得以及通过对外投资或国际市场取得而不断受到破坏，这使得无论在什么地方，基础要素的报酬都很低。丰富的自然要素会使一个国家简单地去利用这种优势，而要素劣势的国家却会迫使企业充分利用和提升自己要素的质量。因此，基础要素具有优势的国家由于依赖这种要素反而使其竞争力下

① 张伯伦垄断竞争模型：市场是不完全的，以至于企业不可能在既定的价格下出售它所愿意出售的产出，即使在竞争性市场上，由于产品差别，每一个企业都存在一定的垄断因素，同时由于相似的替代品的存在，这种垄断因素并不能使企业形成完全意义上的垄断，而是处于一个竞争和垄断并存的状态。

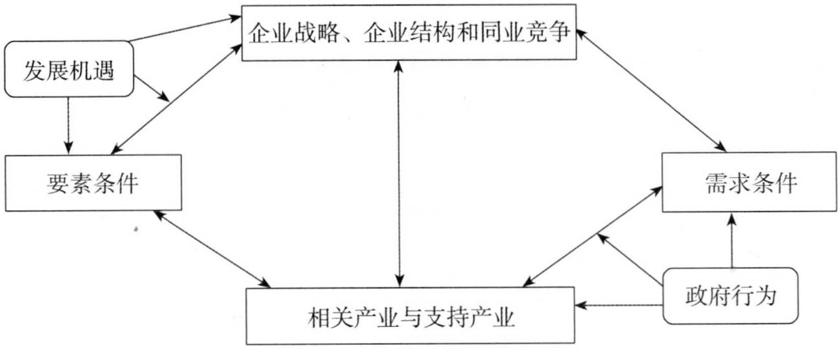

图3-9　钻石模型图

降，经过创造、升级或专业化了的高级要素是竞争力提高的真正来源。要将要素劣势转化为优势，一是要对要素劣势有所认知，二是企业必须有创新所必需的技能和竞争压力。例如，美国家用电器公司面临相对较高的劳动力成本时，没有提升其资源优势的目标，而是被动地接受劳动成本的评价，将生产过程原封不动地转移给劳动密集型的中国台湾地区和其他亚洲国家；与之相反，日本竞争者却利用自动化减少了劳动力需求，降低了组装成本，并通过生产线的改进减少了零配件，提高了产品的质量和耐用性。

国内强大的需求有利于公司建立国际竞争优势，但国内老练、苛求的产品和服务的购买者会迫使公司达到更高的标准，刺激公司不断改进、创新技术和产品，苛刻的需求环境比需求规模更能迫使公司不断迎接挑战而获得竞争优势。例如，需求结构紧凑的日本市场迫使日本公司创新并生产轻、薄、短、小的产品，这些产品要求被国际市场认可和接受，成为日本产品竞争力的重要来源。

在地理上相互靠近、在技术和人才上相互支持的产业集群，缩短了相互之间沟通的渠道，能够快速地相互学习，不断地进行创新和观念交流，有利于产业集群竞争优势的形成，而且这种竞争优势难以被其他地区的企业夺走，具有持续竞争能力。波特认为，一个具有国际竞争力的优势产业集群中的企业最好由国内企业组成，特别是由本地企业组成上下游配套齐全的产业发展链，这样的国际竞争优势更加稳定、可靠。

波特认为，由于企业之间的激烈竞争和优秀企业之间在竞争中相互学习，使得竞争性企业之间的差别不大，而在竞争中不容易被学习或模仿的差别是企业的竞争战略或发展战略；企业可以通过战略的变换来适应环境的变化，以获得竞争优势。

在提高竞争力方面，政府行为可以起到建设性的作用。例如，严格的政府规章制度可以通过刺激和提升国内市场需求，促进竞争优势的增强，严格产品效能、产品安全和环境影响的标准，迫使企业提高质量，提升技术，满足顾客和社会的要求。政府有效地选择了提高生产率的政策、法律、制度，就选择了繁荣。而机遇来自于企业外部，如发明、基础技术的突破、战争、外部政治变化、国外市场的转变等，这些机遇能够解散或重塑产业结构，形成一国企业代替另一国企业的发展机遇。

波特提出一国竞争优势的发展分为四个阶段：要素推动阶段、投资推动阶段、创新推动阶段、财富推动阶段。第一阶段的竞争优势主要依赖于基本生产要素；第二阶段的竞争优势主要表现为政府和企业积极投资，生产因素、厂商决策和竞争环境得到持续改善；第三阶段的竞争产业建立在较为完整的竞争力钻石体系上，企业向着国际化和全球化方向发展；第四阶段的竞争优势来自前三个阶段财富和创新技能的积累。波特理论反映了国家竞争力的变化过程，服务贸易对后三个阶段的发展都产生影响，而且这种影响随着竞争水平的提高而不断加深。

竞争优势理论重视需求条件的这一特点，对国际服务贸易的研究具有特别重要的理论指导和启示意义，因为服务通常是"量身定制"，根据消费的不同要求提供质量不同的服务，无论是从理论研究还是从实际管理的角度看，服务的需求比服务的供给都更为重要。以往的国际贸易理论多侧重于从供给角度，如技术差异、资源禀赋差异、规模经济与企业组织结构等方面探讨国际服务贸易的产生原因和贸易格局，波特的竞争优势理论无疑为国际服务贸易研究提供了一个全新的视角。

2）服务业国际竞争力的决定因素

人们对服务业国际竞争力的决定因素问题有各种不同的看法。有学者认为，服务业常常处于政府严格管制之下，因此，放松管制是提高服务业国际竞争力的决定因素；有学者认为，不同服务行业的国际竞争力决定因素是不同的，如旅游业的国际竞争力主要取决于自然资源，金融服务业的国际竞争力则与国际时区制的地理位置有关；还有学者认为，服务业的投入要素主要是人力资源，因此，人力资本的发展和配置方式决定服务业的国际竞争力。联合国贸易和发展会议高级专家Murry Gibbs和Michiko Hayashi认为，服务贸易的国际竞争优势不仅取决于自然资源要素禀赋，而且取决于一国先前经济发展水平和类型以及在这样的经济发展水平和类型中服务要素的禀赋，即投资于现有工业和技术方面的研发（R&D）及教育等资源的数量和法规状况等因素，这些因素包括专有技术及技能的潜力；现有的物质基础设施状况，如固定资产等；信息资本，如基础信息处理数量，有效的技术创新能力等；供应规模和市场规模，如生产规模和国内专有技术的市场规模；经济特殊性及具体的专有技术及信息的积累；促成或阻碍经济规模的法规状况及其作用。

波特的钻石模型同样可以用于分析服务业的国际竞争优势，但由于服务业的特殊性，钻石模型中的四个决定因素在服务业国际竞争优势方面也具有特殊性。

在服务业的国际竞争中，生产要素的作用依各个服务业的贸易形式而定。在跨境提供、境外消费、自然人流动的贸易形式中，生产要素往往是国际竞争力的关键，竞争力对国内生产要素具有很强的依赖性，如旅游业对气候和地理环境具有很强的依赖性；教育和医疗保健服务依靠国内服务人员的受训练程度和素质；伦敦成为全球金融和贸易中心与其处于美洲和亚洲之间的枢纽位置有关；新加坡具有国际竞争优势的修船业与其处于中东和日本之间的重要航线上有关。在商业存在的贸易形式中，像到国外开办银行、超市、旅馆等，大部分雇员是当地人，母国的生产要素所发挥的作用就不十分重要，而需求条件和相关产业则成为国际竞争优势的决定性因素。在服务业的国际竞争中，专业人才和多元文化也起着十分重要的作用，如瑞士在语言沟通和多元文化上具有的优势，在其服务业的国际竞争中发挥了很大的作用。

需求条件是服务业国际竞争成败的关键。如果一个国家某种服务业先兴起，并具有较大的国内需求，这个国家就可以在国内先建立服务网络，通过系统化、标准化、品牌形象成功地开拓国外市场；如果国内客户对某种服务业特别挑剔，会促进国内服务业的改进，进而增强该国服务竞争力。例如，专业医疗保健服务、管理咨询、财务顾问等新型服务业起始于美国，其在开拓国际市场方面就具有捷足先登的优势，并保持国际竞争优势至今。当然，国内对服务需求本身受到许多因素的影响，如收入水平、社会和历史因素、政府的政策法规等。

相关产业与支持产业对服务业国际竞争力具有提升效应。当服务业的相关产业具有国际竞争优势时，它会孕育出其他的服务业，如美国拥有世界级的电脑公司和软件经销商，这种优势带动了其他服务业的自动化。

企业战略、企业结构和同业竞争对服务业国际竞争具有重要的影响。一国服务企业在组织运作上的差别会影响其国际竞争力，如美国企业精于系统分析技术，其咨询顾问和广告业具有国际竞争力。服务业往往是在很小的规模上逐步发展起来的，因此，一个国家的竞争环境对服务业国际竞争优势的形成具有重要的影响，如自由而又有弹性的竞争环境有利于服务企业在市场竞争中增强竞争力，政府的过度保护可能会制约服务企业的成长。服务产业的集群也有助于服务企业竞争力的提高，如伦敦集中了很多理财服务和相关服务业，波士顿汇集了许多咨询顾问和软件公司。

随着技术的不断创新，服务业的国际竞争优势与制造业的国际竞争优势越来越联系在一起，特别是新兴服务业的发展，更是与制造业的发展紧密联系在一起。一方面，在制造业的中间投入中，服务的投入具有增加的趋势，服务业与制造业的界线越来越模糊，有的制造业产品是为了提供某种服务而生产的，有的制造业产品在出售时伴随着知识和技术服务的出售，同时服务还引导制造业部门的技术变革和产品创新。另一方面，制造业企业活动外置带动新兴服务业的发展，因而具有国际竞争优势的制造业会带动相关服务业国际化的发展，进而带动服务业国际竞争力的提高。

3.3.5 服务贸易竞争力评价方法

20世纪90年代中期以后，服务贸易竞争力问题转向应用型研究，国外经济学家们开始关注某些增长较快的服务行业在贸易领域中的竞争力问题。比如，保险业竞争力的研究、知识密集型服务业的竞争力研究、不同地区商业服务业竞争力的比较研究等等。近年又转向服务竞争力的国际比较研究、服务与竞争力的关系研究以及文化对经济交换的影响研究等，开始从产业层面进行服务贸易竞争力问题的研究。

显性比较优势分析方法是常用的测评方法，这种方法用一国实际贸易状况来间接地表现比较优势所在。显性比较优势指数是衡量一国比较优势最常用的方法，它通过将某些易得的统计数据（如国际贸易进出口数据）编制成某种指标来估算一国的比较优势，其中包括基于巴拉萨的显性比较优势指数（Revealed Comparative Advantage，RCA）和贸易竞争力指数（Trade Competitive Index，TC）等指标。虽然这些指标实际上是生产领域的比较优势在流通领域的表现，即是对抽象的比较优势状况的间接度量，但它可以较为方便地使人们获得一国比较优势状况的感性认识，尤其是能比较直观地观察到部门贸易的竞争优势。

以下是服务贸易竞争力评价的几个具体指标：

（1）显性比较优势指数和对称性显性比较优势指数

显性比较优势指数由巴拉萨首先提出，又称为相对出口绩效指数，用来描述一个国家或地区服务出口与该国总出口的比值相对世界该指标的状况。其计算公式如下：

$$RCA_{ij}=\frac{X_{ij}/\sum_j X_{ij}}{\sum_i X_{ij}/\sum_i\sum_j X_{ij}}$$

式中，RCA_{ij}表示i国j服务部门的比较优势指数；x_{ij}表示i国j服务部门的出口量；分子表示i国j服务部门的出口占本国服务贸易总出口的份额；分母表示世界j服务部门产品的出口总额占世界全部服务产品出口总额的份额。该指数大于1，表明i国j服务部门具有比较优势；该指数小于1，表明i国j服务部门不具有比较优势；该系数等于1，表明i国j服务部门处于国际平均水平。具体来讲，如果该指数大于2.5，表明i国j服务部门具有极强的国际竞争力；该指数介于1.25~2.5之间，表明i国j服务部门具有很强的国际竞争力；该指数介于0.8~1.25之间，表明i国j服务部门具有较强的国际竞争力；该指数小于0.8，表明i国j服务部门国际竞争力较弱。

用RCA指数作为判断一国某生产部门是否具有比较优势的理论依据是：一国的比较优势决定了其专业化分工和贸易模式，各国总是较多出口其具有优势的产品而较多进口其具有比较劣势的产品。的确，巴拉萨的显性比较优势指数将i国j服务部门产品的出口值置于整个世界的背景中，与所有的竞争者（生产并出口同种产品的国家，不论其出口到世界何处）进行比较，通过评估一国某个部门的出口在世界上的份额形成一个相对而又综合的比较优势指标，简便易行，因而被国际经济学界广泛接受，成为最常用的方法。

不过，显性比较优势指数也有一个不足之处，即RCA指数以1作为判断比较优势的临界值，而在此临界值两侧的值域却不对称，也就是说，缺乏显性比较优势的部门其RCA指数值域为［0，1］，而具有显性比较优势的部门其RCA指数值域为［1，∞］，这意味着衡量比较优势和劣势程度的标准不对称。

为了弥补RCA指数的不足，Laursen（1998）提出了对称性显性比较优势RCAS

（Symmetric Revealed Comparative Advantage）指数，其表达式为：

$$RCAS_{ij}=\frac{RCA_{ij}-1}{RCA_{ij}+1}$$

$RCAS_{ij}$在［-1，1］之间取值，$RCAS_{ij}>0$表明i国j部门具有比较优势，而$RCAS_{ij}\leq 0$则表明i国j部门不具有比较优势。与RCA_{ij}相比，$RCAS_{ij}$是一个对称的指标，更有利于对各部门比较优势和比较劣势的程度进行定量比较和分析。

（2）显性竞争优势指数与贸易竞争力指数

很明显，显性比较优势指数只考虑了产品出口问题，并没有考虑进口的影响，这在开放的经济条件下显然是不合适的。为此，在分析研究中可以考虑另外两个指数，即显性竞争优势指数（Revealed Competitive Advantage Index，CA）和贸易竞争力指数（Trade Competitive Index ，TC）。显性竞争优势指数的计算公式如下：

$$CA=RCA-(M_{ij}/M_{it})/(M_{wj}/M_{wt})$$

其中，M_{ij}表示i国j服务部门的进口额，M_{it}表示t时期i国服务贸易进口总额，M_{wj}表示世界j服务部门的进口额，M_{wt}表示t时期世界服务贸易进口总额。CA指数将进口比较优势从出口比较优势中剔除，得到i国j服务部门真正的优势。

贸易竞争力指数，即TC指数是一国服务净出口与其进出口总额的比值（净出口份额），所以TC指数又称比较优势指数或净出口比率，是行业结构国际竞争力分析的一种有力工具，总体上能够反映出计算对象的比较优势状况，其计算公式为：

$$TC指数=\frac{X-M}{X+M}$$

TC指数取值范围为［-1，1］，当其值接近0时，说明比较优势接近平均水平；大于0时，说明比较优势大，且越接近1比较优势越大，竞争力也越强。反之，则说明比较优势小，竞争力也小。当比值为1时，表明该国完全出口专业化，服务贸易有很强的竞争力；当比值为-1时，表示完全进口专业化，服务贸易竞争力很弱。

【专栏3-1】　发展中国家与发达国家服务贸易显性比较优势的差异

第一，从具有显性比较优势的服务贸易部门的数量来说，发达国家多于发展中国家，表明发展中国家服务贸易的整体发展水平和比较优势低于发达国家。

第二，从显性比较优势的变动趋势来看，发达国家各部门的比较优势分布较为集中，发展中国家各部门的比较优势分布相对分散，反映了发达国家服务贸易各部门的发展较为平衡，发展中国家服务贸易各部门的发展程度差异大、不平衡、不协调。

第三，从服务贸易各部门的比较优势状况来分析，发达国家多在人力资本和一些资本密集型服务贸易部门具有较大的比较优势，大多数发展中国家主要在资源密集型以及一些政府垄断的服务贸易部门具有比较优势，说明了发达国家多在现代服务部门具有比较优势，而发展中国家在传统服务部门具有比较优势。

第四，发达国家服务贸易各部门的显性比较优势波动幅度小，趋势较为平稳，发展中国家服务贸易各部门的显性比较优势波动幅度大，这主要是由于发达国家政府对服务贸易的干预程度低于发展中国家。政策干预对服务贸易显性比较优势的影响巨大，当政策或者干预程度发生变化时，都会导致被干预服务部门比较优势的剧烈变动。

第五，在后工业化经济或服务经济中，服务业的地位很高，发展中国家的工业或者说制造业的地位更高，这说明服务业及服务贸易的发展与一个国家的制造业发展及工业化进程相关。

资料来源 申朴. 服务贸易中的动态比较优势研究［M］. 上海：复旦大学出版社，2005.

● 本章小结

1.国际服务贸易理论研究的逻辑线索始终未脱离主流国际贸易理论的分析框架，其研究始终带有政治经济学分析的色彩。

2.国际服务贸易理论研究存在的问题表现在以下三个方面：①服务经济理论研究的步履维艰影响到服务贸易理论研究的发展；②服务贸易统计分类的不统一导致理论研究难以进行精确的经验检验；③服务业的长期价值歧视使服务贸易理论研究滞后于实践。

3.对于比较优势理论对服务贸易的适用性争论总体有不适用、适用和不完全适用三种观点。总体来说，不完全适用观点得到了国际学术界较多的认可，认为比较优势理论是适用于国际服务贸易的，但需要进行适当的修正。

4.人力资本、技术和资本、自然条件和信息技术、产业组织结构以及其他部分非经济因素影响了国际服务贸易的比较优势。

5.国际服务贸易理论的研究成果主要集中在服务贸易比较优势理论模型、服务价格国际差异分析、规模经济与不完全竞争下的国际服务贸易理论、竞争优势理论与国际服务贸易竞争力的评价等。

6.波特提出一国竞争优势的发展分为要素推动阶段、投资推动阶段、创新推动阶段、财富推动阶段，服务贸易对于后三个阶段的发展都产生影响，并且这种影响随着竞争水平的提高而不断加深。

7.20世纪90年代中期以后，国外经济学家们开始关注某些增长较快的服务行业在贸易领域中的竞争力问题。在诸多服务贸易竞争力评测指标中，显性比较优势指数和贸易竞争力指数是最常用的两种指标。

● 扩展阅读

1.程大中. 生产者服务论［M］. 上海：文汇出版社，2006.

2.李慧中，程大中. 国际服务贸易［M］. 北京：高等教育出版社，2007.

3.吕世平. 国际服务贸易竞争论［M］. 北京：中国金融出版社，2009.

4.波特. 竞争战略［M］. 陈小悦，译. 北京：华夏出版社，2005.

5.波特. 竞争优势［M］. 陈小悦，译. 北京：华夏出版社，2005.

6.沈大勇，金孝柏. 国际服务贸易：研究文献综述［M］. 北京：人民出版社，2010.

7.庄丽娟. 国际服务贸易与经济增长的理论和实证研究［M］. 北京：中国经济出版社，2007.

● 基本概念

要素禀赋理论　要素价格均等化定理　人力资本　雷布津斯基定理　竞争优势理论　显性比较优势

● 复习思考题

1.分析国际服务贸易理论研究的特点。

2.试析比较优势理论在国际服务贸易中的适用性。

3.分析影响国际服务贸易比较优势的主要因素。

4.试析国际服务贸易纯理论的发展。

第4章/国际服务贸易保护政策

学习目标

了解国际服务贸易政策的演变以及国际服务贸易保护政策的基本内容；掌握国际服务贸易保护政策的微观基础及经济福利效应；重点掌握国际服务贸易保护壁垒的相关内容。

[引导案例]

WTO参照《联合国中心产品分类系统》，将服务贸易划分为12个部门，并在此基础上又进一步分出了160多个分部门或独立的服务活动。由于每个WTO成员服务贸易市场的开放均是以其在服务贸易减让表中的具体承诺为基础的，因此各成员服务贸易市场的开放程度并不一致。即便是在承诺开放的服务部门，也可能存在经谈判达成的各种准入、经营条件等方面的限制。因此，服务贸易方面的壁垒主要是指WTO成员方未能履行其在服务贸易减让表中的具体承诺，及不符合《服务贸易总协定》（即GATS）有关规定的各种做法或措施。实践中，造成阻碍国外服务或服务供应商进入本国市场的壁垒措施可能有：

1.准入条件过于严格或缺乏透明度。例如，某国规定，通常情况不允许由外国建筑公司承建公共工程项目，除非本国公司不能承担；外国公司只能通过与本国合资的形式参与建筑设计；外国建筑师不得在该国获得从业执照。

2.冗长的审批程序。例如，某国制定了极为繁杂的审批条件和程序，要求国外服务供应商提供过于复杂的资质证明和其他文件，并以其他各种理由拖延审批时间。

3.对服务供应商服务经营设置各种形式的限制，或增加其经营负担。例如，根据某国规定，在申请各种基础电信设施的使用许可（如广播和通用波段电台的许可证）时，外资电信运营商的申请条件比国内电信运营商更加严格；某国关于飞机湿租（即全机租赁，包括机组人员、维修和保险）的规定禁止本国航空公司租赁任何未在该国注册的飞机，从而使在外国注册的飞机不能进入湿租市场。

4.外国服务供应商所面临的不公平竞争。例如，某国禁止外国旅游服务经营商在该国做境外旅游的广告；外国旅游服务经营商还可能受到意料不到的税收调查。

资料来源：佚名. 服务贸易壁垒［EB/OL］.［2011-08-17］. https://news.cnal.com/2011/08-17/1313570508240405.shtml.

国际服务贸易政策是各国在一定时期内对服务的进出口贸易所实行的政策，是各国对外经济政策的重要组成部分。由于各国经济发展阶段不同，服务业及服务贸易的实力不同，各国服务贸易政策的目标取向也不同；随着服务业的拓宽和服务贸易的迅速发展，各国都十分重视本国对外服务贸易政策的取向。与国际商品贸易一样，国际服务贸易领域也存在着保护主义和自由主义两种基本观点，反映在政策层面上，就表现为保护贸易政策和自由贸易政策。实际上，出于各种经济和非经济因素的考虑，服务贸易既不可能出现古典式的、纯粹的自由贸易，也不可能出现传统的商品进口替代式的保护贸易，各国政府理想的政策选择是有管理的自由服务贸易政策。

4.1　国际服务贸易保护政策概述

4.1.1　国际服务贸易保护政策的微观基础

自然垄断、非对称信息、经济外部性是政府对服务业实施干预政策的主要原因，也是服务贸易壁垒产生的微观经济学根源。

1）自然垄断

当从事某个行业或部门的生产需要高额的原始投资和高技术的知识保障时，这些条件原则上不是一种经济壁垒，但客观上对其他竞争者的自由进出入市场构成阻碍，从而形成该行业或部门的自然垄断；自然垄断在经济学中表现为高额的固定成本与微小的边际成本并存。对待自然垄断有三种态度——自由放任、实行公有制、有管制的私有制。如果选择自由放任，则容易形成恶性竞争环境；如果选择实行公有制或有管制的私有制方式，就涉及政府干预。因此，当某种产业或某项服务的供给必然形成自然垄断时，政府就有必要加以管制；如果政府对服务业的管制措施明显歧视外国服务厂商，这种干预就被视为服务贸易壁垒。

2）非对称信息

在国际服务贸易中，服务的买卖双方之间可能存在错误信息或不对称信息。服务的消费者不完全了解或掌握服务提供者提供服务的质量，或者服务消费者被误告服务的质量、价格，即有关服务的信息在服务消费者和提供者之间是不对称分布的，这种情形很可能给消费者带来不利影响。为了保护服务消费者免受不合格提供者或掠夺性服务供应商的侵害，政府有必要采取谨慎的管制措施；如果这类管制措施对外国服务提供者产生实质性的不公平待遇，同时便构成了服务贸易壁垒。

3）经济外部性

某个消费者直接关注另一个经济代理人的生产或消费为消费者的经济外部性，某个厂商的生产可能会受到其他厂商或消费者选择的影响为生产的经济外部性；经济外部性最主要的特征是经济的交易成本或收益未在价格中得以反映。作为市场失灵的一种表现，产生经济外部性时，各国政府就要发挥矫正作用，协调各种经济利益的分配问题。就服务贸易而言，如果一国政府在将外部效应内在化的过程中，对外国服务提供者使用具有明显歧视性的措施，这也将构成服务贸易壁垒。

4.1.2 国际服务贸易保护政策产生的原因

尽管各国实施的服务贸易保护措施千差万别，但究其具体原因主要表现在：

1）保护国内幼稚服务业

各国尤其是发展中国家在充分认识到服务贸易对促进其国民经济发展的重要性的同时，担心开放服务市场会冲击、扼杀其国内相关的民族服务业的健康发展，加剧国民经济薄弱环节的进一步恶化，造成对外国服务的依赖及本国服务更加落后；发达国家则担心来自集团内部的竞争会导致本国服务优势的丧失，也会对一些新兴服务行业进行保护。常见的形式是禁止或限制外国人在本国设立从事服务贸易的企业。

2）维持国际收支平衡

一国国际收支的平衡反映其对外经济关系的利益及稳定，因此，一国在制定服务贸易政策时，往往会基于该项考虑，对外国服务的输入及引起的相应外汇支出进行限制，对服务资本的境内外流动以及外国金融机构在本国的活动进行限制，加强对金融市场的国家干预，维护国内的金融秩序。由于发展中国家在服务贸易收支中的脆弱地位，该因素经常为发展中国家所考虑。

3）减轻国内就业压力

增加本国国民的就业机会，充分保护国内劳动力市场，对于维护一国经济和政局的稳定具有直接的影响。随着服务业飞速发展，其容纳就业的人数越来越多，完全开放国内劳动力市场，势必带来境外移民的增加，给国内某些部门的就业工人造成巨大压力，所以各国政府采取各项规章制度控制外国劳动力的自由流入，严格执行移民管理措施，规定外国企业雇佣本国国民在该部门就业人数的比例等，增加国民就业的机会。由于发展中国家拥有较多的廉价劳动力，该因素常为各国尤其是发达国家所考虑。

4）保护本国经济贸易利益和消费者利益

发展中国家担心服务贸易自由化的好处主要由占有比较优势的发达国家所获得，从而使其经济贸易利益受到损害，也为了防止外国服务供应商在本国服务市场上垄断价格，从而给予本国消费者不公平待遇，可以对外国企业在本国的业务活动实施各种强制性的检查和监督措施。

5）维护国家主权和国家安全

许多服务业包括具有很强政治敏感性的基础结构和活动，通常涉及国家主权和安全问题，如交通运输、通信、电力、金融等属于一国经济的关键部门，一旦这些部门被外国控制，一国经济的独立性就会受到极大威胁，甚至会导致所谓“依附经济”的产生。这种局面一旦形成，一国经济及对外贸易的发展对其本国来说是十分有限的，甚至有害，从而出现所谓“贫困化的经济增长”或“没有经济发展的经济增长”。因此，一国一般会禁止外国服务经营者参与这些服务行业的竞争，禁止或限制外国企业垄断其有关国家利益的重要服务部门，将服务贸易政策与整个国家的对外关系战略综合加以考虑。

6）保护本国民族文化特色和社会共同价值观

教育、新闻、娱乐、影视、音像制品等服务部门虽非一国国民经济命脉，但却属于意识形态领域，任何国家的政府都希望保持本国在政治、文化上的独立性，反对外国文化的大量入侵，因此都会对诸如卫星电视、电影和广告业等部门进行保护。

4.2 国际服务贸易壁垒

4.2.1 国际服务贸易壁垒的含义

国际服务贸易壁垒是指一国政府对外国服务生产者或提供者的服务提供或销售所设置的具有阻碍作用的政策措施，即直接或间接使外国服务生产者或提供者增加负担的政策措施，是国际贸易政策中贸易保护主义措施的体现形式。国际服务贸易壁垒也包括出口限制。

国际服务贸易壁垒通过增加外国服务生产者或提供者的成本达到限制贸易扩大的目的，这些政策措施是多样的，既有政策和法规，也有商业惯例行为。国际服务贸易壁垒可以通过对进口的服务征收歧视性的关税形式，也可以通过法规的形式使外国的服务生产者或提供者增加不必要的费用，如对出国旅游者征收人头税；根据国内法规要求在本国开展业务的外国保险公司必须配备所有领域的保险专家，却不允许该公司承担所有这些领域的业务；还可以采取与商品贸易中的数量限制相同的形式，来控制外国公司提供的服务数量，甚至禁止外国公司提供某些领域的服务，如加拿大对在加拿大开业的外国银行的存款数额和贷款数额有严格的上限控制，韩国禁止在韩国的外国公司提供或承担有关人寿保险、火灾保险和汽车保险等服务业务。政府对信息、人员、资本以及携带信息的商品移动所实施的限制措施也是一种服务贸易壁垒，它同样为外国服务生产者或提供者设置了一种障碍，如对资本、货币自由移动的限制阻碍了国际银行、保险服务贸易的开展，对信息移动的限制阻碍了信息处理服务和信息使用服务的国际贸易，对人员移动的限制阻碍了旅游、教育、专业性服务的发展以及国际的贸易。

当然，并不是一切限制服务进口的法规都是服务贸易壁垒。一国政府对本国服务生产者和外国服务生产者实施不同的规章制度进行区别管理，其目的不是歧视，而是国内的政治经济目标，这种措施尽管限制了服务的进入，仍不应视为服务贸易壁垒；相反，在某些情况下，对本国服务厂商和外国服务厂商采取相同的法规，但却具有高度的歧视性，这种措施应被视为服务贸易壁垒。例如，一国政府为保护保险服务的消费者而对保险公司的财务状况进行必要的定期审计，由于对在外国注册的保险公司的财务很难展开有效的审计，政府规定在外国注册的保险公司必须在当地银行有一定数额的存款，这种规定不应视为服务贸易壁垒。再如，外汇管制对本国服务提供者和外国服务提供者表面上都一样适用，可事实上却足以阻止外国服务提供者进入本国服务市场。

4.2.2 国际服务贸易壁垒的种类

1）“乌拉圭回合”谈判方案的分类

按照“乌拉圭回合”谈判采纳的方案，国际服务贸易壁垒可分为两大类：影响市场准入的措施和影响国民待遇的措施。虽然存在某些无法归入两大类中的其他措施，如知识产权等，但比较普遍的观点是应该集中探讨市场准入和国民待遇问题。市场准入措施是指限制或禁止外国企业进入一国国内市场，抑制市场竞争的措施。国民待遇措施是指有利于本国企业但歧视外国企业的措施，包括为国内生产者提供成本优势，如政府补贴；增加外国生产者进入本国市场的成本，如拒绝外国航空公司使用本国航班订票系统或收取高额使用费。按照影响市场准入和国民待遇原则划分服务贸易壁垒，是一种较为有效的分类方法，一是便于对贸易自由化进行理论分析，二是便于分析影响服务贸易自由化的政策手段。

2）与服务交易模式相结合的分类

把服务贸易的交易模式与影响服务提供和消费的壁垒结合起来进行分类，国际服务贸易壁垒划分为产品移动壁垒、资本移动壁垒、人员移动壁垒和开业权壁垒4种形式。

（1）产品移动壁垒

对服务产品过境贸易进行限制，即为产品移动壁垒。产品移动壁垒包括数量限制、当地成分或本地要求、政府补贴、政府采购、歧视性技术标准和税收制度、不完善的知识产权保护体系等。数量限制，如不允许外国航空公司利用本国航空公司的预订系统，或者给予一定的服务进口配额；当地成分要求，如服务厂商被要求在当地购买设备，使用当地的销售网络或只能租赁而不能全部购买等；本地要求，如德国、加拿大、瑞士等国禁止在东道国以外处理的数据在国内使用；政府补贴本国服务行业会有效阻止外国竞争者，改变补贴可能改变某个厂商在本国服务贸易中的竞争优势，如英国政府改变在英国学习的外国留学生的补贴，由此使得学费高到足以禁止留学的程度；政府采购，如规定公共领域的服务只能向本国厂商购买，或者政府以亏本出售方式对市场进行垄断；不给外国厂商国民待遇；歧视性技术标准和税收制度，如对外国服务厂商各类专业证书的限制，外国服务厂商比国内服务厂商多缴纳交易附加税、经营所得税、使用设备附加税等；不完善的知识产权保护体系，如缺乏保护知识产权的法规或保护知识产权乏力，都可能有效地阻碍外国服务厂商的进入，因为知识产权既是服务贸易的条件，也构成服务贸易的内容和形式。

（2）资本移动壁垒

资本移动壁垒的主要形式有外汇管制、浮动汇率以及投资收益汇出限制等。外汇管制主要是指政府对外汇在本国境内的持有、流通和汇兑，以及外汇的出入境所采取的各种控制措施。外汇管制将影响到除外汇收入贸易外的几乎所有外向型经济领域。不利的汇率将严重削弱服务竞争优势，它不仅增加厂商经营成本，而且会削弱消费者的购买力；当通货膨胀使金融机构不能提供国际可以接受的信用卡服务时，它本身就会受到通货管制的影响。对投资者投资收益汇回母国的限制，如限制外国服务厂商将利润、版税、管理费汇回母国，或者限制外国资本抽调回国，或者限制汇回利润的额度等，在相当程度上限制了服务贸易的发展。这类措施大量存在于建筑业、计算机服务业和娱乐业中。在世界金融市场日益一体化的情况下，有关资本移动的壁垒越来越严重。

（3）人员移动壁垒

人员移动限制主要涉及各国移民限制的法律，由于各国移民法以及工作许可、专业许可的规定不同，人员移动限制的内容和方式也不同，种种移民限制和出入境烦琐手续，以及由此造成的长时间等待，都构成人员移动的壁垒形式，都会对国际服务贸易产生严重的影响。在一些专业服务如管理咨询服务中，能否有效提供高质量服务通常取决于能否雇佣到技术熟练的人员，如某个美国公司在加拿大的分公司需要维修设备，美国和加拿大两国间的工作许可证制度，使得技术人员就在1公里外的美国境内却不能进入加拿大境内开展维修业务，而是从加拿大境内更远的地方、用更多的等待时间雇佣加拿大维修人员来完成这一工作。人员移动壁垒主要包括两个方面：一方面是限制外国人来本国提供服务；另一方面是限制本国人去外国消费服务。限制外国人来本国提供服务，多是设置一定的资格障碍，要求提供服务的服务生产者具有一定的资格，取得某些证书，或者提供的服务要达到一定的规模；限制本国人去外国消费服务，多出现在教育、旅游方面，政府通常通过提高出入境的费用来进行限制。

（4）开业权壁垒

开业权壁垒又称生产者创业壁垒，包括禁止外国服务输入的法令，对外国服务生产者的活动权限进行规定等。据调查，2/3以上的美国服务厂商认为开业权限制是开展服务贸易的最主要壁垒；在与被调查厂商保持贸易关系的29个国家中都有这类壁垒，从禁止服务进入的法令到东道国对本地成分的规定等。如澳大利亚在1985年以前禁止外国银行设立分支机构，1985年才允许外资银行进入，但仅从众多申请机构中选择了16家银行，其选择标准是互惠性考虑和公司对金融制度的潜在贡献；加拿大规定外国银行在加拿大开业银行中的数量不得超过预定比例等。即使外国服务提供者能够开设分支机构，其人员构成也会受到诸多限制；除移民限制之外，政府还有多种方法限制外国服务厂商自由选择雇员，如通过就业法规定本地劳工比例或职位以及工作许可证制度等，《美国民权法》、马来西亚定额制度、欧洲就业许可证制度、巴西本地雇员比例法令等均具有这类性质。

为进一步了解国际服务贸易壁垒的主要种类及其在各行业的表现，表4-1列出了常见的服务贸易壁垒种类及内容，从中可以知其概貌。

表 4-1　　　　　　常见的国际服务贸易壁垒

行业	常见的国际服务贸易壁垒表现
航空业	主要涉及国家垄断和补贴问题。世界各国政府一般都给本国航空公司提供优惠待遇，如把空运的货源和航线保留给国内航空公司；为本国飞机提供机构的优先使用权；要求国内用户接受本国航空公司的服务；对国内航空公司给予税收优惠。目前，国际的航空服务贸易都是通过对等原则的双边协议进行的
广告业	对外来广告企业要求本国参股权及政府在广告业的竞争中偏袒本国企业是普遍现象。如外国广告企业设立电视台经营电视广告是受严格限制的。另外，即使这种限制对国内企业一视同仁，但限制的目的也不是保护国外广告业，而是排斥外国电视广播
银行与保险业	主要是开业权和国民待遇问题。对于开业权，许多国家禁止外国银行在本国设立任何形式的机构，有些国家虽允许设立分支机构，但这样的分支机构必须与母行中断业务上的直接联系。对外国银行的非国民待遇还表现在仅提供低储蓄地区（开业）、高税收率和限制财产经营范围。对于外国保险公司，一般还要求绝对控股权，以及禁止经营某些保险业务
工程建筑业	主要是开业权、移民限制和国民待遇问题。此类服务业是发展中国家的优势所在。对此，一些发达国家都不愿提供开业权。美国在开业权上就有较多的限制，日、美、西欧都坚持不放宽移民限制。几乎所有的国家都禁止外国公司承建某些工程，而且在工程招标中偏袒本国公司
咨询服务业	许多国家对设在本国的外国咨询机构都要求参与权。如印度要求外国咨询公司必须与本国相应的机构合作经营业务。而且咨询程序上的不透明也阻碍外国机构的活动
教育服务业	教育服务与思想意识的传播关系密切，移民限制和歧视外国文凭是国际交流教育服务的主要障碍
医疗服务业	主要问题是歧视外国医生的开业资格和对外国医疗设备的进口设立技术障碍
电信和信息服务业	常遇到国家垄断和控制。另外，还有知识产权保护、“幼稚工业”保护、技术标准和不公平税收等
影视服务业	许多国家对本国影视直接拨款或通过税收优惠进行补贴，而对外国影视业则通过要求参与权、版权保护、进口的国家垄断、限制播放等加以抵制
零售商业	主要涉及各国国内零售规则的透明度不够，不动产所有权、外国雇员的移民限制、利润汇返等
旅游业	与航空客运关系密切，诸如出入境限制、外汇管制、旅游设施所有权、开办旅行社和旅游购物等，都存在贸易壁垒问题
海运业	主要涉及国家特许经营与垄断、为本国海运公司保留货源、倾销性运价等问题

资料来源：汪素芹．国际服务贸易［M］．北京：机械工业出版社，2007.

【专栏4-1】　　　国际服务贸易壁垒——市场准入

一国的市场准入水平反映了该国服务贸易壁垒的高低，当前各国依据其服务发展水平和经济发展要求的不同，在市场准入方面实施了不同的标准。

1.发达国家

发达国家以其拥有的发达服务业和整体经济实力为后盾，在国际服务贸易中占据支配地位。正是由于工业发达国家在服务贸易方面拥有巨大的优势，因此，从总体上讲，它们特别重视服务贸易市场准入问题，都力图通过双边或多边谈判，制定具有约束力的双边或多边规则，推行服务贸易自由化，利用其优势打开他国服务市场，获得更多的经济利益。但是，各工业发达国家服务贸易发展不平衡，各自具有的优势项目也不尽相同，因此，不同的工业国家对其服务贸易的市场准入的立场也有所不同。

（1）美国服务贸易的市场准入

在科学技术方面长期领先并具有高度发达服务业的美国，是当今世界最大的服务贸易大国，也是服务贸易自由化的积极推行者。美国政府在市场准入方面的立场是：

第一，在开放国内服务业市场的基础上进一步增强国内服务业的竞争优势，为服务贸易自由竞争打下坚实基础。1993年克林顿把信息高速公路建设作为优先发展项目，制订了《国家基础设施行动计划》，确保美国在未来信息服务竞争领域的国际领先地位。1994年克林顿在向国会递交的《国家出口战略实施报告》中指出：美国政府将集中力量支持国内服务业的发展。从美国国内经济和就业增长着眼，政府优先考虑对环保、信息、能源、交通、通信、卫生保健以及金融等服务业提供大力支持，以增强这些服务部门的竞争力。

第二，通过多元贸易谈判，迫使外国政府消除服务贸易壁垒，扩大美国进入他国服务市场。在乌拉圭回合中，美国政府以多边谈判和双边谈判为手段，迫使他国政府开放国内服务市场。在乌拉圭回合中，美国与其他发达国家联手向发展中国家施加压力，最终达成《服务贸易总协定》，不仅形成了全球性服务贸易自由化浪潮，而且还使美国获得了巨大收益，美国在积极推动多边谈判的同时，为了缩短谈判时间，保证率先占领国外市场，还常常避开多边谈判，采用双边谈判，凭借经济实力在谈判中施压，各个击破，在一定程度上改善了美国服务业进入他国服务市场的条件。

第三，通过国内立法，把服务贸易、货物贸易、知识产权结合在一起，实行单边报复。美国《1988年综合贸易法》将服务贸易和货物贸易并列作为扩大出口的两项内容，要求外国取消“不公平”、“不合理”和歧视性的贸易政策，否则将实行报复。服务贸易也同样适用于“超级301条款”。

第四，制定服务业出口部门战略，成立有关机构，为服务业向外扩张提供服务。为了促进和扩大服务出口，一方面，美国政府以及相关部门制定各类服务部门出口计划和政策，采取多种措施，如派高级贸易团出访，通过大使、贸易代表甚至总统进行经济外交等，以扩大服务业各部门的出口。另一方面，美国政府的许多部门，包括商务部、美国贸易代表办公室、财政部、运输部、旅游管理局、进出口银行、国际开发署等机构都与服务业部门密切合作，为其提供信息服务，开拓进入他国市场的机会。另外，美国政府以及民间团体还设有许多专门的咨询机构，为服务业进入他国市场提供多种帮助。然而，美国在积极推行服务贸易自由化的同时，对自己不具有竞争优势的服务行业和敏感性服务行业的市场准入却设置了许多障碍。

（2）欧洲联盟服务贸易的市场准入

欧洲联盟不仅是全球最大的商品贸易集团，而且其服务业竞争力极强，许多行业的出口都占据世界首位，因此，欧洲联盟也是服务贸易自由化的倡导者。一方面，基于欧洲联盟成员之间的服务贸易大于其与集团外国家的服务贸易，欧洲联盟首先致力于内部服务贸易自由化。经过几十年的不懈努力，尽管在证券业、电信业和运输业等方面还有许多障碍有待克服，欧洲联盟成员国之间基本上实现了服务贸易自由化。另一方面，为了确保在国际服务贸易中的地位，获得更多的经济利益，欧洲联盟积极推行全球服务贸易自由化，支持建立多边框架来规范和管理服务贸易，要求服务贸易自由化的多边性质应通过某种形式的最惠国待遇原则予以保障，是否存在对外服务提供者的歧视应以国民待遇原则为尺度来衡量，并以此为原则，通过双边和多边谈判，打开他国服务市场的大门，为其服务业的发展提供广阔的空间。但在欧洲联盟不具有优势的服务行业，尤其是相对于美国等发达国家来说不具有优势的行业，欧洲联盟仍实行或明或暗的保护，甚至列入市场准入和国民待遇例外之列。

（3）日本服务贸易的市场准入

日本是战后迅速崛起的经济强国。尽管与其在国际贸易中的地位相比，日本的服务贸易相对落后，但其服务业的总体竞争实力仍很强。据经济企划厅测算，2000年日本的服务业占国内生产总值的64.2%，服务业就业人数占总就业人数的比重为61.8%。正是因为日本的服务贸易具有较大的发展潜力，加之为了减少世人对其巨额商品贸易顺差的注意以及与美、欧国家的贸易摩擦，日本也积极推行服务贸易自由化。但出于维护本国利益的考虑，日本对本国的某些服务行业也严加保护，使外国服务和服务提供者在日本市场只能起补充作用，而无法占据重要地位和较大市场份额。

2.发展中国家和地区服务贸易的市场准入

近年来发展中国家和地区的服务业发展迅速，服务贸易在国民经济中的地位不断上升，服务出口占世界服务出口总值的比重增加。发展中国家和地区在普通劳动力输出、工程建筑承包、部分旅游服务业等领域占有较大的优势，如马来西亚、泰国等发展中国家的国际航空公司在世界优秀航空企业排名表上常常名列前茅；不少发展中国家的自然景观或人文景观独树一帜，旅游资源十分丰富，旅游人数和旅游收入有了较大的增长；印度等国也开始发展技术层次较高的服务贸易，如泰国正努力将曼谷发展成为区域性金融中心，印度、印度尼西亚、菲律宾、墨西哥等正着力推进通信业、信息业的建设。然而，与工业发达国家相比，发展中国家和地区的服务业和服务贸易的规模仍较小，大部分发展中国家和地区服务业不发达，尤其是现代服务项目不具有竞争优势。因此，从总体上讲，发展中国家和地区对服务贸易自由化持消极态度，发展中国家和地区认为服务贸易自由化的获利者主要是发达国家，自己从中获得的利益十分有限。同时，服务行业是发展中国家和地区经济中的薄弱环节，一旦实行服务贸易自由化，本国的服务业将无法与发达国家的服务业相抗衡，会受到致命打击。另外，某些服务行业还涉及国家的安全和主权，更不能让他国染指。为了维护本国服务业的正常发展，提高其将来的国际竞争力和改善商品出口的环境，大多数发展中国家和地区对国内服务市场实行了逐步自由化的政策，在一段时间内对一些关键性的服务行业、优质服务行业和新型服务行业都采取了必要的保护性措施，限制外国服务提供者的自由进入。对某些具有竞争优势的服务行业，则降低市场准入的限制，实行自由竞争。

根据中国香港服务业协会的一项调查，发展中国家和地区一般会在以下方面提高服务业进入的门槛：

- 限制外资持股；
- 限制业务范围；
- 限制分支机构数目；
- 限制本地合作者的构成；
- 对经营许可的限制；
- 歧视性税收；
- 对本地公司的政府补贴；
- 对土地所有权的限制；
- 歧视性的注册要求；
- 政府采购政策；
- 外国服务配额；
- 当地成分要求；
- 聘用/解雇员工的灵活性；
- 双重征税；
- 法律法规关注；
- 建立电子单证设施；
- 烦琐的国内规章；
- 电子商务要求；
- 统一产品安全标准；
- 出口限制；
- 旅游限制（期间/频率）；
- 利润返回限制。

资料来源：卢进勇，等. 国际服务贸易与跨国公司［M］. 北京：对外经济贸易大学出版社，2002.

【专栏4-2】　　　发达国家服务贸易壁垒的比较分析

美国、欧盟和日本是当今世界上服务贸易实力最强的国家。发达国家GATS的承诺水平较高，发达经济体对149种具体服务活动的承诺百分比高达64%，在跨境交付和境外消费方式的服务贸易上做出“没有限制”的承诺也明显高于其他国家。然而，发达国家一方面减少自己有竞争优势的产业的壁垒，另一方面又以壁垒的形式对自己的弱势产业进行保护，如自然人移动方面，发达国家在市场准入方面的限制高达100%，在国民待遇方面的限制高达83%，明显高于其他国家。

1.美国服务贸易壁垒的设立

美国服务贸易实力雄厚，常年雄居世界服务贸易进出口的榜首，2005年服务贸易出口3 530亿美元，占世界服务贸易出口比重的14.6%，进口2 890亿美元，占世界服务贸易进口比重的12.2%，顺差高达640亿美元。美国在迫使他国开放市场的同时也开放自己的市场。但服务贸易壁垒仍存在，比如，故意将一些本该开放的部门放入最惠国待遇例外清单，以期通过双边谈判换取他国的开放。还有，各州政策不统一、缺乏透明度、行政干预过多等都对外国服务的进入造成了障碍。相比较而言，美国资本移动壁垒较少，存在一定的产品移动壁垒和开业权壁垒，最严重的是人员移动壁垒。

（1）产品移动壁垒

海洋运输及内河运输海运业是美国经济中受保护程度最高的领域之一。《美国大陆架法》和《1920年商船法》限制外国船只从事近海和美国国内运输业务，美国国内的运输只能由美国船舶经营。联邦政府支出项目的运输也由美国船舶承运。美国有大量的法令要求政府所有或政府融资的货物必须由美国船舶承运。50%的政府运输（主要是农产品）、军事运输以及进出口银行提供贷款的运输必须由挂美国国旗的船只运输。

（2）人员移动壁垒

美国存在大量的人员移动壁垒，烦琐复杂的签证制度使进入美国市场非常困难，歧视性待遇降低了赴美劳务人员的竞争力。美国和自然人移动有关的签证非常繁多，不同签证适用于不同类型的人。如Bl签证适用于暂时性商务访问人员，H1B签证适用于专业职业人员，H1C签证适用于注册护士，H2B签证适用于暂时性非农业劳工等。某些暂时性入境的签证种类还受到数量的限制，如H1B签证每年配额为195 000个，H1C签证为500个，H2B签证为66 000个。美国日趋严格的签证政策很大程度上限制了涉及自然人流动而进行的服务贸易。在San-tagelo集团于2004年6月2日根据734家公司的调查数据而做出的《签证延迟是否会损害美国商业》调查报告中提到，中国、印度和俄罗斯的签证申请者想及时得到赴美国进行商业活动的签证是最为困难的。同时，美国还规定外国服务提供者必须交纳社会保障费和其他税金，而且除非其母国和美国之间达成了某项协议，否则他们还不能享受到母国给予他们的税收减免。

（3）开业权壁垒

美国的开业权壁垒体现在资格限制、股权限制、经营限制及许可证制度上。各州管理制度的差异和缺乏透明度对外国专业人员服务构成了障碍。美国对外国银行的市场网络和业务范围也进行严格限制。已经进入美国的外国银行，每增设一个经营网点都必须重新办理申请；一般情况下，美国金融监管当局不向外国银行发放零售业务营业执照。另外，外国银行收购、兼并或控股美国银行，在报批时也存在严格限制，外国银行分行不能吸收10万美元以下的零散存款，而只能通过其在美国的公司进行此类存款业务。1991年12月19日后设立的外国银行分行不能加入美国联邦存款保险系统，这意味着外国银行的存款不受联邦存款保险法的保护。

2.欧盟服务贸易壁垒的设立

欧盟各国服务贸易发展迅速，2004年世界服务贸易进出口前10名中有6个国家是欧盟成员国。欧盟对内发展市场的自由化和统一，对外则设置了一些壁垒，对非欧盟国家实行差别待遇。2007年1月，罗马尼亚和保加利亚两国加入欧盟，欧盟经历了6次扩大，成为一个涵盖27个国家总人口超过4.8亿、国民生产总值高达12万亿美元的当今世界上经济实力最强、一体化程度最高的国家联合体。虽然欧盟积极推动自由化，但各国的贸易政策并不统一，法律规制不相同，仍存在一些服务贸易壁垒，主要是产品移动壁垒、人员移动壁垒和开业权壁垒。

（1）产品移动壁垒

欧盟对非欧盟国家实行差别待遇。欧盟于1989年颁布的《通信广播指令》有一项规定要求“如可行”，各成员国要“以合理的方式”将大部分电视节目播放时间留给来自欧洲的节目。法国规定所有时间以及黄金时段要播放60%欧盟节目、40%法国节目，几乎全部法国私人或公共电台所播放歌曲的40%需为法语歌曲。欧盟虽然整体开放度较高，但部分国家还存在垄断，如比利时铁路是国家垄断的。另外，交叉补贴也影响了其他国家进入欧盟市场，如欧盟电信运营商通过交叉补贴其零售价对市场新进入者进行压价。

（2）人员移动壁垒

获得赴欧签证手续复杂、签证申领时间长、签证申请拒签率高，签证管理部门繁多，缺乏统一。德国政府在对外国企业驻德国代表处管理政策方面缺乏明确统一的规定，给代表处日常业务活动带来了一定的不利影响。有的国家还需要进行经济需求测试。赴欧专业服务人员有国籍、资格认证等要求。在奥地利，要获得职业认证，必须拥有奥地利国籍。卢森堡对在卢中资银行工作人员工作签证的申请手续也有特殊要求，英国、德国、挪威等劳务紧缺国政府将引进劳务的重点放在北欧和欧洲经济区成员国，与区内成员之间有人员自由流动协议并互有社会保险等劳动协议，尚未对中国劳务开放市场。

（3）开业权壁垒

德国规定除欧盟、日本和美国等国家以外，其他国家商业银行总行的资本金不能作为其德国分行的资本金。德国对外国银行分行的业务领导人任职条件要求苛刻。法国规定对欧盟以外地区的融资计提2%的特别风险准备金。希腊规定外国银行的大多数董事必须是欧盟成员国公民。意大利对非欧盟国家的银行与其本国银行实施差别对待。股权限制是欧盟较为常见的壁垒形式，葡萄牙在无线电服务方面外资股权限制为25%，英国对外国银行的股权限制为14%。在经营限制方面，中医师无法获得欧盟的行医执照，而且中医治疗（除针灸和按摩外）不在欧盟医疗保险的管理范畴。另外，在波兰，银行业和广电经营受许可证制度的管理，要想获得开业权，必须获得行政主管部门的许可。

3.日本服务贸易壁垒的设立

日本服务贸易发展迅速，但一直存在逆差。2005年日本服务贸易出口1 070亿美元，占世界服务贸易出口的4.4%，进口1 360亿美元，占世界服务贸易进口的5.8%，逆差290亿美元。日本政府在服务贸易发展上作用很大，采取逐步自由化的发展战略，对日本竞争力较差的行业有一定的保护。服务贸易壁垒主要有产品移动壁垒、人员移动壁垒和开业权壁垒。

（1）产品移动壁垒

日本电信业存在补贴和垄断，日本电报电话公司垄断并控制了日本的电信市场，控制了95%以上本地电话网的接入权，还对其零售服务给予补贴，通过“价格挤压”确保其垄断地位。

（2）人员移动壁垒

日本对中国商务人员赴日的短期签证审查非常严格，2004年以来审查更为严格，在日中资企业邀请国内人员访日或国内展团赴日参展，常被无故延长申请周期，或以材料不齐为由不予按期批准，致使中国企业无法按期到日，贻误商机。在日常驻人员工作签证每年均需重新办理，且要求报送的材料时常变动，存在很大的随意性，缺乏透明度。进口设备合同项下人员培训也因签证拿不到而影响合同执行。另外，日本的某些行业根本就不对外开放，如日本《出入境管理法》禁止单纯劳务人员进入日本市场，只允许中标的外国建筑公司的管理人员和技术人员赴日。外资企业派出员工应在日本办理社会保险，加入厚生年金，而不顾外资企业派出人员已在国内办理了相关社会保险及养老金手续。双重社会保险及养老金降低了他国劳动力的成本优势。

（3）开业权壁垒

以运输业为例，首先，外方代表或外方表决权占1/3以上的公司，在利用船舶或航空器从事国际货物运输时，适用不同于日本人或日本法人的许可制度。其次，在现行港运体制中，外国船公司只能租用码头，无权经营码头的装卸等业务，日本港口装卸费较高且船公司无法自由选择装卸公司。最后，外资货运代理公司签发提单问题，如日本对中方独资的货代公司适用对等原则，即如果中国政府不批准日本在华独资货代公司签发提单，则日本也不同意中国独资公司签发提单。截至2004年年底，已有日本邮船等53家日本企业获得中国交通部颁发的《无船承运业务经营资格登记证》，占获得无船承运业务经营资格企业总数的3.2%，而中国物流运输企业仍无法在日本签发多式联运提单。

资料来源：邓庆．发达国家服务贸易壁垒研究及对我国的启示［J］．黑龙江对外经贸，2008（7）．

4.2.3　国际服务贸易壁垒的特点

与国际货物贸易相比，国际服务贸易壁垒有许多特点：

第一，隐蔽性强。服务贸易的标的——服务，比较复杂，各国对本国服务贸易的保护无法采取关税壁垒方式，只能采取市场准入的限制和进入市场后不给予国民待遇等非关税壁垒方式。由于非关税壁垒相对于关税壁垒来说具有较大的不透明性，这使得国际服务贸易壁垒具有很强的隐蔽性，很难在带有歧视性的贸易壁垒与正常的服务管理措施之间做出明确的认定。

第二，保护性强。有些服务业涉及一国的国家经济安全和政治利益，各国服务业的发展水平不同，尤其是发达国家与发展中国家服务业的发展程度存在相当大的差距，因此，各国设置的服务贸易壁垒保护性普遍较强。在高强度的保护措施下，外国服务提供者或者不能进入本国市场，或者虽然能进入本国市场，但是国内管理法规所设置的重重壁垒提高服务提供者生产服务的成本，削弱其服务竞争力，直至自动退出本国市场。

第三，灵活性强。服务贸易壁垒既可以表现为一国的法律措施，也可以表现为一国的政策措施或行政措施，还可以表现为一国的消极怠慢行为；这些措施既可以针对外国服务的市场准入，也可以针对外国服务进入本国市场后采取的经营管理形式和方法，一国可以根据自己的需要，灵活选择使用适当的壁垒形式，因此，服务贸易壁垒的选择性很广，同时也表现出更强的隐蔽性。

第四，互动性强。对国际服务贸易所涉及的要素中的一种设置障碍，就可能影响其他要素的流动，进而影响到整个服务贸易。例如，如果只允许资本流动，即允许以商业存在的方式进行服务业的投资，但不允许有关经营管理人员流动进入东道国，就会使整个投资所追求的结果无法实现；反之，如果只允许自然人流动，而不允许资本流动，就无法实现在东道国的规模化服务贸易，并给服务提供带来场地、媒介、设施等方面的困难。

第五，与投资壁垒联系性强。服务消费的当地化倾向使得服务贸易与投资常常密不可分，服务贸易壁垒往往与投资壁垒交织并通过投资壁垒来实现。无论是发达国家还是发展中国家，服务业的投资活动都会受到比其他产业更为严格的限制，服务业的直接投资不仅要受制于东道国的投资政策，还要受制于国家安全战略乃至社会文化政策的约束。各种投资壁垒在一定程度上就是服务贸易壁垒。

4.2.4　国际服务贸易壁垒保护程度的衡量

国际服务贸易壁垒保护程度的衡量是指服务贸易壁垒对国内服务行业的保护水

平、影响及有效性的量化评估，它反映了国际服务贸易壁垒的质量。通常情况下，完善的贸易保护政策衡量指标应具备四个特征：一是可比性，即在一定时期和一定政策范围内，衡量指标在国家之间、部门之间、商品（服务）之间可进行比较；二是可解释性，即衡量指标表达的含义应简单明了；三是准确性，即衡量指标应相当准确，不会引起异议；四是可操作性或可重复性，即衡量指标既应易于被不同国家的人们操作，且便于重复检验。

关于服务贸易壁垒保护程度的衡量问题，国内外学者的研究主要沿着两个方向展开：一是借鉴货物贸易壁垒的衡量指标；二是建立独立、适用的服务贸易壁垒衡量指标体系。

1）借鉴货物贸易壁垒的衡量指标

衡量货物贸易政策保护程度的指标主要有三种：名义保护率、实际保护率和生产者补贴等值。我国学者（谢康，1998）参考货物贸易政策保护程度的衡量对服务贸易的借鉴作用，讨论三项指标在服务贸易领域的适用性，认为名义保护率和实际保护率在服务贸易领域受到诸多限制，难以像在货物贸易领域那样获得较好的分析结果，分析的重点应该集中在生产者补贴等值这种衡量方法上。

（1）名义保护率（nominal rate of protection，NRP）

名义保护率是衡量贸易保护程度使用最普遍的指标，世界银行将其定义为：由于保护引起的国内市场价格超过国际市场价格的部分与国际市场价格的百分比，即通过测算世界市场价格与国内市场价格之间的差额来衡量保护政策的影响，用公式表示为：

$$NRP=\frac{\text{国内市场价格}-\text{国际市场价格}}{\text{国际市场价格}}\times 100\%$$

如果一个国家对某种商品仅仅采取边境管制措施，则名义保护率的测度方法在评估贸易政策对产出水平的影响方面是有效的、灵敏的，可以用名义保护率衡量有关产品的关税等值。但并非所有的政策效果都可以通过价格差异来衡量，特别是在服务贸易领域，由于国内服务市场大多难以通过关税形式来保护，各国服务价格的差异往往更多地与要素禀赋、技术差异、规模经济和不完全竞争等因素密切相关，这就限制了名义保护率在衡量服务贸易保护程度方面的作用。

（2）有效保护率（effective rate of protection，ERP）

当政府制定的各项政策既影响产出价格又影响投入价格时，名义保护率衡量的政府政策措施的影响就存在着局限。澳大利亚经济学家M.科登（M.Corden）和加拿大经济学家H.约翰逊（H.Johnson）提出了“有效保护”的概念，他们将有效保护定义为包括一国工业的投入品进口与最终品进口两者在内的整个工业结构的保护程度。如果这一结构性保护的结果为正，关税保护就是有效的；反之，则是无效的。由此可见，有效的关税保护取决于一个产业所面对的实际关税，而实际关税则是由中间产品（即投入）与最终品（即产出）的关税共同来决定的。有效保护率就是用来衡量投入和产出政策对价值增值的共同影响的指标。用公式表示为：

$$ERP=\frac{国内加工增值-国外加工增值}{国外加工增值}\times 100\%$$

或

$$ERP=\frac{最终品名义保护率-\frac{中间品价格}{最终品价格}\times 中间品名义保护率}{1-\frac{中间品价格}{最终品价格}}\times 100\%$$

从上式可以看出，计算服务贸易的有效保护率，需要获取有关服务业的投入与产出系数等信息资料，这些详细的信息资料往往难以获得。另外，影响生产要素价格的因素可能在价值增值中没有得到反映，因而没有被包括在有效保护率的计算中，所以有效保护率并没有反映导致产出扭曲的所有政策的效果；同时，在服务贸易领域，获取与要素市场政策和要素产出系数相关的技术信息是不现实、不可行的。这些条件限制了有效保护率作为服务贸易保护政策效果的分析工具的作用。

（3）生产者补贴等值（producer subsidy equivalent，PSE）

生产者补贴等值或生产者补贴等值系数（PSE coefficient）这一方法最早被OECD用于对其成员国农业政策和农产品贸易的分析报告。随着这一衡量方法在许多国家的运用过程中被改进提高，尤其是在“乌拉圭回合”多边贸易谈判中被政治决策者们广泛接受之后，这一指标正在日益受到重视，并不断完善。

生产者补贴等值是用来测算关税和非关税壁垒以及其他与分析相关的政策变量保护程度的一种衡量指标，它评估政府各种政策（包括支持、税收和补贴等）的总体效应，通常可以通过两种方法获得生产者补贴等值：一种是观察政府政策的预期效果；另一种是观察政策措施引起的国内外价格的变动。

以关税壁垒为例，在图4-1中，世界价格P_w低于国内供给线S与需求线D的交点，故将从价格更低的世界市场上进口服务。关税的实施使国内价格上升至P_t，服务进口减少（$Q_d^w-Q_d^t$），国内生产者福利增加P_tP_wab，消费者福利损失P_tP_wdc。由于生产者补贴等值的衡量是建立在现有关税水平的生产与消费基础上的，因而不能准确地测度生产者福利水平。生产者补贴等值的关税影响体现在关税产品（P_t-P_w）和生产数量Q_s^t两个方面，用公式表示为：

$$PSE=\frac{(P_t-P_w)Q_s^t}{P_tQ_s^t}=\frac{P_t-P_w}{P_t}$$

用类似办法可以推导出非关税壁垒的保护效果，以出口配额为例。在图4-2中，世界价格P_w低于国内供给线S与需求线D的交点，故进口量为（$Q_d^w-Q_s^w$）。若外国厂商的竞争受到出口配额的限制，比如一国政府为本国旗船队保留一定数量的货物运输份额，则将有效减少本国航运服务的进口量，国内市场将拉动国内供给线移动至S′，国内市场价格上升至P_q，国内航运服务的生产将提高到Q_s^q，消费将下降到Q_d^q，国内生产者因市场保护份额而增加了福利P_qP_wab。名义保护系数（nominal potection coefficient，NPC）则为国内价格与世界价格的比率，即：

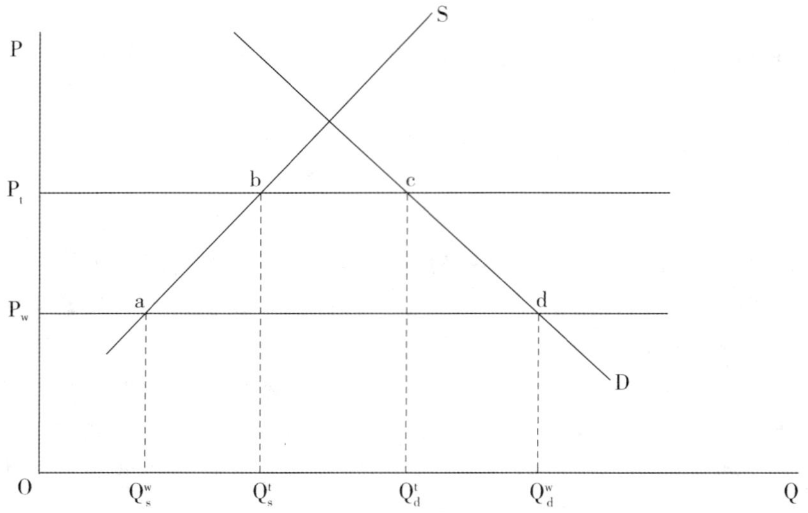

图 4-1　补贴等值下的关税影响

$$NPC=\frac{国内价格}{世界价格}$$

与非关税壁垒效果分析的一般结论相同，政府希望为国内服务厂商保留市场份额而对其提供有效保护，以替代作为竞争者的外国厂商，但这样做将提高服务的国内价格。对于消费者，配额的福利损失是图 4-2 中的 P_qP_wdc，等于国内价格与世界价格之差的负数乘以国内消费数量。

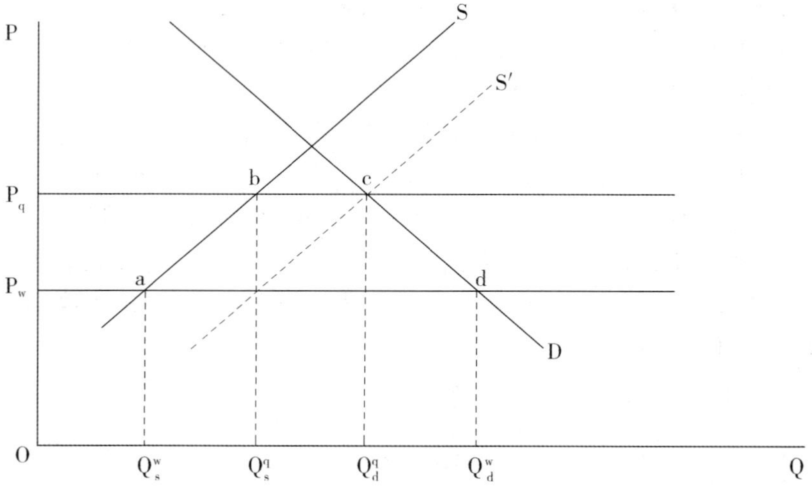

图 4-2　补贴等值下的出口配额影响

生产者补贴等值方法通过比较国内价格与国外价格的差异来考察一揽子政策的净效果，考虑贸易政策的总体影响，而不只考察某项单个政策的效果，它测算的是政府政策给予生产者的价值转移量或政府政策对生产者收益的贡献，因此，不同时期、不同国家甚至不同领域，生产者补贴等值是不同的。

2）建立独立、适用的服务贸易壁垒衡量指标体系[①]

（1）频率指标

频率比率是世界银行采用的对各国服务贸易减让程度进行量化比较的一种计数方法。1995年，Hoekman首先使用频率比率来衡量服务贸易在国别间和部门间市场准入壁垒限制的相对程度。Hoekman根据提供方式的内容将承诺分为三种类型并分别赋予一个分值：第一类是承诺无限制，即完全自由化，取分值为1；第二类是不作承诺，即不开放，取分值为0；第三类是列明限制规定，取分值为0.5。Hoekman将这些分值称为“开放/约束因子”。在GATS框架谈判中，各成员所使用的分类目录有155项服务部门，每项有4种提供方式，因此，各成员就面临620项承诺总数和开放/约束因子。Hoekman采用三种方法计算频率比率：第一种方法是将每个成员承诺表的承诺数量除以最大可能的620项承诺总数；第二种方法是将每项承诺以其开放/约束因子为权重的加权和除以承诺总数；第三种方法是将无限制承诺数量除以该成员总承诺，或无限制承诺数量相对于155个部门的比率。（1–频率比率）即可得到限制指数，用限制指数来考察服务壁垒的限制程度。Hoekman的频率指标仅考察服务贸易限制的相对程度，给予不同类型的限制以同等的权重，并且未区分对经济的不同影响。

1997年，哈丁（Hardin）和霍姆斯（Holmes）选取针对对外服务直接投资的限制政策进行研究，试图对Hoekman的方法进行改进。他们使用实际对外直接投资限制信息并结合各类壁垒及其经济影响分配以不同的权重，其目的在于建立可以转化为关税等值或税收等值的对外直接投资限制指数。例如，对所有企业的外国股份限制而言，若禁止外国股份参与，权重取为1；若外国股份不得超过50%，权重取为0.5；若外国股份的准许范围在50%~100%，权重取为0.25。再如，就筛选与批准条件而言，若投资者需要提供净经济收益的证明，权重取为0.1；若只要不违背民族利益就能获准，权重取为0.075；若需要事先或事后公告，权重取为0.05。Hardin 和Holmes的分析面虽然较为狭窄，只考虑了服务贸易4种提供方式中的商业存在形式，但方式3是国际服务贸易的最重要方式，他们的研究仍有重要意义。

来自澳大利亚生产力委员会和澳大利亚国立大学的研究团队从各种来源汇集关于服务贸易与投资实际限制的资料，根据对限制政策的经济效率成本的主观判断，将各项限制政策进行归类并分配以一定的分值，同时给予每一种类型一个权重数值，将这些分值与权重汇总计算得出贸易限制指数；为考察服务贸易壁垒的不同侧面，可以存在多重贸易限制指数。例如，针对外国服务提供者的外国限制指数和针对所有服务提供者的国内限制指数，国内限制指数只包含关于市场准入的信息，外国限制指数还考虑了国民待遇的实施情况，因此，一般情况下的外国限制指数高于国内限制指数。澳大利亚的贸易限制指数较Hoekman的频率指标更为复杂，使用的信息是对服务壁垒的实际估测，与现实的拟合度更高。

---

① 邓力平，陈贺菁. 国际服务贸易理论与实践［M］. 北京，高等教育出版社，2005.

总之，频率类型指标有利于确认壁垒类型和对特定部门保护的相对程度，但频率类型指标所包含的关于判断服务壁垒的规模及其保留或取消壁垒的经济影响的内容十分有限，在指标的计算过程中，研究者根据必备的相关专业知识进行主观判断的成分较高。

（2）服务壁垒的价格影响指标

如果国内外服务价格的差异主要源于政府设定的各项壁垒，而不是由于现有企业的沉没成本和阻碍新企业进入策略等因素造成的，则可以将国内外价差的百分比视为关税，这称为价格楔子（price wedge）。这种价格楔子可以通过计量方法进行计算，也可以用服务壁垒的数量指标结合供求弹性信息推算得出。

1995年，Hoekman借助频率比率或限制指数使用最简单、最直观的推测来衡量服务壁垒。第一步，针对每个服务部门，建立一套以保护程度最高的国家或地区的限制水平为判断标尺的基准关税等值，这些基准关税等值从20%至200%不等。第二步，将基准关税等值与特定国家或地区的限制指数（1–频率比率）相乘，就可以得到一个独立的取值，使用某个代表国家的某个部门的产出价值，就能够进一步测量部门和国家的加权平均水平。若将全世界电信服务保护程度最高的国家的服务壁垒的关税等值取值为50%，那么限制指数为0.9的国家的电信服务的关税等值为45%。

有学者通过建立计量经济模型，利用线性回归方法来衡量服务贸易壁垒：2001年格奈克（Gonenc）和尼科莱蒂（Nicoletti）运用计量模型对13个OECD国家的限制影响进行估测；之后，多芙（Doove）等拓展了该模型的数据库，对非OECD国家的情况进行了估测。第一步，获取特定国家或部门的限制指数以及价格数据，使用这些价格数据的经济决定因素，构建一个计量经济模型对这些变量加以解释说明，限制指数作为一项解释变量被包括在方程中，其估测系数用来衡量贸易限制对价格的影响；如果P代表某个国家或地区某项服务的价格，BI代表该项服务的限制指数，E是影响服务价格的环境变量向量（包括市场结构、政府管制、消费者偏好等），则可建立方程式：

$$P=\alpha+\beta BI+\gamma E+\varepsilon$$

第二步，估测系数：α、β和γ是需要估测的系数，ε是正常扰动项；假定预测的价格不受某一特定服务贸易限制的影响，则系数β可衡量当限制指数从0上升为1时，该项服务价格增加的百分比。

澳大利亚研究团队的成员分别对电信服务、银行服务、海洋运输服务以及法律、会计、建筑与工程专业服务的壁垒价格测量指标进行了深入研究，他们的研究均遵循以下步骤：第一步，在涵盖范围与初始判断的基础上，将服务贸易壁垒有关性质上的信息转化为数量分值。第二步，使用计量模型测算不同国家间同一给定部门内部服务企业经济运行的决定因素，决定因素应该包括涉及经济理论的所有相关要素，如价格、利润率、成本、数量等。第三步，使用经济模型测算经济运行的决定因素，对于贸易限制程度指数的组成部分个别加以考察，从而使计量经济学可以揭示出这些个别组成部分所附带的相对权重。第四步，利用估测系数和贸易限制指数计算具体经济体的价格楔子。

（3）服务壁垒的数量测量指标

服务壁垒数量测量指标用于衡量服务贸易壁垒对贸易数量的影响，因此，需要对决定贸易量的因素进行分析与考察，这其中包括服务贸易限制指数。服务壁垒数量测量指标的确定方法主要有重力模型估测方法和线性回归方法。

重力模型（gravity model）认为相当部分的国际贸易是由贸易伙伴国（地区）之间的相对大小和距离远近决定的，即贸易量与贸易双方的收入成正比，与贸易双方的距离成反比。弗朗索瓦（Francois）1999年以美国及其主要贸易伙伴方——中国香港和新加坡，作为自由贸易的标准，建立了一个双边服务贸易重力模型，自变量包括贸易伙伴之间的距离、双方的人均收入和GDP以及一个西半球的虚拟变量。实际进口与预期进口之间的差异（即残差）用于表示非关税壁垒的规模，将这些残差按照中国香港和新加坡的自由贸易基准进行标准化，结合预先假定的需求弹性，估测出相应的关税等值。然而，重力模型也存在着一些不足：第一，对于包含变量无法解释的差异，即实际进口与预期进口之间的差异，重力模型都归因于贸易壁垒的作用，这样有可能高估壁垒水平；第二，由于无法准确预计某些特定行业或特定国家的贸易量，重力模型也就无法说明当前的贸易模式与自由贸易状态的偏离程度；第三，在解释具体部门的贸易壁垒时，重力模型与传统的比较优势理论相悖：一个经济体中具有比较优势的行业的进口量将少于单纯根据该经济体收入与距离确定的预期进口量，重力模型似乎将比较优势视为国际贸易的间接壁垒。借助于重力模型得出的数量指标反映的是不同国家和部门贸易壁垒的相对程度。

2001年沃伦（Warren）使用计量经济模型分析贸易和投资壁垒对136个国家和地区的电信服务（主要是移动电话和固定网络服务）消费数量的影响。模型以人均收入、网络质量、等候列表、家庭密度、人口密度和贸易投资壁垒为自变量，用频率指数来表示贸易投资壁垒。Warren的数量估测方程表示为：

$$Q_i^m=\alpha+\beta_1 Y_i+\beta_2 Y_i^2+\beta_3 PD_i+\beta P_i^m+\varepsilon_i$$

式中：Q_i^m表示每100个居民拥有的移动电话数量；Y_i表示人均GDP；PD_i表示人口密度；P_i^m是一个政策变量，包含了基于市场结构信息得出的市场准入程度和相关的贸易与投资指数。将该回归模型的结果与电信服务需求价格弹性的估测相结合，就可以得出以价格楔子为表现形式的关税等值，实现数量指标与价格指标的互换。线性回归模型根据具体国家具体部门的数据进行估测，反映的是贸易壁垒的绝对保护水平。

（4）服务壁垒的财务测量指标

Francois和Hoekman认为，用总销售收入扣除总成本后的差额占总成本的比重来表示的企业经营毛利润可以作为衡量服务壁垒的指标。虽然企业的利润水平取决于很多经济与制度因素，如市场规模、竞争政策实施状况、产品替代性、固定成本等，但由于使用的是不同国家、不同部门的相对利润水平，因此，这些数据也能够对单个国家或地区现存壁垒的相对规模提供启示。从这一思路出发，2000年Hoekman运用股票市场中上市公司1994—1996年的财务数据，按照国别和部门（分部门）核算出相应的经营毛利润水平，其研究发现：从部门角度看，服务业总体利润水平高于制造业10%~15%，在服务业内部，旅店业和金融业的利润水平高于批发零售业。从国家（地区）角度来看，贸易自由化程度较高的中国香港和新加坡的服务业利润水平最低，为20%左右，而智利、印度尼西亚、泰国、中国和美国的相应数据都超过了40%。这些数据再次论证了其观点——不同国家（地区）给定部门的相对利润水平与壁垒水平存在一定的正相关关系。Hoekman提出可以沿用国家与部门两条主线将利润水平转化为服务壁垒指标：一种方法是选取贸易自由化相对较高的国家（地区）的平均利润水平作为基准，比照其他国家的相应数据，确定贸易自由化程度或壁垒保护程度；另一种方法是选取制造业的利润水平作为参照物，与服务业的利润水平进行对比。

综合服务贸易壁垒测量指标体系，从信息含量、解释范围、数据与资源的要求、指标的准确性和可信度等角度来看，这些测量指标都存在着一定程度的不足：与频率和财务指标相比，价格和数量指标具有更丰富的信息含量，对服务壁垒规模的考察更为深入，但这两类指标对数据与资源的要求更高，价格和数量指标是建立在对单个国家（地区）或部门有关数据的分析基础上的，其解释范围也仅限于单个国家或部门，无法进行跨国家或跨部门的横向比较。

4.3 国际服务贸易保护政策效应分析

国际服务贸易保护政策通过关税措施和非关税措施来具体体现，因此，服务贸易保护政策的效应也主要体现在关税效应和非关税效应两个方面。[①]

4.3.1 服务贸易保护政策的关税效应分析

服务贸易的关税效应具有其特殊性，这种特殊性表现在分析服务市场的关税效应时，还要考虑与之相联系的商品贸易市场的关税效应。只要与服务贸易相关的商品贸易被关税扭曲，推行服务贸易自由化将对一国福利造成损失。

图4-3为世界总资本和总劳动在两国间进行分配的埃奇沃斯方框图。K_h和L_h分别表示H国以Q_x为原点的资本和劳动禀赋。H国的K禀赋相对丰裕，且Y为K相对密集型商品。在图4-4中，T_hT_h'和T_fT_f'分别为H国和F国的生产可能性曲线。商品自由贸易时，两国分别在C_h和C_f点消费。当F国具有同样的贸易三角时，H国在C_h点消费是因为出口Q_hB的Y、进口BC_h的X。由于假定消费相似，包含在两国消费向量中的K和L要素必位于对角线Q_xQ_y上，且各国生产价值必等于消费价值，故包

① 汪素芹. 国际服务贸易［M］. 北京：机械工业出版社，2005.

含于产品中的要素价值等于包含在消费中的要素价值。这样，经过E点且以均衡要素价格比率为斜率的直线，将给出在对角线上C点处包含要素的两国消费。在图4-3中，K_y和K_x分别表示产业Y和X的资本-劳动力比率，它们分别对应于图4-4中在Q_h和Q_f点上的均衡生产。通过画出与K_y平行的EL线和与K_x平行的LC线，就可确定包含于商品贸易中的生产要素：EL线和LC线分别给出图4-4中生产Q_hB和BC_h所需的要素。所以，图4-3中的要素流动三角ELC决定图4-4中包含在商品贸易三角中的要素流动。

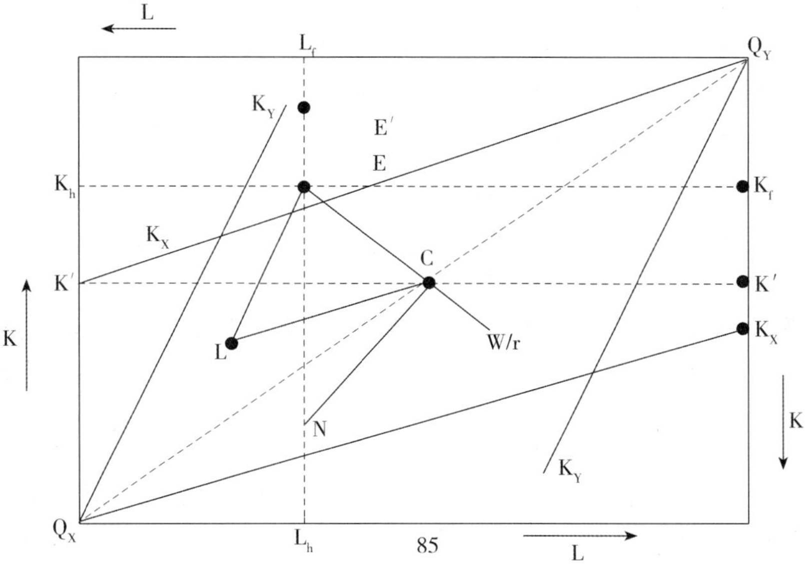

图4-3　埃奇沃斯方框图

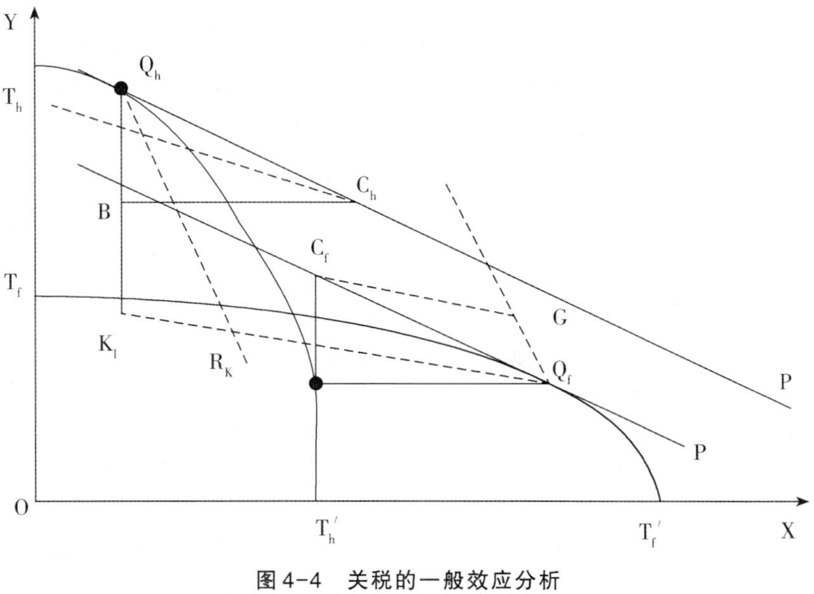

图4-4　关税的一般效应分析

1）假定H国为小国的关税效应分析

如果X为可贸易商品，并且H国为自由贸易，它在国内将部分K要素服务提供给外国生产者，以获得商品X的某些收益。当对X商品征收关税时，K要素所有者获得X商品的数量将减少，而且与提供这种服务给外国生产者之前相比，它们的可得利润相对减少了，于是重新对要素服务进行配置，并将其撤回至国内，使国内的K要素比以前更充裕，$\frac{P_x}{P_y}$和$\frac{w}{r}$的值都变大了。由此可得出，若进口商品使用密集型不变要素服务，则在服务贸易中关税将产生一般的商品价格效应。如果Y为可贸易商品，提供资本服务给外国厂商的本国将获得一定单位的Y商品的收益。当对Y商品征收关税时，国内K要素的所有者发现，在国外获取要素服务的价格下降了，因而将更多的要素服务配置回本国，增加了K要素的供给，$\frac{P_x}{P_y}$和$\frac{w}{r}$的值上升。因此，如果进口商品使用密集型可变要素服务，那么，关税将降低进口的相对价格。上述两种情况表明，当资本为可变要素时，无论进口何种商品，关税都将提高劳动密集型商品的价格。另外，关税还影响国内要素的收支。无论对X商品还是对Y商品征收关税，K的收益都将下降，而不变要素L的收益将上升，即劳动力都将得益于关税。在贸易自由化情况下，无论进口哪种商品，可变要素资本所有者的境况都会改善。

2）假定H国为大国的关税效应分析

如果贸易条件不变，关税将减小图4-4中H国的贸易三角，而且，相对于进口价格，K的国内价格将上升，从而使国内消费者福利有所增加，并有可能超过自由贸易时的水平，这样一般存在最优关税率。根据勒纳对称性原理，对资本服务出口征税与对进口品征税的影响一样。当进口要素服务时，关税则起到对汇回的服务收入征税的作用。这就说明：第一，对外国人获取的资本服务收入征收比国内资本服务收入更高税额的行为，都是变相地征收关税，服务贸易自由化要求减少这种额外税收；第二，如果与服务出口国进行关税战，那么，拥有大量服务进口商的国家可能会对来源于外国的收入保留差别税，也就是说，国内税收制度可以在一定程度上发挥贸易政策的作用。在交换一种商品以获取一种要素服务的模型中，关税等于对进口商品征收的消费税加上对资本服务征收的国内要素收入税。很明显，要素收入税对贸易流有重要影响。

4.3.2 服务贸易保护政策的非关税效应分析

非关税壁垒种类繁多，但产生的总体效应基本相似，因此，主要分析政府管制、补贴、配额和许可证制度这四种最为常见的服务贸易非关税壁垒。

1）政府管制

以保险市场政府管制为例进行分析。在图4-5中，假定该服务市场是受政府保护的保险市场，P_C代表政府管制的保险费率，P_E为均衡保险费率，I_C代表保险服务

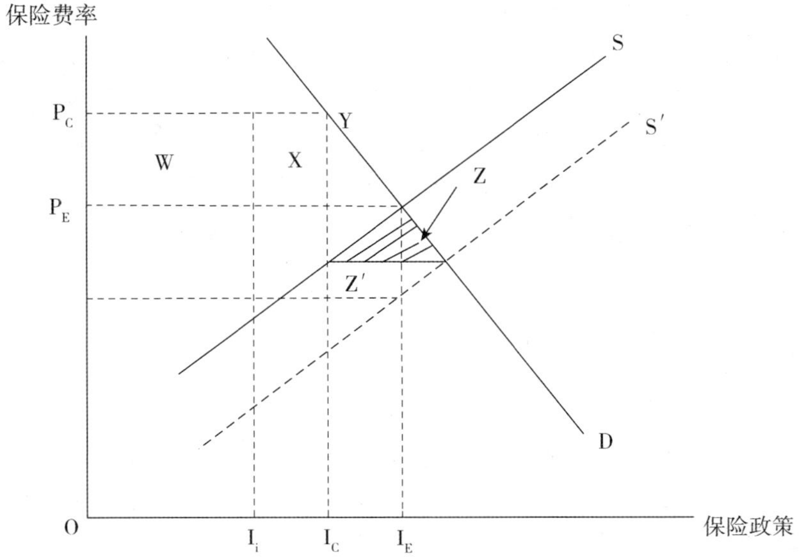

图4-5　保险市场管制政策选择的福利效应

销售量，I_E为保险政策的均衡数量；保险公司的租金为（W+X），三角形Y为福利损失。这表明，不同政策对国家福利的影响，来自于它对保险市场各种因素的影响。如果允许外国保险公司进入并分享一定的市场份额I_iI_C，而且政府通过对保险费率的管制继续对保险市场进行保护，那么，（Y+X）将是该国总的福利损失，其中，X为外国保险公司所获。由此可见，当既允许外国服务厂商进入，又对本国服务价格进行管制时，国家福利可能变得更差。如果政府放松对国内保险服务市场的控制，允许更多的竞争厂商进入，那么，保险公司在管制条件下获得的租金将流入购买者（即投保人）手中，增加竞争将获得更多的福利收益Y。此外，在竞争性保险市场上，国内保险公司将萌发向外国同行学习的强烈动力和愿望，从而使国内保险公司不断提高技术水平，进行制度创新和管理创新。这些将使国内总供给曲线S（国内外供给之和）移到S′，此时的国家福利为（Y+Z+部分Z′），显然大于没有外国厂商进入时国内管制的福利收益Y。这就说明，政府管制虽保护了国内服务市场，但却因抑制竞争而导致福利损失。

2）补贴

借助于生产者补贴等值可较好地评估政府补贴的效果。在服务贸易领域，生产者补贴等值（producer subsidy equivalent，PSE）可定义为政府的各种政策转移给服务提供者的总价值与服务的总价值之比，服务总价值等于服务的市场价值加上政府的直接支付，即：

$$PSE=\frac{\text{政府政策转移的总价值}}{\text{服务的总价值}}=\frac{Q\cdot(P_d-P_wX)+D+I}{Q\cdot P_d+D}$$

式中：Q表示服务供给量；P_d表示以国内货币表示的服务价格；P_w表示以世界货币表示的服务价格；X表示汇率换算系数；D表示政府的直接支付；I表示政府

通过补贴投入、市场支持和汇率扭曲等方式给予服务提供者的间接转移。

PSE的大小取决于上述若干变量。政府政策的变化可改变PSE的大小；政府政策不变，只要世界市场参考价格、汇率和服务供给量任何一个变量改变了，PSE值就会改变。一个国家可通过将政府间接转移变成直接支付来降低PSE值，也可通过将直接支付变成间接转移来提高PSE值。当$I>Q\cdot P_wX$时，即当政府间接转移价值超过以自由贸易价格计算的国内服务生产价值时，PSE就会大于100%，因为根据上式PSE可变成下列形式：

$$PSE=\frac{(Q\cdot P_d+D)+(I-Q\cdot P_wX)}{Q\cdot P_d+D}=1+\frac{I-Q\cdot P_wX}{Q\cdot P_d+D}$$

所以，只要$I>Q\cdot P_wX$，则$PSE>100\%$。

3）配额

在服务贸易领域，配额这种管理措施往往出现在政府制定的各种劳动力限制措施中，它与签证、居留权、工作许可（营业执照）制度、劳工标准和个人汇款等限制措施共同构成影响劳动力移动的主要政策手段。

当一国劳动力禀赋稀缺，国内市场出现进口劳动力需求时，为保护本国劳动力市场，政府通常使用配额有限制地进口劳动力资源。美国和瑞士都是劳动力禀赋相对稀缺的国家，但它们都成功地借助移民制度进口劳动力以满足国内需求。瑞士的临时性移民制度严格建立在综合考虑职业、居留期和就业地的劳动力进口配额基础上，瑞士政府还根据本国经济增长情况调整劳动力需求，大约每两年定期调整一次配额及其分配比例。不同种类的短期签证与配额体系使瑞士政府在没有大量永久性移民的前提下，成功地借助进口劳动力满足了国内需求。在美国，传统上主张吸引大批永久性移民，但也建立起一套临时性移民制度。这套制度建立在对本国劳动力市场的计量、透明的遴选规则以及申请人的职业与本国该行业劳动市场状况之上的，对临时性劳工流入的鼓励不仅在一定程度上缓解了美国劳动市场的压力，而且给美国经济带来了许多长远利益。

4）许可证制度

在国际服务贸易中，许可证制度多出现在生产者服务或专业服务领域，如通信、金融、运输、建筑工程、教育、医疗、会计、法律、咨询、数据处理和专业技术服务等部门。

服务贸易中的许可证制度与商品贸易中的许可证制度一样，是构成各国限制其他国家服务提供者进入本国市场的常见的非关税壁垒之一。然而，服务贸易中的许可证制度含义比商品贸易中的许可证制度更加多样和复杂，其中的一个原因是，到目前为止，依然没能对服务贸易许可证制度的范围达成共识。在国际服务贸易中，尽管有关开业权或建立权是否属于许可证制度范围的问题仍在争论之中，但从实际效果来看，开业权或建立权与许可证制度的效果大致相同。就金融服务贸易来说，开业权或建立权是目前许可证制度下或类似规则下最重要的贸易制度安排，如东道国对外国金融机构提出创建代表或代办处、代理人、分支机构和附属机构的开业权限制等措施。由此可见，在劳动力流动与投资活动中的开业权，几乎发挥着与商品贸易中许可证相同的作用和影响。

4.3.3　服务贸易保护政策的比较与分析

1）关税、补贴和配额

从服务进口国角度看，作为一种扩大进口竞争产业产出规模的手段，对服务业产出的补贴一般优于关税。因为，一般认为，在服务领域为本国厂商提供成本优势的政策将优于外国厂商面对成本劣势的政策。关于关税与配额的关系，尽管评估各种数量限制措施非常困难，但依然可以找出决定其社会成本的两个主要变量，即租金目标和受影响产业的竞争态势。如果国内厂商获取配额租金，且所有受影响的市场完全竞争，那么，关税和配额在静态和效率意义上相同。如果配额租金流向外国厂商，那么，与关税相比，配额在进口竞争产业中的成本则是十分高昂的。

从分析中可以得出结论：从经济成本角度衡量，如果定义X>Y，则X的成本小于Y，那么，使进口竞争产业的产出规模扩大的政策选择次序应该是：

对产出的补贴>关税>配额

若关税效应等于配额效应，需要具备相同的约束条件，但要达到这样的约束条件，配额的成本可能比关税高得多。

2）进口限制、开业障碍和管制

第一，进口限制（restrictions on imports）。目前尚难找到限制服务贸易的典型案例，但在实际经济中却存在着这样的事实。可以认为，如果政策目标是使本国进口竞争产业的规模大于没有实施任何政策时的规模，那么，最低成本的方法就是给国内服务生产者以补贴。美国政府对本国服务供应商提供的各种行业性补贴或政策性补贴，使其服务厂商具备强大的成本竞争优势，这足以说明补贴可以很好地达到限制服务进口的目的。可以想象得出，由于部门利益，与执行对本国厂商直接补贴的政策相比，许多财政部门更加愿意看到政府执行对外国厂商和本国消费者征税的政策，然而这又不利于本国总体福利的提高，前已述及，在征税与补贴之间，选择后者更有利于本国服务厂商的竞争。

第二，开业障碍（impediment to establishment）。开业权常常涉及政治上的敏感问题，但从经济角度看，则是一种简单的服务销售的进口选择方式。通过开业实体，服务生产者将服务进口问题转变为服务销售问题。如果要达到支持本国进口竞争产业的政策目标，则最优方式是对这些产业进行补贴，次优方式是对在当地开业或通过贸易提供服务的外国服务提供者征税。妨碍外国服务提供者竞争效率的措施（这类措施往往不会给政府带来财政收益）与商品贸易领域不同，对开业权的禁令和数量限制，无论从经济效率角度，还是从财政收益角度，都将难以长期维持下去。

第三，管制（regulation）。政府管制能够使国内服务消费者获得公平的经济利益，或在一定程度上保护消费者利益免受国内服务厂商低质量服务的侵害。理论和实践都表明，这种原本为了保护本国服务消费者（即改善了消费者的逆向选择境况），限制本国服务提供者道德风险的措施，客观上对外国服务提供者的竞争起到了抑制作用。因此，政府必须明确，选择管制目标不仅是基于服务消费者的利益，而且也基于服务提供者的利益。

在上述三者之间，使进口竞争产业产出规模扩大的政策选择顺序是：

管制>进口限制>开业权

当开业权的选择采取“先来先得”或投标原则来确定时，进口限制与开业权的成本几乎一样，而当开业权以政府行政指令形式确定时，开业权成本大于进口限制。

综上所述，各种贸易保护政策交织在一起形成了一个政策选择菜单。在现实经济中，选择和执行何种保护政策并非轻而易举之事，这要求权衡各种保护政策的成本与收益。一般来说，选择对本国服务产业进行补贴以提高其成本优势的措施，可能比抑制外国竞争者以削弱其成本优势的政策更有利于本国服务厂商的竞争。在服务贸易日益成为国际竞争新领域和新焦点的时代，采取直接补贴与各种适时的管制措施相结合的服务贸易保护政策体系，可能成为各国政府的理性选择。

【专栏4-3】　　扩展资料

服务业国际贸易壁垒，顾名思义是指一国政府对国外服务生产供应方设置的政策阻碍。一般而言，发展中国家服务业发展水平较低，为保护国内弱势产业常常采取相关政策限制服务进口，而相应地，发达国家给予补贴，两者利益冲突之下服务自由贸易也就困难重重。同时，金融业、保险业、航空运输业和海上运输业等服务行业关系到国家的稳定和健康，而电影广播之类的文化产业则会影响人们的价值观和国家的意识形态。因此，国家常常对这些行业的服务贸易设置较高的壁垒和障碍。

服务贸易限制性指数等指标可以分析服务业国际贸易壁垒的变化。从服务贸易限制性指数等指标来看，当前服务业国际贸易壁垒出现了变化。第一，整体而言服务业国际贸易壁垒呈现弱化趋势。国际服务贸易协定（TISA）已经拥有23个成员国，包括美国、欧盟和日本等主要发达国家。而中国、俄罗斯、印度和巴西等新兴经济体将同时面临TTIP、TPP和TISA等自由贸易协定和国内产业转型的压力，将主动寻求加入。近年发展迅猛的全球服务外包行业已经进入产业上升期，服务外包承接方不断向新兴发展中国家拓展，竞争加剧必然会主动减少交易成本。第二，服务业国际贸易壁垒日益隐蔽模糊化。近年来，技术标准壁垒、知识产权壁垒和绿色壁垒的出现，加速了服务贸易壁垒模糊化的趋势，壁垒的呈现形式更加复杂。服务贸易壁垒最主要的措施是对外国投资的限制和对自然人流动的限制，而跨国投资和移民政策本身的复杂性使贸易壁垒更加难以计量。跨国投资所受的限制，既包括直接投资限制、投资形式限制、公司数量限制，也包括投资收益收回限制、公司治理如国内董事占比等方面的限制，同时跨国投资还受制于当地竞争者、民众和相关机构的潜在限制。不仅是服务外包行业，发达国家的移民和劳工政策也都会受到当地不断提高的失业率和民众愤怒情绪的影响，使壁垒更高、更难以估测。自2010年起，新加坡就开始加强对企业雇佣廉价外籍劳工限制。相比于2011年的6万人，2014年流入新加坡的劳工（除建筑工人外）已经缩减至1.6万人。自2012年起，日本开始实行移民积分制。俄罗斯劳工部提议限制建筑行业外籍劳工数量，并对使用非法外籍劳工的建筑商实行高额罚款。第三，服务业国际贸易壁垒具有很强的政治性。金融、保险、法律和航空海上运输行业为了保持国家经济的独立性常常设置高壁垒，广播、电影和会展等传播文化价值观的服务业国际贸易也存在较高障碍，常取决于瞬息万变的国际政治关系。无论是在我国兴起的美剧文化，还是全球星罗棋布的孔子学院，都面临当地政策的限制和管辖。

资料来源：胡方，包凌飞. 服务业国际贸易壁垒的变化与对策［J］. WTO经济导刊，2016（4）.

● 本章小结

1.国际服务贸易政策是各国在一定时期内对服务的进出口贸易所实行的政策，是各国对外经济政策的重要组成部分。同国际商品贸易一样，国际服务贸易领域也存在着保护主义和自由主义两种基本观点，反映在政策层面上，就表现为保护贸易政策和自由贸易政策。从国家的角度看，发达国家倾向于主张服务贸易的自由化，而发展中国家倾向于对服务贸易设立各种法规和行政管理措施。

2.自然垄断、非对称信息、经济外部性是政府对服务业实施干预政策的主要原因，也是服务贸易壁垒产生的微观经济学根源。

3.服务贸易保护政策产生的主要原因主要有：①保护国内幼稚服务业；②维持国际收支平衡；③减轻国内就业压力；④保持本国经济贸易利益和消费者利益；⑤维护国家主权和国家安全；⑥保护本国民族文化特色和社会共同价值观。

4.国际服务贸易壁垒是指一国对外国服务生产者或提供者的服务提供或销售所设置的具有阻碍作用的政策措施。通过增加外国服务生产者或提供者的成本达到限制贸易扩大的作用。

5.按照乌拉圭回合谈判采纳的方案，国际服务贸易壁垒可分为影响市场准入的措施和影响国民待遇的措施。按照把服务贸易的交易模式与影响服务提供和消费的壁垒结合起来进行分类，国际服务贸易壁垒可划分为产品移动、资本移动、人员移动和商业存在壁垒4种形式。

6.国际服务贸易壁垒具有隐蔽性强、保护性强、灵活性强、互动性强及与投资壁垒联系性强等特点。

7.衡量国际服务贸易壁垒保护程度的指标有两种：一种是借鉴货物贸易壁垒的衡量指标，包括名义保护率、有效保护率和生产者补贴等值；另一种是独立适用的服务贸易壁垒衡量指标体系，包括频率指标、价格影响指标、数量测量指标及财务测量指标。

8.国际服务贸易保护政策的效应包括关税效应和非关税效应。关税效应分析分为大国的关税效应分析和小国的关税效应分析；非关税效应主要从政策管制、补贴、配额和许可证制度几个方面分析。

9.各种贸易保护政策交织在一起形成了一个政策选择菜单。在服务贸易日益成为国际竞争新领域和新焦点的时代，采取直接补贴与各种适时的管制措施相结合的服务贸易保护政策体系，可能成为各国政府的理想选择。

● 扩展阅读

1.世界贸易组织的区域贸易协定数据库（RTA Database）详细统计了GATT/WTO中缔结的货物及服务贸易相关的区域贸易协定，可以在其官方网站（http://rtais.wto.org）上查找WTO成员方在服务贸易领域签订的RTA协定中关于服务贸易部门开放程度的信息。

2.梅特奥，索韦. 国内管制与服务贸易自由化［M］. 马图，方丽英，译. 北京：中国财政经济出版社，2004.

3.巴格沃蒂. 贸易保护主义［M］. 王世华，等，译. 北京：中国人民大学出版社，2010.

4.冯宗宪，尚涛，丁辉侠，等. 开放经济下的服务贸易壁垒和动态比较优势［M］. 北京：经济科学出版社，2010.

5.付义重. 服务补贴制度与绩效评估：基于美国服务补贴制度的研究与启示［M］. 北京：对外经济贸易大学出版社，2010.

6.李健. 非关税壁垒的演变及其贸易保护效应［M］. 大连：东北财经大学出版社，2011.

● 基本概念

国际服务贸易政策　自然垄断　非对称信息　经济外部性　国际服务贸易壁垒　名义保护率　有效保护率　生产者补贴等值

● 复习思考题

1.分析国际服务贸易保护政策的微观基础及原因。

2.阐述国际服务贸易壁垒的种类。

3.阐述国际服务贸易壁垒的特点。

4.试析国际服务贸易壁垒保护程度的衡量。

5.试析国际服务贸易保护政策的效应。

第5章/国际服务贸易自由化政策

学习目标

了解国际服务贸易自由化发展的原因；掌握国际服务贸易自由化的经济福利效应以及对发达国家和发展中国家安全的影响；重点掌握国际服务贸易自由化的含义、特点、服务贸易自由化的实现途径以及发展中国家服务贸易自由化政策的选择。

［引导案例］

2015年3月10日，欧盟理事会首次公布欧盟关于服务贸易协定（TISA）的谈判指令。欧盟贸易委员马尔姆斯特伦表示，乐见欧盟成员国政府同意其本人提议，将TISA谈判指令公之于众。这是欧委会致力于提高欧盟对外谈判透明度的又一重要举措。欧盟是全球最大的服务贸易出口者，服务行业涉及上千万人就业，因此TISA协定对欧盟至关重要。欧盟参与TISA谈判旨在为推动欧企服务出口创造更加便利的条件，进而促进增长与就业。

欧盟公布相关文件符合WTO倡导的透明度精神，以及进一步确认欧盟希望将TISA纳入WTO多边体系的立场，谈判指令主要内容包括：

一、根据世界贸易组织服务贸易总协定（GATS）第5条要求，本协定应涵盖几乎所有服务部门和服务提供方式，并致力于取消现有歧视措施、禁止新的歧视措施。但这并不影响将少数几个服务部门排除在自由化承诺之外，欧盟不会对音像服务做出承诺，协定也不会对政府提供服务做出规定，欧委会还保证协定不会影响成员国有关自然人流动和工作条件法规的适用。

二、为使本协定将来顺利纳入服务贸易总协定，本协定将并入GATS的核心条款，包括适用范围、一般和安全例外、市场准入、国民待遇、相关定义。协定还应包括加入条款，以使更多的WTO成员可以选择加入协定。

三、本协定应包括类似GATS第16条的市场准入纪律。协定还可以超越GATS对国民待遇的水平纪律做出规定。

四、本协定应包括新的、强化的规制纪律，协定应致力于对透明度、国内法规、国有企业、电信服务、计算机服务、电子商务、跨境数据转移、金融服务、邮政快递服务、国际海运服务、政府采购服务和补贴做出规定。

资料来源：中华人民共和国驻欧盟使团经商参处.欧盟发布诸边服务贸易协定谈判指令［N］.［2015-03-16］.

5.1 国际服务贸易自由化的发展

5.1.1 国际服务贸易自由化的含义

国际服务贸易自由化是当代世界服务经济发展的重要特征，也是世界服务经济全球化和市场化在国际贸易领域的反映。国际服务贸易自由化是指一国政府（或经济体）在对外服务贸易中，通过国内立法和国际协议，逐渐减少政府对服务以及与服务有关的人员、资本、货物、信息等在国家间的流动的行政干预，放松服务贸易管制的过程。

国际服务贸易自由化虽然表面上涵盖了所有贸易领域，但以美国为首的发达国家最为关心的是国际服务贸易中增长最快的生产者服务的贸易自由化，如银行、保险、电信、咨询、会计、计算机软件和数据处理等服务领域的贸易自由化，这些领域关系到一国的国家安全、国家利益和国家竞争力。由于各国服务业发展水平不同，各国政策偏好也不同，很难找到一个服务贸易自由化的“交集”，使之既满足发达国家的需要也满足发展中国家的需求；更有意思的是，至今无人证明服务贸易自由化绝对是双赢的，这也就成了各国尤其是发展中国家强调保护国内服务市场的主要依据之一，各国对其强势服务部门实行自由化政策，对弱势服务部门则实行保护政策。所以说，国际服务贸易自由化不是绝对的自由化，而是逐渐减少政府干预的一种状态，向着自由化发展的一个过程。

5.1.2 国际服务贸易自由化发展的原因

1）经济全球化

经济全球化是以获得经济利益为动力，借助商品、资本、人员和劳务的自由流动实现技术和经济制度在全球的传播和扩展，是世界各国经济高度相互依赖和融合的表现。

经济全球化首先是一个地理概念，全球化表现为世界上主要地区或大陆形成稳定的联系，这种稳定联系的基本条件是可供建立这种联系的交通工具和航路，因此，有些学者将15世纪末16世纪初的地理大发现视为经济全球化的起点。同时，经济全球化又是一个经济概念，商品、资本、人员、劳务超出国家和地区的界限在全球范围广泛地、经常性地流动，并借助这种自由流动获得各国经济利益的增进，所以贸易和投资在全球范围内的大幅增长是全球化最直接的表现，大多数学者都认为真正意义上的经济全球化是从20世纪80年代开始的。

经济全球化趋势的客观基础是国际分工，国际分工的形成和发展决定着经济全球化的产生和发展，国际分工的两重性也决定着经济全球化的两重性。一方面，经济全球化有利于资源更合理地配置和使用，有利于劳动生产率的提高，有利于比较优势、比较利益的充分发挥和取得，有利于价值的实现和财富的积累；另一方面，经济全球化趋势给发达国家和发展中国家带来的收益和成本又是不同的，发达国家在国际分工体系中居于主导地位，它们更多地享受到经济全球化的收益，而广大的发展中国家在国际分工体系中处于相对劣势，它们更多地是支付经济全球化的成本。对外贸易是各国参与经济全球化的主要渠道，为扩大参与经济全球化的收益、降低成本，各国政府都高度重视对外贸易战略和政策的制定。

经济全球化最根本的推动力是科技进步带来的生产力的巨大飞跃。在发达国家的影响下，各国对高技术领域的投资迅速增长，高技术制造业、高技术服务业已经成为许多国家国民经济的新兴主导产业，各国对知识密集型劳动力的需求大幅度增加；与此同时，越来越多的国家不断加大对研究开发、教育培训和信息传输的投入，着力培育高技术产业，加快后工业化的发展，即加快以信息产业为代表的服务业的发展，提升各产业的技术含量，即提高所有产业包括工业、农业、服务业的技术水平。经济全球化和高技术产业化必将深刻影响着国际贸易结构，各国一方面将不断提高贸易商品的技术含量；另一方面将努力扩大服务贸易。

2）经济网络化

从20世纪开始，互联网的发展速度超过了所有人的预测，而在互联网的强势推动和改造过程中，很多国家国民经济信息化正在从浅层转向深层、从边缘化转向中心化、从次主流转向主流。在各国信息化建设的过程中，最突出的表现是经济网络化的发展。

经济网络化与大IT概念紧密相连。IT从Information Technology（信息技术）转义为Information Times（信息时代），大IT的概念就开始出现了，它表现为信息产业以技术、产品为概念的产业正向以应用、服务为特征的网络经济转型或进化。网络平台的出现为服务业发展开辟了新的空间，网络技术的成熟为服务创新创造了条件，可贸易产品不断增加，服务贸易有了空前的发展契机。

在银行业务创新和银行贸易发展的过程中，基于网络技术的发展，银行的传统服务朝着电子化、网络化方向发展，如自动取款机、家庭金融电子服务系统、零售电子转账网络系统、银行同业电子清算系统等，大大方便了客户，增强了银行服务的吸引力。同时，在日益激烈的市场竞争中，银行利用新技术开拓新业务，如表外业务的出现和发展。表外业务是指在银行资产负债表以外的新开设的业务，其实质是一种应急债务式协议，从法律上讲，只要应急事件一出现，银行就得提供贷款资金。除了货币期货、货币期权、保理、掉期交易、远期交易等业务采用资产负债表表外方式进行外，表外业务还包括担保、咨询、财务顾问、租赁和信托等众多业务，这些业务的广泛开展既说明了国际银行业的激烈竞争，迫使银行开拓新业务，也展示了网络技术的飞速发展为表外业务的发展创造了条件。银行服务贸易需要三个基本要素：客户、服务地点和产品。银行服务贸易中的服务对象的多少及群体分布，往往决定着银行服务贸易利润的多寡；银行拓展业务，必须依靠相应的分支机构，银行供应商准入具体的金融市场，往往是银行服务贸易展开并取得利润的先决条件；银行进入一定位置的服务市场，通过拥有不同的客户，进行不同的金融产品配置，满足客户的需要，从而获得收益。随着网络平台的出现和快速发展，银行服务地点一下延伸到全球所有的角落，借助于计算机网络向全球各类具体的客户提供所有的金融工具服务。

3）多边贸易自由化

货物贸易自由化是指主要资本主义国家在世界范围内采取降低关税和放松其他进口限制实现国际商品自由流通的政策倾向。18世纪后半期的英国，通过工业化建立了其在国际分工中的优势地位，成为工业化国家的领袖和最强的工业国，因而倡导自由贸易，因为自由贸易最符合当时的英国国家利益；19世纪以后，特别是20世纪的两次世界大战后，美国确立了在世界经济领域中的绝对优势地位，成为世界最强大的经济贸易国家，因而积极倡导和推动自由贸易，因为自由贸易符合美国垄断资本对外扩张的需要。然而，20世纪70年代中期以后，随着西欧和日本的崛起，美国的优势地位相对下降，石油危机后的西方国家纷纷陷入滞胀，贸易保护主义重新抬头，新贸易保护政策一度风行世界。自此以后，发达国家的贸易政策表现为保护与自由化的交替，自由贸易在经济一体化区域内蓬勃发展，而区域间的贸易保护却在不断加强。

GATT的八轮多边谈判，在约束成员贸易政策方面起到了重要作用，建立了一套复杂的规范国际贸易关系的权利和义务的体系。在多边贸易体制下，贸易自由化主要表现为各国进口关税平均水平的下降，但随着进口关税水平的下降，各国仍借助关税以外的其他手段或措施保持一定程度的贸易干预和保护。这些非关税壁垒措施主要表现在自愿出口限制，通过技术标准、卫生检疫标准、绿色标准等方面的规定，对商品的进口设置障碍。从一般意义上讲，对商品的进口规定技术标准、卫生检疫标准和环保标准是保证商品进口质量的重要步骤，但是过度的或过分严格的技术标准、卫生检疫标准和环保标准将构成商品进口的人为障碍。事实上，从GATT到WTO，在倡导贸易自由化的同时，又不排除各国政府通过法律、协定、经济、计划等手段保持对贸易一定程度的干预，各国通过合作来发展国际贸易。“如今自由贸易正如日中天，两百年来，它不仅跨越了一直面临的诸多障碍，并有能力应对目前所遇到的诸如民间团体和工会提出的挑战……这就好像我们虽然最终能够证明锻炼有利于健康，然而我们仍然屈服于自身的疲乏和怠惰”。①

4）跨国公司的发展

第二次世界大战后，在西方经济发展不平衡规律和新技术革命的作用下，国际分工进一步深化，资本输出空前活跃，资本国际化程度大大提高，跨国公司蓬勃发展，它们集商品贸易、服务贸易、对外直接投资于一身，在全球范围内进行活动，成为经济全球化的主体和世界经济增长的引擎；同时，跨国公司的发展又极大地促进了国际贸易全球化、资金的跨国流动和资源的优化配置。

从规模上看，许多跨国公司可以与某些作为经济实体的国家相匹敌，一些巨型

① 巴格瓦蒂．现代自由贸易［M］．雷薇，译．北京：中信出版社，2003.

跨国公司的产值比许多发展中国家要大得多。跨国公司通过对研究和开发的巨大投入推动了现代科技的迅猛发展，跨国战略联盟成为当今推动世界科技大发展的新动力；跨国公司通过承包和技术转让，促进了劳动力的国际流动，带动了金融服务、法律服务、保险服务、运输服务、计算机服务、技术服务、工程咨询服务等国际服务贸易的发展，已经成为国际经济、科学技术和国际贸易中最活跃、最有影响的力量。

5）服务业的发展

第二次世界大战后，随着产业技术的进步，各国的产业结构进行了调整，以服务为主要内容的第三产业越来越重要，服务业在世界经济中发挥着越来越重要的作用。特别是在许多发达国家，第三产业已经成为最大的产业。根据世界银行的统计，2008年OECD国家的服务业增加值占GDP的比重平均达到73.2%。例如，2008年卢森堡的服务业增加值占GDP的比重高达85.2%，美国为77.4%，英国为76.6%，即便是OECD国家中发展水平相对较低的爱尔兰和墨西哥，其服务业增加值占GDP的比重也分别达到67.3%和60.1%。随着服务业的迅速发展，发展中国家的服务业对经济发展的贡献呈现逐渐增强的趋势，如2008年巴西的服务业增加值占GDP的比重为66.2%，俄罗斯为59.7%，印度为54.2%。

从服务业的行业分布来看，金融、保险、教育、商业服务以及分销等部门对经济发展的贡献更大一些，其他部门则相对较小。从世界各国经济的发展来看，一段时期内各国就业率的高低在一定程度上反映着经济发展的状况，服务业在解决就业问题方面起到了重要的促进作用。

从发展战略来看，20世纪50年代至70年代，欧、美、日等发达国家重点规划和扶持的是以出口加工工业为主的第二产业，企业界发展跨国公司主要集中于工业产业，工业主导型战略使经济发展失去了平衡，矛盾相继暴露，制约了国民经济的协调发展。发达国家国内发达的第三产业已经形成了相对的垄断竞争市场，而要使国内市场扩大到国外，就必须发展服务贸易。发展中国家和地区也希望通过服务贸易的发展，获得急需的资金和技术以及输出劳动力等。在这种情况下，发达国家和地区通过调整产业政策，促使企业把经营重点转到发展第三产业上，并重视向海外的延伸。

5.1.3　国际服务贸易自由化的特点

国际分工的深化、科学技术的进步、跨国公司的崛起和产业结构的调整，为国际服务贸易自由化提供了物质基础，国际服务贸易得以迅速发展，呈现出以下的主要特点：

1）服务贸易自由化是有条件的自由化

国际服务贸易自由化是一种有条件的自由化，主要表现在：第一，各国是以对等原则作为开放市场的标准。各国根据其他国家给予本国服务和服务提供者的待遇来决定本国给予该国服务和服务提供者的待遇，即若某个国家对本国的服务和服务提供者采取自由开放的态度，则本国亦对该国的服务和服务提供者开放服务市场；反之，若某个国家对本国服务和服务提供者实行限制政策，则本国亦限制该国服务和服务提供者的进入。第二，各国的开价和承诺是有条件的。在服务贸易多边谈判中，各国只有提出开价单才有资格向其他国家提出要价，同时，各国的开价也是有条件的，承诺是否有效取决于他国的承诺和谈判的结果。第三，一些规则的真正实施是有条件的。例如，GATS中的最惠国待遇条款原则上应是无条件最惠国待遇，但又规定，只要包括在附录中并符合条件，一缔约方可以采取与最惠国待遇原则不相一致的措施，而且在乌拉圭回合服务贸易谈判中，大多数国家都不愿在服务贸易方面提供无条件最惠国待遇，而要求只有参与签订在对等原则的基础上相互给予优惠的签约方才能享有最惠国待遇。由于服务贸易实践中存在着部门谈判的压力，最惠国待遇原则的执行会与具体部门的谈判联系在一起，因此，实际上最惠国待遇更有可能作为具体的承诺，而不是作为普遍义务来执行。

2）美国是服务贸易自由化的积极倡导者

美国在银行、保险、数据处理、电信和信息等众多服务行业中，特别是高技术服务行业中具有明显优势，服务贸易是美国出口和对外投资的重要组成部分。一方面，美国早在20世纪70年代中期就通过国内立法，授权总统就服务贸易问题与别国进行多边和双边谈判，以寻求“公平贸易”，并授权对“不公平贸易”进行报复，以扩大服务的出口，同时还成立相关机构，提出政策建议，推动服务贸易在世界市场上更自由地进行；另一方面，美国又致力于将服务贸易纳入多边贸易谈判的轨道，在全球范围内推行服务贸易自由化，在GATT东京回合谈判时，积极提倡进行服务贸易谈判，但终因各国反应冷淡而作罢。乌拉圭回合多边贸易谈判开始前后，美国策动GATT将服务贸易、与贸易有关的知识产权和投资措施作为三个新议题而进行多边谈判，推行服务贸易的自由化。

3）发展中国家是服务贸易自由化的被动追随者

发展中国家和地区认为，服务贸易的比较优势基本上为发达国家所有，金融、信息、通信、数据处理等新兴服务行业大多属于需要保护的“幼稚行业”，不会从自由的服务贸易中获得好处，而且有些服务业的对外开放，还会涉及国家机密和主权问题，故而一直以来对本国的服务贸易实行高度的保护，对服务贸易自由化持反对态度。20世纪80年代中后期，基于自身服务贸易发展的要求和在美国等发达国家的压力下，发展中国家和地区对服务贸易自由化的态度有了较大的转变。第一，在服务贸易自由化方面不主动应战，不提出自己关于服务贸易自由化的方案，而听任发达国家单方面提出有关服务贸易自由化的建议，导致发展中国家和地区处于十分被动的地位，自身利益得不到有效的保护；第二，不少发展中国家和地区，尤其是一些新兴的工业化国家和地区在某些服务行业已经取得相当的优势，如新加坡的航空运输业、韩国的建筑承包业、泰国的国际旅游业等，这些国家和地区希望通过服务贸易自由化来扩大本国占据优势服务的出口，获得服务贸易自由化的利益；第三，适度开放国内服务市场，引进一定数量的外国服务和服务提供者，可以提供发展新兴服务业所必需的资金、技术，促进发展中国家和地区服务业的市场化，从而为本国的服务业及经济发展做出贡献。可见，完全的服务贸易保护主义对发展中国家和地区并非是最佳的选择，在有效地保护本国服务业的同时，适当地开放本国服务市场，对发展中国家和地区来说是较为有利的选择，故而发展中国家和地区对服务贸易政策进行了必要的调整，实施渐进的自由化政策。

4）多边贸易体制推动着服务贸易自由化

第二次世界大战以后，服务贸易自由化一直没有纳入国际多边体制范围内，服务贸易自由化只在个别国家和地区酝酿。随着服务贸易的发展，各国的服务贸易保护主义却越来越盛行。20世纪80年代中后期，乌拉圭回合开始了多边服务贸易谈判，特别是GATS的签署和执行，标志着全球性服务贸易自由化趋势的兴起。在国际多边贸易体制的主持下，以多边谈判和双边谈判为手段，形成了各国共同认可和遵循的服务贸易国际准则，各国相互承诺开放某些服务部门，降低服务贸易的保护程度，使服务贸易自由化在全球兴起。乌拉圭回合谈判结束后，WTO主持了基础电信服务、海运服务、金融服务、自然人移动等谈判，建立各服务部门的必要规则和纪律；同时，WTO还建立有关的机构，审查和制定必要的服务贸易规则，确保服务部门和分部门的标准和规定不会成为不必要的贸易障碍，推进了全球服务贸易自由化的进程。

5.1.4　国际服务贸易自由化的途径

1）充分发挥多边贸易体制的作用

WTO体制中的GATS的有效运行，一是必然促进传统服务项目和高新服务项目贸易额较大幅度的增长，从而促进服务贸易的全面增长；二是对不同类型的服务贸易产生不同的推动作用，对高新技术类的服务贸易，像通信、视听服务、金融服务、其他信息服务等会有较大的推动作用，而对一些传统的服务项目的推动作用相对较小，从而导致不同类型服务贸易发展的差异，这种差异会加剧不同经济发展水平的国家之间的服务贸易不平衡；三是刺激各国国内服务业的发展，改进技术，改进经营管理，加快发展对外服务贸易，增强经济实力和国际竞争力，最终促进本国经济的振兴；四是推动世界服务业国际分工的进一步深化，使服务业国际分工格局更趋明显。

GATS为参与服务贸易的国家提供了服务贸易国际管理和监督的多边约束机制，标志着服务贸易逐步自由化原则已被世界各国接受，会对各国服务贸易政策的制定和调整产生重大影响，必将促进各国逐步开放国内服务市场，扩大人员、技术和信息等服务要素在国家之间的自由移动，因此，要充分发挥多边贸易体制的作用，积极推进服务贸易自由化谈判，从而带动各国服务业及服务贸易的发展。

2）积极推进区域经济集团内部服务贸易自由化的发展

区域经济一体化按其一体化程度的差异，可区分为优惠贸易安排、自由贸易区、关税同盟、共同市场、经济同盟及完全经济一体化。其中，优惠贸易安排是经济一体化比较低级和松散的形式，是指在实行优惠贸易安排的成员间，通过协定或其他形式，对全部商品或部分商品规定特别的关税优惠。自由贸易区是指区域内成员间免除所有关税及配额限制，而对区域外国家仍维持其各自的关税、配额及其他限制。关税同盟除撤除成员间的关税外，对外采取共同关税。共同市场除具有关税同盟特性外，还包括建立成员间人员、劳务和资本自由流通所形成的无疆界区域，如1958年欧洲共同市场及其1986年依据《欧洲单一法案》而形成的进一步一体化。经济同盟则是除了关税同盟外，实现金融、财政和经济政策的协调，缩小成员政策差异。完全经济一体化是成员的经济、金融和财政等政策完全统一，并建立超国家机构。

WTO允许其缔约方签订区域优惠性贸易协议，使得区域内贸易较区域外贸易自由化程度高，该措施是最惠国待遇的例外。区域贸易协议所追求的自由贸易与多边贸易体制所追求的自由贸易具有互补性，通过推进区域经济集团内部服务贸易自由化而促进国际服务贸易逐步自由化的发展。例如，1995年亚太经济合作组织（APEC）制定的《大阪行动议程》规定，在服务贸易方面逐步减少服务贸易的市场准入限制，为服务贸易提供最惠国待遇和国民待遇，首批在电信、交通、能源、旅游四个部门开展工作，成员可在自愿的基础上在其他部门采取行动。

3）加强各国国内政策的协调

从理论上分析，服务贸易自由化能够给有关贸易国带来一定的利益。但从现实情况来看，服务业发展相对较为落后的国家或地区倾向于通过种种服务贸易壁垒保护本国的服务行业，服务贸易限制是这些国家开放服务业和发展服务贸易的主要基调。只有服务业发展较为完善的国家或地区才希望打破别国的服务贸易壁垒，实现服务贸易的自由化。

现实经济中，服务贸易比商品贸易存在着更多的限制，各国和地区基于微观经济学的根源，基于维护国家主权和国家安全方面，本国的经济利益方面，本国的政治和民族文化方面的考虑，实行种类繁多、形式各异的服务贸易壁垒，因此，需要在各国之间的国内政策尤其是竞争政策上加强协调，通过多边谈判、区域谈判或双边谈判，逐步开放各国的服务市场，实现服务贸易自由化。

4）推动货物贸易的充分自由化

在传统产业结构的条件下，一个国家的货物出口通常是该国经济增长的“发动机”；在现实世界经济结构的背景下，货物贸易和服务贸易将成为一国或地区经济增长的平行的“双发动机”。对于发达国家来说，占据优势的高新技术服务行业可以利用国际服务贸易自由化的原则，加速其服务业对世界市场的占领，服务业将会成为发达国家经济增长的主要动力。而对于发展中国家来说，遵循国际服务贸易自由化原则开发自己的服务业，有利于发展中国家的劳务输出以及其他劳动密集型服务项目的出口，这显然会推动发展中国家的经济发展，但发达国家的服务业和跨国企业的强大竞争力会冲击发展中国家的服务业，有可能形成发展中国家对发达国家的服务业及其所提供服务的依赖，从而形成不合理的国内产业结构和国际分工结构。服务贸易特别是资本、技术密集型服务的贸易，往往伴随着相应的硬件设备的货物贸易，如通信服务贸易的发展将促使通信类的各种硬件设备（如传真机、电报电话、电缆和微波设备）贸易的发展。银行服务贸易在得以发展的同时，必将使银行系统的传真通信及资金调拨网络的硬件贸易增长。大量进口服务势必引起相关货物进口的增加，这又将引起国内产品需求的下降，致使国际收支恶化。巴格瓦蒂认为，发展中国家之所以对服务贸易自由化缺乏热情，其原因之一就是发展中国家认为国际服务贸易自由化的好处主要由占有比较优势的发达国家获得，发展中国家还担心服务贸易自由化将把世界各国的注意力从发展中国家占有比较优势的货物贸易移开。因此，发达国家在货物贸易方面向发展中国家做出更多的让步，加快发展中国家具有比较优势的货物贸易自由化的发展，促进发展中国家货物贸易增长，会在一定程度上促使发展中国家加速服务贸易自由化的进程。

【专栏5-1】　　国际服务贸易自由化政策举例

贸易自由化是国际服务贸易发展的最终趋势，推行国际服务贸易自由化政策有助于优化一国的服务产业结构，提升服务产业竞争力，提高该国在国际分工中的地位。本部分将选取印度和欧盟作为发展中国家和发达国家的代表，分析其国际服务贸易自由化政策。

（一）印度

印度作为当今世界新兴经济体之一，其服务业的发展非常迅速，2012年，印度国际服务贸易出口总额为1 407亿美元，占世界服务贸易出口总额的3.2%，位居世界第六；进口1 275亿美元，占世界服务贸易进口总额的3.1%，位居世界第七。2005—2012年，印度国际服务贸易出口额年均增长率达到15%，远远超出包括中国在内的服务贸易发达国家。印度国际服务贸易的快速发展与其推行自由化国际服务贸易政策密切相关。

1.电信业

近年来，印度政府为了满足加入WTO的要求而不断刺激经济发展，采取了一系列扩大对外开放的政策措施。电信服务业的开放属于其中的重要组成部分。电信业推行的自由化政策，优化了印度电信业的投资和市场结构，促进了电信业的发展，增强了印度电信业的综合竞争力。其具体的开放历程为：

1991年，印度政府决定开放增值业务市场，并承诺增值业务领域完全由私人企业竞争。

1994年，印度政府颁布实施了《国家电信法》，允许私有资本进入电信市场，并鼓励与外资联营的民营公司向不同地区的电信产业投资，其中外资比例不得超过49%；同年5月，允许私人资本进入本地基本电信业务和增值电信业务；同年11月，将全国划分为21个电信区，同时开放移动业务。至此，印度各地的基本电信业务市场全部开放。

1997年，《基础电信协议》达成并生效，印度在《基础电信协议》中承诺，将就开放国内长途服务和国内电信市场做出明确安排。

1999年，印度在新的《国家电信政策》中指出，将从2000年开始开放国内长途业务市场，允许自由竞争；另准备于2004年在国际电信业务市场引入竞争。

2001年11月，印度国内长途业务市场开始引入竞争，第一张私有牌照发放给了Bharti Telesonic公司，目前它已经与新加坡电信合建了国际海缆系统i2i。

2004年3月，印度电信管理局实施了一项业内兼并的新政策，要求任何兼并都必须符合某一电信服务区内至少要有3个运营商提供服务的条件，并且兼并后的运营商在同一电信服务区的市场份额不能超过67%。该政策的目的有两个：一是鼓励运营商对本服务区内的竞争对手进行收购，通过兼并使企业做大做强；二是防止垄断的出现。

2005年2月，印度政府又将国内电信行业的外国直接投资（FDI）比例上限从原来的49%提高到74%，财政部也简化了电信企业的税收结构。至此，印度电信服务业对外开放的力度已经超过了包括中国在内的许多发展中国家。

2.建筑业

印度建筑业是印度经济和印度引进外资的重要组成部分，同时也是印度迅速实现工业化、城市化的基础。建筑业占印度总项目预算的40%～50%，如高速公路建设、公路新建、铁路新建、能源建设、机场建设等。随着印度国家政策的放开和融资环境的宽松，许多建筑开发公司、建筑机械和建材厂商、其他辅助材料供应商和经销商都将扮演重要的角色。2006年伊始，印度政府就宣布开放建筑开发市场，无条件允许外资100%直接投资房地产市场，以刺激建筑行业的发展。

机场建设方面，印度机场管理当局允许合资经营，其他公共事业单位可以持有26%的股份，另外的76%由战略合伙人持有。新德里和孟买的国际机场通过允许私人经营的方式，已经获得升级提高，机场建设中外国直接投资已占总投资的49%。

港口码头建设方面，根据印度政府制定的经济自由化政策，允许外国资本和私营企业参与港口码头基础设施的建设。外国企业参与印度港口码头建设和维修的投资比例可达到100%。

（二）欧盟

国际服务贸易自由化是欧盟实行统一内部市场的重要组成部分。为此，欧委会于2004年2月24日提出了《欧洲议会和欧盟理事会关于国际服务贸易内部市场的指令》（以下简称《指令》）的建议。该《指令》是落实里斯本战略的重要经济改革措施。欧盟理事会在里斯本会议上提出的目标是，欧盟将在2010年成为世界最具竞争力和活力的经济地区。为实现这一目标，建立统一的国际服务贸易内部市场势在必行。

欧委会建议的《指令》的宗旨是，建立一个法制环境，以实现国际服务贸易供应商在欧盟成员国的居留自由和成员国之间国际服务贸易往来的自由，消除阻碍实现国际服务贸易统一内部市场的法律阻碍，向国际服务贸易供应商和国际服务贸易用户提供必要的法律保障。《指令》的基本内容为：

1.为取消限制居住自有障碍的建议

（1）简化行政管理。所有欧盟成员国应承认其他成员国出具的同等效力的文件，不再需要公证或者翻译。建立统一的对话窗口，国际服务贸易供应商可以在此完成所有的行政管理手续。

（2）对于开展服务活动所需的批准程序和手续提出几个有约束力的原则：批准应该是客观、非歧视的，准确和清晰的，批准的过程和程序应该透明、公正，递交的申请应该在规定的时间内迅速和不带偏见地得到处理。

（3）成员国应该向国际服务贸易供应商清晰、明了地介绍本国从事某项服务的要求，主管和监督机构以及可以提供咨询或支持的机构的联系方式，发生法律纠纷时给予协助。

（4）成员国应该最迟于2008年12月31日实现可以在异地通过电子系统完成所有新开展国际服务贸易活动的相关手续和程序。

（5）成员国不能直接或间接地由于国籍和所在地原因提出歧视性要求。

（6）为保持同《指令》的一致性，成员国应审查和修改各自的法律规定。

2.为消除成员国限制国际服务贸易往来自由障碍的建议

（1）来源国原则，即国际服务贸易供应商只需遵守其居住国的关于国际服务贸易供应商行为、质量、内容、广告、合同和担保的相关规定，而成员国（用户国）不能限制其他成员国的国际服务贸易供应商所提供的服务。例如，一个波兰的建筑公司在德国工作，只需遵守波兰的法律。按照欧委会的建议，来源国将对在国外的本国国际服务贸易供应商行使监督权。根据这一原则，德国将不能检查来自其他欧盟成员国国际服务贸易供应商的居留许可和社会保险等情况。

（2）不能向来自其他成员国的国际服务贸易供应商提出类似成立公司、提交报告和批准申请、明确地址或指定代理等限制性要求。

（3）国际服务贸易的用户有权接受其他成员国提供的服务，这一权利不能因为本国的限制性措施或者官方的或私人的歧视性做法而受到影响；成员国不能对国际服务贸易的用户提出基于国籍或住址的歧视性要求。

（4）提出鼓励接受其他成员国国际服务贸易的措施；成员国应向国际服务贸易的用户通报其他成员国有关国际服务贸易消费者保护方面的规定，提供国际服务贸易供应商的详细情况并使国际服务贸易的用户方便快捷地得到这些信息，介绍国际服务贸易供应商和用户发生纠纷时应采取的法律援助信息；提供咨询机构信息，扩大国际服务贸易用户关于国际服务贸易活动的知情权，使得他们能够拥有决策能力。

（5）对供应商派遣人员的监督程序方面，区分国际服务贸易来源国和国际服务贸易消费国的不同任务。

3.为增进成员国之间在消除障碍方面的相互信任的建议

（1）在重要问题上，为保护共同利益对法律规定进行协调。就国际服务贸易供应商的信息交换义务、职业担保保险、争端的解决以及国际服务贸易供应商资质信息的交换制定统一规定。

（2）加强成员国之间相互支持与合作，以确保对国际服务贸易的有效监督。

（3）采取措施，提高国际服务贸易质量，例如，对国际服务贸易活动进行自愿认证、完善质量保障体系，加强贸易协会和手工业协会的合作等。

（4）支持相关利益组织制定共同的行为准则。

该《指令》项下的国际服务贸易包括非常广泛的经济活动，如企业咨询、认证、审计、保养、娱乐、办公室保卫、广告、人员中介、贸易代理、法律税务咨询、房地产推销商、建筑商、设计师、贸易、展会、机动车租赁、保安服务、旅行社、领航人、运动中心、活动中心、休闲服务、保健服务、家政服务、照看老人等。

由于欧盟对某些领域已经制定了专门的法律文件，所以该《指令》不包括金融业、电子通信业、税收和交通等行业。

2005年3月底，欧委会对《指令》草案进行修改，突出对社会标准的保障。2006年2月26日，欧洲议会通过了修改后的《指令》草案。在这次欧洲议会通过的文本中，来源国原则被取消了，即虽然国际服务贸易供应商有权不受限制地进入别国市场，但如果涉及公共安全、公共秩序及健康和环保的原因，国际服务贸易消费国可以按照本国的规定要求国际服务贸易供应商遵守。消费国的劳动法和工资法也同样适用。按照现在通过的欧盟《指令》，如果一个葡萄牙的建筑公司在德国工作，必须遵守德国的规定。至此，通向开放的欧盟内部国际服务贸易市场的道路已经畅通。

印度和欧盟的例子代表了发展中国家和发达国家在国际服务贸易自由化方面所采取的政策。但是，我们必须意识到，国际服务贸易所涉及的较多行业，如出版业、文化产业等，对一国政治以及经济安全方面有着非常重大的影响，加之一些发展中国家的服务业仍处于起步发展阶段，出于对本国服务业的保护，目前世界上的大部分国家仍未完全开放本国的服务业，对其依旧采取保护政策。

资料来源：刘东升．国际服务贸易概论［M］．2版．北京：北京大学出版社，2014.

5.2 国际服务贸易自由化的经济效应分析

5.2.1 国际服务贸易自由化的经济效率分析

经济效率不是通常所想象的仅使本国商品和服务生产最大化。经济有效率描述的是这样一种状态：一个行业以最小社会成本生产一定质量的产品，生产者和消费者共同使他们的福利实现帕累托最优，即不能改善其中一个经济成员的福利而不损害其他经济成员的利益。经济有效率要求经济成员选择休闲而非工作，或者选择某种商品和服务而非其他商品和服务的动机没有被扭曲，这意味着商品和服务的相对价格及休闲的机会成本能够比较准确地反映商品和服务及工作相对于整体社会的价值。但是，经济有效率并不要求所有国家都采用最先进的生产技术。考虑到不同国家不同的要素价格，经济有效率要求各国对生产技术的选择应该反映该国要素禀赋的稀缺程度。生产要素主要指劳动、资本和技术。例如，发展中国家随处可见的街头小贩可能完全符合经济有效率的要求，因为他们代表了一种比超级商场或百货商店更高效率的零售方式，这种零售方式可以使消费者支付较少的信息搜寻成本和其他机会成本，这种零售方式下的小贩们对消费者偏好的变化更加敏感。经济无效率可以指未达到最优的投入产出组合，例如，低收入的发展中国家盲目投资资本技术密集型设备就有可能导致低效率，因为缺乏训练有素的操作人员和足够的维修服务以及丰裕的资本。分配无效率也可能发生在最终商品和服务的消费与生产中，例如，某种享受价格补贴的商品，尽管这种商品的稀缺性要求以更高的价格出售，但相对于其他商品而言，这种商品被过量地生产和消费。从动态角度看，无效率可能表现为资源未以最优方式在生产与消费之间进行分配，即投资与储蓄的动机被扭曲了。

一个经济体经济发展的目标是提高社会成员今后商品和服务的支配能力。生产率增长是经济发展的一项重要指标。生产率是指每单位投入或投入组合的产出水平，在静态意义上与技术效率指标相一致。分配效率是以生产要素的组合为出发点，反映要素的相对稀缺性，即从理论上讲，生产要素的最优组合由要素的相对价格决定。技术效率和分配效率是经济效率的两个组成部分，同时衡量所有生产要素的生产率称为全要素生产率，全要素生产率的增加幅度可以用产出增长率与投入增长率之差来表示。当产出比投入增长更快时，全要素生产率就会提高。图 5-1 假设一个成本最小化的厂商生产一定数量的产品 Y，需要进口生产资料 X_1 和 X_2，那么，等产量曲线 $Y=f(X_1, X_2)$ 代表着最有效率地生产 Y 数量产品所需的 X_1 和 X_2 的不同组合，与要素相对价格线 PP′的切点 A 既有技术效率，又具有分配效率。

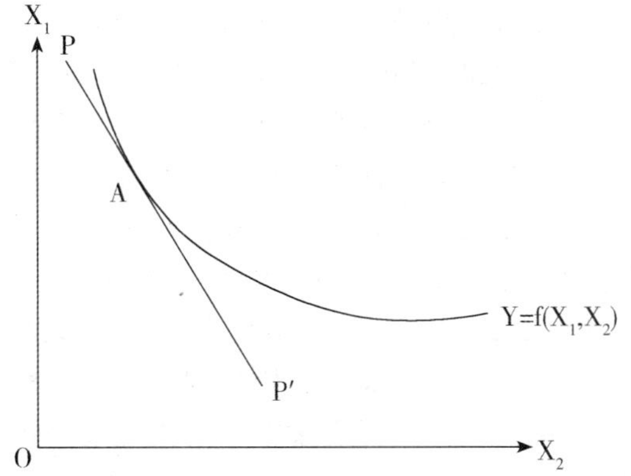

图 5-1　技术效率与分配效率

自由贸易最为引人入胜之处，在于它能促进国际分工，提高劳动生产率，使经济富有效率，这已经被古典国际贸易理论所证实。贸易自由化可以排除阻碍新的合格生产者进入市场的壁垒，刺激那些有能力提供优质服务的厂商扩大生产，同时迫使那些能力有限的厂商退出市场，因而从理论上讲，贸易自由化是提高经济效率的途径之一，提高经济效率的努力创造了使每个市场参与者都可获利的潜力，它实际上更可能创造获利者和受害者。虽然获利者可以补偿受害者的损失从而改善总福利，但实现这种补偿的政策往往是复杂的和具有争议性的，因此，提高经济效率的政策通常被某些人反对，他们认为自己将会遭受损失而得不到任何补偿。当然，值得注意的是，实施服务贸易自由化，将竞争引入严格管制之下的行业并不意味着没有管制的竞争是服务的最优生产方式，贸易自由化的核心问题是如何使管制与竞争之间形成最佳组合，从而保证服务消费者可以获得物美价廉的服务。

贸易自由化与生产率增长之间通常被认为具有正相关关系，但也有文献怀疑贸易政策与全要素生产率增长之间是否存在直线关系。贸易自由化与生产率的关系的讨论主要表现在三个方面：

第一，贸易自由化与生产率提高的联系。二者间的联系有多种解释，代表性的解释有三种：第一种解释是贸易壁垒的取消使厂商直接暴露在竞争中，迫使他们更加努力地提高劳动生产率及其增长幅度。第二种解释建立在规模经济基础上，认为贸易自由化允许厂商参与更为广阔的国际市场竞争，如果这些厂商规模报酬递增并且自由化导致厂商或行业产出的增长，那么，平均成本将会下降，生产效率得以提高。第三种解释将宏观经济稳定性与贸易自由化效益联系起来，认为稳定的宏观经济环境可以创造健康的投资环境，引发技术革新，伴随更高的投资水平带来更快的资本替代率和更高的生产率增长率，通过社会的稳定政策，某些贸易政策的变革可以创造更加稳定的宏观经济环境。现实中就存在着一些实施贸易自由化政策后劳动生产率和全要素生产率提高的案例。例如，1971—1981年智利实行贸易政策改革后制造业平均劳动生产率提高了42%；1986年墨西哥实行贸易自由化后，制造业劳动生产率提高幅度从2%增加到4%；20世纪80年代中后期，加拿大经济学家哈里斯和考克斯对美国和加拿大自由贸易后加拿大的利得进行了数量分析，他们的结论是实现自由贸易后，加拿大的实际收入提高8.6%，这比一般不计量规模经济的估算高出两倍，很明显，收入的提高与自由化后的生产率提高是密切相关的。

第二，新增长理论。该理论属于研究长期影响经济增长率和生产率技术变革的决定因素的经济理论之一，主要探讨作为来自经济代理人对市场力量反应行为的内生性过程的技术变革。由于贸易自由化改变厂商经营的市场条件，包括技术投资、教育投资和R&D投资动机等，同时贸易自由化提供了更多的学习机会，促进了技术创新、技术变革和生产率持续的增长。新增长理论强调提高生产率的四种内生变量：提高专业化程度带来的收益、人力资本存量增大带来的收益、干中学带来的收益、投资R&D带来的收益。在这四种内生变量中，正外溢效应会产生更高的生产率增长率，而贸易自由化给企业家学习和创造新技术、新方法提供了更大的激励。

第三，服务的相关理论。尽管许多理论试图找到生产率增长与贸易自由化之间的联系，但没有一种理论是结论性的。发展中国家实行贸易自由化后厂商和产业的经验事实与许多现行理论产生了一定程度的冲突。来自新增长理论所强调的内生性技术变革的结论只在某些情况下符合这种联系，并且这种分析多是针对制造业而非服务业的，相比之下有关国际服务贸易自由化效应的讨论就显得匮乏。因为许多服务投入直接有利于新技术的吸收和创新，国际服务贸易又经常涉及生产要素的移动，更能体现生产率增长的跨境外溢效应，因此有理由相信，服务业通过自由化不仅可以提高分配效率，而且可以提高生产率增长幅度，服务贸易自由化对提高生产率的技术创新的刺激很可能比没有要素移动的商品贸易自由化更直接、效应更大。

5.2.2　国际服务贸易自由化的福利分析

传统国际贸易理论认为，商品自由贸易在理想状态下能够带来福利的增加，服务贸易自由化也会带来福利的增加，但服务贸易自由化的福利影响要比商品贸易自由化复杂一些。

1）服务贸易自由化福利效应的模型分析

假设世界上有许多商品、可贸易服务、要素和国家，没有任何贸易或要素移动壁垒，市场完全竞争，有关要素的移动是暂时性的，不涉及国籍的变化。如果用X、S、Q分别表示商品、服务、既定要素禀赋的最大产出，则i国的生产可能性集合为F_i=（X，S，Q）；假定该国生产规模报酬不变，C和U分别表示本国消费的商品和服务，K表示本国产出中要素服务的使用量，则开放贸易中每一类别净出口的贸易向量为T=X−C、V=S−U、D=Q−K，p^a、q^a、r^a和p^f、q^f、r^f分别表示封闭情形和自由贸易情形时的X、S、Q的价格。

在封闭情形下有：

$p^aC^a=p^aX^a$；$q^aU^a=q^aS^a$；$r^aK^a=r^aQ$

由于生产是有效率的，在封闭情形下生产达到价值最大化，对于所有可能的（X，S，Q）（$Q=K^a$）有：

$p^aX^a+q^aS^a-r^aK^a \geqslant p^aX+q^aS-r^aK^a$

在自由贸易情形下达到价值最大化，对于所有可能的（C，U，K）有：

$p^fC^a+q^fU^a-r^fQ=p^fX^a+q^fS^a-r^fK^a \leqslant p^fC^f+q^fU^f-r^fQ$

比较该结论，依据显示性偏好弱公理，可以证明：

$p^aC^f+q^aU^f-r^aQ \geqslant p^aC^a+q^aU^a-r^aQ$

所以有：

$p^aT^f+q^aV^f+r^aD^f \leqslant 0$

该模型表明，如果没有贸易和要素移动壁垒，各国都会倾向于出口封闭情形下相对价格最低的那种商品、服务产出和要素服务，以实现潜在的贸易利益。即使一个国家在某些服务领域不具有比较优势，从服务贸易自由化进一步加强服务专业化从而加强生产活动分散化的角度看，自由化也会产生正面效应。上述模型虽然是从整体经济角度出发说明商品、服务和要素贸易都要自由化，而没有对服务贸易单独进行讨论，但至少给我们的启示是研究服务贸易自由化利益有必要从商品、服务、要素移动的整体进行全面分析。

总之，不受各种贸易壁垒限制的服务贸易至少可以产生三个方面的现实利益和四个方面的潜在利益。现实利益包括：从世界范围内要素有效再配置中获取的传统贸易利益；从每个竞争市场上增加的服务种类和质量中获得的贸易利益；从国内服务企业不断创新从而提高服务业生产效率中获得的贸易利益。潜在利益包括：来自创新压力上升而带来的多种收益；来自服务价格下降的收益；来自规模经济产生的单位成本下降和产品选择增加的收益；来自传统的比较优势导致的生产专门化的收益。

2）服务贸易自由化福利效应的特点

以信息服务贸易为例来探讨服务贸易自由化福利效应的基本特点。

假设传统H-O模型的基本假定条件都成立，只是信息服务贸易要素在国内可以自由流动，国际也可以自由流动①。由此构建两个国家A和B、两种产品X和S的信息服务贸易模型。假设国家A是现代信息产品X禀赋丰富、现代信息服务S禀赋相对稀缺的国家，而国家B情况正好相反。如果实现自由贸易，国家A向国家B出口信息产品X以换取信息服务S，国家B向国家A出口信息服务S以支付进口的信息产品X。假定信息服务和信息产品的购买者就是最终消费者，不会出现再次被潜在消费者分享或被消费者盗版而出现二次销售市场的可能，这样就符合H-O模型的要求。图5-2中的线T_AT_A'和T_BT_B'分别表示国家A和国家B的信息生产可能曲线，由于不存在“二次销售市场”，国家A的贸易三角△Q_AAC与国家B的贸易三角△Q_BBC相等，则国家A向国家B出口信息产品Q_AA、进口信息服务AC，国家B向国家A出口信息服务Q_BB、进口信息产品BC。点C位于两国信息生产可能曲线之外，信息自由贸易提高两国的福利水平。

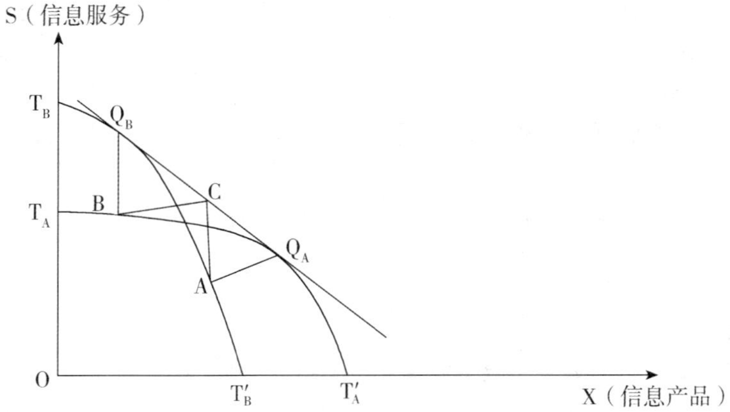

图5-2　信息服务贸易自由化的福利分析

信息产品生产成本与使用规模无关，使得信息厂商一经生产出信息产品后就可以以非常低的边际成本销售高附加值的信息产品，从而为信息厂商持续开拓信息市场提供了可能，因而相对于生产或销售货物的商品厂商，信息厂商更加重视信息市

① 作为信息服务要素的信息虽然不存在物理性质上的跨国流动情形，但与事实上的跨国流动的影响是一样的。

场特别是国际信息市场的开发。因为信息服务的跨国界流动既可以是有形的生产要素的物理移动，如美国信息服务公司前往中国开设分支机构或合资办厂，也可以是无形的非要素的非物理移动，如美国数据库公司在本土通过电信或国际互联网向中国公司提供信息服务，但其提供的信息服务规模与美国数据库公司数据库的生产成本无关，信息服务在被信息厂商自身销售中形成了二次市场，这一特征更有利于开拓国际市场。另外，信息服务提供者的生产成本与信息服务消费者的消费规模无关的特征，构成了同等贸易条件下信息服务贸易福利大于货物贸易福利的基础。如果信息市场可以形成二次市场，即使国家B的部分信息要素实际上已经流到国家A，国家B的信息生产可能性曲线也不会收缩，只会维持不变，就如微软公司的Windows 95在全世界推销基本上不会影响美国本土信息生产的可能组合一样。而国家A的信息生产可能性曲线却会像信息服务不形成二次市场的情形那样向外扩张。这样，国家B的生产点基本维持不变，消费点移至点C，国家A的生产点将沿着雷布津斯基曲线[①]移动，消费点高于点C。

比较上述情形，可以得出下列的结论与推论：第一，在同等贸易条件下，贸易国从信息服务贸易中获得的福利大于或至少不小于从同等规模的商品贸易中获得的福利。由此可以推出，在同等规模的贸易中，贸易国在信息服务贸易中具有的比较优势所带来的竞争力高于或至少不低于在商品贸易中具有的比较优势所带来的竞争力。第二，在同等贸易条件下，信息服务贸易比商品贸易更能同时提高贸易双方的福利水平，但信息服务出口国从出口中获得的贸易利益高于同等规模商品出口获得的贸易利益，信息服务进口国从进口中获得的贸易利益不低于同等规模商品进口获得的贸易利益。由此可以推出，当具有信息服务比较优势的贸易国与具有商品比较优势的贸易国发生贸易，具有信息服务比较优势的贸易国从贸易中获得的利益高于或至少不低于具有商品比较优势的贸易国的贸易利益；如果贸易双方都开放本国市场，具有信息服务比较优势的国家允许信息服务自由出口、商品自由进口，具有商品比较优势的国家允许信息服务自由进口、商品自由出口，那么，在同等贸易规模条件下，具有信息服务比较优势的国家从信息服务贸易中获得的贸易顺差足以弥补商品贸易逆差，而具有商品比较优势的国家从商品贸易中获得的贸易顺差不足以弥补信息服务贸易逆差，除非该国扩大商品贸易出口规模。

5.2.3　生产者服务贸易自由化的福利分析

1）生产者服务贸易自由化福利模型

马库森理论的主要结论是生产者服务贸易优于单纯的最终产品贸易，在此基础上讨论生产者服务贸易自由化的福利效应。

假设两个国家同时拥有一个使用中间产品（即生产者服务生产合成品）行业X和一个竞争性行业Y，C_x和C_Y分别表示两种商品X和Y的消费量，P表示相对Y的

① 雷布津斯基曲线表明在两种产品的世界中，假定产品价格不变，一国中一种生产要素禀赋增长，而其他要素不变，这便会导致大量使用该增长中要素产品产量的增长，以及其他产品产量的下降。

X价格，下标a和f分别表示封闭和商品自由贸易的两种情形。根据一般的偏好标准，一国从贸易中得益的条件为：

$$C_{Yf}+P_fC_{Xf}\geqslant C_{Ya}+P_fC_{Xa} \tag{5-1}$$

封闭情形下市场出清的方程和自由贸易情形下国际收支平衡的方程分别为：

$$C_{Ya}=Y_a,\ C_{Xa}=X_a \tag{5-2}$$

$$C_{Yf}+P_fC_{Xf}=Y_f+P_fX_f \tag{5-3}$$

将式（5-2）和式（5-3）代入式（5-1），可以得到：

$$Y_f+P_fX_f\geqslant Y_a+P_fX_a \tag{5-4}$$

在马库森模型中，假设X由S_1，S_2，…，S_n无成本组合而成，S_j代表生产者服务。现假设K为Y部门的单位要素收益，W_f、K_f分别表示自由贸易情形下的工资率和要素租金率，将式（5-4）两边同时减去以自由贸易价格计算的要素成本，则：

$$(Y_f-W_fL_{yf}-K_fK)+(P_fX_f-W_fL_{xf})\geqslant(Y_a-W_fL_{ya}-K_fK)+(P_fX_a-W_fL_{xa})$$

由于在市场均衡时，两行业的利润为零，所以上式的左边等于零；因为在封闭情形下的要素比例K/L_{ya}一定不是生产Y_a的最有效率的方式，考虑到Y_a的价格将是自由贸易时的价格，右边第一项必为非正数。因此，如果$L_{Xa}/X_a\geqslant L_{Xf}/X_f$，产生贸易利益的充分条件是：

$$P_fX_a-W_fL_{xa}=P_f-W_f(L_{xf}/X_a)\leqslant 0 \tag{5-5}$$

由于X只投入劳动，且$X=n^{1/\beta}S$，L_X/X随X的上升而下降，当且仅当$X_f\geqslant X_a$时，式（5-5）成立。所以，$X_f\geqslant X_a$是贸易利益为正的充分条件。

然而，1981年和1984年马库森（Markusen）和梅尔文（Melvin）证明，由于存在价格P和边际转换率的扭曲，一个小国h（本国）相对于大国f（外国）处于成本劣势地位，两国在自由贸易均衡时分别在Q^h、Q^f处生产，在C^h、C^f处消费，这样，相对于封闭情形下的均衡A^h和A^f，小国h的福利没有得到改善反而恶化了，如图5-3所示。

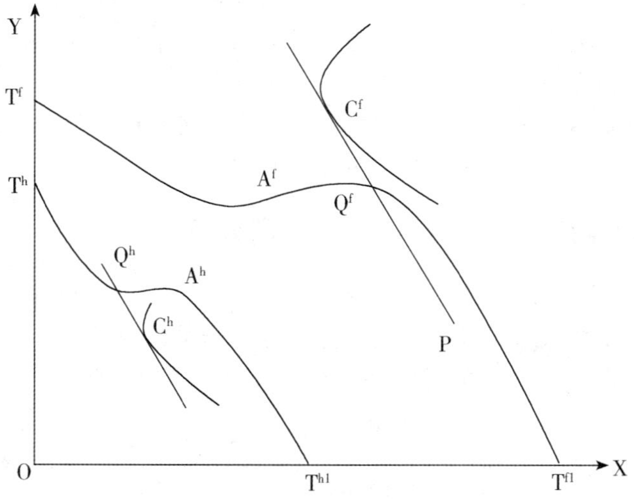

图5-3　小国与大国的福利比较

可以认为，服务自由贸易相对于封闭情形可以改善福利，而且更加接近帕累托最优，但仅靠商品自由贸易却无法完全实现自由贸易利益。同时，从全球角度来看，由于商品和要素价格均等化，而且投入规模报酬递增，要素自由贸易比商品自由贸易产生更高的技术生产率，服务/要素贸易下的收益要高于纯商品贸易的收益。也就是说，某国要素贸易均衡下的要素总产量必然超过纯商品贸易均衡下的要素总产量，全世界的消费品在服务贸易均衡下比在商品贸易均衡下更优。但是，如果要素贸易没有使各国要素价格均等化，最终产品将包含稀缺要素的垄断利润，商品贸易使各国共同享受交换带来的利润，但不能共同享受技术生产率提高带来的利润，即不能意味着每个国家的福利都可以从服务贸易自由化中得到改善。

总之，生产者服务贸易自由化一方面可以给贸易国带来超过纯商品贸易自由化的收益，另一方面也可能会损害服务进口国的利益。

2）生产者服务贸易自由化福利例证

假设在商品贸易自由化之后，服务贸易自由化之前，本国专门生产商品1，外国专门生产商品2。每个国家都拥有两个行业，一个是生产最终产品用于国内消费或出口的商品生产行业，另一个是满足本国商品生产行业需要的服务行业。如图5-4所示，点A为商品自由贸易条件下的最初均衡点；假设本国用Y_1交换外国的Y_2，两国均在点C消费。

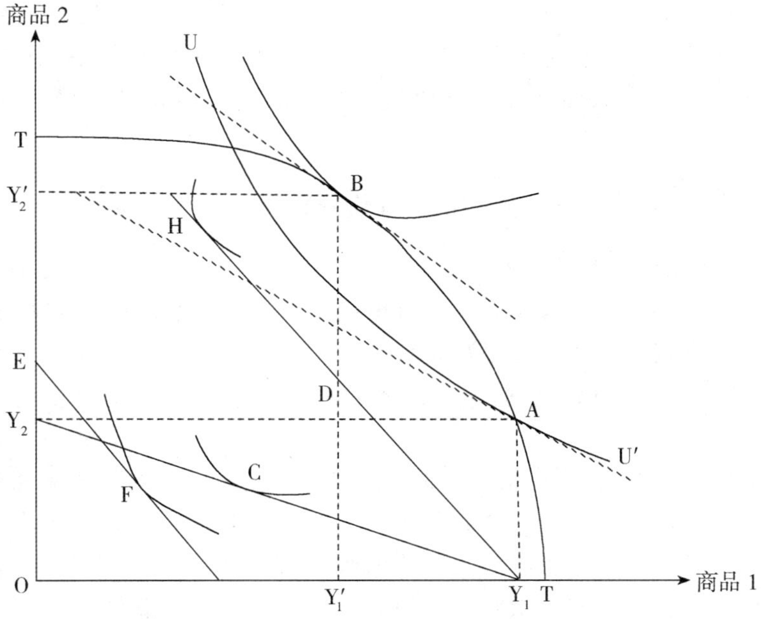

图5-4　生产者服务贸易自由化福利分析

市场竞争和要素自由移动使各国都利用最有效的生产技术，但贸易壁垒使服务价格无法均等。曲线TT代表由两国生产的最终产品的组合，即代表一国的服务可以被另一国使用时的所有可能的生产组合。经过点A的直线的斜率代表着外国生产商品2和本国生产商品1所使用的服务边际产品量之比。假设取消了所有的服务产品贸易壁垒，由于曲线TT上经过点A的切线的斜率大于曲线UU′上经过点A的切线的斜率，所以本国将出口服务直到新的贸易平衡点B。由于本国一些基本生产要素直接或间接地流出商品1部门进入服务部门，以满足服务出口的需要，本国商品的生产将会收缩，而外国由于比自身禀赋更多的基本要素被直接或间接地用于商品2的生产，外国商品2的生产将会扩大。因此，在服务贸易自由化后，服务进口国的贸易条件将会恶化，服务进口国出口商品价格的恶化就是服务贸易自由化的成本之一。然而，服务进口国商品相对价格的恶化，应该与从国外进口更为廉价的服务而产生的收益相比较，才能判断服务进口国福利的增减。

图5-4中点A到点B的移动显示了服务贸易自由化带来的世界性效率的提高，即全球服务贸易自由化使世界福利水平得到提高，但这种福利水平的整体提高并不意味着贸易双方能够共同分享这些收益，图5-4显示出服务进口国的福利因服务贸易自由化而恶化的情形。本国服务生产者以出口服务的边际产品替代本国服务的边际产品，经过点B的切线的斜率代表在新的均衡下出口服务边际产品与本国服务边际产品的比率。本国的禀赋点由Y_1移至点D后，本国通过出口服务放弃（Y_1-Y_1'）单位的商品1，换取DY_1'单位的商品2。同时，外国通过进口服务，获取额外的EY_2单位的商品2，$EY_2=(Y_2'-Y_2)-DY_1'$。本国和外国的预算线分别经过点D和点E，其斜率等于点B的商品价格比。本国消费从点C上升到点H，福利得到改善；外国消费则从点C下降到点F，福利反而下降。可见，服务贸易自由化对于服务进口国来说未必是一件好事。服务贸易还可以通过服务部门技术交易或转让的方式来实现，当本国具有服务技术优势并向外国免费转让技术时，外国仍然可能会受到损害。

5.2.4 服务要素贸易自由化的福利分析

1）布格斯的理论分析

布格斯（Burgess）将服务贸易自由化定义为服务要素流动的自由化，这实际上主要是指服务贸易中的商业存在和自然人流动两种方式①。他认为，服务生产、消费、交易的同时性使服务产品不具有跨越国境的可贸易性，而只存在服务要素的跨国流动。

在布格斯理论中，经济由两个部门构成——商品生产部门和服务生产部门，商品市场和服务市场都处于完全竞争状态，商品和服务生产规模报酬不变，两个部门各使用两种要素：一是劳动力，其供给总量是固定的，但可以跨部门流动；二是两个部门各自所需的特定要素，如资本或技术，特定要素短期内的供给是固定的，如果没有贸易壁垒，其长期供给是可变的，可以在一定的要素租金率上跨国流动。

假定影响服务要素的贸易壁垒属于政策性壁垒，消除这种贸易壁垒可以使各国

① 事实上，服务的跨境提供和境外消费大量存在，如随着通信和计算机技术的发展，网上提供服务正在以前所未有的速度发展，但商业存在仍是目前国际服务贸易最主要的提供方式。

服务要素报酬趋于一致，并间接影响服务产品价格。由于服务产品价格由国内市场而非国际市场的供求决定的，服务要素流入将增加国内市场供给，使服务产品价格下降，也可能使生产要素从商品部门流向服务部门。如果没有要素跨国流动的障碍，服务要素自由贸易将导致商品部门生产要素的流入或流出。鉴于商品和服务要素可以是互补的，也可以是替代的，服务贸易自由化将因对商品生产要素的管制（如征税）而发生扭曲，即产生隐含的收益或成本，从而使东道国可能成为受益者，也可能成为受害者。布格斯理论指出，如果服务要素的流入对商品部门的特定要素具有互补作用，国民经济就会受益；如果服务要素的流入对商品部门的特定要素具有替代性作用，国民经济就会受损。事实上，分析两者的关系在很大程度上取决于服务部门特定要素的性质。总之，没有一国经济结构的具体信息，就无法确定服务贸易自由化将改善还是恶化该国福利水平。

2）布格斯理论的政策建议

在特定要素为资金的情况下，对于资金短缺、服务业落后的绝大多数发展中国家来说，允许作为服务要素的资金从国外流入对商品生产部门特定要素的增长具有促进作用，至少替代作用是很微弱的。尤其在以商业存在方式的对外开放中，外国服务提供者提供资金设立商业存在可以增加当地的就业，甚至有助于提高当地劳动力的素质，增加劳动力的收入，而这些又具有扩大商品需求的效应，对商品生产部门特定要素的增加也具有拉动作用。

在特定要素为专业人员的服务部门，因为作为商品生产部门特定要素的专业技术人员与服务部门特定要素的专业技术人员的业务技能、专业知识不同而不可替代，所以也不会因开放该要素流入而使商品生产部门的特定要素减少。对于服务落后的国家来说，外国服务要素的流入还会给商品生产部门的良好运作带来潜在的益处，为商品生产创造更好的经营环境。例如，外国律师提供的法律服务，会计师提供的会计、审计、税务服务等对商品生产部门的出口、融资、日常业务处理、开展国际经济合作等都会有很大帮助。另外，服务部门专业人员的流入也有利于商品生产部门特定要素的增长，使商品生产部门在获取资金、引进先进设备、改进技术、培训专业技术人员等方面的渠道更为畅通。

开放特定要素为自然景观、人文景观的服务部门，其特定要素与商品生产部门的特定要素基本上不存在替代关系，商品生产部门特定要素的增减一般不会影响景观的存在。如果说资金分配对两个部门的特定要素有影响的话，开放该服务部门，引进外资不仅可以解决资金不足的问题，而且可以促使外国投资于旅游服务设施，从而提高本国景观的利用率，提高旅游收入。

在特定要素为综合要素的服务部门实行开放政策，也可能对商品生产部门的特定要素产生积极的影响。例如，开放航空服务领域，机场、飞行区等基础设施建设以及运力增加、航线增多对相关商品生产部门（如钢材、建筑材料、飞机及其零部件）的发展就有很大的促进作用。

5.3 国际服务贸易自由化的政策选择

5.3.1 服务贸易与国家安全的关系

服务贸易自由化进程中一个最为敏感的问题就是国家安全问题。国家安全涉及国家五种基本利益，即政治利益、经济利益、军事利益、外交利益和文化利益。一国采取何种安全战略取决于其追求何种安全利益和对安全的判断，一国处理国家利益的方式有助于指导其制定贸易政策。

在国际贸易制度中包含有保护国家安全利益的条款，如GATT第20条允许对供应短缺的商品进行管制，第21条允许在“供应军工机构”和“为维护国际和平和安全”的活动中，广泛免除对GATT所承担的义务。各国政府在服务贸易市场准入的承诺上一般也持比较谨慎的态度，因为在一国迅速工业化的过程中向服务业的结构转变是必然趋势，服务业不但能够大量地吸收就业以解决劳动力问题，而且金融、交通运输、邮电等部门关系到国家的经济命脉，商业、医疗服务、公用事业等部门与人们的生活密切相关，法律、会计、税务、环境保护等部门涉及国家的主权，教育、视听、娱乐、文化部门触及社会公共利益与健康的民族文化传统的保持，还有一些特殊行业涉及国家机密和社会安全性。因此，相对而言，服务贸易比商品贸易更多地涉及国家经济安全问题。

尽管服务贸易主要涉及的是国家经济安全，但也对国家的政治、军事、外交、文化安全产生重要影响，并构成经济安全的基本内容，如图5-5所示，经济安全涉及国家安全的所有基本领域。经济安全可以说是符合国家最高利益的要求，经济安全措施既是为了保护本国幼稚服务业和服务资源的发展免受外国厂商或组织的竞争或威胁而制定的一系列保护政策措施，也是为了维护国家政治、军事、外交、文化利益而限制外国服务厂商或服务要素自由进入本国市场的各种政策措施。

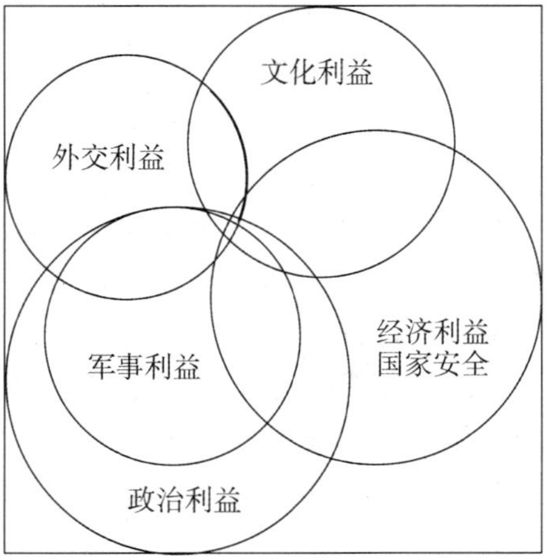

图5-5 国家安全构成图

不同经济水平或技术水平的国家具有不同的国家利益，因而对国家安全的理解和认识各不相同，对服务贸易自由化的态度以及所采取的服务贸易政策也各有不同。

5.3.2　发达国家的服务贸易利益和贸易政策

总体来说，发达国家服务业相对发达，服务贸易利益较多，其服务贸易的政策选择也相对宽松。服务贸易自由化主要从以下几个方面影响发达国家的安全：第一，服务贸易可能会削弱、动摇或威胁发达国家现有的技术领先优势，提高竞争对手的国家竞争力；第二，服务优势有助于一国在未来的信息战中取得军事上的比较优势或绝对优势，因此，服务贸易可能潜在地威胁发达国家的战略利益，特别是潜在地威胁发达国家的长远军事利益；第三，服务贸易中包含大量的高技术要素或信息，一旦这些要素或信息扩散到其他国家或被恐怖组织掌握，可能造成高技术的扩散而给发达国家的安全造成潜在威胁，甚至可能危及国家安全或民族利益；第四，服务贸易可能危及发达国家的长远政治、军事、外交利益以及本国所在的国际政治与经济联盟的长远利益。基于这些理由，发达国家或技术领先国家认为有必要长期保持其在国际市场中的技术领先地位，以此获得最大的国家政治、经济、外交利益，并通过限制先进技术等服务的出口长期保持对技术落后国家的信息优势。

对于发达国家占有绝对优势地位的服务行业，在服务贸易政策选择上会有针对性地主张自由贸易。例如，美国的旅游、运输、金融、教育培训、商务服务、通信、设备安装维修、娱乐、信息、医疗保健服务居于世界领先地位，具有很强的竞争力，美国商务部就此制定了依靠传统市场，同时在新兴市场和传统市场积极寻求新的贸易机会的服务贸易出口发展战略。具体而言，美国服务业出口的传统市场指欧洲和日本市场，美国在其优势服务行业都制定了针对传统市场的积极扩大出口战略：在信息技术出口方面，美国的目标是以其信息技术为基础，信息公司为中心，将地方、国家、区域间的网络相联结，使得全球共享信息、通信网络，创造一个全球性的信息市场，因此，美国对其通信、计算机、信息服务投放欧洲和日本市场都做了详细的策划和组织；在航空运输方面，美国的航空运输业在世界各地都有很大的增长潜力，尽管在亚洲新兴市场上充满机会，但其目前的着眼点依然是欧洲和日本市场，因为这些国家的航空服务、旅游收入、昂贵商品出口的数量庞大，因此，美国运输部门极力要求政府努力打开国际空运服务的通道；在保险业和其他金融服务方面，美国正逐步进入曾设有严格贸易壁垒的日本市场；在娱乐业方面，知识产权保护是美国娱乐和信息服务公司最为关心的问题，美国政府也在尽力确保美国公司的利益。在服务业出口的新兴市场开拓中，由于发展中国家缺乏许多服务业所需要的商业基础设施，美国一直在通过双边商务活动，与发展中国家进行广泛的项目合作，积极在能源、分销、金融、医疗保健、商业服务等充满潜力的领域寻求贸易利益，如1993年访问阿根廷的保险业代表团，1995年访问南非的保险业、医疗保健、电力服务代表团，还有访问墨西哥、巴西的医疗保健代表团等都已帮助美国公司打开了这些国家的服务市场。

5.3.3 发展中国家的服务贸易利益和贸易政策

1）服务贸易自由化对发展中国家的影响

对于广大发展中国家，尽管它们迫切需要进口包含大量先进技术信息的现代服务，但又不能不考虑进口服务带来的各种可能危及国家安全的负面影响。印度学者维·潘查姆斯基等将服务贸易自由化对发展中国家的影响概括为以下九个方面：第一，服务贸易自由化使发展中国家丧失其对经济政策的自主选择权，因此，发展中国家目前许多通行的管制是为了加强对国内服务部门的控制，发展服务业以使其出口多样化。第二，服务贸易自由化将进一步加深发展中国家对发达国家的经济依赖，使其几乎丧失执行符合本国利益的国内政策的空间。第三，服务贸易自由化后，发达国家金融机构将凭借其在金融服务和国际货币发行领域的优势，削弱发展中国家政府在金融货币管理领域发挥积极的管理作用。第四，由于发展中国家与发达国家在商品与服务生产率上的差距日益扩大，服务贸易自由化将永远使发展中国家在服务领域依赖发达国家，并使发展中国家服务业的国际化程度缩小。第五，发展中国家一旦放弃服务贸易的控制权，其新兴服务业（如银行、保险、电信、运输和航空等）将直接暴露于发达国家厂商的激烈竞争中。第六，服务贸易自由化使作为最大服务进口者的发展中国家短期内可能以两种方式影响其国际收支：一是可能导致在国内市场上国内服务供应商被国外服务供应商所取代；二是可能形成以进口服务替代国内服务使进口需求增加的局面。第七，服务贸易自由化可能从多方面影响国内就业，有关研究表明，低收入国家服务部门使用的劳动力超过发达国家服务部门使用劳动力的两倍，服务贸易自由化对发展中国家就业的影响大大超过发达国家。第八，信息服务跨国流动不仅导致一种依赖，而且可能损害国家主权，主要体现在两方面：一是信息服务业包括的信息传输网、网络终端、计算机服务和信息基础设施等高度集中于发达国家，电信成本的下降会使许多发展中国家的公司发现，通过海外信息服务业比其拥有自身的设计、计算和加工数据库将更为经济且方便，这种信息的大量外流造成国家信息资源严重损失；二是信息服务贸易依赖性使发展中国家更易受外国的压制，因为那些对于发展中国家经济发展意义重大的核心信息资料，可能由于政治、经济或其他原因而受到外国政府的控制。第九，发展中国家为了国家安全，保护文化价值和降低依赖程度，为了保护消费者利益而对服务贸易进行管制，因为服务贸易自由化可能会从这两个领域损害国家利益和消费者利益。

概括而言，服务自由化主要从以下几个方面影响发展中国家的国家安全利益：第一，可能对发展中国家的幼稚服务业，特别是国有或国家控制的服务企业，造成毁灭性打击，不利于保护民族服务业，影响劳动力就业，动摇国家经济独立性的基础；第二，可能要取消的对外国投资的某些限制会对发展中国家金融服务市场稳定和安全构成潜在威胁，进而可能危及国家政权的稳定；第三，服务大量进口诱使外汇外流，不利于发展中国家实现国际收支平衡目标，从而可能弱化国家的总体经济目标；第四，服务贸易可能影响发展中国家电信服务市场的正常发展，这不仅可能弱化对国家政治、军事和经济机密的保护，而且可能侵犯国家主权；第五，服务贸易可能威胁一国文化市场的安全，威胁本国民族文化的独特性和创造性，从而影响发展中国家精神文化的正常发展。基于这些原因，发展中国家制定了一些贸易壁垒限制外国服务的进口，以实现本国经济发展目标，或抵御外国文化入侵。

2）发展中国家开放服务市场的步骤

在服务贸易自由化的大趋势下，发展中国家能否获得自由化的利益，很大程度上取决于其自身的政策取向。对于发展中国家来说，现阶段完全开放本国服务市场是不现实的自由化理想，特别是对那些经济规模较小的发展中国家尤其如此，会威胁到本国的经济安全。然而，如果完全封闭本国服务市场，这既难以有效做到，又会带来一些保护成本。因此，发展中国家既难以选择传统的保护战略，又不能选择一步到位的完全自由化战略，所以，混合型、逐步自由化的服务贸易发展战略就成为发展中国家的备选方案，发展中国家应逐步开放本国服务市场。

第一，逐步放松对国内服务市场的管制。对于大多数发展中国家来说，放松对本国服务市场的管制是服务贸易自由化的首要步骤。在该阶段，发展中国家面临的主要问题是在放松管制与允许外国服务企业进入之间做出选择。对于发展中国家来说，服务贸易自由化应是一个渐进的过程，不可操之过急。1997年东南亚金融危机说明推进本国服务市场特别是金融服务市场自由化步伐过快的国家（如泰国等）势必要接受开放过度所带来的重大金融挑战，但同时也说明保持本国服务市场的适度开放，对于期望借助服务贸易提高经济竞争力的发展中国家来说不仅重要，而且也甚是必要。

第二，逐步开放本国商品贸易市场，降低商品关税水平。只有先在本国商品贸易上逐步实现自由化，方能谈得上服务贸易自由化，本国商品贸易市场开放是服务市场开放的充分且必要的条件。以信息服务贸易为例，现代信息服务贸易自由化就应与现代信息产品贸易自由化相互适应。发达国家大幅度削减其在信息产品上的关税水平，部分新兴工业化国家和地区也对信息产品贸易采取了低关税政策，为它们推行信息服务贸易自由化做好了准备，而大多数发展中国家在信息产品上的关税水平依然较高，如果要求这些发展中国家也像发达国家或部分新兴工业化国家和地区那样开放本国信息服务市场，其结果对发展中国家来说将是灾难性的，至少本国因此而获得的福利收益不会比不这样做更好。这都说明，发展中国家甚至多数新兴工业化国家和地区在服务贸易自由化方面还有很长的路要走。

第三，逐步开放服务产品市场，减少服务产品领域非关税壁垒。理论研究表明，一国开放服务产品市场与开放服务要素市场的不同顺序将会给国家带来不同的福利影响，同时，不同顺序的政策选择带来的收益又会因不同的环境限制而有所不同。在服务贸易领域，由于服务对于国家安全的重要性，将之放在商品市场的开放之后是合适和稳健的政策选择。目前，发达国家也没有完全对外国服务提供者开放本国服务产品市场，而多数发展中国家距离开放本国服务市场所要求具备的条件和环境依然十分遥远。

第四，逐步开放服务要素市场，减少贸易壁垒。服务要素主要包括技术、资本和管理等。一旦发展中国家开放本国服务要素市场，就离实现服务贸易自由化的目标不远了，开放服务要素市场意味着国内服务竞争力的增强。事实上，即使发达国家目前也没有完全开放本国服务要素市场，限制劳动力跨国提供服务的措施依然大量存在，逐步减少或拆除服务产品即服务载体贸易上的各种壁垒，是发展中国家服务贸易自由化进程中的一项重要内容。

第五，逐步推行服务贸易自由化。服务贸易自由化需要逐步进行，发展中国家在此进程中享有较大的政策操作空间。只要这些政策措施得当，发展中国家在服务贸易自由化中获取的收益就有可能超过损失。

无论是服务贸易发达的国家，还是服务贸易相对落后的发展中国家，其发展服务贸易的政策都带有明显的管理贸易的色彩，所有以国家安全利益或其他理由对本国服务贸易进行出口控制或进口限制的强有力干预措施，都将面临一定的保护成本。所以，无论是发达国家还是发展中国家都面临着在国家利益、国家安全利益与服务贸易利益三者之间进行权衡或抉择的问题，在不同时期三种利益的权重对于政府决策者来说可能不同，但国家利益应随着经济规模的扩大而不断扩散和增长，国家安全利益与服务贸易利益之间的利益分割线有可能是一条随时间而波动的曲线。

● 本章小结

1.国际服务贸易自由化是指一国政府（或经济体）在对外服务贸易中，通过国内立法和国际协议，逐渐减少政府对服务以及与服务有关的人员、资本、货物、信息等在国家间的流动的行政干预，放松服务贸易管制的过程。国际服务贸易自由化不是绝对的自由化，而是逐渐减少政府干预的一种状态，是向着自由化发展的一个过程。国际服务贸易自由化是在经济全球化、经济网络化、多边贸易自由化、跨国公司和服务业迅速发展等环境背景下开始发展起来的。

2.国际服务贸易自由化的特点包括：服务贸易自由化是有条件的自由化；美国是服务贸易自由化的积极倡导者；发展中国家是服务贸易自由化的被动追随者；多边贸易体制推动着服务贸易自由化。

3.经济有效率描述的是这样一种状态：一个行业以最小社会成本生产一定质量的产品，生产者和消费者共同使他们的福利实现帕累托最优，即不能改善其中一个经济成员的福利而不损害其他经济成员的利益。技术效率和分配效率是经济效率的两个组成部分。

4.国际服务贸易自由化的经济效率分析认为自由贸易能促进国际分工，提高劳动生产率，使经济富有效率，通常认为贸易自由化与生产率增长之间存在正相关关系，但关于两者间的具体关系形式仍存在许多讨论。

5.国际服务贸易自由化的福利分析认为，自由化会产生正面效应，不受各种贸易壁垒限制的服务贸易可以产生现实利益和潜在利益。

6.生产者服务贸易自由化的福利分析认为，生产者服务贸易自由化一方面可以给贸易国带来超过纯商品贸易自由化的收益，另一方面也可能会损害服务进口国的利益。

7.服务要素贸易自由化的福利分析认为，如果服务要素的流入对商品部门的特定要素具有互补作用，国民经济就会受益；如果服务要素的流入与商品部门的特定要素具有替代性，国民经济就会受损。

8.总体来说，发达国家服务业相对发达，服务贸易利益较多，其服务贸易的政策选择也相对宽松，特别对其占有绝对优势地位的服务行业，通常会选择自由贸易。对于发展中国家，一方面服务自由化会在某些方面影响到国家安全利益，因而发展中国家制定了一些贸易壁垒限制外国服务的进口；另一方面，为获得自由化的利益，发展中国家也制定混合型、逐步自由化的服务贸易发展战略。无论是发达国家还是发展中国家都面临着在国家利益、国家安全利益与服务贸易利益三者之间进行权衡或抉择的问题，在不同时期三种利益的权重对于政府决策者来说可能不同。

● 扩展阅读

1.世界贸易组织的区域贸易协定数据库（RTA Database）详细记录了GATT/WTO中生效的货物及服务贸易相关的区域贸易协定，可以在此官方网站（http://rtais.wto.org）上查找WTO成员方在服务贸易领域签订的RTA协定中关于服务贸易部门的信息。

2.戈莫里，鲍莫尔. 全球贸易和国家利益冲突［M］. 文爽，乔羽，译. 北京：中信出版社，2003.

3.沈大勇，金孝柏. 国际服务贸易：研究文献综述［M］. 北京：人民出版社，2010.

4.何茂春. 国际服务贸易：自由化与规则［M］. 北京：世界知识出版社，2007.

5.王佃凯. 发展中国家服务贸易自由化战略研究［M］. 北京：经济科学出版社，2010.

6.王绍媛. 国际服务贸易自由化理论与规则［M］. 大连：大连理工大学出版社，2008.

● 基本概念

国际服务贸易自由化　多边贸易自由化　经济全球化　区域经济一体化

● 复习思考题

1. 分析国际服务贸易自由化的特点。
2. 分析国际服务贸易自由化的实现途径。
3. 试析国际服务贸易自由化的经济效应。
4. 试析国际服务贸易自由化对国家安全的影响。
5. 阐述发展中国家服务贸易自由化政策的选择。

第6章/服务业的对外直接投资

学习目标

了解服务业对外直接投资以及服务业跨国公司的发展过程和特点；掌握服务业对外直接投资的界定及理论；重点掌握东道国对服务业对外直接投资的管理制度以及服务业跨国公司的组织形式。

[引导案例]

《华尔街日报》报道，花旗集团计划未来五年内将财富管理业务的亚洲客户数量翻倍，希望获益于这一地区财富的高速增长。花旗集团零售业务全球主管、亚太地区消费银行主管乔纳森·拉森（Jonathan Larsen）说，公司希望借助亚洲地区中产阶级的高速崛起来推动财富管理业务的扩张。花旗集团的财富管理业务主要专注尚未达到私人银行标准的客户，并为他们定制服务。目前，包括了财富管理的花旗集团消费银行业务在亚洲已经有相当大的规模。2015年第一季度里，这部分业务在全球消费银行业务收入中有21%的占比。花旗集团亚洲消费银行业务2014年的全年收入是75亿美元，相当于亚洲地区总收入的51%。乔纳森·拉森说，花旗集团希望吸引两个层级的客户：可投资资产规模在10万美元到100万美元之间的，以及总资产在100万美元到1 000万美元之间的人。花旗集团希望专注于新加坡、中国香港、中国台湾、印度、中国以及韩国等国家和地区市场。花旗集团在12个亚洲国家和地区开设有零售银行，在24个亚洲国家和地区有消费银行业务。花旗集团的亚洲业务管理着约2 550亿美元的客户资产，过去多年的年化增长率在5%到10%之间，并有望继续维持这样的速度。

资料来源：佚名．花旗集团计划大举扩张亚洲财富管理业务［EB/OL］．［2015-06-25］．http：//stock.qq.com/a/20150625/000356.htm.

6.1 服务业对外直接投资概述

6.1.1 服务业对外直接投资的界定

对外直接投资是指把所有或部分必要的生产要素转移到国外，并对这些要素的国外使用进行控制的国际交易方式。对外直接投资的表现形式既包括设立受投资者控制的工商业企业形式，也包括通过非股权安排形成的连锁分支机构。跨国公司一般被认为是对外直接投资的产物和主要执行者。

在国际服务贸易中，相当一部分的服务项目，如银行、保险服务等，其出口成本过于昂贵，或者根本无法直接出口，这些服务的提供者为了向国外的消费者提供服务产品，就需要通过对外直接投资的方式。一些服务业跨国公司的海外扩张是通过传统定义下的对外直接投资实现的，如在多个国家拥有分支机构的跨国银行、在世界主要中心城市设立办事机构的跨国贸易公司等，但还存在许多服务业的对外直接投资不宜使用股权控制的方式，如服务业广泛使用的许可证和管理合同的投资方式。尽管从形式上看，许可证和管理合同等方式只是把技术或管理技巧卖给了其他实体，不涉及任何股权或控制权，也没有实施跨国交易的内部化，但其收入是以国外被许可方或管理合同买主利润百分比计算的，理应属于服务业对外直接投资收入。因此，在实践中，服务业对外直接投资的检验标准是其利润收入来源于外国股权所带来的收益；与之对比，服务贸易仅与接受服务者支付的销售额、佣金、使用费等有关。

6.1.2 服务业对外直接投资的发展

1）服务业对外直接投资的规模

20世纪80年代之前，对外直接投资主要集中在原材料、其他初级产品，以及以资源为基础的制造业领域。20世纪80年代以来，服务业得到了迅速发展，在多数国家国民经济以及国际贸易中的比重日趋增加，服务业对外直接投资也不断升温。进入20世纪90年代以后，服务领域的国际直接投资在全球直接投资总额中一直占据半壁江山。跨国投资逐渐成为服务业国际竞争的一种主要形式，服务业对外直接投资的规模迅速扩大，在全球跨国投资总额中所占份额日益增多。

联合国贸易和发展会议发布的《世界投资报告》显示：1970年，发达国家的对外直接投资中，第二产业占首要地位，其份额达45.2%，服务业只占31.4%；1985年，服务业对外直接投资已达42.8%，超过第二产业的38.7%；到1990年，服务业对外直接投资超过了第一、二产业的总和，达50.1%。发达国家服务业所接受的外国直接投资，1970年仅为23.7%，1990年达到了48.4%。相比较而言，流入发展中国家的外国直接投资主要集中于第二产业。1970—1990年服务业的投资只从23.5%增加到29.5%，这说明发展中国家由于经济发展阶段的局限，服务产业的对外开放和国际化过程明显慢于发达国家。《2004年世界投资报告》显示，在2001—2002年间，全球服务业直接投资的平均流量达5 000亿美元，约占该年度全球国际直接投资总流量的2/3；截至2002年，全球服务业直接投资存量高达4万亿美元，约占全球国际直接投资总存量的60%，而同期的初级部门占世界外国直接投资存量的比例由9%下降到6%，制造业部门跨国投资比例由42%降至34%，这表明随着国际服务贸易的发展，外国直接投资已经开始大量地向服务产业转移。《2015年世界投资报告》显示，2014年全球服务业直接投资流量达到6 700亿美元，约占该年度全球国际直接投资总流量的54.5%，说明全球对外直接投资向服务业转型的趋势仍然没有改变，服务业仍是全球投资意愿较强的主要领域。从长期看，全球国际直接投资转向服务业的特征也十分明显。2017年6月7日联合国贸易和发展会议发布的《2017年世界投资报告》显示，截至2015年，全球国际直接投资存量约2/3集中在服务业部门，服务业对外直接投资存量的比重提升了14%，而制造业国际直接投资占比则从41%下降到了26%。这些数据表明，在服务贸易自由化和全球价值链分工的背景下，国际直接投资在金融、商业、贸易、通信等服务部门的引领下越来越倾向于服务业。

在服务业对外投资的发展中，一个突出特点是跨国并购的迅猛发展，并成为直接投资的主要形式。《2011年世界投资报告》显示，2010年全球外国直接投资流量1.24万亿美元，其中跨国并购额为3 388亿美元；服务业的跨国并购在全球跨国并购中的份额在相应地上升，1987年所占比重为30.57%，1990年上升为45.44%，1999年达到55.76%，2005年达到高峰，为64.38%，即便受到2008年全球金融危机的影响，服务业的跨国并购在全球跨国并购中所占份额有所下降，2010年所占比重下降为40%，但始终高于制造业跨国并购所占的比重。服务业跨国并购的主要部门是信息、金融、其他商业服务等极具增长潜力的产业。如2010年，其他商业服务的跨国并购占全球跨国并购的份额为13.5%，占服务业内部并购的比重达到33.5%，金融业的跨国并购占全球跨国并购的份额为9.4%，占服务业内部并购的比重达到23.4%；运输、仓储及通信部门的并购业绩也不俗，并购额占到全球跨国并购总额的4.2%，占服务业内部的10.6%。《2017年世界投资报告》显示，2016年全球绿地投资金额达到8 280亿美元，同比增长7%，其中服务业绿地投资金额4 810亿美元，占比58%，同比增长15%，制造业绿地投资金额2 920亿美元，占比35%，同比下降9%。2016年全球跨国并购额8 686亿美元，同比增长18%，达到全球金融危机后的最高水平，其中，服务业跨国并购额3 831亿美元，占比44%，制造业跨国并购额4 028亿美元，占比46%。在服务业的跨国并购中，运输仓储、娱乐休闲和建筑部门增长最快，分别同比增长34%、71%和116%；金融部门并购金额最高，达到914亿美元，占比24%，第二是商业服务部门，并购金额达到665亿美元，占比17%，第三是贸易零售与批发部门，并购金额512亿美元，占比13%，第四是运输仓储业，并购金额457亿美元，占比12%，第五是信息与通信部门，并购金额243亿美元，占比6%。

2）服务业对外直接投资的产业布局

20世纪60年代以后，生产性服务业迅速发展。这类服务在过去一直是由生产部门在生产过程中通过“内在化”方式来提供的，但自20世纪70年代以来，随着科学技术的进步，服务业和高新技术逐渐结合，这些服务业逐渐跳出原有的运作模式，表现出“外在化”的趋势，产生了众多提供诸如财务、广告、营销、咨询、策划等服务的专业公司，这些生产性服务部门不仅在生产性服务产业和生产性服务贸易中占据主导地位，而且还代表着整个服务业和服务贸易发展的主流和趋势。这种新型的专业性服务公司使用电脑作业，成本大大降低，独立化和国际化进程加快，对外直接投资不断增加。其中，技术、信息、知识和管理密集型服务行业发展最快，借助于高新技术实现全球化经营，其对外直接投资空前增长。

1994开始的以强强联合为特征的第五次并购高潮中，服务业跨国并购表现得非常活跃，交易金额最大的10个产业中有6个属于服务部门，而这6个产业又无一例外都属于知识或信息密集型产业，它们分别是银行和金融机构、邮政和电信、电气燃气及其他能源的生产和分配、商业服务、保险服务、零售服务。全球金融危机后，这种特征表现得更加明显。《2017年世界投资报告》显示，在2016年度，金融、商业服务、贸易、运输仓储、信息和通信五个服务部门的跨国并购数量占全球服务业跨国并购总数的73%。

世界服务业产业结构与服务贸易结构正由传统的劳动力密集型向新兴的知识技术密集型转变，美国、欧洲国家和日本等主要发达经济体代表了这一演变的潮流，并凭借技术、资本和人力资本优势在生产性服务领域拥有强有力的竞争优势。美国海外直接投资的60%流向服务业，主要集中于会计、广告、零售、旅馆和快餐及饭店连锁店、市场调研、法律服务、证券和金融等服务行业；欧洲国家在银行、保险和分保、出版、航空和其他运输业等领域有规模较大的海外直接投资；日本的贸易和银行业的对外直接投资占其服务业对外直接投资的一半左右。

3）服务业对外直接投资的地区流向

发达国家利用其在世界服务业中占据的绝对优势地位，大举进行对外直接投资，同时又以其完备的基础设施、先进的管理运营模式以及规范的市场运行机制，吸引大量服务业外资流入，在服务业直接投资中占据绝对优势地位。《2002年世界投资报告》显示，2001年全球跨国直接投资总额为7 350亿美元，美、欧、日三大经济体吸收外国直接投资占全球跨国直接投资的61.7%，其中，美国吸收的外国直接投资中有1/3投向了金融保险领域，欧盟吸收的外国直接投资业主要在公共服务、媒体、金融等领域，日本跨国公司的投资有50%以上集中在金融保险部门。《2004年世界投资报告》表明，2002年，诸如供电、供水、电信和企业服务领域的外国直接投资占据越来越显要的地位，如从1990—2002年，发电和电力配送方面的外国直接投资存量值增长了14倍，电信、仓储和运输增长了16倍，企业服务增长了9倍；发达国家约占服务业国际直接投资流入存量的72%，美国是2002年国际资本流入最大的东道国。《2011年世界投资报告》则显示，2010年发达国家和地区依然是全球吸引外资和对外直接投资的主要力量，2010年发达国家吸引外资占全球吸引外资流量的65.3%，发达国家对外直接投资占全球对外直接投资流量的82.3%，而发展中国家则分别只占到了31%和15.3%。《2017年世界投资报告》显示，2016年发达经济体吸引外资占全球吸引外资流量的59%，对外直接投资占全球对外投资流量的72%；发展中经济体则分别占到37%和26%，较往年占比有所上升。2016年，美国是吸引外资最多的国家，吸引外资额达3 911亿美元，英国位居第二，吸引外资额2 538亿美元，中国位居第三，吸引外资额1 337亿美元；在对外投资方面，美国以2 990亿美元位居第一，中国作为发展中国家以1 831亿美元位居第二，荷兰以1 737亿美元位居第三。由此可见，发达国家仍然是全球国际直接投资的主导力量。

在发展中国家和地区，第一产业的投资比重大体稳定在20%，第二产业的投资比重由20世纪70年代的55%以上下降到90年代以来的不到50%，而服务业的比重则由低于25%上升到高于30%。发展中国家和地区的资本流入基本上保持在世界跨国直接投资1/3左右的水平，主要集中在南亚、东亚、东南亚和拉美加勒比地区。《2000年世界投资报告》表明，亚洲新兴工业化国家和地区逐步实现了产业结构由资源密集型向技术密集型的转变，引资导向也在向服务业倾斜，服务业直接投资出现增长；拉美地区20世纪90年代私有化进程的加快，使得其服务业国际直接投资流入量大幅攀升，新增直接投资流量大多集中于服务业；中东欧地区服务业所吸引的外资比重更是超过了50%；英国流向非洲的直接投资很大一部分集中在服务业。《2002年世界投资报告》特别强调了中国台湾、香港地区在国际产业结构调整中的作用：中国台湾在吸收外资投向服务业的同时，对大陆的投资正从劳动密集型产业转向资本密集型和高科技产业；中国香港地区作为金融中心和商业枢纽的地位日益突出，截至2001年年底，有3 237个跨国公司在中国香港设立了区域办事处，其中包括944个地区总部。《2016年世界投资报告》则强调了2015年流入发展中亚洲的外国直接投资创出新高，同比增长了16%，达到5 410亿美元，占世界吸引外资份额的31%。发展中的亚洲是世界上接受外国直接投资最多的地区，尽管相当部分的对外直接投资流入到了其中的发达成员国，但是其仍然是世界上吸引外资最为活跃的地区之一。

2008年全球金融危机之后，服务业对外投资的地区流向发生了明显变化。据《2011年世界投资报告》，虽然发展中国家在全球吸引外资和对外直接投资当中所占的份额远低于发达国家，但是在金融危机之后，发展中国家在吸引外资和对外直接投资的增长速度明显高于发达国家，特别是以中国、巴西、印度、俄罗斯等为代表的新兴经济体和转轨经济体更是表现突出。数据显示，由于危机后国内经济恢复迅速、内需扩大、良好的宏观经济运行环境和较高的商品价格，2010年南亚、东亚和东南亚地区吸引外资3 000亿美元，同比增速达到24%，而拉美和加勒比地区吸引外资也达到1 590亿美元。此后，发展中国家逐渐成为全球服务业国际直接投资增长的主要动力。根据联合国贸易和发展会议（UNCTAD）统计，截至2014年，发展中国家服务业吸引外资占全球国际直接投资流入比重的64%，转型经济体国家服务业吸引外资比重更高，占到全球国际直接投资流入的70%。这反映出近年来发展中国家吸引全球服务业国际直接投资十分活跃。根据《2017年世界投资报告》，2016年流入外国直接投资前二十名的经济体中，发展中国家占了六个，其中中国居于第三位，位于美国和英国之后，巴西、印度、俄罗斯、墨西哥、安哥拉分列第七位、第九位、第十位、第十六位、第二十位；在国际对外直接投资前二十名的国家中，发展中国家有中国和俄罗斯，其中中国排名从2015年的第五位上升至2016年第二位，俄罗斯也上升至第十四位。

4）服务业对外直接投资的自由化趋势

相对于制造业而言，各国政府在开放服务业对外直接投资方面所采取的态度非常谨慎，尤其是垄断保护行业。但是，随着经济全球化的纵深发展以及GATS的签署，各国服务业对外开放程度不断提高，国际贸易中的服务需求，如货运、保险等，与日俱增。同时，各国经济水平的提高和收入的增长带来了更大规模的消费性服务需求，如医疗、教育、旅游等，跨国公司制造业对外直接投资的扩大也不断产生新的服务需要。

20世纪80年代后半期以来，一些国家对以往严格限制外国资本进入的第三产业，如运输、旅游、信息服务等部门，不同程度地取消了管制，允许外国资本以直接投资或间接投资的方式自由进出，试图通过引进外部竞争因素来部分改造在上述行业中已经出现的国家垄断或私人垄断格局，并以此提高整个经济运行的活力和效率。各国还对经济敏感性大及投资收益前景看好的银行、保险、证券等金融行业不同程度地实施了对外开放政策。此外，为了扩大引资规模，各国纷纷出台了一些便利服务业利用外国直接投资的政策，并通过签订双边与多边条约来保护服务业的外国直接投资，这些政策的实施减少了服务业资本跨国流动的障碍，对服务业直接投资的扩张发挥了积极的作用。

6.1.3 服务业对外直接投资发展的原因

1）世界产业结构重心的偏移

经济增长阶段化理论表明，随着国家经济能力的增长，一国的产业结构将依次提升，逐步从农业经济过渡到工业经济，再过渡到服务经济。一般来说，一个国家或地区的人均国民收入在300~2 500美元时，其产业结构处于工业经济的发展阶段。目前的大多数发达国家人均国民收入在10 000美元左右，第三产业产值占GDP的60%左右，这表明这些国家的经济重心已经向服务业偏移，服务业在经济增长和就业增加中所占比重越来越大，这种产业结构的偏移导致了在国际直接投资中对服务业投资数量的较大规模的发展。

2）国际货物贸易的发展和新科技革命的推动

国际货物贸易的迅猛发展，带动了与货物贸易直接相关的传统服务贸易在规模和数量上的较大发展，如国际运输服务、国际货物保险服务、国际结算服务等，同时也刺激了服务业国际直接投资向更多国家和部门扩展，形成贸易和投资相互推进、共同增长的局面。新技术革命将许多“不可贸易”的服务转化为“可贸易”的服务，大大提高了服务活动的贸易性，带动了以商业存在形式的服务贸易的发展，即服务业对外直接投资的增长。

3）《服务贸易总协定》的实施

GATS将服务贸易纳入了多边贸易体制的管辖之内，明确了各国服务业逐步开放的计划日程，使服务业的对外开放有了共同遵守的国际准则。在WTO体制下所达成的《金融服务贸易协议》《基础电信协议》等有关服务业的多边服务贸易协议，进一步推动了服务贸易自由化的发展，为服务业的对外开放创造了良好的氛围，为服务业对外直接投资的快速增长提供了有利条件。

4）跨国公司在跨国服务交易中地位的提升

根据《2011年世界投资报告》的数据，截至2007年全世界共有7.9万家跨国公司，其属下的国外关联企业包括子公司、分公司、销售机构、代表机构约有79万家，它们的生产和销售在世界经济总量中占绝大多数，跨国公司在服务业中也同样显示出在国际生产和经营中的优势。例如，美国跨国公司的海外分支机构和驻美的外国分支机构服务销售额的增长速度，在大多年份中都要大于美国服务贸易进出口额的增长速度。外国服务提供者向美国消费者提供服务产品的主要方式早在20世纪80年代末就是商业存在方式。

5）各国引资政策的调整

国际直接投资规模的迅速扩大，各国逐渐认识到外国资本对本国经济的促进作用，纷纷放松对外国资本的管制，并对相关法规进行调整，制定种种吸引外资的政策，这种投资自由化的大趋势也是服务业对外直接投资发展的一个重要原因。

6.1.4　服务业对外直接投资对东道国的影响

1）东道国服务业对外直接投资的管理政策

总体来说，东道国会对一些关键性的服务行业、新型服务行业采取必要的保护性措施，限制外资自由进入，对某些本国具有竞争优势的服务行业则会降低限制，实行自由竞争。常见的服务业外国直接投资管理措施有[①]：

（1）与市场准入有关的措施

第一，完全禁止外资进入。完全禁止排除了外国企业或个人任何程度地参与本国经济或某个行业的活动，这种手段的运用具有目的性和明显性。许多国家强调国家主权和安全利益，禁止外国服务提供者进入诸如民航、邮政、基础电信、铁路、广播等服务行业；基于维护本国文化的考虑，禁止外国服务提供者进入文化服务领域，如印度、巴基斯坦和马来西亚等国禁止播放海外制作的电视商业广告，泰国禁止外国公司在本国设立广告、旅游等子公司或附属机构；或是基于本国不具有优势的服务行业，禁止相应外资的进入，如一些发达国家拒绝在其不具优势的建筑工程方面给予外国服务提供者开业权。

第二，部分禁止或限制外资进入某些领域。部分禁止的目的往往是鼓励替代性外资的进入，如某些国家较为自由对待采用新型生产设备的外资企业的进入，但对其兼并现有本国企业采取相对严格的限制；某些国家不愿批准外国生产者在本国设立分公司，但比较自由地对待附属机构开设的子公司，原因是后者是独立法人实体，受东道国法律管辖，并因此成为当地“公司公民”。

第三，限制外国厂商数量和市场份额。外国厂商的进入可能受到固定的数量限

---

① 卢进勇，等. 国际服务贸易与跨国公司［M］. 北京：对外经济贸易大学出版社，2002.

制或市场份额限制，这种配额可能以法律形式或实际操作形式出现。如加拿大规定外国银行在开业银行中所占的比重不得超过一定比例；巴西规定电视台和广播电台只能由巴西人经营，电影院在一年间至少要有140天播放巴西电影，电视台的电影录像中至少25%是巴西电影。此外，这类公开的或隐蔽的配额还经常用于银行业、运输业、某些专业服务业。

第四，规定严格的进入标准。许多国家都规定了外国服务提供者市场准入的标准，如新加坡除了有最低资本金的规定外，在外资银行市场准入上一方面严格审查外资银行负责人的业务水平、管理能力、道德法制观念和行为，另一方面对作为分支机构的外资银行，中央银行还要考虑其总行的资信等级，要求其总行排在世界前200名，资本充足率至少达到8%；美联储对外资金融机构审批前，不仅要与申请机构所在地的金融当局取得联系，要求对方明确评价申请机构的整体财务状况和管理水平等，而且要考虑驻美分支机构注册资本的数量和质量，外资银行对本国金融资源、经济贸易发展的影响以及对本国银行业竞争的影响，还要考察本国或当地对外资银行所提供金融服务的需求程度、申请建立分支机构的外资银行所属国家与美国的金融贸易合作关系等因素。

（2）与国民待遇有关的措施

第一，商业经营和服务范围的限制。一些国家对外国直接投资进入本国服务市场后的经营范围、业务规模等做出规定，并进行严格的监管，以防止外资对国内同行业造成太大的冲击。如德国、瑞士和法国允许外资银行吸收当地存款、经营投资业务，或从事任何与本国银行一样的经营活动，但法国规定投资业务只能占自有资本额的10%；日本和加拿大则相反，不允许外国银行进行工商业投资，其中日本还是限制外资银行活动最为严厉的国家，目的在于防止跨国银行获取较大的市场份额。

第二，企业经营业绩的要求。对服务业外资企业的经营业绩要求是投资获得批准或享受投资鼓励的先决条件之一，主要有当地成分、出口、技术转让、国内采购、贸易平衡、就业和培训等要求。据美国对其8 133个外国服务业分支机构和6 999个制造业海外分支机构的调查，这些措施对服务业的影响小于制造业，而且集中于就业和技术转让要求；从行业角度分析，批发业所面临的各种业绩要求最多。

第三，对外资金转移限制。外汇管制用于限制甚至禁止与对外直接投资有关的各种支付、汇款和转移，以及跨国公司的契约安排，它们可能针对外国直接投资的流出或撤回，也可能针对利润、红利和缴税，以及其他与投资经营成本有关支付的汇回，甚至包括企业外方职员的收入。汇款限制的具体措施包括暂时性禁令、制定年汇款的最高限额，或者要求全部或超过一定数量的汇款须经审核或批准。对资本撤回的管制也可能采用多种形式，如规定撤资前的经营年限、撤资量的最高限额、撤资的方式等。除了对汇款和撤资的管制外，东道国一般会要求外国企业（大部分在金融服务领域）保持特别的准备金或存款，以便确保企业在该国的偿付和履约能力。

（3）服务业对外直接投资的鼓励措施

第一，投资鼓励。服务业外资所享受的投资鼓励措施一般包括：东道国为投资者提供良好的信息服务，即利用国家和国际组织特有的优势，向投资者提供该国财政、金融市场方面的数据及有关的法律措施等；通过国际组织或政府机构为投资者和东道国沟通；设立推动投资的机构和开展研讨活动，以便签署直接的商业协议。投资鼓励在旅游业、金融服务和数据处理中非常普遍。在旅游服务业，投资鼓励通常表现为金融鼓励或折让；在金融服务业，许多国家通过税收和投资鼓励政策支持离岸银行服务设施；在信息和数据处理业，爱尔兰、新加坡、印度、菲律宾和牙买加等国建立特别加工区和服务中心提供优惠基础设施服务、管理和咨询服务、培训和其他形式的技术协助、税收鼓励等。

第二，税收优惠。发展中国家通过使用税收减免来鼓励服务业外国直接投资，主要的方式有规定免税期、投资津贴、税收折扣以及降低税率等，但有时也会辅以经济特区和行业限制等要求。发达国家，主要是西欧国家和一些新兴工业化国家和地区，对内资和外资服务企业在税收方面一视同仁，但它们一般会对本国某些特定类型的服务业或者在特定地区经营的服务公司采用单独的税收优惠，有的则采取阶段性税收优惠措施，如新加坡对内外资服务企业没有一般性的税收歧视，但对处于开创期、发展阶段和利润超过发展前水平阶段的外资服务企业实施不同的税收优惠，对已批准的出口型仓储、技术或工程服务、咨询服务和国际贸易公司等免50%的出口所得税，同时为了使新加坡成为国际金融中心，对外资金融机构也有近似的减免税的规定。

第三，其他经济鼓励措施。这类措施主要包括拨款和各种让渡性融资，如提供优惠贷款利率和信贷担保；直接或间接的关税削减，如减少进口设备关税；直接或间接减轻外国贷款的汇率风险，如出口融资或获取信用优先权；对研究开发项目的资助、补贴等。

第四，非经济鼓励措施。这类措施主要包括基础设施和商业服务的提供，与基础设施有关的措施包括预留工业用地、工厂建设、仓库、办公室和其他预期的职业性措施，与商业服务有关的措施包括提供良好的通信、信息手段，管理、咨询服务、培训及其他技术上的辅助。此外，还有许多国家通过建立经济特区、自由贸易区或者科技园区来吸引外国服务业直接投资。

（4）服务业对外直接投资的保护措施

第一，国内立法保护。包括规范服务业市场的各项政策，如对垄断的规定、对消费者的保障等，与外资资本安全相关或与外资撤出相关的措施，包括保护措施和担保或者有关政府强制没收、国有化、赔偿和争端解决的规定等。

此类措施中对于服务业影响较大的是对知识产权的保护措施。发达国家对知识产权的保护经过多年的发展已形成一套基本完备的保护体系；发展中国家和地区也逐渐认识到知识产权保护的重要性，从20世纪80年代中期开始，着手改革有关知识产权制度，如巴西、印度、印度尼西亚、韩国、墨西哥、新加坡、中国台湾等国家和地区都加强了对电子计算机软件版权的保护，这为其吸引该类直接投资提供了保证。

第二，投资保护协定。随着对外直接投资的迅速发展，各国越来越重视投资保护措施，投资保护协定的数量不断增长，20世纪60年代投资条约只有74个，70年代至80年代分别为177个和376个，1991年达到440个；协定的地域范围也在不断扩大，特别是20世纪80年代以来，大量拉美国家开始采用这一方法，中东欧国家也采取类似措施；在这类协定中，以澳大利亚与新西兰政府于1988年8月8日签署的《澳新紧密经济贸易关系协议服务贸易议定书》和美国与加拿大政府于同年签署的《美加自由贸易协定》为代表。这些协定中都包括4项主要条款：有关投资收入的自由移动和资本撤出的条款、有关国有化和补偿的条款、投资争端解决的程序、对投资风险的担保。这些协定中的有关措施一般也为服务业对外直接投资提供了相应的保障。

此外，东道国还经常与相关国家签订避免双重征税的协议，对投资者的利益形成有力的保护，有助于吸引外商投资。

2）服务业对外直接投资对东道国经济的影响

从世界经济福利的角度讲，服务业对外直接投资大大促进了跨国服务的发展，有利于实现规模经济效益和资源的更有效配置，但对于东道国特别是发展中国家来说，服务业对外直接投资产生的影响是双重的。

（1）外溢效应

第一，服务业对外直接投资为东道国提供了更多的资本，为东道国资本流量带来净增量，有利于缓解资本短缺国家特别是发展中国家的资本供给缺口。有关统计资料显示，发展中国家吸收的服务业对外直接投资的存量由1990年的1 600万亿美元上升到2002年的11 000万亿美元。

第二，服务业对外直接投资带来了先进技术、知识与技能，包括诸如设备和工艺流程等硬技术以及管理、营销等软技术。但服务业中包含的技术组合不同于制造业，对外直接投资并非服务业获得硬技术的主要途径，而软技术却是转让知识和技术的主要形式。例如，在银行、保险和饭店等服务行业，投资方会对其子公司进行一系列的技能与知识培训；管理咨询公司通过培训逐步提高当地企业的专业服务能力等。

第三，与制造业相比，跨国公司服务业投资对东道国服务业直接出口的拉动十分有限，但对东道国服务业间接出口的竞争力会产生较大的影响，如跨国公司对外直接投资形成的国际饭店连锁经营可以提高东道国旅游业的竞争能力，赢得更加广泛和更大规模的国际客流。此外，内含先进理念和管理技巧的服务业对外直接投资也有助于改善生产性服务供给的结构、规模、效率和质量，促进东道国当地制造业生产效率的提高。

第四，服务业对外直接投资为东道国创造了更多的就业机会。在很多发展中国家中，虽然每单位美元投资所产生的工作机会仍低于制造业，但是服务业种类广泛，服务业的对外直接投资促进了东道国就业容纳能力的扩大，因此，服务业对外直接投资正在进一步显示出在提高东道国就业方面的巨大潜力。同时，外资服务业部门还为发展中国家的劳动者提供了更好的培训和更高薪金的机会，改善东道国的综合投资环境等，推动制造业的外资利用，从而对制造业领域的就业扩大起到了间接的促进作用。

（2）内敛效应

第一，大部分服务业对外直接投资旨在市场开拓，寻求非交易性活动，并有可能以对外支付的形式进行利润汇出，所以，服务业外资的流入不仅可能对增加外汇收入无任何作用，反而可能对国际收支造成负面影响。

第二，东道国相关行业受到很大冲击。在东道国原有的高度保护下，诸如银行、电信、旅游等行业，其国内市场是非完全竞争的，甚至是垄断的，因而适应市场的能力和提高竞争优势的自身能力有限。随着外资进入这些行业，东道国原有企业在资金、经验、技能和创新等方面都会受到巨大的挑战。

第三，外资服务机构将与东道国本地企业更加激烈地争夺人力资源。外资服务机构提供相对优越的工作条件与薪酬状况，可能导致大批优秀人才流向外资企业，这样给本地企业的发展带来更多困难。

第四，服务业对外直接投资还可能带来风险。如果东道国政府管理控制不善，缺乏有效的规章制度，有可能在体制方面带来严重的本国经济动荡；如果在管理公用事业和私有化时，缺乏有力控制，有可能导致私人垄断；此外，因为各国在社会文化背景上差异极大，外资在这些领域的运作容易造成冲突和伤害。

因此，对于开放服务业对外直接投资的东道国来讲，最重要的是有序渐进地开放，并对外国直接投资制定有效的引导、管理和控制措施，使外资服务业能够发挥出最大的积极作用。

【专栏6-1】　　　更多的外资将进入中国现代服务业

“当前，全球范围内出现了一种很奇怪的现象：对投资和贸易的价值到底有多大，大家产生了越来越多的怀疑。”国际商业竞争策略资深专家米高·恩莱特（Michael J. Enright）在其媒体见面会上说，正是由于这种情况的出现，影响了东道国和投资国的投资决策，使其丧失了很多原本应得的利益。“但中国的外资政策是非常成功的。在过去的30多年中，中国从外商投资中的受益可能比世界其他国家更多。”在接受《中国外资》杂志记者采访时，米高·恩莱特表示，中国对外资的管理非常成功。中国的外资企业管理法律体系正在不断地健全，并产生积极变化，已越来越接近西方发达国家的国际经合组织的水平。

米高·恩莱特的新作《发展中国：外商直接投资的卓越影响》详尽论述了外资对中国的影响。该研究成果显示，中国对外来直接投资采用循序渐进政策，在取得经济成果之余，政府也能有效控制外来直接投资的进程，确保此投资在中国的发展与政策方向一致。虽然外商投资资金量只占中国总投资额的一小部分，但其对中国经济带来的实际利益远超预想。

米高·恩莱特认为，外资企业促进了中国现代化发展，包括为中国增加供应商和分销商、发展和促进技术交流、引入先进的管理运营手段、促进全球化进程、改善金融体系、引入可持续发展和企业社会责任的理念，为政策的制定提供建议。在米高·恩莱特看来，当前中国正在推动创新创业，促进消费升级，建立现代化的服务业和先进制造业发展体系，在这个进程中，中国本土的公司会发挥主要作用，但外资企业同样能够参与进来发挥作用。“在我们看来，外资企业能够帮助中国更好地发展现代服务业，就像过去他们很好地帮助中国发展制造业一样。”米高·恩莱特强调。

资料来源：舒朝普，恩莱特．更多的外资将进入中国现代服务业［J］．中国投资，2016（12）．

6.2 服务业对外直接投资理论

6.2.1 传统对外直接投资理论在国际服务贸易领域的适用性

1）传统对外直接投资理论回顾

（1）垄断优势理论

海默（S.H.Hymer，1960）在其博士论文中提出了垄断优势理论。海默研究了美国企业对外直接投资的工业部门构成，发现对外直接投资和垄断的工业部门结构有关，从事对外直接投资的企业主要集中在具有独特优势的少数部门。同时，他还分析了产品和生产要素市场的不完全性对对外直接投资的影响。海默认为，国际市场和国内市场的竞争都是不完全的，这种不完全性在商品市场上表现为产品的特异性、商标、特殊的市场技能或价格联盟等形式；在要素市场上表现为特殊的管理技能、资本市场上的便利、受专利制度保护的技术方面差异等；此外，规模经济以及不同国家在关税、税收、利率、汇率上的差异等也体现出市场的不完全性。市场的不完全性使得少数企业拥有垄断优势，并能够借助优势克服跨国经营中增加的额外成本，从而在东道国与当地企业展开强有力的竞争。因此，跨国公司具有的垄断优势是确保其跨国生产有利可图的条件，也是国际直接投资理论的出发点。

（2）产品周期理论

美国哈佛大学教授弗农（R.Vernon，1966）把产品周期分为创新、成熟、标准化三个阶段，不同阶段具有不同的生产成本和生产区位选择，决定了公司应该有不同的贸易和投资战略。在产品的创新阶段，产品价格的需求弹性很低，企业具有垄断优势，选择在国内生产可以不断改进产品并保持与顾客和供应商之间的紧密联系，对国外市场的需求主要采取出口贸易的形式；在产品的成熟阶段，生产技术趋于成熟，产品基本定型，产品出口急剧增加，导致生产技术扩散到国外竞争者手中，仿制品开始出现，出口商品的边际成本加上运输成本逐渐接近并超过进口市场的预期平均生产成本，竞争开始转向生产成本方面，因此，创新国的企业需要到与本国需求类型相似的国家投资设厂，降低生产成本，维护已占有的市场份额；当产品进入标准化阶段后，企业所拥有的垄断优势已经消失，竞争基础仅仅是价格和成本的高低，其结果是产品的生产或装配业务逐渐转移到劳动力成本低的发展中国家，原来的创新国则转为从国外进口该产品。根据产品周期理论，创新国家会在产品处于生命周期的第二阶段时，开始对外直接投资。

（3）内部化理论

内部化理论的代表人物是威廉森（Williamson）、荷纳特（Hennart）、凯维斯（Caves，1971）、巴克利（Buckley）和卡森（Casson，1976）。内部化是指在企业内部建立市场的过程，以企业的内部市场代替市场，从而解决由于市场不完全所带来的不能保证供需交换正常进行的问题。内部化理论认为，跨国公司是内部化一些中间产品的国际市场的组织，即跨国公司通过内部化市场而不是国际市场来实现中间产品的交易，跨国公司的直接投资实际上是设备等固定资产的出口，即用公司行为来代替市场行为。是否内部化某些行为的决定因素是交易成本，如果通过公司的内部机制获得某种产品的净利润高于从国际市场上直接购买该种产品的净利润，公司将选择对外直接投资，反之则选择出口。内部化理论建立在三个假设基础上：一是企业在不完全市场上从事经营活动的目的是追求利润最大化；二是当生产要素市场特别是中间产品的市场不完全时，企业就有可能以内部市场取代外部市场，统一经营管理活动；三是内部化超越国界时就产生了跨国公司。

（4）边际产业扩张理论

日本学者小岛清教授（1977）在考察日本对外直接投资实践的基础上提出，对外直接投资应该从本国已经处于比较劣势的产业开始，即边际产业开始，并依次进行。边际产业扩张理论认为，由于各国要素禀赋差异决定了要素相对价格、比较成本继而比较利润率的差异，当一国某产业要素密集度较高的那种要素相对价格上升，就会使该产业处于比较劣势状态，这时应该将该产业转移到该种要素相对价格较低的国家，使要素组合合理化，增加东道国的GNP。

（5）国际生产折中理论

英国经济学家邓宁（Dunning，1977）提出并发展的国际生产折中理论，通常也被称为OIL（Ownership Internalization Location）理论，其核心是三大优势，即所有权优势、区位优势和内部化优势。所有权优势是指公司具有的某些独特的生产资源，如技术优势、规模优势、组织管理优势、金融和货币优势以及市场销售优势等，这些资源不仅能持续开发并维持竞争优势，而且能够经受其他竞争者的模仿。区位优势是指能够接近消费者或进入当地市场获得某些原材料或改善生产条件的优势，包括东道国国内的劳动力成本、市场需求、自然资源、运输成本、关税和非关税壁垒、政府对外国投资者的政策等方面的优势。内部化优势是指能够通过内部化某些交易来降低成本的优势，即内部市场交易的利益高于外部市场交易的利益。如果企业同时具备这三大优势，就可以对外直接投资，而且具体的部门结构和国际生产类型也由这三种优势的不同组合来决定。

(6) 投资诱发要素组合理论

投资诱发要素组合理论是近年来西方学者提出的理论，该理论认为任何类型的对外直接投资的产生都是由投资直接诱发要素和间接诱发要素的组合所诱发产生的。所谓直接诱发要素主要指投资国或东道国拥有的各类生产要素，包括劳动力、资本、技术、管理及信息等。间接诱发要素指除直接诱发要素之外的其他非要素因素，包括东道国政府诱发和影响对外直接投资的因素，如鼓励性投资政策和法规、政治稳定性、投资硬环境状况、投资软环境状况、东道国政府与投资国的协议和关系、世界性诱发和影响对外直接投资的因素（如经济生活国际化以及经济一体化、区域化、集团化的发展）等。发达国家的对外直接投资主要是直接诱发因素在起作用，发展中国家的对外直接投资在很大程度上是间接诱发要素在起作用。

此外，核心资产论、风险分散论、寡占反应论、资本化率理论以及原料周期理论等也从不同角度对制造业跨国公司的对外直接投资行为进行了解释，但这些理论都没有对服务业对外直接投资进行系统的分析。

2）传统对外直接投资理论在国际服务贸易领域的适用性分析

随着服务业在发达国家国民收入、就业和国际收支平衡等方面发挥的作用不断增强，服务部门的国内和国际地位迅速提高，对服务业跨国生产和经营的研究也发展起来，其出发点就是对传统对外直接投资理论在服务部门的适用性进行讨论。越来越多的经济学家认为，制造业对外直接投资理论经过修正，完全可以用于分析服务业对外直接投资行为，其中代表性的研究主要有：

鲍德温（Boddewyn，1989）试图使用主流理论来解释服务业跨国公司的行为。他发现由于服务产品特殊性会引发一些问题，如对理论假设前提的违背、对服务产业特定优势区分的难度等，他认为应该对这些问题进行进一步深入探讨，但不需要作特别的定义和理论解释，只需要通过简单的条件限制和详细说明就能容易地运用现有的理论。

邓宁（1989）将其在制造业发展起来的国际生产折中理论扩展到服务部门，在《跨国企业和服务增长：一些概念和理论问题》这篇代表性文章中，解释了服务业跨国公司行为的有关概念和理论问题，提出国际生产折中理论的基本框架是适用于服务业跨国公司的，并对原有的所有权优势、内部化优势和区位优势在服务企业的具体表现进行了阐述，还列举了一些特定服务行业对外直接投资所需要具备的优势。在邓宁分析的基础上，恩德韦克（Enderwick，1989）又分析了该理论模型应用于服务部门时要特别注意的一些问题，如服务业很多部门是技术复杂性较低的行业，确定企业特定优势较难；跨国经营的非股权方式（如许可证、管理合同、特许经营等）在服务业中广泛应用，而这些以市场交换为基础的经营方式对于跨国公司理论中的内部化的作用有着重要的含义。

卢格曼（Rugman，1981）以银行业为基点分析了内部化理论的适用性，他认为，按照内部化理论，跨国公司通过创造内部市场来克服世界商品市场和要素市场的不完全性，跨国银行同样也可以实现交易的内部化，从而克服国际金融市场的不完全性。与其分析基点相似，亚诺普勒斯（Yannopoulos，1983）、格瑞（Gray，1981）、考（Cho，1983）、格鲁伯（Grube，1977）、佩克乔利（Pecchioli，1983）、威尔斯（Wells，1983）等也是以银行业为分析对象，阐明了邓宁（1989）的国际生产折中理论在解释跨国银行业发展方面的合理性，不过，这些分析假定银行的外国分公司在国际金融市场实现运作。格瑞指出，当一个银行选择在超国家市场如欧洲货币市场经营时，不必拥有相同的优势条件，因为在超国家金融市场，没有当地银行，不需要以所有权优势作为补偿优势。这实际上相当于重新定义了区位优势，将其范畴从某一特定国家扩展到了超国家市场，此时的区位优势具有更为重要的意义。此外，他们的分析还指出，在银行业之外的一些服务部门，如国际饭店业、商业服务业、商业服务公司的外国机构等，所有权优势、内部化优势和区位优势也同样适用，只不过需要根据行业特点作一些限制和详细说明。

6.2.2　服务业对外直接投资理论

目前涉及服务业对外直接投资的理论已有了一定的发展，相对而言，邓宁（1989）的服务业对外直接投资的理论体系比较完善，也最具代表性。邓宁认为，服务业对外直接投资也应同时具备所有权优势、区位优势和内部化优势三个条件。

1）所有权优势

服务业所有权优势可以理解为企业得以满足当前或潜在顾客需求的能力。一般有三个重要的评判标准：一是服务的特征和范围，如服务的构思、舒适度、实用性、可靠性、专业化程度等；二是服务的价格和成本；三是有关售前、售中、售后服务。具体来说，服务业跨国公司的所有权优势主要体现在以下几个方面：

（1）质量

由于服务一般具有不可储存性、异质性等特点，保证服务质量对企业尤为重要，特别是随着收入水平的提高和企业间竞争的加剧，质量日益成为影响消费者服务和生产者服务需求的重要变量，在许多情况下成为决定服务业跨国公司竞争力的一个最重要的变量。在一些服务行业中，企业创造和保持一个成功品牌形象的能力，或者在多个地区提供服务时实行质量监控的能力和降低购买者交易成本的能力，是其保持质量形象和占有竞争优势的关键。

（2）范围经济

范围经济指服务提供者可以满足消费者对产品种类和价格的多种不同需求。在运输、商业等服务行业中，都不同程度地存在范围经济。典型的范围经济是零售业，零售商储存商品的范围越宽、数量越大，他们在与供应商交易时的议价能力就越强，就越能通过讨价还价方式以较低的价格从供应商处获得商品。同时，供货品种和数量的增加使其有能力降低消费者的交易成本，保证消费者只需在一处就可以买到多种商品。此外，议价能力的提高使零售商能够加强对其买卖产品和服务质量的控制，也有助于增强其所有权优势。

（3）规模经济

从本质上说，规模经济和专业化在制造业与一些服务业企业间并无太大区别，如500个床位的宾馆与30个床位的宾馆提供的住宿条件相比，规模较大的宾馆能够有效降低单位成本；同样，大型咨询机构和投资银行等可以在机构内部调动人员、资金和信息，实现人事和管理的专业化，从而可以针对不同的经营环境来调整价格以实现利润最大化。此外，大型服务公司还往往容易得到优惠的融资条件和折扣等。规模经济和范围经济产生的分散风险优势，在保险、再保险和投资银行服务业中表现更为突出，在这三个行业中，规模是成功进行对外直接投资的前提条件。

（4）技术和信息

在服务业中，衡量生产技术和产品知识成分的指数通常是对信息的把握和处理能力，以尽可能低的成本对信息进行收集、加工、储存、监控、解释和分析的能力，是许多服务行业关键的无形资产或核心竞争优势。对于证券、咨询等以数据处理为主要内容的服务行业，情况更是如此。随着知识经济的出现，知识密集型服务行业的跨国公司数量增多，信息和技术在竞争中的地位日益重要，它们还能为规模经济、范围经济以及垂直一体化提供机会，特别有利于大型的、经营多样化的跨国公司，但由于数据技术往往需要昂贵的辅助资产、固定成本或基础设施，因此，拥有这两项优势的服务业企业也就占据了竞争中的有利地位。

（5）企业的信誉和商标名称

服务是典型的“经验产品”，其性能只有在消费之后才能得到评价，而且由于服务的主体是人，其性能评价还往往呈现出多样性，因此，信誉和商标等非价格因素往往是服务企业向消费者传递信息的有力手段，也成为企业主要的竞争优势之一。许多成功的服务业跨国公司，其卓越服务和优良品牌的扩散往往成为对外直接投资的先导。

（6）人力资源

服务的提供者和消费者都是人，人力资源素质的提高无疑会使服务的质量和数量大大提升，有利于增强企业的优势。另外，在人力资源的使用过程中，普遍存在着“干中学”和“溢出效应”等动态效果，为服务企业优势的创造、保持和发展奠定基础。

（7）创新

在许多情况下，创新形成了跨国公司的竞争优势，如美国的沃尔玛、法国的家乐福等跨国零售企业在国外采取了超级市场的新概念，国际医疗服务连锁经营把现代管理方式运用到传统上一直缺乏商品敏感度的领域而取得了竞争利益；把商品和服务结合在一起进行创新，也可以得到竞争利益，如计算机辅助设计、数据传递、娱乐服务等。不断在生产、经营和管理方面进行创新，是现代企业保持恒久竞争力的根源。

此外，所有权优势还可以表现在服务业企业利用诸如劳动力、自然资源、金融、数据处理和传递设备等投入的机会，进入产品市场的机会，进入信息、金融、劳动力国际市场的机会或对国际市场的了解程度等方面。

2）区位优势

区位优势是东道国所有的特定优势，企业无法自行支配，只能适应和利用这种优势。区位优势主要表现在以下几个方面：

（1）不可移动要素禀赋产生的优势

东道国不可移动的要素禀赋所产生的优势，如自然资源丰富、地理位置方便、人口众多等，不同的服务行业对外直接投资对这些区位优势的要求不同，如旅游业服务点的选址需要考虑气候、自然风光、名胜古迹等，而金融业服务点的选址则集中在工商业中心；除区位约束性服务外，跨国公司对东道国的区位选择主要受服务消费者需求支配，因此，东道国人口数量、人口素质、习惯性的消费偏好等因素也决定了跨国公司对外直接投资行为；东道国较大的市场规模、优越的资源质量、较为完善的基础设施，以及地理相邻、语言相通、文化相近的地缘优势等因素，也构成了重要的区位优势。

（2）政治体制和政策法规形成的有利条件

东道国的政治体制和政府政策法规灵活、优惠而形成的有利条件会给投资者创造更好的竞争机会，如美国废除了对金融业混业经营的限制，不仅有利于其境内金融机构大规模发展，也有利于外资金融机构扩大在美经营范围，从而有利于吸引外国投资；我国台湾地区逐渐放宽了对服务业外资的限制，使其成为东南亚地区服务业直接投资流向的一个热点。

（3）聚集经济的优势

竞争者集中的地方，会产生新的服务机会，这种服务是针对市场发展需求而产生的，如国际银行在竞争者集中的大金融中心创立了银行间市场，严重依赖专业信息来源和专门技巧的服务商大多选择同类企业相对集中的领域，保险和银行业常常会选择主要城市和中心商业区。

区位优势的获得与保持往往是服务业对外直接投资的关键，当企业投资的产业选择与东道国的区位特色相融合时，会强化产业比较优势和区位比较优势，促进对外直接投资的发展；反之，则使两者的优势相互抵消、衰减甚至丧失。当然，区位因素直接影响跨国公司对外直接投资的选址以及国际化生产体系的分布，只构成对外直接投资的充分条件。

3）内部化优势

内部化优势是服务业企业为了克服外部市场的不完全性和不确定性，防止外国竞争对手模仿，将其无形资产的使用内部化而形成的特定优势。与服务业跨国公司特别有关的内部化优势主要包括以下几个方面：

（1）避免寻找交易对象并与其谈判而节约的成本

国际服务贸易的起始点是跨越国境寻求合适的客户资源，这必然会产生包括寻租成本、协商成本等在内的一系列交易成本。跨国公司通过将外部交易内部化，可以有效地降低交易成本，尤其是当跨国投资的启动成本低于外部交易成本时，对外直接投资就有利可图，企业也能因此获取竞争优势。

（2）弱化或消除要素投入的不确定性

服务产品的差异性较大，又具有量身制作的特征，信息的不对称性使得买方对产品的了解程度远低于卖方，容易出现买方出价过低或卖方出价过高的现象。内部化可以克服这些弊端，消除投入方面的不确定因素，对于中间性服务产品尤为重要。

（3）保证中间产品或最终产品的质量

产品质量控制是服务业企业对外直接投资的主要动力之一，通过服务交易内部化，服务企业可以用统一的衡量标准，实现在全球范围内对产品质量的监控，使其所有权优势得以保持和发挥。

（4）避免政府干预

目前，对服务产品跨国交易的严格管制普遍存在，配额、关税、价格管制、税收差异等干预手段层出不穷。相对来说，外商投资因对东道国的经济发展产生的积极影响而易于被接受。因此，通过跨越国境投资设厂不仅可以降低国际服务贸易中的政策性因素干扰，而且能够得到东道国一些优惠性投资待遇，有利于企业在当地市场展开竞争。

邓宁关于服务业对外直接投资理论强调，企业只有同时具有三大优势时，才能进行有利的对外直接投资。邓宁认为，以下类型的服务公司具有内部化开发利用优势和从事对外直接投资的强烈倾向：

第一，信息密集型服务行业，如银行业和商业服务。这类企业以拥有的信息和知识为主要优势，这些知识带有默示性质，生产费用高、复杂而且特征性强，但易于复制，只有在企业内部才能得到更好的保护和更有利的运用。

第二，以产品品牌或公司形象而著称的服务企业，如建筑、汽车租赁、广告和一些商业服务行业。当企业寻求质量保护和商誉维护时，就需要为服务产品建立严格的、直接的质量标准，此时就会出现水平一体化，因为内部化比外部市场交易对于质量标准的控制更为有效。

第三，以知识为基础的创新型服务企业。实现生产和消费的垂直一体化有利于新型服务产品的推广，因为在创造服务需求和普及服务产品时，需要指导购买者消费服务，而创新者对其产品所具备的知识使其成为最佳引导者。

第四，拥有商标和版权等无形资产的企业。这类企业会在国外建立保护其资产权利的分支机构。

第五，工业跨国公司拥有股权的服务业附属公司。这些公司旨在保证制造业公司以最优条件获得投入物，帮助母公司维持和发展生产、出口及海外市场。

索旺（Sauvant）1993年主持的“服务业跨国化研究”对服务业跨国公司进行了综合实证分析，他用包括不同国家11个部门中最大的210个企业在10年间（1976—1986）的数据进行了回归法检验，测定影响服务业跨国公司对外直接投资的决定因素。回归分析确定了9个决定服务业对外直接投资的主要因素，即市场规模、东道国的商业存在、文化差距、政府法规、服务业的竞争优势、全球寡头反应、产业集中度、服务业的可贸易性以及企业规模与增长，这一检验结果充分证实了邓宁理论在现实中的解释力。

6.2.3　发展中国家服务业对外直接投资理论

邓宁理论解释了发达国家服务业对外直接投资的原因，但事实上发展中国家服务业对外直接投资也一直呈上升趋势，尽管严格说来，发展中国家的许多跨国公司并不具备邓宁提出的三种优势。近年来，出现了一些专门研究发展中国家对外直接投资动因的理论，其中一部分研究并未将服务业排除在外，主要有：

1）市场控制理论

绝大多数商品经营都需要中间服务，但每一个中间服务者的服务能力有限，他们只愿意为利润大、风险小的商品经营者提供服务，因此，如果一个厂商的商品或服务不能给中间商以高额利润，或者该厂商的生产经营风险较大，他就难以从中间商处获得良好的服务。

厂商往往需要在公众心目中树立自己特有的形象，以确定自己的市场地位，所以，厂商有必要控制、影响中间商或自己直接与公众接触；如果中间商不予合作或合作不好，厂商直接与公众接触就成为必要。

在上述情况下，只要具有经济、技术、法律上的可行性，只要对企业的总体发展有利，企业直接控制中间服务，将中间服务纳入自己的运行机制中就成了理性选择。此时的直接成本并不起决定作用，相对优势也不是前提条件，当母公司在发展中国家，中间服务在发达国家时，母公司向发达国家投资，并在发达国家建立自己的商品服务中间机构——子公司、分公司，发展中国家进行直接投资就无可厚非了。

2）国家利益优先取得理论

从国家利益的角度看，多数发展中国家进行对外直接投资有其特殊性，这些国家的企业，尤其是服务企业，按照优势理论的标准来衡量，根本不具备跨国经营的条件，但在世界经济一体化浪潮的冲击下，国家会出面支持和鼓励企业进行对外直接投资，寻求和发展自身优势。这种性质的对外直接投资不仅使投资者能够保持资本所有权，并取得资本收入，还使投资者保持对资本运行和使用的控制权，从而获得远比货币收益更广泛的综合效益。

第一，资源转换效应。投资国通过对外直接投资，可以直接从国外取得低成本的资源供给，享受东道国提供的基础服务，还能吸取和传输国外先进技术成果和管理知识，这是发展中国家鼓励和支持企业对外直接投资最根本的动因之一。

第二，产业结构调整效应。发展中国家向国外进行一揽子要素转移的部门，往往是国内发展较为成熟、产品供给相对充足甚至饱和的产业部门，通过直接投资的方式进行生产的跨国界转移，既保证了现有资产的应有价值，又起到了调整和优化国内产业结构的作用。

第三，市场竞争效应。跨国经营企业数目的增多和规模的扩大，会对国内原有的竞争趋势产生不可忽视的影响。率先进行对外直接投资的企业，将会因为在国外取得了新的市场空间，或者取得了稳定的资源供给以及新的技术信息等，大大增强自身竞争实力，给国内竞争对手带来新的压力，迫使其效仿先行企业，或者采取对外直接投资方式，或者改进经营，加强研究与开发，提高服务产品质量等，以应付挑战。这些都会对投资国竞争水平的提高、经济活力的增强产生积极作用。

3）小规模技术理论

美国经济学家威尔斯指出，发展中国家跨国企业的竞争优势来自低生产成本，这种低成本与其母国的市场特征紧密相关。威尔斯从以下三个方面分析发展中国家跨国企业的比较优势：

第一，拥有为小市场需要提供服务的小规模生产技术。低收入国家制成品市场的一个普遍特征是需求量有限，大规模生产技术无法从这种小市场需求中获得规模效益，而这个市场空档正好被发展中国家的跨国企业所利用，它们以此开发了满足小市场需求的生产技术而获得技术优势。

第二，发展中国家在民族产品的海外生产上的优势。发展中国家对外投资的另一个特征表现在鲜明的民族文化特点上，这些海外投资主要是为了服务海外同一种族团体的需要而建立的，突出的实例是华人社团在食品加工、餐饮等方面的需求带动了部分东亚、东南亚国家和地区的海外投资，这些民族产品的生产利用了母国当地资源，在生产成本上占有优势。

第三，低价产品销售战略。与发达国家跨国公司的产品相比，物美价廉是发展中国家产品最大的特征，这一特点自然成为发展中国家跨国企业提高市场占有率的有力武器。

4）规模经济理论

对于很多商品、服务的生产经营者来说，随着生产技术、管理技术的进步和企业生产规模的扩大，与商品、服务的市场价值增加相比，企业商品、服务的生产经营成本有递减趋势。在实践中，这种趋势性主要表现为大规模商品或服务生产效率的提高、同一商标的经济性、信息分享的经济性、市场影响与控制的经济性等。当具有规模效应企业的商品、服务的生产具有可分性时，企业在国外设立子公司、分公司就具有了可能，也成为企业实现规模经营的一种形式。只要规模经济效应大于设立子公司、分公司的成本，对外直接投资就是可取的。当市场或要素在发达国家，母企业在发展中国家时，发展中国家企业向发达国家的直接投资就成了理所当然。

6.3 服务业跨国公司

6.3.1 服务业跨国公司的组织形式

跨国公司是服务业对外直接投资的主体，它不仅包括制造业跨国公司，而且包括服务业跨国公司，服务业跨国公司是指主要业务是向市场提供服务的跨国公司。大多数服务业跨国公司，特别是大型跨国公司，与制造业跨国公司一样，一般会采取非股权安排和股权投资的组织形式。

1）非股权安排

非股权合作形式是指在一般不涉及股权或企业产权的条件下，通过契约转让一项或几项无形资产而进入目标国市场。非股权合作形式具体可分为特许经营、管理合同、许可证协议、战略合伙等方式，其中在服务业运用最为成功的是特许经营。

特许经营的一般前提是潜在的特许人拥有较知名的商品、商标、技术、计划与管理能力，潜在的受许人拥有资金；特许人将自己所拥有的商标、商号、产品、专利和专有技术、经营模式等以特许经营合同的形式授予受许人使用，受许人按照合同规定，在特许人统一的业务模式下从事经营活动，并向特许人支付相应费用。

特许经营可以使特许人以较少的投入开展国际化经营，又可以使受许人在较短时间内引入对方成熟的品牌、专利、经营管理经验等，且不必冒太大风险。特许经营的优势使其得到了包括麦当劳、肯德基、屈臣氏等国际著名品牌的广泛认可，也使其渗透到了包括餐饮、零售业、人力中介、商业服务、建筑装修服务、汽车租赁、娱乐业等在内的几乎所有服务行业。

2）股权投资

股权投资形式大体可分为新设和并购两种方式，是指服务业对外直接投资者通过全部或部分参股在目标国展开经营，其经营实体一般包括海外分支机构、海外附属企业和办事处等。海外分支机构，即海外子公司或分公司，可以独立提供服务企业的全套产品。海外附属企业主要为服务业跨国公司的全球经营提供必需的服务，运输和商业服务跨国公司经常采取这种组织形式，如大多数国际航空公司都在主要城市设立营销和订票机构，负责提供信息、出售机票、从事旅行代理业务，并进行广告和促销活动，还必须在国外机场拥有一定设备，以便处理旅客的交通、行李和货运飞机养护等事宜。办事处由少量员工管理，配备一些必要的计算机和电信设备，一般是在服务业跨国公司对外直接投资条件不成熟或者东道国禁止其进入的情况下所采取的一种折中方式，设立的目的主要在于了解目标国市场以及宣传公司品牌。

与非股权安排相比较而言，一方面，股权合作形式的劣势在于直接投资成本较大，但优势是通过跨国公司体系内的信息与资源共享，实现了无形资产的交易内部化，可以将信息不对称所导致的市场失灵降到最低，解决非股权安排中对于品牌、管理等难以定价的问题，避免由于机密泄漏等带来的损失，有利于投资者实现资产所有权收益；另一方面，非股权安排一般有一定期限，投资者在把自己的经验和技术进行传授的同时，也为自己树立了众多潜在的竞争对手，而股权投资形式所产生的分支机构则隶属于跨国公司，在其全球战略下统一行动，不会对投资者造成巨大的威胁。

服务企业跨国直接投资的具体形式取决于各种因素的权衡比较。第一是各种形式的相对成本和收益的比较，股权投资成本主要包括进行股权投资所需的资本和失去该资本的风险，管理、协调、监控国外股权投资的风险，放弃以前向专业生产和高效率供应商购买而得到的收益；非股权安排的风险主要是交易性质的，包括与交易本身相关的成本，如寻找合适的契约伙伴的搜寻成本和谈判成本，与契约有关的成本，如价格、对提供服务的详细说明、对提供服务用途的控制、交货的次数和时间，监督成本特别是质量管理和检验方面的成本，与契约条款能够被遵守和这些条款受到破坏的有关成本，实行市场内部化交易而放弃的收益。跨国公司海外扩张过程中追求尽可能降低成本，最大化利润空间，所以成本与收益的对比会影响其组织形式的选择。第二是政府干预的程度和类型，包括直接行政干预以及财政、税收、关税和非关税等政策措施的实行；服务企业采取的组织形式受到政府政策导向的影响，如在一些对服务业外资严格管制的国家中，跨国公司多采取办事处一类的股权安排形式，在服务业外资管制相对宽松的国家，股权投资更是一种有益的投资形式。

现实中，非股权安排是当前服务业跨国公司使用最为广泛的一种组织形式。为数不多的大型服务业跨国公司控制了全球大部分对外直接投资活动，它们的组织形式灵活多样，既有股权投资形式，也有许可证协议、管理合同等非股权安排形式。众多的服务业中小型跨国公司更多的是寻求与大企业的合作，以保证资金来源、分担金融风险，或者是分享信息与技术共有的利益，非股权安排是其主要的对外直接投资形式。参与数据服务业活动的制造业跨国公司大多推行技术服务协议、管理合同和专利等非股权安排的投资形式。

【专栏6-2】　著名的国际服务业特许经营品牌

美国31冰淇淋（Baskin-Robins）于1945年创立，是世界上最早诞生的加盟连锁冰淇淋店之一，如今已遍布30多个国家，拥有6 000个以上分店。1993年，美国31冰淇淋来到中国开设专卖店，寻找特许经营合作伙伴。

Sing★A★Rama★是世界上最大的计算机设计和标识制作的公司，在美国及其他18个国家拥有500多家连锁店。由Ray Titus和Roy Titus创立的Sing★A★Rama★于1986年在纽约开办第一家特许经营店，并于1987年开始拓展特许经营。

美国杰罗斯色巴始于1967年，色巴配料精细，量足味美，营养搭配更是合理，是流行欧美的四大快餐之一，被誉为“质量之作”。杰罗斯公司在充分保证质量的前提下，努力降低产品价格和加盟商的投资成本，既减轻了加盟商的负担，又真正让利于广大消费者。

玛利郎（Marrybrown）始建于1981年，现拥有80多家分店，遍布于马来西亚、中国、文莱、印度、新加坡等地。玛利郎的成功，基于其高质量的食品、快捷友善的服务、清洁的就餐环境和为顾客带来的卓越的价值感。

英华美股份有限公司于1983年成立于新加坡，其目标是发展成为信息技术领导和商务领域里优秀的国际性教育培训集团。目前已在27个国家和地区开设了220多家培训中心。英华美特许经营项目由英华美学院（ICS）、泰晤士商务学院

(THAMES)、儿童计算中心(CAL)、剑桥儿童发展中心和中文电脑学院(RACC)组成。

德克士炸鸡源于美国得克萨斯州，是中国人自创的西式速食品牌。1994年首先在四川成都落户，1996年顶新国际集团出资5 000万美元，将其重新包装定位，迅速扩大其经营规模，在全国拥有9家分公司，31家直营餐厅。

Execu Train是世界上规模最大的电脑教育公司，成立于1984年，总部设在美国的亚特兰大。从1986年开始发展特许经营，1990年成为美国国际数据集团(IDG)成员并加速特许经营业务的国际化。Execu Train成功地在41个国家发展了252个特许教育中心，拥有2 500多名教师和专业人员，提供1 500余门培训课程。

6.3.2 服务业跨国公司发展的特点

20世纪80年代以后，服务业跨国公司迅速成长起来，成为国际贸易、国际投资的中坚力量，在资金供给、技术转移、就业创造、贸易推进等方面发挥着重要的作用，在全球化经营过程中呈现出明显的特点。

1）服务业跨国公司主导战略变化

20世纪70年代以前，制造业跨国公司主要以利用东道国资源和廉价劳动力为动机进行直接投资，曾带动了铁路、公用设施、基础建设等劳动密集型服务业企业的海外延伸，但从投资规模和对东道国经济的影响来看，服务业只是作为制造业的补充而落后于制造业。20世纪70年代开始，制造业跨国公司不断成熟，对外投资结构升级、形式多样，为发达国家服务业的对外发展奠定了基础。同时，产品和技术的国际贸易蓬勃发展，对为其提供服务的全球需求日益增加。20世纪80年代以后，服务业已不再单纯跟随在制造业之后走向海外，企业跨国化经营形成的国际竞争环境极大地提高了服务业寻求在全球范围内设立分支网络、渗入世界主要市场、谋取利润的跨国战略意识。特别是在WTO体制下，各国放松了历来管制甚严的电信、金融等服务部门，为服务业跨国公司迅速向海外扩张提供了契机，服务业跨国公司的主导战略由追随型转变为主动型，逐渐摆脱了纯粹提供中间性生产投入的传统角色，开始参与制造业活动，如跨国银行接受跨国公司的委托，承办并直接参与为跨国公司所需要的银团、企业组建和变动等活动。但服务业跨国公司更多的是向同行业其他部类的服务领域扩展，主要强调的是相互衔接的一条龙服务，如跨国银行及其分支机构不仅为制造业跨国公司提供资金，而且经办公司体系内的资金调拨、周转和结算，或为制造业跨国公司的外汇、资金、市场行情、企业变动和生产经营提供咨询；零售业公司兼营保险和信用卡业务；数据处理公司同时经营软件和电信业服务；会计师事务所除审计外，将管理咨询、市场调研和公关等部门的服务融于一身。

2）服务业跨国公司综合实力提升

美国《财富》杂志每年一度的“全球500强”的评比是对跨国公司实力的一个

综合考察。由近年的数据可以看出，500强中的服务业公司在绝对数量和相对比重上都有较大的增长，所占比重超过了所有其他行业跨国公司份额的加总；从营业收益率指标来看，服务业跨国公司的实力不断提升，如在1999年营业收益率最高的10个行业中有6个是服务业，包括计算机服务和软件、多种经营财务公司、证券、网络通信、饮食服务和电信。服务业跨国公司在全球的迅速发展，使其在世界经济中占据越来越重要的地位。

3）服务业跨国公司并购活动频繁

20世纪90年代，跨国并购充分发挥投资迅捷和有效避税的优势，成为对外直接投资的主要方式，跨国并购在服务业对外直接投资中也发挥了主要的作用。在这次并购高潮中，服务业一直是非常活跃的部类，服务业跨国并购的交易金额占到并购总额的50%左右。从具体行业来看，全球并购的热点是金融业，如欧盟国家和美国的银行业纷纷合并；并购浪潮的第二个焦点是电信业，如美国电信和传媒企业的合并以及欧洲市场上法国电信同意收购英国第三大移动电话公司都给人们留下了深刻的印象，美国在线收购时代华纳的交易金额更是高达1 470亿美元，成为并购规模最大的案例之一。

4）服务业跨国公司带动技术全球扩散

跨国公司拥有雄厚的资金实力在世界范围内安排生产，成为现代技术[①]的发源地、散播者和推动器。服务业跨国公司以软技术优势见长，由于服务业产品的生产和消费难以分隔，从母公司生产中分离出技能相对低的服务的可能性很小，因而服务业跨国公司向海外分支机构转移的技术更安全，更接近母公司的水平。日趋发达的跨国界信息流动降低了服务业海外活动的成本，跨国的计算机网络和通信系统使服务业跨国公司的海外分支机构成为母公司全球战略的重要组成部分，母公司能够更有效地组织其全球范围的活动，通过海外分支机构向发展中国家输出当地并不具备的现代服务，在发达国家则提供价格更低廉、质量更优异的服务。

【专栏6-3】　主要服务行业的跨国公司

（1）金融业——花旗集团

花旗集团（Citigroup）是当今世界资产规模最大、利润最多、全球连锁性最高、业务门类最齐全的金融服务集团。花旗集团目前被全球公认为最成功的金融服务集团之一，不仅是因其在全球金融服务业盈利与成长速度最高的企业中连续占据领先地位，更由于它是世界上全球化程度最高的金融服务连锁公司。花旗集团为100多个国家2亿多位客户提供服务，每位客户到任何一个花旗集团的营业点都可得到储蓄、信贷、证券、保险、信托、基金、财务咨询、资产管理等全能式的金融服务，平均每位客户的产品数在全球同行企业中排名第一，因此花旗集团的客户关系服务网络是花旗不可估量的一种资源。桑迪·维尔就曾骄傲地说过：“这个网络是我们唯一拥有的真正有竞争力的优势，不管你到世界任何一个地方，你都可能找

① 现代技术包括被称为硬技术的产品设计及生产技术和工艺，被称为软技术的雇员技能培训、管理经验、金融技术等。

到一家花旗银行的机构可以为你服务。”

（2）运输业——联邦捷运

联邦捷运是世界上最大的运输公司之一，专门从事在全美和许多国家范围内包裹和文件的专递服务。联邦捷运于1971年在美国特拉华州成立，1973年4月开始经营空运投递业务，其联邦快递部门是世界最大的快递运输公司，每日处理的货件量平均多达330万份；其FedEx Ground部门在北美洲运送小包裹；其FedEx Custom Critical致力于紧急快递业务。联邦捷运一直坚持一个非常简单的经营理念——100%的客户满意。

（3）电信业——AT&T

AT&T全称为美国电话电报公司，其前身是1877年成立的贝尔电话公司。AT&T是全球性通信和电脑公司的权威，不仅是美国最大的电信设备研究和制造商，更是美国最大的通信服务公司，其主要业务部门有四个：通信服务集团，主要提供全球通信业务服务；网络系统集团，主要提供通信网络的软件、硬件及管理技术；AT&T环球信息服务集团，主要提供信息技术和服务；多媒体产品和服务集团，主要提供通信、计算、信息及娱乐相结合的多重多维产品。作为全球性公司，AT&T在全世界为商业、个人、通信服务部门及政府部门提供通信服务、网络通信产品和计算机系统，目的是致力于世界各地人们在任何时间、任何地点方便地联络，并向人们提供所需的信息服务，在缩短人与人之间、人与信息之间的距离方面保持了世界通信领域的领导者地位。

（4）零售业——沃尔玛

沃尔玛是世界著名的折扣零售连锁店，从最初小镇上的一家杂货店发展成为世界最大、最成功的零售帝国。从1962年沃尔顿建立第一家沃尔玛折扣商店开始，逐渐形成了一整套的企业文化和企业理念，正是这种文化、价值观和理念，使得沃尔玛一直处于不断创新和快速成长的状态。沃尔玛的发展战略是：反向扩张战略、零售形式创新战略、天天低价战略和客户第一战略。

（5）专业服务——麦肯锡

麦肯锡咨询公司是美国1926年成立的专门为企业高层管理人员服务的国际性公司，业务网络遍及全球，已成为具有“世界第一咨询机构”称号的国际性管理咨询公司，其创建者麦肯锡是管理咨询思想之父。麦肯锡的成功在于拥有一支卓越的咨询队伍和“与客户一起成功”的经营理念。麦肯锡公司属私人股份制的有限责任公司，全部股权归近600名现任董事所有，分布在世界各地的每家麦肯锡分公司都由资深的麦肯锡咨询董事“Partner（合伙人）”和专业咨询顾问组成。

（6）广告业——奥姆尼康集团

奥姆尼康集团（Omnicom集团）是现今全球最大的广告传播集团，旗下拥有BBDO、TBWA、DDB、凯旋公关（Ketchum）等广告代理商。奥姆尼康通过其全球网络和下属的众多专业公司在100多个国家为超过5 000个客户提供广告、战略媒体规划和购买、直销、促销、公共关系和其他专业传播咨询服务。公司在全球拥有

6万多名专业技术人员，被公认为是全球最富创意的公司。

● 本章小结

1.对外直接投资是指把所有或部分必要的生产要素转移到国外，并对这些要素的国外使用进行控制的国际交易方式。在实践中，服务业对外直接投资的检验标准是其利润收入来源于外国股权所带来的收益。

2.服务业对外直接投资的规模迅速扩大，外国直接投资已经开始大量地向服务产业转移，其突出的特点是跨国并购迅猛发展，并成为直接投资的主要形式。快速发展的同时，世界服务业产业结构与服务贸易结构也正由传统的劳动力密集型向新兴的知识技术密集型转变。在服务业对外直接投资自由化的过程中，发达国家在服务业直接投资中占据绝对优势地位。

3.由于世界产业结构重心的偏移，国际货物贸易的发展和新科技革命的推动，《服务贸易总协定》的实施，跨国公司在跨国服务交易中地位的提升，各国引资政策的调整等原因，服务业对外直接投资不断发展。

4.东道国会对一些关键性的服务行业、新型服务行业采取必要的保护性措施，限制外资自由进入；对某些本国具有竞争优势的服务行业则会降低限制，实行自由竞争。服务业对外直接投资对东道国产生的影响既有外溢效应也有内敛效应。

5.服务业对外直接投资理论有垄断优势理论、产品周期理论、内部化理论、边际产业扩张理论、国际生产折中理论、投资诱发要素组合理论等。其中邓宁的理论体系比较完善，他认为服务业对外直接投资也应同时具备所有权优势、内部化优势和区位优势三个条件。

6.发展中国家服务业对外直接投资理论有市场控制理论、国家利益优先取得理论、小规模技术理论、规模经济理论等。

7.服务业跨国公司就是指主要业务是向市场提供服务的跨国公司。大多数服务业跨国公司，特别是大型跨国公司，与制造业跨国公司一样，一般会采取非股权安排和股权投资的组织形式。

8. 20世纪80年代以后，服务业跨国公司迅速成长起来，成为国际贸易、国际投资的中坚力量，在资金供给、技术转移、就业创造、贸易推进等方面发挥着重要的作用。在全球化经营过程中，服务业跨国公司呈现出主导战略变化、综合实力提升、并购活动频繁、带动技术全球扩散的特点。

● 扩展阅读

1.联合国贸易和发展会议每年发布《世界投资报告》（World Investment Report），对全球对外直接投资的流量和存量概况、分产业部门的投资状况、跨国公司、M&A以及绿地投资的详细数据进行分析，并公布服务业部门对外直接投资的数据，可以在其官方网站（http：//www.unctad.org）免费下载相关资料。

2.国际货币基金组织统计数据库中的国际收支统计（Balance of Payments

Statistics，BOPS）分年度详细记录了世界各国和地区的国际收支平衡状况，可以在其常规项目内容中查询各国对外直接投资情况，此数据可以在IMF官方网站（http：//www.imf.org/external/data.htm）免费下载。

3.索尔尼克，麦克利维. 国际投资［M］. 张成思，译. 6版. 北京：中国人民大学出版社，2010.

4.白远，罗立彬. 服务业国际直接投资：引进来与走出去［M］. 北京：中国金融出版社，2010.

5.黄益平，何帆，张永生. 中国对外直接投资研究［M］. 北京：北京大学出版社，2013.

6.樊纲，许永发. 中国对外直接投资：战略、机制与挑战［M］. 北京：中国经济出版社，2017.

7.卢进勇，虞和军，等. 国际服务贸易与跨国公司［M］. 北京：对外经济贸易大学出版社，2002.

● 基本概念

对外直接投资　垄断优势　产品周期　内部化　边际产业扩张　国际生产折中投资诱发要素组合　规模经济　服务业跨国公司　非股权安排　股权投资

● 复习思考题

1.分析服务业对外直接投资的含义及发展。

2.分析东道国服务业对外直接投资的管理体制。

3.试析邓宁的服务业对外直接投资理论。

4.阐述服务业跨国公司的组织形式及发展特点。

第7章/国际服务贸易多边规则

学习目标

了解国际服务贸易多边谈判的过程和内容、《服务贸易总协定》的基本框架；掌握《服务贸易总协定》签署的意义；重点掌握《服务贸易总协定》的基本原则、特定义务和例外及限制。

[引导案例]

当前国际贸易规则体系正处于新一轮的重构期，经历着1994年乌拉圭回合结束以来最大一轮的改革与完善。新贸易规则体系注重议题的广泛性和规则的高标准，有着丰富内容和复杂性。国际贸易规则重构，不仅对世界经济贸易格局和国际经贸关系调整产生深远影响，也给中国开放型经济发展带来新挑战和新机遇。

在经历了2008年国际金融危机后，世界各国需要彼此创建一个更加开放的市场和更加深入广泛的经贸合作来推动经济增长。在新一轮全球贸易规则体系变革中，推动市场进一步开放、削减贸易与投资壁垒仍是基本方向和核心。无论是传统议题还是新议题的谈判，都力求实质性地消除现存的贸易与投资壁垒，提高全球市场的相互开放程度。而无论是多边、诸边，还是区域、双边层面的贸易谈判，也都是在以不同方式推进全球和区域市场开放。美欧一直以来是国际贸易规则的引领者、制定者与最大受益者，在规则制定上占据绝对优势，发挥着重大影响力。近年来，美欧凭借掌控全球治理制度性话语权的战略能力，积极推出TPP、TTIP、TISA等贸易协定谈判，这既反映了世界经贸格局的深层次变化，也凸显了美欧主动进行战略性调整的布局。其目的在于争夺规则制定主导权，占据未来国际竞争制高点，维护在全球治理中的领航地位。受新规则体系的压力与制约，世界其他国家都感受到新的竞争压力。如何在贸易规则重构中避免被边缘化，是新兴经济体和发展中国家要正视的严峻挑战。

全球贸易新规则体系决定着未来国际竞争规则和产业格局，我国要提出相关主张和方案，以“一带一路”倡议为契机，与沿线国家构建与国际经贸新规则相衔接的贸易投资合作机制。对于TPP、TTIP和TISA等新型贸易协定持开放态度，倡导TPP和RCEP对接融合，朝着亚太自贸区的大方向迈进。要重视参与国际规则制定的软实力建设。对于TPP、TTIP、TISA等协定所涉及的贸易新规则与标准，不仅要重视，更要深入了解和研究，以把握国际贸易政策的前沿，争取在国际贸易规则制定中的主动权。

资料来源：陆燕. 直面国际贸易规则体系的深刻变革［N］. 上海证券报，2016-08-18.

7.1 国际服务贸易多边谈判

7.1.1 国际服务贸易多边谈判的背景

长期以来，美国的服务提供者一直致力于建立一个类似于GATT的全面的国际服务贸易规则，美国《1974年贸易法》就授权美国政府将服务贸易列入多边谈判之中。在尚缺少国际服务贸易规则的情况下，《1974年贸易法》第301条规定，美国企业有权向政府提出调查外国不公平贸易做法的要求，如果双边磋商和谈判未能取得满意结果，美国可以单方面采取报复措施。

作为执行本国贸易政策的一部分，早在GATT东京回合谈判中，美国政府就已经根据其国内贸易法的授权，试图把服务贸易作为该回合谈判的议题之一。美国贸易政策向服务行业延伸的倾向主要来自于三方面的压力：一是来自于美国服务行业，特别是美国国际集团和美国快递公司[①]。这些公司对通过出口以及子公司在外国的直接销售扩大其国际市场的服务抱有极浓厚的兴趣，它们坚持市场准入的原则。二是来自于政府官员和商业领导。他们宣称美国的相对优势已经从货物贸易转向了服务贸易，这可以从美国的银行、金融公司、保险公司、海运和航运公司、电信和通信公司等的规模和市场占有份额看出，并且在美国货物贸易赤字日增，而在服务贸易领域却占据明显优势，连年顺差（参见表7-1）。因此，为了通过出口和直接投资向国外推出其服务，政府必须为打开国际市场而铺路。三是来自于贸易政策专家。这些人将服务贸易视为GATT的强心剂，并期望它能适应不断变化的全球化经济，这些专家同时将服务视为系统解决与非关税壁垒相关的一系列新方法。

由于东京回合谈判有更加迫切的问题需要解决，美国没有提出服务贸易的减让谈判，但在东京回合所达成的海关估价、政府采购协议中写入了一些服务贸易的内容。在“东京回合”期间，美国政府继续对服务业和服务贸易加以研究，为此还专门成立了“服务贸易咨询委员会”，以直接沟通政府与企业间的联系。欧共体起初对美国的提议颇具戒心，但后来经过对12国服务业的调查发现欧共体服务贸易出口是美国的两倍，转而成为美国的坚强支持者。日本虽然是服务贸易的最大进口国，呈逆差态势，但对美国和欧共体一直存在巨额的货物贸易顺差，为缓解与美欧之间日益尖锐的贸易摩擦而始终支持美国，但日本在着力提高其服务业的竞争力，尤其是金融和人力资源方面。1982年蒙特利尔的GATT部长级会议召开之际，美国提出该会的首要议题是在GATT中确定一项关于服务贸易的工作计划，以便为这一

① 1981年起由美国快递公司（Jim Robinson任总裁）领导下的美国金融服务公司与美国贸易代表比尔·贝如克（Bill Brock）之间引发了一场激烈的辩论；美国贸易代表团正式在1982年的GATT部长级会议上提出了服务贸易问题，并一直对这一问题的讨论施加压力。

表 7-1 美国服务贸易额统计 单位：百万美元

年份 \ 项目	出口额	进口额	差额
1985	63 490	57 180	6 310
1990	137 100	98 200	38 900
1991	152 320	99 930	52 390
1992	158 707	102 393	56 314
1993	165 871	108 159	57 712
1994	180 645	118 832	61 813
1995	197 839	127 250	70 589
1996	215 928	137 388	78 540
1997	232 285	150 459	81 826
1998	237 907	164 073	73 834
1999	258 638	181 006	77 632
2000	277 324	205 153	72 171
2001	269 114	202 018	67 096
2002	272 630	205 580	67 050
2003	282 500	218 200	64 300
2004	318 000	260 000	58 000
2005	361 600	282 200	79 400
2006	397 800	308 300	89 500
2007	454 400	335 600	118 800
2008	524 100	367 900	156 200
2009	512 722	386 801	125 921
2010	563 333	409 313	154 020
2011	627 781	435 761	192 020
2012	656 411	452 013	204 398
2013	701 455	461 087	240 368
2014	743 257	481 264	261 993
2015	750 860	488 657	262 203
2016	752 411	503 053	249 358

资料来源：联合国贸易和发展会议统计数据库（UNCTADstat，网址 http：//unctadstat.unctad.org/wds/ReportFolders/reportFolders.aspx）。

领域的多边谈判准备技术基础。在美国的推动下，经过一系列的努力，GATT缔约方大会通过了部长宣言，宣布GATT各缔约方同意：第一，建议每个缔约方应尽最大努力审核其国内包括区内各类服务贸易的相关问题；第二，邀请各缔约方相互交换上述资料或通过GATT等国际组织为之，并应建立一套统一的资料系统；第三，于1984年年会审议各缔约方提交的研究结果，并参考国际组织的意见，考虑通过多边谈判解决服务贸易问题的适当性和可行性。显然，国际社会对服务贸易的重视及同意并对之加以研究都是在美国的推动下成为现实的。可以说，没有美国的努力，服务贸易也许不会被提上乌拉圭回合的谈判议题，而美国之所以不遗余力地推动服务贸易谈判是因为其自身的利益，作为主要的服务贸易提供者，美国迫切需要将服务贸易打入其他国家的市场，从而保持其经济大国的地位。1984年11月GATT第40届年会上，决定成立服务贸易谈判工作组以促进有关信息的交流。乌拉圭回合筹备委员会也对服务贸易进行了讨论，1986年9月的埃斯特角部长宣言将服务贸易作为三项新议题之一列入多边贸易谈判程序，从此拉开了服务贸易多边谈判的序幕。

当然，美国争取将服务贸易列入多边贸易谈判的立场也并非未遭到任何挫折，GATT的发展中缔约方对服务贸易自由化是由坚决抵制到逐步接受的。当美国开始提出服务贸易问题时，绝大多数发展中缔约方坚决反对服务贸易自由化，理由是发展中缔约方服务业中的许多部门，如银行、保险、证券、通信、信息、咨询、专业服务等资本、知识密集型行业，非常薄弱，不具备竞争优势；发展中缔约方的服务部门尚未成熟，经不起发达国家激烈竞争的冲击，过早地实行服务贸易自由化会挤垮这些尚处于幼稚阶段的民族服务业，因此，在这些行业获得竞争力以前，不会实施开放；有些服务行业还涉及国家主权、机密和安全，与其说就电信、金融、运输以及与之相关的投资领域进行谈判，不如说是就国家控制其经济发展的战略以及保卫国家安全的能力讨价还价，因此，发展中缔约方总的立场是不愿意考虑服务贸易问题。

随着美国不断施加压力以及发达缔约方在服务贸易谈判问题上认识的逐步统一，发展中缔约方坚决抵制的立场有所改变。首先，一些新兴的发展中国家和地区某些服务业已取得相当的优势，如韩国的建筑工程承包就具有一定的国际竞争力，新加坡的航空运输业在资本、成本和服务质量上也具有明显的优势，这些国家希望通过谈判扩大本国优势服务的出口。其次，大部分发展中缔约方一方面迫于来自发达缔约方的压力，另一方面也认识到如果不积极地参与服务贸易的谈判，将会形成由发达缔约方制定服务贸易规则，而自己只能成为被动的接受者，其利益将会受到更大的损害。因此，发展中缔约方先后表示愿意参加国际服务贸易的多边谈判。发展中缔约方在国际服务贸易自由化方面态度的转变对国际服务贸易多边规则的产生起到了决定性作用。

7.1.2 乌拉圭回合的国际服务贸易谈判

美国在推进服务贸易多边谈判的过程中，提出确认GATT基本原则不仅适用于商品贸易，同时也适用于服务贸易，采取将商品贸易与服务贸易综合起来的“单轨制”谈判方式，拓宽服务贸易谈判的项目和范围，把通信、信息软件的处理等远距离核心服务，以及涉及跨国公司内部交易及其有关的投资、开业权等问题全部包括在内；根据GATT关于“维持现状，逐步退回”的原则以及达成的部分协议，逐步实现服务贸易多边自由化，以美国等发达国家在商品贸易某些项目谈判中的让步换取发展中国家在服务贸易自由化问题上的让步的“整体贸易互惠案”。而发展中国家和地区虽然在服务贸易谈判中做出一定程度的妥协，但坚持采取“双轨制”的谈判方式，将服务贸易作为与商品贸易并列的议题，由各国就旅游、建筑、金融、保险、电信、专业服务等展开具体谈判。1986年9月，埃斯特角部长宣言将服务贸易作为三项新议题之一列入乌拉圭回合多边贸易谈判程序，拉开了服务贸易多边谈判的序幕。概括而言，乌拉圭回合服务贸易多边谈判经历了三个阶段：

1）第一阶段：1986年10月27日正式开始到1988年12月蒙特利尔中期审评会议

1987年1月28日，服务谈判小组确定了谈判初期要解决的主要内容是服务贸易定义和统计；适用服务贸易的一般原则、规则，包括某些具体部门的原则；国际服务贸易多边框架的范围；现行的国际规则、协定的规定；对服务贸易的发展有促进或限制作用的措施和做法，包括各种服务贸易壁垒的确定。这一阶段各成员的分歧很大，发展中国家侧重于讨论定义、统计、范围和发展问题，发达国家则关心扩大服务的概念和服务壁垒问题，直到加拿大蒙特利尔中期审评会议前，谈判没有取得进展。但各成员代表认识到，谈判的各问题之间是有联系的，服务贸易的范围直接取决于服务贸易的定义。发展中国家要求对国际服务贸易下比较狭窄的定义，即“居民与非居民进行的跨国境的服务购销活动”，将跨国公司内部交易和诸如金融、保险、咨询、法律服务等不必跨越国境的交易排除在外；而美国等发达国家主张较为宽泛的定义，将所有涉及不同国民或国土的服务贸易归为国际服务贸易一类。多边谈判最终基本采取了欧共体的折中意见，即不预先确定谈判的范围，根据谈判需要对国际服务贸易采取不同的定义。

2）第二阶段：中期审评会议至1990年12月布鲁塞尔部长级会议

在蒙特利尔举行的中期审评会议上，各成员部长审议了服务贸易组所取得的进展，决定今后谈判的重点是与服务贸易的框架协议有关的概念、原则和准则。这些概念、原则和准则包括透明度、逐步自由化、国民待遇、最惠国待遇、市场准入、发展中国家更多参与、保障条款与例外等。中期审评之后的工作主要集中于通信、建筑、交通运输、旅游、金融和专业服务各具体部门的谈判。绝大多数发达国家认为，协定能否成功的关键在于乌拉圭回合结束后，各缔约方能否承担相同的义务，它们明确地表示“搭便车”是不能接受的；而发展中国家认为，应当承认在国际服务贸易领域中发展中国家与发达国家之间存在着不平衡现象，设法改善发展中国家服务的市场准入状况，在逐步自由化的规则、方法和程序方面应该具有灵活性。审评会议决定加速对国际服务贸易原则和规则的谈判，以便在乌拉圭回合结束前完成协议的起草工作并使之生效。

在这一阶段，服务贸易谈判的内容分为三个部分：关于服务部门的试验性谈判；关于服务贸易框架协议本身的谈判；关于服务贸易框架协议附件的谈判。

第一，关于服务部门的试验性谈判。1989年4月服务贸易谈判组会议决定选择通信、建筑、交通运输、旅游、金融（含保险）和专业服务6个部门进行试验性谈判，检验中期审评会议确定的服务贸易原则和规则在具体服务部门的适用性。1989年6~10月份的试验性谈判表明，虽然服务部门之间具有不同的特点，基本上可以适用服务贸易框架协议的原则，但服务贸易框架协议应该有比较明确、具体的规定。这6个部门的试验性谈判是在事先未讨论国际服务贸易定义的情况下进行的，试验性谈判并不深入。

第二，关于服务贸易框架协议本身的谈判。在试验性谈判的基础上，根据中期审评会议的决议，服务贸易谈判组围绕有关原则和规则，就服务贸易框架协议的内容进行了广泛讨论。从1989年下半年开始，特别是1990年年初后，一些国家和地区陆续向服务贸易谈判组提交了有关框架协议的提案，其中包括美国、巴西、瑞士、欧共体、日本提交的国别提案，巴西、智利、哥伦比亚、古巴、洪都拉斯、牙买加、尼加拉瓜、墨西哥、秘鲁、特立尼达和多巴哥、乌拉圭11个拉美国家的联合提案，中国、印度、喀麦隆、埃及、肯尼亚、尼日利亚、坦桑尼亚7个亚非国家的联合提案。就多边框架所提交的提案大致可以分为两类：一类是先确定一系列严格的多边原则以确保“过境承诺”，其中包括国民待遇等，允许对某些部门有所保留，而对没有否定开放的部门则极少保留，即所谓的“否定清单”模式，这种提案一般被认为是“OECD模式”与“GATT体制”的结合，以促进国际服务贸易的自由化；另一类是在确定多边原则和一般义务的前提下，就各具体部门进行谈判，以部门协议的形式推进本部门的服务贸易自由化进程，没有达成一致的部门，暂时不实行贸易自由化，即所谓的“肯定清单”模式。前者以美国提案为代表，在美国看来，服务贸易谈判最重要的目的是建立一个多边法律框架，以在尽可能多的部门和国家中推进国际服务贸易自由化；多边框架协议将处理限制外国服务供应商业务的做法和扭曲贸易的措施，同时应在多边框架中消除现存的一些限制性措施和服务贸易壁垒；多边框架应建立在透明度、非歧视原则、国民待遇、国家垄断原则、补贴、非歧视鉴定程序、磋商和争端解决的原则之上，并对这些原则做出概念性解释。后者以发展中国家提案为代表，其主要立场是国际服务贸易的多边框架应与GATT从立法角度分离；发展中国家的参与应建立在相对互惠原则基础之上；在服务贸易自由化方面，通过资本流动实现的服务贸易和通过人员流动实现的服务贸易都应包括在内；多边框架协定的最高目标应是发展中国家的经济增长和发展；应尊重各国国内的政策目标，不应寻求国内法规的一致，而应增强各国国内的服务能力；框架协定应包含无条件最惠国待遇原则，但也应允许有例外，如发展中国家的地区性合作协定；市场准入和国民待遇承诺不应是框架协定的普遍义务，而应是某些具体和独立的承诺的结果；对发展中国家有重要利益的部门应优先谈判；类似于GATT第10条的透明度条款应包括在内；国际服务贸易逐步自由化过程应与技术转让联系起来。后来，GATS文本结构采纳了“亚非提案”的主张，并承认成员发展水平的差异，对发展中国家做出了很多保留和例外，这在相当程度上反映了发展中国家的利益和要求。

第三，关于服务贸易框架协议附件的谈判。1990年5月，服务贸易谈判组决定就框架协议原则在服务部门的实施问题成立部门工作组，讨论各部门的特点，确定是否有必要以建立协议附件的方式制定更加详细的实施协议。为此，建立了电信、金融、劳动力跨国境流动、建筑与工程、运输、专业服务、视听、旅游8个部门工作组，工作组的讨论表明，由于资金、技术和基础设施等因素的限制，发展中国家在各个服务部门中都面临着困难，处于竞争劣势。为促进发展中国家实现谈判目标，应该做到促进发展中国家实现国内政策目标，提高国内服务业能力；帮助发展中国家获得信息、技术培训设施和资金；允许发展中国家的劳务服务出口进入发达国家市场；根据发展中国家国内政策目标逐步实现服务贸易自由化；实施非互惠原则。1990年10月，部门工作组联席会议总结了各工作组的讨论，决定旅游和专业服务部门不设协议附件，其余6个部门没有做出最后决定。

3）第三阶段：布鲁塞尔部长级会议至1993年12月15日乌拉圭回合多边贸易谈判结束

在布鲁塞尔部长级会议上，由于美国与欧共体在农产品补贴问题上的重大分歧而没有能够最终结束谈判，服务贸易谈判进展也不大。会议期间，一些国家相继提出了初步承诺清单，美国同意放弃对无条件最惠国待遇以及对服务贸易框架协议普遍适用范围提出的保留。经过磋商，无条件最惠国待遇条款写入服务贸易框架协议草案中。从布鲁塞尔部长级会议到1991年4月，乌拉圭回合谈判基本陷入停顿状态，服务贸易谈判也处于相同状况。

1992年4月，乌拉圭回合多边贸易谈判委员会决定重新启动谈判，服务贸易谈判组恢复谈判，于5月27日举行首次正式会议，决定进一步修改和完善服务贸易框架协议。到12月下旬，经过各方紧张谈判，在GATT总干事邓克尔（Dunkel）的干预下，服务贸易谈判组终于将反复修改的《服务贸易总协定》草案提交多边贸易谈判委员会，并列入谈判委员会主席邓克尔的一揽子方案中，即《乌拉圭回合多边贸易谈判结果最后文件草案》，也称为邓克尔议案。

1993年1月13日，乌拉圭回合多边贸易谈判委员会召开会议，决定以邓克尔议案为基础继续进行谈判，服务贸易谈判组的主要工作是组织初步承诺的双边谈判。实际上，自1990年年底开始，各成员就已经陆续提出各自的初步承诺开价单。开价单的提出标志着服务贸易市场准入初步承诺谈判的开始，我国也于1991年7月向GATT秘书处递交了服务贸易初步承诺开价单。从1992年1月开始，服务贸易谈判组进行了六轮初步承诺双边谈判，参加谈判的国家在各自开价单和要价单的基础上讨价还价，许多国家在谈判的基础上还提出了初步承诺开价单的修改草案。在1993年12月15日的乌拉圭回合最终谈判中，终于通过了《服务贸易总协定》。1994年4月15日，111个国家和地区的代表在马拉喀什正式签署《服务贸易总协定》。

综观GATS的谈判过程，争论主要集中在以美国为首的发达国家一方和发展中国家一方，双方争论的根本问题是经济利益。作为服务提供大国，美国等发达国家积极争取在市场准入、国民待遇、取消限制、扩大协定适用性等方面取得较为宽松的规定；发展中国家主要是服务的进口国，出于保护民族服务业、减少贸易赤字等考虑，则积极寻求给予发展中国家和地区以特殊待遇，有限度地开放市场，逐步实现国民待遇，限制服务贸易自由化原则的适用范围。谈判各方立场的严重分歧以及服务贸易本身的特点使得将GATT的规定套用于服务贸易成为不可能，同时制定一套详尽的规范服务贸易的协议需要充分的数据和资料作为基础，还需要各方达成共识。在这种情况下，各方达成的《服务贸易总协定》便仅仅是一个框架协议，许多问题要留待WTO成立之后再通过谈判解决。

【专栏7-1】　　多哈发展议程的国际服务贸易谈判

2001年11月WTO第四届部长会议在卡塔尔首都多哈通过了“多哈发展议程”，正式展开多边贸易谈判的工作。根据部长会议的要求，新设立的贸易谈判委员会在2005年1月1日前要完成以下事项：农业、服务业、非农产品市场准入、知识产权、贸易规则、争端解决、贸易与发展以及贸易与环境8项议题谈判；就新加坡议题[①]、电子商务、小型经济体、外债与融资、技术转移、技术合作与能力建构、最不发达国家、对发展中国家的特殊与差别待遇以及谈判规则的组织与管理12项议题进行检讨，并就这些议题在第五届部长会议中提出报告。

服务贸易理事会于2002年3月19～22日举行特别会议，就服务贸易谈判达成以下共识：一是服务贸易统计工作非常重要，而各国服务贸易的统计方法不一，对各国服务贸易的研究和发展都有一定的障碍，各个代表团都愿意继续推动这个方面的工作；虽然服务贸易统计工作应该由各成员政府推动，但也属于服务贸易理事会的共同义务，需要由理事会负责监督各成员政府的执行。二是有关自愿性自由化的议题，各成员就秘书处提出的“处理自愿性自由化待遇的可能做法”进行了讨论，并认为该文件可以作为继续推动自愿性自由化的基础，理事会主席就处理自愿性自由化待遇提出建议；欧盟、中国香港、巴拉圭分别提出了三份新议案，对这个议题的讨论提供了很大的帮助。最后，讨论决定，在2002年6月举行的下一次特别会议前理事会举行非正式会议先行讨论本案。三是由于各成员对紧急保障措施的谈判缺乏共识，2002年3月15日服务贸易总协定工作小组主席会议通知各成员将紧急保障措施的谈判期限延至2004年3月15日。四是澳大利亚、日本、哥斯达黎加、南方共同市场国家、印度、古巴等代表团分别提出了谈判提案的建议案或书面意见；

① 新加坡议题：投资、竞争、贸易自由化与政府采购透明度。

服务业谈判小组主席Alejandro Jara表示将与其他相关谈判小组主席会商，避免有关环保服务业谈判工作的重复。五是在未来的工作中，需要更多的时间关注双边磋商，但多边会议仍要进行，尤其是水平议题更要进行下去，其所涵盖的服务贸易统计及自愿性自由化待遇议题最为重要。六是决定将乌干达等最不发达国家就GATS第19条第3款授权对最不发达国家特别待遇的处理所提出的建议案列入下次特别会议议程。

2003年5月12—22日的2003年度第二次服务贸易系列会议上，各成员就本轮服务贸易谈判的进展情况、服务贸易中的多边规则和纪律制定工作、服务贸易评估、最不发达国家特殊待遇模式等问题交换了意见，认为本轮服务贸易谈判应当是一个平衡的进程，市场准入谈判和规则制定谈判以及服务贸易谈判与其他领域的谈判之间都应当是平衡的；发展中国家成员呼吁发达国家成员采取切实措施，改善对发展中国家成员具有出口利益和可能的部门和模式的自由化。

在2003年9月的坎昆会议中，因为发展中国家成员本国的服务产业，特别是金融服务业不够发达，与发达国家成员的服务业相比有较大差距，进一步开放服务市场会对本国的金融安全等带来威胁，所以，为了推动服务贸易有关规则的谈判取得进展，有的成员建议各成员应就建立“服务业紧急保障机制”加强谈判，目的是建立一个“安全阀”，以消除一些成员进一步开放市场的后顾之忧。2004年3月15日，服务贸易理事会通过了延长紧急保障机制问题谈判的决定，决定对紧急保障机制问题的谈判不预设结束时限，如在本轮服务贸易谈判结束之前，成员能就建立紧急保障机制达成一致，则该机制将在不迟于本轮服务贸易市场准入承诺生效之日生效。

2004年6月23日至7月2日的服务贸易理事会系列会议就向WTO贸易谈判委员会提交的建议达成了一致，建议内容包括：敦促未提交最初出价的成员尽快提交；尽快为提交新一轮改进出价制定时间；提高出价质量并关注发展中国家成员有出口利益的部门和服务提供模式；自然人移动问题；根据谈判授权和期限完成规则谈判；对本轮服务谈判进展进行全面审议并提出可能的建议等。9月20日至10月1日的服务贸易系列会议期间，各成员就服务贸易规则制定工作、自然人移动和旅游等服务提供模式以及部门的进一步开放和自由化问题、双边要价和出价谈判情况以及本轮服务贸易谈判的整体进展情况等问题交换了意见。在市场准入谈判方面，成员呼吁尚未提交初步出价的成员尽快提交初步出价[①]，并在下一步的改进出价中切实改善出价水平，促进本轮服务贸易市场准入谈判取得积极进展；在规则制定谈判方面，与会成员重点讨论了欧盟、东盟以及哥伦比亚和美国等成员分别在“政府采购”、“紧急保障措施”和国内规章多边纪律制定方面提交的文件，澄清了一些技术性问题，并强调了规则制定工作对于确保本轮服务贸易谈判平衡进展和取得成功的重要性。

---

① 在147个成员中，有69个成员提交了48份出价，除最不发达国家外，仍有48个成员尚未提交初步出价。

2005年9月26日、29日和30日，服务贸易理事会召开特别会议，会议主席向贸易谈判委员会提交了进程评审、其他事项、未来工作的报告，理事会各成员意识到服务贸易谈判需要进一步明确目标，以实现各成员屡次表达的达成更高目标的愿望，为中国香港会议的服务业谈判确立明确、具体的目标。在28日至29日的日内瓦会议上，发展中国家就发达国家的关于开放发展中国家的服务业市场的计划进行了反击：南方的许多集团，包括大多数东盟国家、非洲集团、加勒比海国家及由巴西领导的拉美国家，表示强烈反对发达国家关于改变WTO规则、加速发展中国家服务业开放的提议。菲律宾大使Manuel Teehankee提交了一份由文莱、印度尼西亚、马来西亚、菲律宾及泰国联合发起的声明，提出请求承诺法应仍然成为主要的谈判方法；埃及代表非洲集团，认为，建立任何目标都可能减少GATS中固有的灵活性；最不发达国家认为，它们的服务业结构脆弱，提议将会使问题更加复杂；以牙买加为代表的加勒比海国家也拒绝提议，认为提议将破坏GATS中所允许的灵活性和“政策空间”；巴西攻击提议没有尊重GATS的结构和给予发展中国家灵活性。

2006年7月，多哈回合贸易谈判因为WTO主要成员在农业问题上的严重分歧而被迫中止。2007年1月27日，24个WTO成员的部长级官员在达沃斯会晤，承诺尽快全面重启多哈回合，但从多哈回合谈判主要的分歧方美国、欧盟、印度等的表态来看，各方在农业和非农产品市场准入问题上的严重分歧依然没有解决，尽管对重启谈判乐观，可实际上取得突破的前景仍不明朗。

7.2　服务贸易总协定基本框架

7.2.1　服务贸易总协定正文评析

作为服务贸易制度发展中的第一份基础性制度文件，GATS首次确立有关服务贸易规则和原则的多边框架（参见表7-2），以在透明和逐步自由化的条件下扩展服务贸易，并促进所有贸易伙伴的经济增长和发展中国家的发展。

1）序言

GATS序言说明了缔结该协定的宗旨、目的和总原则。鉴于国际贸易对世界经济发展日益增长的重要性，各成员希望建立一个有关服务贸易原则和规则的多边框架，在透明和逐步自由化的条件下，促进贸易伙伴的经济增长和发展中国家的发展。尊重各国政策目标，本着在互利的基础上提高各成员利益，确保各成员权利和义务的原则，通过增强国内服务业能力、效率和竞争性来促进发展中国家在国际服务贸易中的更多参与和服务出口的增长，通过多轮多边谈判促进服务贸易自由化的早日实现。对最不发达国家在经济、发展、贸易和财政需求方面的特殊困难予以充分的考虑。

表 7-2 GATS的结构

第1条	范围和定义	Scope and Definition
第2条	最惠国待遇	Most-Favoured-Nation Treatment
第3条	透明度	Transparency
第3条之二	机密信息的披露	Disclosure of Confidential Information
第4条	发展中国家的更多参与	Increasing Participation of Developing Countries
第5条	经济一体化	Economic Integration
第5条之二	劳动力市场一体化协定	Labour Markets Integration Agreements
第6条	国内法规	Domestic Regulation
第7条	承认	Recognition
第8条	垄断和专营服务提供者	Monopolies and Exclusive Service Suppliers
第9条	商业措施	Business Practices
第10条	紧急保障措施	Emergency Safeguard Measures
第11条	支付和转移	Payments and Transfers
第12条	保障国际收支的限制	Restrictions to Safeguard the Balance of Payments
第13条	政府采购	Government Procurement
第14条	一般例外	General Exceptions
第14条之二	安全例外	Security Exceptions
第15条	补贴	Subsidies
第16条	市场准入	Market Access
第17条	国民待遇	National Treatment
第18条	附加承诺	Additional Commitments
第19条	具体承诺的谈判	Negotiation of Specific Commitments
第20条	具体承诺减让表	Schedules of Specific Commitments
第21条	减让表的修改	Modification of Schedules
第22条	磋商	Consultation
第23条	争端解决与执行	Dispute Settlement and Enforcement
第24条	服务贸易理事会	Council for Trade in Services
第25条	技术合作	Technical Cooperation
第26条	与其他国际组织的关系	Relationship with Other International Organizations
第27条	利益的拒绝给予	Denial of Benefits
第28条	定义	Definitions
第29条	附件	Annexes
附件1	关于第2条豁免的附件	Annex on Article Ⅱ Exemptions
附件2	关于本协定项下提供服务的自然人流动的附件	Annex on Movement of Natural Persons Supplying Services under the Agreement
附件3	关于空运服务的附件	Annex on Air Transport Services
附件4	关于金融服务的附件	Annex on Financial Services
附件5	关于金融服务的第二附件	Second Annex on Financial Services
附件6	关于海运服务谈判的附件	Annex on Negotiations on Maritime Transport Services
附件7	关于电信服务的附件	Annex on Telecommunications
附件8	关于基础电信谈判的附件	Annex on Negotiations on Basic Telecommunications

2）第一部分：范围和定义

第一部分包括1个条款，说明了GATS适用于成员影响服务贸易的各种措施，并确定了GATS适用于“服务部门参考清单”中所列明的12个服务部门的服务贸易，从服务提供方式的角度对服务贸易进行了定义。

3）第二部分：一般义务和纪律

第二部分包括从第2~15条14个条款，是GATS的核心部分之一，规定了各成员必须遵守的普遍义务与纪律，本部分条款一经签字就必须普遍遵守。

第一，最惠国待遇。GATS的最惠国待遇与GATT最惠国待遇类似，原则上也是无条件最惠国待遇原则，而对某些国际协议予以例外处理。如GATS规定不适用于有关税收、投资保护和司法或管理协助的国际协议，也暂时不适用于GATS附件中没有列入的，而由其他国际协议管辖的具体部门。服务贸易中的无条件最惠国待遇原则从理论上讲是正确的，但由于存在部门谈判的压力，这种无条件的最惠国待遇的执行便是不可能的。GATS附件中的各具体部门是在同一个GATS框架之下，而不是相互毫无关联的部门协议，因此，导致了有可能出现部门间妥协、部门间的相互补偿或跨部门的报复，这给最惠国待遇的具体执行带来潜在的障碍。在国际服务贸易的现实中，最惠国待遇条款更有可能作为具体承诺，而不是普遍义务得到执行，即与具体部门的谈判联系在一起，这可以防止双边贸易利益不平衡的出现，也是合情合理的，但应防止对无条件最惠国待遇不合理的背离，防止有的成员利用例外对其他成员进行歧视。

第二，透明度与机密信息的披露。GATS第3条规定：“任何成员除非在紧急情况下应立即并最迟在其生效前，公布所有有关或影响本协定执行的相关措施。本协定成员也应公布其签署参加的有关或影响服务贸易的国际协定。”还规定各成员应至少一年一次向服务贸易理事会通知对其具体承诺所涵盖的服务贸易有重大影响的任何新的法律、法规、行政准则或现有法律、法规、行政准则的任何变更。透明度条款的宗旨是各成员所采取的任何对服务贸易或GATS的执行措施都应让其他成员尽可能方便、快速地获知，这一宗旨是正确的，是确保国际服务贸易正常进行，尤其是公平竞争的必要手段。但在实际上，有些成员对其有些措施总是有意无意地加以掩盖，更何况“机密信息”没有一个严格的定义，“紧急情况”的例外规定也极易被随意引用。

第三，发展中国家的更多参与。这一条款在GATS中明确列出具有积极的意义，是发展中国家努力争取的结果。此条款有三层含义：一是有关成员应做出具体承诺以促进发展中国家国内服务能力、效率和竞争性的增强，以促进其对技术和信息的获取，增加产品在市场准入方面的自由度。二是发达国家应在GATS生效后的两年内建立“联系点”，以使发展中国家的服务提供者更容易获取有关服务供给的商业和技术方面的信息。三是对最不发达国家予以特殊优惠，准许这些国家不必做出具体的开放服务市场方面的承诺，直到其国内服务业具有竞争力。虽然该条款对发展中国家的更多参与仅是做了笼统的表示，但发展中国家可以充分利用这一原则在部门开放谈判中谋求好处，尤其是这一原则使得发展中国家增强其服务能力的措施成为合法，如要求外国的服务提供者转让技术，甚至对本国的一些服务行业实施补贴等；而且发展中国家还可以利用这一原则保护本国服务业，如发展中国家在向发达国家开放其服务市场时，可以附加一些限制条件对外国的商业存在类型做出限制和要求，对其以不同的税率征税，要求外国企业吸收当地服务成分，要求对方提供一些管理技术等；发展中国家还可以根据这一原则要求发达国家更多地开放市场，尤其是发展中国家具有相对优势的劳务出口，发展中国家应促使发达国家在这方面更多地开放边境，使发展中国家的各种各样的劳务，从熟练工人、半熟练工人、不熟练工人到技术人员能够更自由地输出，使发展中国家的驻外机构可以从本国招聘劳务人员，而不是只能在东道国当地招聘劳务人员。总之，发展中国家应充分利用这一原则，在以后的部门开放谈判中谋求发达国家的让步。

第四，经济一体化与劳动力市场一体化协定。GATS不阻止各成员参加有关服务协议，不阻碍服务贸易自由化的推进；发展中国家之间的有关协议采取较为灵活的政策，允许按发展水平达成某些协议；但参加有关协议的各成员对该协议外的国家不应采取提高壁垒的措施，任何成员决定加入某一协议或对某一协议进行重大修改时，都应迅速通知各成员。各种类型区域性服务贸易优惠协议的出现在所难免，但应当对这些协议严格监视与审议，以免严重削弱GATS的多边性质。

第五，国内法规。本条款首先尊重国内的规定，赋予各成员一定的权利，其中包括当局引进新规定以管理服务的权利，准许发展中成员设立新规定，其中包括可以在某些部门为了实现国家政策目标而采取垄断性的授权；允许各成员对服务和服务的提供者提出要求以使其满足某些规定，但这类要求必须建立在合理、客观和非歧视的基础上，不能给国际服务贸易带来负担和阻碍。其次是对各成员当局提出了一些义务和要求，如要求各成员建立起司法、仲裁、管理机构和程序，以便对服务消费者和提供者的要求迅速做出反应。

第六，承认。本条款认为一成员可以与其他成员就某些有关服务提供的准则达成协议，以促进国际服务贸易的进行；这些协议应该可以允许别的成员加入，其执行也应建立在合理、客观和公正的基础上，其宗旨是将有关服务的规定、标准和要求达成一致和相互认可，促进国际有关服务提供的标准的一致性。这一条款鼓励服务标准从局部到世界的标准化，即从地区或局部的标准化推广到各成员全体的标准化，但由于各国规定的巨大差异和发展水平的不同，这将是一个长期的过程。

第七，垄断和专营服务提供者。这个条款要求一个垄断的服务提供者在有关市场上提供垄断服务时，其行为不能损害其他成员的服务提供者应当享有的权利；同时还规定当一个行业的垄断服务商在其垄断权范围之外的行业与其他服务提供者进行直接或间接的竞争时，不能利用其垄断地位进行竞争。而当一成员认为别国的垄断服务提供者损害了本国服务提供者的正当权益时，举证的责任在申诉一方，但不要求其提供有关绝密的信息。本条款主要是针对发展中国家的，由于服务业发展水平低的缘故，发展中国家的一些重要的服务行业都采用国家垄断的形式，这为其他国家的服务提供者在这个国家的竞争带来了巨大的不利，故美国等发达国家竭力主张加入此条款，以保障本国服务业在国际上的竞争优势。

第八，商业措施。这个条款要求限制某些企业在服务市场上实施影响竞争的做法，包括一些有关服务出口的反竞争性限制做法，一成员在其他成员提出要求时，应与有关当局进行磋商以便取消这些做法，这是发展中成员对发达成员某些有垄断地位的私营企业进行限制的条款。

第九，紧急保障措施。本条款与GATT第19条“对某种产品进口的紧急措施”的原则是一致的，它准许某一成员“在由于没有预见到的变化或由于某一具体承诺而使某一服务的进口数量太大以至于对本国的服务提供者造成了严重损害或威胁时，此成员可以部分地或全部地中止此承诺以弥补这一损害”。任何成员要采取这种“紧急保障措施”应在之前或之后立即向全体成员通知这种措施并提供有关数据，且应与有关各方充分磋商。所有这种紧急措施都应受成员全体的监督，且受影响的其他成员可采取相应的措施。

第十，支付和转移。按照本条款的规定，除非出现国际收支问题，GATS下有关服务贸易具体承诺的执行不能因受到支付和货币转移方面的限制而遭到阻碍，而且规定GATS的任何条款都不能影响国际货币基金组织成员在“基金协议条款”下的权利和义务。本条款的目的是保证GATS下的具体承诺能够在支付方面得到执行，而不致被削弱。

第十一，保障国际收支的限制。在一成员国际收支和金融地位严重恶化的情况下，准许其就具体承诺的服务贸易采取限制性的措施，或对与这种交易有关的支付和货币转移做出限制，尤其是对金融地位比较脆弱的发展中成员为实现其发展目标而维持其外汇储备的要求应予以考虑。这种限制性措施要迅速通知各成员，并且不应超过必要的程度，不对各成员采取歧视性措施，不给其他成员带来不必要的商业和经济损失。采取限制性措施的成员应立即就其限制性措施与各成员磋商，且应用IMF提供的有关数据资料做出判断和评价。这一规定对金融地位不稳定的发展中成员尤为重要，对发展中成员保持一定的外汇储备的做法也表示认可，发展中成员可以充分利用这个规定对服务进口量做出一定的限制。

第十二，政府采购。本条规定GATS第2条、第16条、第17条不适用于政府采购法规下的采购。但该条第2款要求在《世界贸易组织协定》生效两年内，就政府采购问题举行谈判。

第十三，一般例外与安全例外。在实施的措施不会在情况相似的国家之间构成任意或不合理歧视的手段或构成对服务贸易的变相限制的前提下，在下列特定情况可以采取与GATS不一致的措施：出于维护公共安全、公共卫生、环境、文化、资源等；为了维持国内法律和制止欺诈行为。采取的措施要及时通知各成员。GATS对各成员的以下方面没有制约作用：有关国家安全的情报；有关军事、放射性物质和战争时期等所采取的行动；为执行联合国宪章而采取的行动。这些规定的宗旨是不干涉各成员为了公共安全所采取的措施。

第十四，补贴。在某些情况下，补贴会给服务贸易带来扭曲性的影响，故各成员应进行多边谈判并制定必要的多边规则，以避免这种扭曲；对发展中国家的补贴方面的需要予以灵活处理，各成员应相互通报各自服务提供者的补贴问题以便进行谈判。受到某成员补贴影响的另一成员可要求就此与该成员进行磋商解决。国际贸易的实践证明，补贴问题是一个很难解决的问题，在货物贸易，尤其是初级产品、农产品贸易问题中，表现突出，其原因之一就是补贴与国内政策甚至国内政治联系在一起，而其本身又没有一个统一的标准来衡量。服务业补贴问题则更复杂，服务业更紧密地与国内政策、投资优惠安排、研究和开发的政府资助联系在一起，而发展中国家又有充分的理由（如增强自身服务能力等）对某些行业进行补贴，因此就补贴问题而进行的谈判将非常复杂。

4）第三部分：具体承诺

第三部分包括第16~18条3个条款，是GATS各成员要遵守的具体承诺义务。

第一，市场准入。本条款规定在GATS认可的提供市场准入的方式问题上，各成员应给予其他成员的服务和服务提供者以不低于其在细目表上已同意提供的待遇。若在一成员的细目表上给出了不止一种的有关服务提供的准入途径，那么其他成员的服务提供者可以自由选择其所愿意的那一种。该条款要求在承担市场准入义务的部门中原则上不能采取数量限制措施阻碍服务贸易的发展。

第二，国民待遇。本条款规定在不违反GATS的有关规定，而且与其细目表上的条件和要求相一致的条件下，一成员应该在所有影响服务供给的措施中给予别国的服务和服务提供者以不低于其所给予的国内服务或服务提供者的待遇。

第三部分具体承诺中的市场准入和国民待遇条款是GATS的最重要条款，是各方争论的焦点。GATS在结构上的一个重要特征就是将市场准入和国民待遇作为具体承诺与各个部门或分部门的开放联系在一起，这样可以使分歧较小的部门早日达成协议。而发展中成员在谈判中则应以发展中国家的更多参与这一原则作为先决条件，并且发展中成员可以把互惠不局限在发达成员占据优势的部门，可以谋求部门间的妥协来获取自己在较愿意开放的部门中达成有利的协议。同时，发展中成员应在发达成员坚持资本在国际流动自由时坚持劳动力的流动自由，以利于自己劳动力优势的发挥。各成员在进行部门开放谈判时，应充分考虑到自身发展水平的不同和实际情况以及各自竞争优势的不同，本着“利益互惠”的原则来达成市场准入方面的具体承诺。而“利益互惠”不是一种绝对数量上的“对等互惠”，而应该是一种“相互优惠”，这样才符合发展水平不同成员的需要。对于部门开放谈判，发展中成员可以在其自愿的部门进行开放市场的谈判，但不应强迫某些成员开放它们难以开放的市场，不能加重发展中成员在服务贸易和国际收支方面的负担，更不能损害发展中成员的主权。

第三，附加承诺。该条款规定各成员可以就不包括在市场准入和国民待遇条款下的影响服务贸易的措施进行谈判。

5）第四部分：逐步自由化

这一部分包括第19~21条3个条款，就进一步扩大服务贸易自由化的谈判原则、适用范围、具体承诺的细目表以及细目表的修改做出了规定。

第一，具体承诺的谈判。充分尊重各成员政府的政策目标和各成员的发展水平，对某些发展中国家允许有一定的灵活性，允许其有选择地开放部门和交易类型，并考虑到其发展目标。本着进一步提供服务贸易自由化的目标，各成员应在互惠的基础上进行多轮谈判，以减少和消除对服务贸易产生不良影响的措施，以实现有效的市场准入途径，保证各方权利与义务的平衡，最不发达成员可以从减让中获取好处。这一部分实际上是第三部分规则的延伸，具体承诺的义务主要就是市场准入和国民待遇，主要是为具体部门的谈判规定原则、程序、范围、目标和一些特殊例外，其目的是促进第三部分具体承诺的落实，所采用的原则和准则与GATS总的原则和义务是一致的，可视为普遍原则的具体体现。

第二，具体承诺减让表。各成员应在减让表内列明有关市场准入的条款、限制和条件；国民待遇的条件和资格；任何未就市场准入和国民待遇达成协议的支付方式；实现市场准入的其他措施等。具体承诺减让表的规定对各分部门开放谈判的进行和达成具有一定的指导作用。

第三，减让表的修改。各成员修改和撤回自己的承诺只能在其承诺生效3年之后，并且应在一定的时间内与受影响的其他成员达成补偿性协议，并通告服务贸易理事会。其他成员在受到影响后，有权自行采取补偿性的措施对其承诺做出相应的修改或撤回，但均需要通知服务贸易理事会。

6）第五部分：机构条款

这一部分包括第22~26条5个条款，主要制定争端解决机制及组织结构。

第一，磋商。任何一成员都有权对其认为会有损于自己利益的做法向另一成员提出磋商，而另一成员应给予同情的考虑，并做出积极的反应，要主动给予适当的机会予以充分的磋商。如果磋商没能达成圆满的结果，服务贸易理事会可与当事另一成员或其他成员进行磋商解决有关问题。

第二，争端解决与执行。任一成员认为另一成员未能履行其应尽义务由此使其在协定项下的利益正在丧失或正在受到损害，受损害的成员有权提出书面请求或建议，应给予同情的考虑，以期达到双方都满意的结果，妥善地解决该争端。当受损害的成员认为该争端在合理的一段时间内没能达成满意的结果，或当事方认为磋商结果不尽如人意时，可将此争端提交“争端解决机构”。

第三，服务贸易理事会。为有利于实施GATS，促进实现成员所期望达到的目标而设立服务贸易理事会，其职能是监督GATS的实施以促进实现其目标；设立附属机构以有效地分散其职能；选出代表理事会主席并制定工作原则和程序。

第四，技术合作。发达国家成员和其他工业化国家成员应尽量为其他成员的服务提供者，特别是来自发展中国家或地区的服务提供者，提供服务方面的技术援助。

第五，与其他国际组织的关系。服务贸易理事会应不断地做出适当的安排，与联合国及其专门组织机构和其他政府间有关服务方面的组织进行磋商和合作。

7）第六部分：最后条款

这个部分包括第27~29条共3个条款，规定了GATS中利益的否定、术语的定义、附件。

第一，利益的拒绝给予。各成员可以拒绝给予那些源于不是GATS成员，或不适用本协定的另一成员的服务或服务提供者GATS项下的利益。

第二，对一些术语做了解释性说明和定义。

第三，确认了附件是GATS的有机组成部分。

7.2.2　服务贸易总协定附件评析

1）服务贸易总协定附件产生的原因

服务贸易总协定附件主要是各成员就共同关心的国际服务贸易的某一部门或某一领域签署的专项文件，这些专项文件在国际服务贸易规则中具有极其重要的意义，其原因主要有以下四个方面：

第一，不同服务部门之间差异很大，包括技术层次的差异，如家庭服务与计算机软件服务的不同；对国际经济政治重要性的差异，如金融部门与饮食等服务部门的区别；经营特点及组织结构的差异以及已存在的政府干预程度的差异等，这些差异使得制定一项详细的适用于所有服务部门的国际协定变得非常不容易，正确的选择应该是在一项宏观的、仅包括一些基本原则的国际服务贸易一般协定基础上，分别根据每一服务部门的特点制定各服务部门的专项文件，使国际服务贸易协定变得更加具体化，也更加易于实施。

第二，由于国与国之间政治经济制度和参加多边贸易谈判的态度与所获得的利益之间的差异，有许多原则若用于所有的服务部门会遭到某些国家的反对，使之无法实施。但若用于某些服务部门，则可能会被大多数国家同意，能够取得成功。此时，先在某些服务部门实施该原则，条件成熟时再推广至其他服务部门更加可行。

第三，许多新兴的服务部门，如信息、计算机服务等，就其目前的状况及其未来的发展趋势，各有关国家的政府了解得都很不够，各国政府自然不愿意在不清楚实施结果的情况下，将关于国际服务贸易的一般原则适用于这些部门，也有必要对这些新兴部门订立部门专项文件。

第四，在制定适用于所有国际服务贸易的一般协定前，先试验性地就一些条件成熟、迫切需要国际协调的服务部门订立专项文件，可以取得一些经验，为日后订立一般性的国际服务协定打下基础。

2）服务贸易总协定附件评析

GATS第29条规定，附件是协定的组成部分，与协定其他部分一样具有同等的法律效力。GATS附件共有8个，可以归纳为6个方面的内容。

（1）关于第2条豁免的附件

关于第2条豁免的附件规定了一个成员在GATS生效时可以免除最惠国待遇义务的条件，但附件中未提及这类条件，只说明服务贸易理事会应审查给予5年以上豁免的所有豁免事项；服务贸易理事会在进行这类审查时应研究造成需要豁免的条件是否仍然起着主导作用，并确定进一步审查的日期。而GATS关于最惠国待遇的第2条第2款规定了有寻求豁免的无限可能性，这就可能由于发展中国家不完全了解需要豁免的部门和分部门而使得发达国家比发展中国家有更多的豁免事项，导致GATS的普遍适用范围受到破坏。根据关于第2条豁免的第2款的规定，在《世界贸易组织协定》生效后适用的任何新豁免事项在该协定第9条第3款中做出，按照第3款的内容，“在特殊情况下，部长级会议可决定豁免本协定或任何多边贸易协定要求一成员承担的义务，但是任何此类决定应由3/4多数做出……部长级会议根据年度审议情况，可延长、修改或终止该项豁免”。这意味着如果发展中国家在1993年12月15日以前不能确定需要豁免的事项，它们就要满足第9条的严格规定。

由于对寻求豁免的合法性判断缺乏多边商定的标准，一些成员可以主要为了在谈判中占上风而提出许多豁免，导致各国滥用最惠国待遇的豁免，从而破坏了GATS的职能和信誉，因此，应该在个别关心事项与豁免的范围和数量限制之间进行平衡，通过撤销承诺或者寻求广泛使用最惠国待遇豁免的国家的补偿性让步来为维持某种豁免提供一些必要的措施。关于豁免的终止，附件规定：“原则上此类豁免不应超过10年。无论如何，此类豁免应在今后的贸易自由化回合中进行谈判。”不应超过10年的措辞说明了10年并非是固定的时期，实际上许多国家在最惠国待遇豁免清单中所列的大多数豁免事项的预期期限是无限的。

（2）关于本协定项下提供服务的自然人流动的附件

提供服务的自然人流动的附件适用于服务提供者是一成员的自然人，以及一成员的自然人被另一成员的服务提供者所雇用的有关措施，但不适用于对有关自然人寻求进入一成员的就业市场所采取的措施，也不适用于对有关国籍、居留权或永久性就业所采取的措施；对提供服务的各类流动的自然人应协商各自承担的特定义务，并允许在这项义务范围内的自然人按其承担义务的条件提供服务。然而发达国家不承认关于自然人流动达到较高承诺水平的重要性，不把发展中国家的利益纳入它们的具体承诺中，在对待资本与劳动力方面仍存在着一些不相称的现象。根据附件第4款的规定，不应阻止一成员对控制自然人进入或暂时居留其境内而进行管理的措施，包括为保护其边境完整和保护自然人有序通过其边境所必需的措施，只要这些措施的实施不会使任何承担义务成员的利益丧失或减损。但这种限制却并不适用于资本的流动，GATS没有限制外国直接投资的内容，某些发达国家有关商业存在所做出的承诺是按照管理外国投资的现行立法规定行事，与移民法对自然人流动所做的规定是一样的。

（3）关于空运服务的附件

有关空运服务的附件适用于空中运输服务贸易和相应的辅助性贸易措施，主要有飞机的修理和保养服务，即当飞机未进行飞行时对整架飞机或某一部分进行的维护活动，但不包括航线保养；空中运输服务的销售和营销，即航空承运人自由地销售和营销其空中运输服务，包括进行市场调研、广告宣传和分销安排等，但不包括空中运输服务的定价及其适用条件；计算机订票系统的服务，即由计算机系统提供的保护航空运输时刻表、是否有余票、票价和票价规则等信息在内的订票和签票服务，而不论成员是否将此类服务列入承诺表中。附件将航空运输交通权[1]包括五项自由以及可能影响交通权谈判的直接有关活动排除在GATS的范围之外。服务贸易理事会应定期且至少每5年一次审查空运部门的发展情况和附件的运行情况，并考虑GATS在航空运输领域进一步适用的可能性。澳大利亚、马来西亚、新西兰、北欧国家和新加坡建议为了迅速而有准备地进行这种检查，需要设立空运服务工作组来搜集、编制统计资料和模式的有关信息。此外，附件还规定GATS的争端解决程序只有在有关的成员已承担了他们的责任和特定义务，以及在双边和其他多边的争端解决程序的协议或协定已用尽的情况下才可援用。

（4）关于金融服务的附件及关于金融服务的第二附件

金融服务的附件是在以马来西亚为代表的东南亚各国中央银行或金融当局[2]所提的议案的影响下编写的，适用于促进金融服务的供应而又不强化自由化义务的一些措施。金融服务包括保险、银行、证券、外汇等以及有关的辅助性服务，但不包括政府为实施其职能所需要的服务，如各成员的中央银行、货币当局或任何其他从事与货币或汇率政策有关的公共机构进行的活动，有关社会安全和公共退休计划的各项活动以及由公共机构为财务、担保或使用政府财政资金所进行的其他活动。金融服务活动包括跨境金融服务、境外金融消费、商业存在提供金融服务和自然人流动提供金融服务等四种方式提供的服务活动。有关国内管理的条款是根据最重要的谨慎考虑、金融政策、财政制度的完整性和稳定性而制定的，附件允许成员基于慎重原因，如为保护投资者、存款者、投保者或与金融服务提供者有信托关系的人等，或为保证金融体系的完整和稳定而维持与GATS有关条款不符的国内法规，有关慎重措施和其他金融事务的争端要由具有金融服务专门技能的专家小组进行处理。

尽管有最惠国待遇豁免的规定，关于金融服务的第二附件仍然规定，一个成员可以在《世界贸易组织协定》生效4个月后的60天内追加与无条件最惠国待遇规定不一致的有关金融服务的措施，或变更、修改或撤销减让表中所做的关于金融服务的全部或部分具体承诺。服务贸易理事会应为此制定必要的程序。

（5）关于海运服务谈判的附件

海运服务部门谈判的宗旨是在GATS的原则和框架下逐步取消一切限制进入海运市场的措施，允许外国在本国实现自由的商业存在；给予外国海运服务提供者以国民待遇，最终实现海运服务全面自由化。在乌拉圭回合中，服务贸易谈判组将海运服务业的基本范围划分为三大项，即国际海上运输、海运附属服务、港口服务。其中，国际海上运输包括班轮运输、非班轮运输；海运附属服务包括船代、货代、装卸、仓储、集装箱场站、结关等六项业务；港口服务指靠泊、供油、引航等通常

---

① 指一成员的定期或不定期的航班以支付报酬或租金的方式，从事运送旅客、货物和邮件的往返，或仅在成员境内往返或越境外运的权利，包括定点的服务、经营航线的操作计划、运输工具的种类、可提供的运载量、关税收费标准及其条件，以及选用运载机型的标准。

② 包括印度尼西亚、马来西亚、泰国、尼泊尔、斯里兰卡、韩国、菲律宾、新加坡、缅甸的SEACEN集团。

与船舶有关的服务。海运服务谈判主要围绕诸如货载保留措施、允许本国海运和海运服务提供者在他国开业并享受国民待遇、在接受港口服务方面不应受到歧视和倾销性运价等问题进行。由于海运服务业务涉及的范围广，谈判各方分歧较大而未能达成协议。海运服务谈判的附件主要是就成员列举的最惠国待遇豁免的时间加以规定，各成员在国际海上运输、海运附属服务及港口服务方面维持与最惠国待遇不一致的措施，须在海运服务谈判的部长决定授权谈判结果实施之日，或若谈判失败在海运服务谈判组为此决定提供最后报告之日方能生效。在这些谈判结果实施之前，一个成员可以全部或部分改进、修改或撤销其特定义务而无须补偿。

（6）关于电信服务的附件及关于基础电信谈判的附件

电信服务的附件确认电信作为传递手段和服务部门的双重职能，保证按合理的和无歧视的原则和条件使服务提供者进入和使用公共电信传输网络及其服务。本附件本身并不会因为减让表中承担的义务而引起其他部门自由化，它只是在用户的公平准入条件要求和管理者以及公共电信经营者的需要之间达成平衡。附件要求每个成员保证通过必要的各项措施，使外国和本国服务提供者合理、非歧视地进入公共电信传输网络和服务，但不适用于有关无线电或电视节目的电缆传输或广播传输。要求各成员应尽可能公布公共电信传输网络及其服务准入和使用方面的信息，确保其他成员的服务提供者可使用公共电信传输网络及其服务，在其境内和越境进行信息交流，如一成员的任何新的或补充措施严重影响使用，应通知并按协议有关规定进行磋商，但这不影响成员采取必要措施以确保信息的安全和保密，而这种措施也不应在服务贸易中构成垄断或不公平歧视或潜在限制的一种手段。发展中成员可以根据其发展水平，在进入和使用公共电信传输网络及服务方面设置合理的条件，以加强它们国内的通信设施和服务能力，增强它们对国际电信服务贸易的参与。在技术合作方面，鉴于有效的和先进的电信设施对所有国家，特别是发展中国家扩大服务贸易至关重要，所有成员赞同并鼓励发达国家和发展中国家以及它们的公共电信传输网络及其服务提供者，其他国际和地区性组织的发展计划机构尽可能达到最大程度的参与，并鼓励和支持发展中国家之间在各区域的各层次上的通信合作。对最不发达国家应给予特别照顾，以鼓励外国电信服务提供者在技术转让、培训和其他活动方面予以支持，帮助它们发展电信设施并扩大它们的电信服务贸易。在有关国际组织和协议方面，成员已经认识到了国际标准对通信网络及其服务的全球通用性和相互可操作性的重要性及其包括国际标准化组织在内的有关国际组织对推动此项标准化工作的作用，也认识到了各国政府间和非政府组织达成的各种协议，特别是国际电信联盟，对确保国际和国内通信服务的有效运行的巨大作用，因而对成员在实施本附件时所引起的问题应做出适当安排，以便与这些有关组织进行磋商。很明显，电信服务的附件充分考虑到电信服务既是经济活动中一个独立的部门，又是支持其他经济活动的基本手段的作用，对政府应该保证外国服务提供者可以不受歧视地进入公共电信传输网络做出明确规定。

基础电信谈判的附件主要是有关成员列举最惠国待遇豁免的时间规定，列入该附件主要是为美国公司着想，因为美国欲把基础电信部门排除在最惠国待遇范围之外。美国的基础电信服务部门已经私有化了，而多数国家的该部门却保留在邮电部门内，在最惠国待遇的基础上给予优惠待遇就会使美国没有能力同这些国家谈判市场准入问题。在基础电信服务谈判的部长决定授权谈判结果实施之日，或若谈判失败在基础电信服务谈判组为此决定提供最后报告之日前最惠国待遇豁免不会生效。

【专栏7-2】　　服务贸易总协定的后续谈判

从1995年1月开始，在服务贸易理事会的指导下，服务贸易谈判主要集中在两个方面：一是在金融服务、基础电信服务、海上运输服务、自然人流动等领域改善市场准入；二是通过在保障措施、补贴和政府采购等方面谈判完善服务贸易框架协议。

（1）改善市场准入的谈判

第一，金融服务谈判。乌拉圭回合结束时做出的金融服务决议要求对该部门的谈判予以延长，成员在该期间内对包括金融服务的部分时间表的修改或撤回全部或部分承诺的可能性进行审查，以1995年6月30日为截止日。由于美国对一些发展中国家的承诺不满，认为发展中各国所承担的义务中市场准入的自由度还不够，且义务和责任的覆盖面也不够分量使各方能达成一个有意义的协定；一旦同意实行全面的最惠国待遇，美国和其他工业国就再没有任何可利用的杠杆促使发展中国家进一步开放其金融市场，因而宣称在互惠的基础上开放美国金融市场，同时撤回其所有关于金融服务的市场准入承诺以及在整个金融部门适用最惠国待遇例外，但对已经进入美国市场开业的外国金融机构给予承诺保障。欧盟认为，在任何情况下互惠的作用都是有限的，将金融服务正式纳入一个多边框架也是应当为之努力的，因而提出将承诺放在一个临时的协定中。1995年7月28日，在欧盟和日本的共同合作下达成了一份没有美国参加的全球金融服务贸易临时协议，这个协议由各成员递交的承诺表组成，附在服务贸易总协定及其金融服务附件之后，有效期至1997年11月1日。各成员（包括美国），可以在1997年12月12日前修改它们在金融服务方面的承诺以及最惠国待遇的免除。1997年4月，谈判又重新开始，谈判各方的主要目的是修改临时协议的承诺表，以便更大程度地开放金融服务贸易。1997年12月13日，谈判终于取得了成果，各成员达成了《世界贸易组织金融服务协议》，占世界金融服务贸易份额95%的70个成员同意开放银行、保险、证券和金融信息市场，新的承诺于1999年3月开始生效。

第二，基础电信服务谈判。基础电信服务谈判正式启动于1994年5月，最初有33个WTO成员政府参加，在基础电信谈判小组中进行。与金融服务谈判相类似，美国认为国家垄断经营的基础电信服务在自由化的市场上具有不公正的竞争优势，因而坚持在互惠基础上开放电信市场①，以期保护其国内电信市场免受国外潜在竞争者的竞争威胁。基础电信后续谈判采取自愿的原则，部长决议要求谈判于1996

① 美国国内电信市场是非国家垄断的。

年4月30日结束；但到1996年4月底，有53个成员政府决定全面参与基础电信的谈判，最终在1997年2月达成了于1998年1月1日生效的《全球基础电信协议》，占全球电信市场总份额90%以上的72个成员签署了该协议，其中18个成员完全取消对外国公司进入本国电信市场的限制，47个成员允许外国电信公司对本国企业进行控股，3个成员允许外国资本在本国电信企业中占25%的股份。作为《全球基础电信协议》的补充，《信息技术协议》于1997年3月在成员的努力下达成，各成员承诺在2000年1月1日前取消包括计算机软件、硬件等在内的约200种信息技术产品的关税。

第三，海上运输服务谈判。乌拉圭回合结束后，根据《关于海运服务谈判的部长决议》，成立海运服务谈判组，并依照决议设定的框架基础，就海运服务继续进行深入的谈判。这次海运服务谈判原定于1996年6月结束，但由于各成员所提交的初步承诺开价单及最惠国豁免项目清单所列附加条件太多，甚至美国这样积极倡导服务贸易自由化的国家都没有做出任何承诺，反而提出了包括对外国承运人调查和采取行动的权利等多项最惠国待遇豁免；此外，美国和欧盟两大主导成员在海运部门法律和政策方面相差悬殊，二者相持不下的局面使海运谈判一时陷入进退维谷的困境。1996年6月底，认识到谈判难以圆满结束的事实，服务贸易理事会就海运服务做出决议，中止海运部门的谈判，直到下一轮服务谈判启动，有关谈判安排不应迟于2000年1月。随着谈判的中止，已经有36个成员在海运服务上做出的承诺，在谈判结束后有权改进、修改或撤回全部或部分的承诺，所有成员有权采用最惠国豁免待遇。

第四，自然人流动谈判。自然人流动是GATS规定的第四种提供服务的方式，大多数成员将自然人流动包含在其承诺表的纵向部分中，乌拉圭回合结束后许多国家对该领域延长谈判，原定于1995年6月30日结束；延长至1995年7月底的金融服务谈判导致了自然人流动方面产生类似的延长谈判，谈判于1995年7月28日结束。澳大利亚、加拿大、欧盟及其成员国、印度、挪威、瑞士6个成员提交了有关自然人流动的更高水平的承诺，旨在确保合格专业人员、计算机专家和其他各种类型专家的市场准入，允许他们以个人身份接受暂时性合约，能够在国外工作，不与东道国的任何商业存在发生联系。

（2）完善框架协议的谈判

第一，关于服务业紧急保障问题。关于服务业保障条款的问题主要集中在保障条款是否有存在的必要性以及实施保障措施的经济状况和物质环境的具体界定。对保障条款的存在持肯定态度的成员认为，保障条款会激励有关各方做出更积极、更务实的有关服务贸易自由化的承诺；对保障条款的存在持怀疑态度的成员认为，总协定中已经包括了有效的保障措施，再确立保障条款会为贸易保护主义提供契机和借口。在对实施保障措施的各种情况的具体界定上，发展中国家和地区要求对以下两种情况做出界定：一是因履行GATS所规定的开放义务而导致服务进口的大量增加，结果使国内有关服务提供者要求采取保障行为以补救所遭受的损害，即出现了

第14条所界定的情况；二是政府为了达到某些政策目标，采取的维护国内服务业生存的行动，即对国内服务业保持最低控制的政府行为。缺乏有效的有关服务生产、贸易、投资方面的统计数据，是GATS紧急保障机制的一个主要原因。

第二，关于服务业补贴问题。关于服务业补贴的讨论主要集中在区分不同的服务业补贴和补贴幅度的衡量上。区别不同的服务业补贴非常重要，一般的服务业补贴包括实现地区和民族的平衡发展的补贴，实现各项社会目标的宏观性补贴，缓和市场衰弱的补贴，确保某些服务行业或服务提供者商业优势的补贴等。现实表明，各国政府实施的服务业补贴措施有扩张的趋势，特别是在高技术服务领域、运输和通信服务领域等。实施补贴的政策工具日趋多样化，包括生产要素的使用优惠、税收减免、利率补贴信贷、信贷担保、国有资产投入等。实施补贴的具体政策目标包括加强基础建设、援助呈衰弱迹象的服务业、鼓励R&D之类的特殊经济活动、平衡地区间的经济发展机会、改善国际收支状况、增加就业和转移收入等。由于相当多的服务行业的市场份额、价格、单位成本等方面的充分信息资料的收集难度较大，服务贸易方式的多样化，这些都意味着同样的补贴措施会因服务贸易方式的不同而出现差异，或出现不同的解释。这些原因使得确定补贴规范的谈判连连推迟。

第三，关于政府服务采购问题。关于政府采购问题的谈判焦点是各成员是否愿意在服务领域的政府采购方面维持现状。根据发达国家的观点，政府采购的多边协议应该具有高度的透明度，禁止制定实施基于运作或产品的特殊技术要求、基于服务合同的履行能力明确参与采购招标活动的资格要求，授予采购合同的明确标准，为保证市场进入的竞争性而确立政府采购决策的审议制度等；发达国家还认为，国民待遇本身并不能保证服务的市场进入，为使国民待遇真正具有效力，还应该确立政府采购方面的程序性规则和强有力的实施机制。主张政府采购自由化者建议对各种服务类政府采购的经济影响和现行的政府采购法规进行审议，解决为实现市场开放应确立什么样的要求、如何简化程序、什么样的规则才能适应市场竞争等问题。此外，GATS规则审议工作组继续关注下列问题：为什么大多数国家未加入；工作组的工作范围；关于政府采购规定的多边程序进一步扩大的可能性；在更广泛的基础上建立程序规则的可能性；如何使已经存在的服务贸易总协定的透明度适用于服务贸易的政府采购措施；服务贸易政府采购自由化可能产生的影响。

7.3 服务贸易总协定评述

GATS最主要的贡献在于确立了各成员在服务贸易领域必须共同遵守的一系列基本原则、特定义务和自由化的目标。其中，最惠国待遇、透明度、给予发展中国家更多参与权等是GATS最主要的基本原则，市场准入、国民待遇、特定义务与资格措施和资格承认等是GATS最基本的具体义务。这些基本原则和特定义务既体现了GATS要求各成员普遍遵守的强大约束力，又留下了富有弹性的必要例外余地和给予特定类型成员特别的待遇；这些规定GATS始终的制衡安排，成为GATS得到各成员普遍接受的重要基础。

7.3.1 服务贸易总协定的基本原则

1）最惠国待遇原则

GATS第2条第1款规定，如果一个成员在服务业方面给予另一成员某种优惠待遇，应该立即、无条件地把这种优惠同时给予其他所有成员，即无条件的最惠国待遇。其目的要求各成员在服务贸易中不得对来自其他任何成员的服务或服务提供者实行歧视待遇。同时，GATS第2条第2款规定，在最惠国待遇原则的基础上，每个成员都可以在履行一定程序后实施与最惠国待遇不一致的措施，即GATS在明确最惠国待遇原则这一主旨之外，还在同一条文中允许例外的存在，不过，实施最惠国待遇例外措施的成员，必须将这些例外措施做成"豁免清单"，表明该成员对某些服务部门或具体服务项目的承诺不受最惠国待遇条款的约束，就"豁免清单"中的服务项目或服务提供方式而言，其他任何成员均无权依据最惠国待遇原则要求享受该成员给予某特定成员的服务贸易待遇。

GATS"豁免清单"条款的谈判和形成，实际上是发达国家和发展中国家相互斗争和妥协的产物，是发达国家防止发展中国家"免费搭便车"和发展中国家保护本国幼稚服务业之间的一个融合点。

按照GATS市场准入要求，各成员根据本国服务业发展水平，就具体服务部门和项目的市场准入做出具体承诺。就具体承诺的实际结果来看，服务业比较发达的成员做出的承诺程度普遍比较高，技术密集型服务部门和项目，如金融、电信等，在发达国家成员间相互做出了较高程度的开放承诺，而许多发展中国家成员往往只做出较低程度的开放承诺甚至未做出任何承诺。根据最惠国待遇原则，发达国家成员之间相互做出的市场准入承诺，应该立即、无条件地给予所有的其他成员，包括承诺程度较低、甚至未做出市场准入承诺的发展中国家成员。为了不让承诺程度较低、甚至未做出承诺的发展中国家成员从最惠国待遇原则中获得"免费搭便车"的便利，发达国家成员往往把发展程度比较高、有能力做出较高水平承诺的服务部门或项目列入"豁免清单"，使其市场准入开放承诺只在承诺程度基本相当的成员之间适用。

许多发展中国家的服务业处于低水平生存状态，根本无法与实力雄厚的外国同类服务提供者展开公平竞争，所以，发展中国家成员不可能把刚刚起步、还十分脆弱的服务业部门或项目，尤其是发达国家拥有绝对优势的技术、知识密集型服务项目，完全对发达国家成员开放，只能在发展水平相当的成员之间相互承诺开放国内服务市场，也不可能依据最惠国待遇原则将这一市场准入机会均等地给予发达国家成员。

"豁免清单"作为最惠国待遇的例外而存在，其范围、期限、采取的方式都受到严格的限制。第一，"豁免清单"应该在《WTO协定》生效时列举出来并提交给服务贸易理事会，否则都被视为对GATS义务的修改或撤销要求；第二，"豁免清单”所列举的项目只能是其承诺表已承诺项目之外的项目，即一成员不能既在承诺表中承担某项服务贸易自由化义务，又将该义务列入“豁免清单”，拒绝依据最惠国待遇原则向全体成员承担该项义务；第三，“豁免清单”中的各项豁免都应按其规定的终止日期自动终止，到期后不得申请延长，否则构成一项新的豁免请求，且无论“豁免清单”是否规定终止期限，该期限原则上最长不得超过10年。对于加入成员来说，《WTO协定》生效时提出“豁免清单”可以解释为《WTO协定》对其生效前提出“豁免清单”，并作为加入WTO谈判的一项内容与其他成员进行谈判。

GATS第2条第3款还规定了另一项最惠国待遇的例外，即边境贸易例外。根据该条款规定，GATS的任何规定都不得解释为阻止任何成员为方便毗连边境地区的当地生产和消费服务的交换而授予或给予相邻国家优惠。边境贸易例外是专门针对最惠国待遇原则而设置的一项例外，这种优惠只给予对方成员边境地区的服务或服务提供者，其他成员的服务或服务提供者均无权要求依据最惠国待遇获得这种优惠。当然，边境贸易的区域范围受到一定的限制，即边境贸易例外区域的范围不能超过边境半径15千米，荒漠地带不能超过60千米。

2）透明度原则

对于服务贸易，各国更多地通过国内法规加以限制和管理，而国内法规往往具有较大的隐蔽性和不确定性，因此，在服务贸易领域强调透明度原则，具有比货物贸易领域更重要的意义。与公布关税税则实现货物贸易市场准入措施透明度相比，提高服务贸易的市场准入和国民待遇措施的透明度具有更高的难度和复杂性，如就某项措施是否构成限制服务贸易市场准入或构成对外国服务及服务提供者的歧视待遇，就一直存在着争议。

GATS第3条规定的实施透明度原则的具体措施主要包括：所有成员可能影响GATS实施的所有措施应立即向各成员公布或最迟在其生效前予以公布；只要有其他成员提出，任何一个成员均应就其境内普遍适用的措施或国际协定的具体信息迅速予以答复。对于新颁布的法律、法规或行政措施，或者对现行法律、法规或行政措施的修改，如果对该成员已做出的承诺构成严重影响，应立即向服务贸易理事会报告或至少每年向服务贸易理事会报告一次。每个成员均需在WTO成立之后的两年内至少建立一个咨询点，使其他成员能够通过该咨询点查询该成员对服务贸易所实施的国内措施及其他相关资料；发达国家成员要设立联络点，使发展中国家成员的服务提供者能够通过该联络点获取该发达国家成员市场准入方面的资料。推行举报制度，即如果一成员认为其他成员采取任何措施影响到GATS的实施，可直接通知服务贸易理事会，其目的是发动全体成员监督各成员自觉履行GATS的透明度原则。

除第3条的专门规定之外，GATS的其他条款也有涉及透明度原则的内容，如第6条第3款规定，对于成员已经做出具体承诺的服务部门，如果提供此种服务需要得到政府的批准，则一成员的主管机关应在依其国内法律法规要求的完整的申请提交后的一段合理时间内，将有关该申请的决定通知申请人；在申请人的请求下，该成员的主管机关应提供有关申请情况的信息，不得有不当的延误。这一规定对各成员是否在透明状态下为外国服务提供者提供市场准入机会起到强大的监督作用。对已做出承诺的服务部门而言，成员不得利用政府批准这一环节进行暗箱操作，有意拖延或妨碍外国服务提供者进入其国内服务市场。

GATS关于实施透明度原则的具体措施，对保障服务贸易在更透明的环境下自由开展必然起到推动作用，尤其是考虑到发展中国家成员服务技术落后的现实，把设立服务贸易联络点规定为发达国家成员必须遵守的一项义务，为发展中国家成员的服务提供者创造了更多的市场准入机会。当然，GATS也为透明度原则留下了许多适用上的例外，主要包括：

第一，国内发生紧急情况例外。在发生紧急情况时，成员可以免除立即或在生效前公布服务贸易法规和措施的义务。但对何谓“紧急情况”，GATS未作进一步的解释，如何认定“紧急情况”，完全由各成员自行判断。

第二，机密资料免除披露义务。机密资料指一旦披露会阻碍一国法律的实施或有损于公共利益，或损害特定企业合法商业利益的不宜公开的资料。但这一界定十分抽象，如何对“机密资料”做出符合GATS本意的合理解释，既不妨碍成员法律的实施及成员公共利益和企业合法利益的保护，又不构成一项“合法”的服务贸易壁垒，确实是一个棘手的难题。

第三，安全例外。在一国安全无法得到保障，或履行一项条约义务的结果可能危及一国的安全利益时，任何国家都不会放弃或不顾国家安全去履行该条约义务，所以，对于公开后会使一国的基本安全利益遭受严重不利影响的资料，可以免除披露义务，这是从国家最根本的安全利益出发而赋予各成员的一项豁免权利。

3）给予发展中国家更多参与权原则

GATS考虑到各成员服务业发展的不平衡，赋予了服务业发展水平较低的发展中国家成员在一定范围内或一定条件下保护其本国服务业生存和发展的特殊权利。

第一，GATS序言明确规定，发展中国家成员为了实现其政策目标，有权根据自身的特殊需要采取措施培植国内服务部门、提高本国服务部门的竞争力；其他成员尤其是发达国家成员应做出努力，帮助发展中国家成员尽快提高其服务部门的服务质量、服务效率和竞争能力，从而提高其整个国家服务业的发展水平和在国际服务市场上的竞争力。序言规定的内容具有统管全局的功能，反映整个协定的基本精神和宗旨，正文的具体规定均不得对其有所违反。

第二，GATS第4条对发展中国家成员更多参与国际服务贸易的承诺具体化，主要有：其他成员不得对发展中国家成员实行技术封锁，阻止其引进服务技术，以使发展中国家成员有更多的机会通过商业性的技术引进尽快提高其国内服务能力、效率和竞争力；改善发展中国家成员进入服务销售渠道和利用信息网络的机会；对发展中国家成员有利的服务出口部门和服务出口方式，各成员应给予其市场准入自由化，不能对其设置市场准入方面的障碍；发达国家成员设立联络点，以便利发展中国家成员的服务提供者获得与其各自市场有关的信息，包括服务提供的商业和技术方面的信息，专业资格的登记、认可和获得方面的信息，服务技术的可获性方面的信息；在进行服务贸易市场准入和国民待遇谈判时，应特别考虑最不发达国家的特殊经济状况及其经济发展的特殊需要，以及因此在接受服务贸易具体承诺方面存在的特殊困难，不能强迫其承诺必须达到某种市场准入范围和自由化程度。

第三，GATS第5条对所有成员参与经济一体化提出了一般性要求，允许任何成员参加或达成在参加方之间实现服务贸易自由化的协定，但这种经济一体化协定应涵盖众多的服务部门，同时不能因订立该协定而提高相应服务部门或分部门的贸易壁垒水平，并且应在该协定生效时或在一个合理期限内取消现有的歧视性措施和禁止采取新的或更多的歧视性措施。但是，如果该一体化协定的参加方是发展中国家，可以依照该国的总体经济和各服务部门的发展水平，在包括涵盖众多服务部门的要求以及取消和禁止歧视性措施的要求方面给予应有的灵活性。

第四，GATS第15条首先呼吁各成员应就服务贸易的补贴问题进行谈判，以期制定必要的多边纪律，避免因补贴而产生服务贸易的扭曲。[①]同时，要求各成员在服务补贴谈判中应充分认识到补贴在发展中国家成员的服务业发展乃至整个国民经济发展过程中的作用，并充分考虑发展中国家成员在服务贸易领域所需要的灵活性，即要求发达国家成员不能对发展中国家成员的服务补贴持绝对的抵制态度，或者动辄对来自发展中国家成员的服务采取扼杀性的反补贴措施。

第五，GATS第19条规定，自由化进程的推进应适当尊重各成员的国家政策目标及其总体和各部门的发展水平，应给予发展中国家成员适当的灵活性，允许其开放较少的部门、放开较少类型的交易，以符合其发展状况的方式逐步扩大市场准入，并在允许外国服务提供者进入其国内市场时，对此类准入附加旨在增强国内服务业能力、效率和竞争力为目标的条件。

给予发展中国家成员更多参与权的规定，考虑到了发展中国家成员与发达国家成员之间服务贸易发展水平的差异以及因此形成的竞争地位的悬殊，明确赋予了发展中国家成员更宽松的服务贸易发展环境和更有利的服务贸易条件，使其在参与服务贸易过程中逐渐培育出具有较强竞争力的服务行业，真正形成参与国际服务贸易市场竞争的环境和基础。但从整体上看，这些规定主要还是停留在宣言性层面，缺乏具体的可操作性。

7.3.2 服务贸易总协定的特定义务

1）市场准入

国际服务贸易领域的市场准入是指一成员允许其他成员的服务和服务提供者进入其本国市场的程度。根据GATS第16条第1款的规定，服务贸易的市场准入至少有三个方面的含义：第一，市场准入不是成员普遍遵守的义务，而是经过各方谈判，使特定成员对特定服务项目的市场准入做出承诺，并将其纳入承诺表；成员在

---

① 多哈回合将服务贸易的补贴问题与关税和非关税承诺、TRIPS协定、TRIMS协定一起纳入重新审议的“长期工作计划”。

多大的范围内开放其服务部门，在多大程度上对服务的市场准入加以限制，最终取决于与其他成员的谈判结果。第二，成员一旦在其承诺表中对市场准入的期限和条件做出承诺，就必须严格遵守，即不能对来自任何成员的服务和服务提供者实施比其承诺表所承诺的条件更严格的限制。第三，对承诺表中列举的、成员已做出市场准入承诺的服务部门、项目及提供方式，应无歧视地按照最惠国待遇给予其他任何成员。

为了确保市场准入义务的履行，GATS第16条第2款规定，除了在承诺表中明确列出的期限和条件等限制之外，任何成员对于其做出市场准入承诺的服务部门，都不得采取与GATS不符的限制措施，包括：不能采用配额、垄断或专营等方式或以经济需求测定为理由，限制进入本国的服务交易或服务提供者的数量；不能要求其他成员的服务提供者只能通过特定类型的法律实体（如合营）来提供服务；不能限制外资参与份额，即不能对外资持股作最高比例的限制或对单项外国投资的数额或全部外国投资的总额加以限制。

市场准入的实质在于通过减少或取消服务行业的垄断经营，赋予其他成员的服务和服务提供者更广泛的参与权，逐渐实现服务贸易自由化。根据GATS的规定，服务贸易自由化是一个渐进的过程，它并未要求成员立即、完全取消对服务贸易的一切限制，反而是要求各成员承认不同类别的国家在服务业方面发展水平悬殊的现实，要求各成员通过承诺表的方式把自己的行为约束在其承诺的范围内，使有关服务贸易的国内立法和措施都不能对服务市场的准入做出比其承诺表的规定更为严格的限制。在各成员承诺水平的基础上，再通过不断升级的服务贸易自由化谈判，逐渐扩大各成员承诺开放的范围，逐渐缩小限制的服务领域和减轻限制的程度，最终实现服务贸易自由化。

2）国民待遇

GATS第17条第1款规定了服务贸易领域的国民待遇原则，对于这一规定，可以从以下三个方面来理解：

第一，国民待遇与市场准入密切相关。首先，两者同属成员的特定义务，即都因成员的具体承诺而对该成员形成的义务；其次，国民待遇以市场准入为实施的前提，如果没有市场准入的承诺，成员不允许外国服务或服务提供者进入本国市场，就不存在是否给予外国服务或服务提供者国民待遇的问题了，也就是说，只有在允许外国服务或服务提供者进入本国服务领域，才会涉及该成员是否有义务给予其他成员国民待遇的问题。

第二，国民待遇的提供以承诺表的约定为基础。一成员仅在其承诺表内所列的服务部门，并且仅按照承诺表内所设定的期限、条件、资格给予外国服务和服务提供者国民待遇，也就是说，成员可在承诺表中对其已经做出市场准入承诺的服务部门，针对外国服务和服务提供者规定一定的限制条件和资格要求，只要这种限制不对特定成员构成歧视即可；国民待遇的提供并不意味着一成员在其做出市场准入承诺的服务部门自动、无条件地给予外国服务和服务提供者国民待遇。

第三，国民待遇强调实质内容而非形式。服务贸易领域的国民待遇特别强调实质内容而不拘于形式，一成员给予其他成员的服务和服务提供者的待遇，在形式上可以与其给予本国服务和服务提供者的待遇相同或者不同，只要这种待遇符合国民待遇的实质性内涵；尽管一成员给予外国服务和服务提供者的待遇与其给予本国服务和服务提供者的待遇在形式上相同，但这种待遇改变了双方的竞争条件，并实际上有利于本国服务和服务提供者，即构成对国民待遇的违反。

国民待遇义务采用承诺方式承担，各成员在多大程度上承担给予外国服务和服务提供者国民待遇的义务，完全以其在承诺表中做出的承诺为依据；对于成员未做出给予国民待遇承诺的服务部门或服务提供方式，该成员无需承担给予外国服务和服务提供者国民待遇的义务；对于承诺市场准入的服务部门或服务提供方式，只要未正面承诺给予国民待遇，也就意味着只承担向各成员开放本国服务市场的义务，而无需承担给予国民待遇的义务；对特定服务部门或服务提供方式已做出国民待遇承诺，成员还可以在承诺表中做出相应的资格要求、技术标准及其程序要求，只要这些要求和标准未在其他成员之间构成歧视。

对于已经做出承诺的服务部门而言，除非发生可作为例外的事态，否则国民待遇义务的承担是绝对的。在已经做出承诺的服务部门中，每一成员均应保证所有影响服务贸易的、普遍适用的国内措施，以合理、客观和公正的方式实施；在成员已经承担特定义务的服务部门，相关国内措施的实施必须按照国民待遇的原则进行，不得在国内服务提供者与外国服务提供者之间构成歧视。

3）资格措施和资格承认

关于资格措施与承认问题，主要规定于GATS第6条和第7条。

（1）关于资格措施的适用问题

GATS第6条规定，为保证有关服务贸易的资格要求和程序、技术标准以及许可要求等措施不至于构成不必要的服务贸易壁垒，服务贸易理事会应通过适当机构制定必要的纪律。在服务贸易理事会制定多边纪律并生效之前，一成员的资格要求和程序、技术标准以及许可要求等措施的实施，在其已做出具体承诺的部门中，不得造成具体承诺的失效或减损，且这些要求、标准和程序不得比为保证服务质量所必需的限度更难以承担；如果是许可程序，该程序本身不得成为对服务提供的限制。

在影响服务贸易的资格措施达成多边协定之前，成员要么在做出承诺的同时将资格限制措施列入承诺表，要么作为一项普遍适用的措施，在客观、透明、适度的条件下加以适用。如何衡量一项措施的适用是否客观、透明、适度，是判断一成员是否严格遵守GATS义务的关键。根据GATS的规定，确定一成员是否遵守义务，首先应考虑与该成员所实施的措施有关的国际组织的标准；其次要考察该成员是否为该措施的实施提供适当的程序，如对于已做出承诺的专业服务，该成员是否规定了核验其他成员专业人员能力的适当程序。如果一成员在适用资格措施时不符合客观、透明、适当的要求，且实施的结果对该成员国内服务提供者单方面有利，即使该成员给予国内外服务提供者的待遇在形式上是相同的，也属于对国民待遇原则的违反。

（2）关于资格及其承认问题

为避免各成员对服务提供者的授权、许可或证明等资格的承认成为服务贸易自由化的障碍，GATS呼吁在服务资格的承认制定多边规则之前，各成员应与有关的政府间组织或非政府组织合作，以制定和采用关于承认的共同国际标准和准则、有关服务行业和职业实务的共同国际标准。

GATS第7条规定，在特定国家已获得的教育或经历、已满足的要求或已给予的许可或证明，各成员可依据与有关国家的协定或安排给予承认，也可以自动给予承认。如果一成员是依据协定或安排给予承认的，无论此类协定或安排是现有的还是将来订立的，均应向其他利害关系成员提供充分的机会谈判，以加入此协定或安排，或者与其谈判类似的协定或安排；如果一成员是自动给予承认的，则应向任何其他成员表明在该其他成员获得的教育、经历、许可或证明以及满足的要求，将有充分的机会能够得到承认。GATS还规定，每一成员在《WTO协定》对其生效之日起12个月内，向服务贸易理事会通知其现有的“承认”措施，并说明此类措施是否以特定的协定或安排为依据；如果一成员采用一项新的承认措施或对现有承认措施进行重大修改，则应迅速通知服务贸易理事会，并说明此类措施是否以特定的协定或安排为依据。

7.3.3　服务贸易总协定的例外及其限制①

与货物贸易领域的WTO规则相比，GATS表现出灵活性和可塑性的柔性特征，这种灵活性除了表现在给予各成员市场准入和国民待遇义务承诺方面的极大自主权之外，还体现在其赋予各成员在一定的条件下采取与GATS原则性规定不一致措施的一系列例外权利。这些例外规定散见于GATS及其附件以及部长级会议针对各具体服务部门达成的“谅解”和做出的“决定”中，它们既有对GATS整体条款或基本原则的例外，也有对各成员承诺义务的例外；这些例外规定在服务贸易多边规则中具有与GATS基本原则和具体承诺义务同等的地位，也是服务贸易自由化渐进性的重要表现。

1）一般例外及其限制

尽管GATS为保证服务贸易自由化的推进规定了诸如最惠国待遇、透明度原则和市场准入、国民待遇义务，但各成员在履行GATS原则和具体承诺义务时，仍有许多比推进服务贸易自由化更重要的关于公共秩序、生命健康及道德或法律的规范需要得到普遍遵守。为此，GATS第14条把这些重要规范的施行作为“一般例外”加以规定，任何成员均可为了以下某一特定的目的而采取或实施某些特定的措施或免除其在GATS中的义务：

① 李国安．WTO服务贸易多边规则［M］．北京：北京大学出版社，2006.

（1）公共秩序例外

公共秩序例外即为保护公共道德或维护公共秩序所必需的措施的例外。当一成员的公共道德准则或某一根本的社会利益受到真正的和足够严重的威胁时，就可援引公共道德或公共秩序例外，作为免除其GATS义务或采取与GATS相违背措施的理由。

（2）生命健康例外

生命健康例外即为保护人类、动物或植物的生命或健康所必需的措施的例外。如果服务贸易自由化的推进或某一服务贸易的开展，对人类、动物或植物的生命或健康构成危害，采取措施排除此类危害应是首要任务，即使因此而阻碍服务贸易的开展或服务贸易自由化的进程。如针对2003年流行的非典型性肺炎（SARS），相关国家和地区禁止或限制本国居民到SARS重灾区旅游，禁止或限制来自SARS重灾区的游客进入本国，禁止或限制SARS重灾区的自然人进入本国从事教育、律师、会计等专业服务，都属于此类措施。

关于“生命健康例外”，WTO部长会议还把它扩大理解为环境保护问题，并于1993年12月15日通过《关于服务贸易与环境的决定》，要求贸易与环境委员会就服务贸易与环境的关系进行审查，并就是否需要扩大该例外范围，使其成为“为保护环境所必要的措施”的例外，向部长会议做出报告。

（3）施行法律例外

施行法律例外即为使与GATS的规定不相抵触的法律或法规得到遵守所必需的措施的例外。一国采取措施使其法律、法规在其本国境内得到遵守，应属于该国主权事务的范畴，把这种属于主权范畴的施行法律的行为作为一项例外提出来，所要解决的并不是与GATS不相抵触的法律、法规能不能适用的问题，而是指为了保证这些法律法规的遵守所采取的、与GATS的规定相抵触的措施是否允许实施的问题。如GATS第14条（c）项所列举的，为防止欺骗和欺诈或为处理服务合同违约，或为保护个人信息隐私及个人记录和账户的机密性，或为确保安全等方面的法律、法规得到遵守而采取的措施，只要其所推行的这些法律、法规与GATS的规定不相抵触，即使其采取的推行措施与GATS所规定的原则、义务或承诺义务不相一致，也应该可以构成本项例外。

（4）税收措施例外

税收措施例外即与国民待遇不一致的税收措施的例外。国民待遇是一成员的具体承诺义务之一，只要一成员就某服务部门做出肯定的国民待遇承诺，就应保证外国的服务或服务提供者得到与承诺成员的国内服务或服务提供者相同的税收待遇。但是，由于外国服务提供者取得应税利润的方法与本国服务提供者取得利润的方法存在一定的不同，如果按照国民待遇对外国服务提供者进行征税，反而不能体现税收公平原则或不能有效地对外国服务提供者进行征税。为此，GATS第14条（d）项规定，一成员为了保证公平或有效地对其他成员的服务或服务提供者课征或收取直接税[①]，包括为防止避税或逃税，可以对其采取与国民待遇规定不一致的措施。

根据GATS注释6和第22、23条的解释，为对外国服务或服务提供者进行公平、有效征税，各成员可以采取的例外措施归纳为以下四项：

第一，因非居民服务提供者拥有来源于或位于该成员领土内的应税项目，为对该非居民服务提供者进行公平和有效的征税而实施的措施。根据税收管辖权原则，各成员对来源于本国境内的服务贸易所得均享有来源地税收管辖权。由于服务贸易存在四种不同的提供方式，因此，对不同的服务提供方式又需要采取不同的税收征管方式，如对商业存在的提供方式，由于其产生所得的机构存在于来源国，来源国可直接对其征收所得税；对于跨境提供的方式，由于其在来源国不存在服务机构，来源国则只能采取征收预提税的方式对其来源于本国的所得征税，即以本国服务消费者为扣缴义务人把外国服务提供者应向来源国缴纳的税款从其应支付的服务费中扣除，再由该服务消费者将其转交给本国税务机关。因此，一成员对外国服务提供者采取与对本国服务提供者不同的税收征管措施，根据国际税收惯例是允许的，而且是对外国服务提供者进行有效征税所必需的。

第二，为保证在该成员领土内课税或征税而对非居民实施的措施，包括对非居民以商业存在的方式提供服务，相关的利润、费用、亏损等如何在总公司与分支机构之间或在同一总公司位于同一国或不同国家的分支机构之间分配或分摊的措施。由于非居民服务提供者提供服务的范围并不限于来源国，如何对来源于本国和来源于其他国家的利润、费用和亏损进行合理的分配或分摊，以实现对来源于本国的所得的有效征税，往往需要采取与对待本国服务提供者不同的措施，如区别其不同来源的所得，确定应税所得的范围和征税的方法（所得税或预提税）等。

第三，为防止避税或逃税而对非居民或居民实施的措施，包括监察措施。这些措施通常针对有跨国所得的纳税人，包括居民和非居民。由于居民需就其全球所得向母国纳税，而非居民仅需就其在来源国的所得向来源国纳税，居民与非居民逃税和避税的手段并不完全相同。同时，对于有跨国所得的纳税人与没有跨国所得的纳税人，其课税基础也不相同。因此，一国对不同种类的纳税人采取不同的税收管理措施，只要出于防止非居民逃税或避税目的，都是无可厚非的。

第四，一成员不得根据GATS第22、23条的规定，就另一成员的属于它们之间达成的与避免双重征税有关的国际协定范围的措施援引国民待遇，即双边税收协定的国民待遇例外。也就是说，一成员采取措施执行有关避免双重征税的双边国际协定，构成国民待遇的例外，即使此类措施违反GATS的国民待遇规定，另一成员也不得以此为理由，援引GATS磋商程序或争端解决程序追诉采取措施的成员，要求其给予国民待遇。

（5）双重征税措施例外

GATS第14条规定，一成员根据对其有约束力的避免双重征税的协定或其他国

---

① 直接税主要指所得税，包括公司所得税、个人所得税、利息税等。

际协定或安排中关于避免双重征税的规定而采取的避免双重征税措施，可以不依据最惠国待遇适用于其他成员。每个国家的谈判实力和经济需求各不相同，在谈判和签订避免双重征税协定时，约定的避免双重征税措施也各不相同，因此，在特定的两个国家或地区间签订的、关于避免双重征税的双边税收协定，必然难以在其他国家之间适用。因此，两个WTO成员之间根据各自的具体国情谈判和达成的双边税收协定具有很强的特定性，无法按照最惠国待遇原则适用于其他成员。

在实践中，一个国家往往与多个其他国家分别订有双边的避免双重征税协定，各个协定的内容也不尽相同，因此，对来自不同国家的服务提供者所实施的避免双重征税的方法往往具有很强的特定性，要求按照最惠国待遇原则将某一双边税收协定的避免双重征税措施或优惠适用于所有成员是不现实的。当然，任何成员在采取这些例外措施时，都不能在情形类似的成员之间构成任意或不合理的歧视，或构成对服务贸易的变相限制。

2）安全例外及其限制

安全例外规定了为保护成员根本安全或维护国际和平可采取的例外措施。根据该项例外，不管对GATS作何解释，一不能要求任何成员提供其认为如披露则会违背其根本安全利益的任何信息；二不能阻止任何成员采取其认为对保护其根本安全利益所必需的任何行动，包括与直接或间接为军事机构提供给养服务有关的行动，与裂变和聚变物质或衍生此类物质的物质有关的行动，以及在战时或其他紧急国际关系情势下采取的行动；三不能阻止任何成员为履行《联合国宪章》中维护国际和平与安全义务而采取的任何行动。

对于安全例外的规定，不管是GATT还是GATS都未设置特别的限制，因此，援引这一例外的关键在于如何理解作为其适用条件的“根本安全利益”。首先，为根本安全利益服务的内容界定可能存在争论，如为部队提供粮食、洗涤用品的运输服务与为部队提供枪支弹药的运输服务，是否应加以区别?前者是否能以保护本成员的“根本安全利益”理由排除外国服务提供者的参与?其次，条文本身的规定存在弹性，如“其他紧急情势”条款十分宽泛，也因此易生争议。最后，不同成员、在不同的时期可作为援引根据的“根本安全利益”往往也不尽相同。不过在实践中，真正引用安全例外作为不遵守GATT或GATS理由的情况并不多见，除非是某一成员的恶意行为。

3）紧急保障措施例外及其限制

GATS第10条第2款规定，任何成员都可在其具体承诺生效1年后，向服务贸易理事会通知其修改或撤销该承诺的意向，这就是GATS的紧急保障措施例外。根据GATS的市场准入和国民待遇条款的要求，除非另有例外规定，任何成员均应按其所做出的承诺，严格履行相应的义务；即使该成员有充分的理由需要撤销已做出的承诺或缩小已做出承诺的范围，也应等到其承诺生效3年后才能按程序提出和修改。因此，如果一成员想要在该期限到来之前修改其承诺，就必须作为“紧急保障措施”提出来，并向服务贸易理事会说明其对承诺的修改或撤销无法等到3年期限届满的理由，如由于服务进口剧增，已对国内同类或直接竞争的服务部门造成严重损害或构成严重损害的威胁。当然，一成员对其承诺所做出的修改或撤销，应当普遍和无歧视地适用于所有的其他成员，不能作为仅针对特定成员采取的歧视性措施。

GATS第10条第1款要求全体成员应就紧急保障措施问题在非歧视的基础上进行多边谈判，并使该谈判结果在不迟于《WTO协定》生效之日起3年内生效。但是，由于服务贸易理事会并未拟出具体、可操作性的规则，再加上各成员在是否有必要保留“紧急保障措施”机制这一问题上存在两种不同的观点，因此至今并未形成一项预期中的谈判结果。反对“紧急保障措施”机制的观点认为，GATS本身已是一个弹性相当大的协定，没有必要再创设一项具有更大弹性的紧急保障措施机制，以免给贸易保护主义留下可乘之机。赞成“紧急保障措施”机制的观点则认为，现行的紧急保障措施对局部性的服务部门受到冲击所形成的困难实际上很难有效地救济，有必要创设一套适应临时性、局部性紧急情势的紧急保障措施机制，赋予各成员在发生紧急服务贸易危险时采取限制性保障措施的权利，尤其是广大发展中国家，许多服务行业都很不成熟，特别是金融、电信等部门，一旦受到突发性的外部冲击，不仅该部门本身的经济利益受损，整个国家的经济利益和安全也会受到严重威胁。紧急保障措施例外则赋予各成员在受到这种突如其来的威胁时，有权采取相应的应对措施，以避免事态的进一步恶化。

4）经济一体化例外及其限制

GATS第5条第1款规定，GATS的实施不得阻止任何成员参加或达成在参加方之间旨在实现服务贸易自由化的协定——经济一体化协定。但是，这种经济一体化协定的达成或参加，应满足一定的条件要求：第一，此类协定应涵盖众多服务部门，而不仅仅针对其中的一个或有限的几个服务部门；在该协定生效时或在一个合理期限内，对于该协定所涵盖的服务部门，在参加方之间应取消现有歧视性措施，并禁止实施新的或更多的歧视性措施。第二，该一体化协定应旨在便利协定参加方之间的贸易，并且与订立该协定之前所适用的水平相比，对该协定之外的任何成员不得提高相应服务部门或服务项目的贸易壁垒的总体水平；从另一角度说，达成或参加经济一体化协定，不能成为一成员减轻其依据GATS应承担义务的理由。

5）垄断与专营例外及其限制

抑制竞争的商业惯例在许多发达国家中是普遍存在的，往往形成由少数服务提供者垄断经营的局面，其他国家的服务提供者实际上无法进入存在这种商业惯例的市场参与竞争。GATS第9条“商业惯例”意识到，某些抑制竞争的商业惯例会阻碍服务贸易的发展，要求任何成员在其他成员的请求下，应进行磋商，以期取消可能导致抑制竞争和限制服务贸易发展的商业惯例；要求被请求成员应给予充分和积极的考虑，并应通过提供与此种商业惯例有关的非机密信息和在信息保密前提下的其他信息（含机密信息）进行合作。

但是，服务贸易理事会也意识到，各成员的服务业发展水平差别极为悬殊，许多服务部门涉及一国的经济命脉和国家安全。在许多国家，某些服务部门的垄断经营是在政府的授权下长期存在的，如运输、通信、金融等部门，要在短期间内立即取消这种垄断服务是不现实的，因此，在一定范围内允许各成员授权特定的服务提供者对某些特定的服务部门进行垄断或专营服务，但在发达国家成员的坚持下，对这种垄断或专营服务也做了较严格的限制：

第一，各成员应保证其领土内的任何垄断服务提供者在提供垄断服务时，不能与该成员所承担的最惠国待遇义务和具体承诺义务不一致，即垄断服务应对所有成员适用，对于已在具体承诺中承诺开放的服务部门或项目及服务提供方式不得授权垄断服务。

第二，垄断服务提供者通常只能在授权的范围内提供服务，如果一成员的垄断服务提供者直接或通过附属公司参与其垄断权范围之外，且在该成员具体承诺范围之内的服务竞争，则该成员应保证该垄断服务提供者不滥用其垄断地位，不得采用与该成员的承诺不一致的方式参与竞争和提供服务。

第三，如果一成员有理由认为另一成员的垄断服务提供者采取了与该另一成员承担的义务不一致的方式参与竞争，则在该成员请求下，服务贸易理事会可要求该另一成员提供其垄断服务提供者有关经营的具体信息，目的在于使受影响的成员获得垄断服务提供者超出授权范围提供垄断服务或以与垄断服务提供者所属成员的承诺义务相违背的方式参与竞争的确切信息，以便做出是否向WTO的DSB（dispute settlement body，争端解决实体）提出诉请的决定。

第四，垄断或专营服务只在明确限定的范围和一定的期限内存在，而且垄断服务的授权原则上在《WTO协定》生效前做出。如果一成员在《WTO协定》生效后，试图对其具体承诺范围内的服务提供给予某一服务提供者垄断权或专营权，则该成员应在该垄断权或专营权预定实施前不迟于3个月通知服务贸易理事会，同时适用关于承诺表的修改、补偿性调整或报复的规定。

第五，《关于金融服务承诺的谅解》专门针对金融服务的垄断做出限制，不仅要求各成员应将其现有的金融服务垄断以肯定的方式列举出来，而且要求各成员应努力消除或至少逐渐缩小现有的垄断范围，从而形成与服务贸易自由化机制相一致的、只能缩小及至消除而不能扩大垄断经营范围的强制性约束效果。

6）保障国际收支例外及其限制

国际货币基金组织规定，成员国不得对经常项目交易的国际转移和支付实施限制，但对资本项目交易无强制性要求，允许各成员国根据本国的具体情况采取一定的限制措施。GATS第11条第2款规定：“本协定的任何规定不得影响国际货币基金组织的成员在《基金协定》项下的权利和义务，包括采取符合《基金协定》的汇兑行动……”这一规定体现了二者的衔接。但GATS同一条进一步规定：“一成员不得对任何资本交易设置与其有关此类交易的具体承诺不一致的限制。”这一规定表明，国际货币基金组织允许各成员对资本交易实施限制，但不是强制性的规定，而是一种授权性规定。因此，如果一成员根据GATS对资本项目交易做出具体承诺，该成员就不得对其已做出承诺的资本交易加以限制。

GATS第12条“保障国际收支的限制”规定，如果一成员发生严重的国际收支和对外财政困难或威胁，该成员可对其已做出具体承诺的服务贸易，包括与此类承诺有关的交易的支付和转移，采取或维持限制；处于经济发展或经济转型过程中的成员由于在国际收支方面的特殊压力，可以采取适当的限制措施，以保证维持实施其经济发展或经济转型计划所需的适当财政储备水平。

但是，即使是GATS所允许的经常项目和资本项目转移和支付的限制，在适用上也应遵守一定的限制条件：以国际收支平衡为理由的限制不得在各成员之间造成歧视；所实施的限制应与《基金协定》相一致；应避免对其他成员的商业、经济和财政利益造成不必要的损害；不得超过处理其国际收支困难或对外财政困难或其威胁所必需的限度；应是暂时的，并应随着其国际收支困难或对外财政困难或其威胁情况的改善而逐步取消；不得为保护一特定服务部门而采取或维持此类限制。同时，一成员在采取限制措施时，还要接受WTO各相关机构的严格监督。

7）政府采购例外

GATS第13条规定，GATS最惠国待遇、市场准入和国民待遇规定不适用于政府机构为政府管理目的而购买服务的法律、法规或要求，[①]即一成员政府为实现其管理职能而购买服务时，对于采购范围、采购对象、采购价格等的选择，其给予服务提供者的待遇，其他成员的服务提供者不得要求享受最惠国待遇或国民待遇。据此，对于服务的政府采购，各成员均可在外国服务或服务提供者之间及外国服务或服务提供者与本国服务或服务提供者之间实行歧视待遇，而不构成对最惠国待遇和国民待遇的违反。

GATS给予政府采购的例外，在于政府采购本身所具有的敏感性及其不同于商业性采购的“行政管理”目的，但同时也对其做了严格的限制，即这种购买不能用于商业转售目的或用于为商业销售目的的服务提供过程中；《关于金融服务承诺的谅解》还专门规定，在对待其他成员以商业存在方式提供服务的金融服务提供者方面，各成员不得援引政府采购的例外。

根据GATS第13条的规定，在《WTO协定》生效之日起2年内，应就服务的政府采购问题进行多边谈判，但在WTO框架下尚未就服务的政府采购进行实质性的谈判。

8）具体承诺表的修改及其约束

根据GATS第21条的规定，任何成员均可在其承诺表中的任何承诺生效之日起3年期满后的任何时间修改或撤销该承诺，只要该修改成员在不迟于实施修改或撤销的预定日期前3个月将其修改或撤销某一承诺的意向通知服务贸易理事会；因该修改或撤销而使自身的利益受到影响的任何成员提出请求，修改成员即应与该受影响成员进行谈判，以期就任何必要的补偿性调整达成协议。在补偿性调整协议的谈

---

①　货物贸易领域的政府采购例外规定于GATT第3条第8款；WTO还形成了一个范围涉及货物和服务贸易的诸边协定——《政府采购协定》。

判过程中，有关成员应努力维持互利承诺的总体水平，使其不低于谈判之前承诺表中规定的对外贸易的有利水平；所达成的补偿性调整应在最惠国待遇的基础上实施，即谈判结果将依据最惠国待遇原则适用于所有成员。

通过当事方之间的谈判达成协议是解决当事方之间摩擦和纠纷的最主要途径，但如果修改成员与受影响成员之间未能在规定的期限内达成协议，受影响成员可以将该补偿性调整事项提交WTO的DSB仲裁。由于对承诺表的修改是GATS赋予各成员的权利，因此，修改成员在整个谈判和仲裁过程中始终处于较为主动的地位。

第一，如果受影响的所有成员均没有就所受到的影响提出补偿性调整的谈判请求，修改成员即可依据其已通知服务贸易理事会的修改或撤销内容实施。

第二，如果受影响成员提出谈判，但双方未能在规定期间内就补偿性调整达成协议，且受影响成员均未就该事项提交仲裁，修改成员可依据其修改或撤销内容实施。

第三，对于受影响成员所提交的仲裁，任何希望行使补偿权的受影响成员都必须参加该仲裁；如果受影响的成员中有一个或一些成员就该事项提交仲裁，没有参加仲裁的其他受影响成员不能就同一事项再次提出仲裁要求，也无权援引最惠国待遇原则要求享受作为仲裁结果的补偿性调整。

第四，对于提交仲裁并已由DSB就补偿性调整做出裁决的，修改成员必须在做出符合仲裁结果的补偿性调整之后，才能修改或撤销其承诺；如果修改成员在依据仲裁结果做出补偿性调整之前擅自实施其拟议的修改或撤销，则任何参加仲裁的受影响成员均可经授权获得相应的报复权利。但是，这种报复权利的行使只限于参加仲裁的受影响成员。

由于补偿性调整结果因谈判达成或仲裁做出而有所不同，因此，对于修改成员来说，必然存在着一个利益选择问题，即如果采用谈判方式达成补偿性调整协议，该协议应依据最惠国待遇原则适用于所有受影响的成员；如果采用仲裁，由DSB做出裁决，则作为仲裁结果的补偿性调整，仅适用于参加仲裁的受影响成员，未参加仲裁的受影响成员不能援引最惠国待遇原则获得补偿性调整利益，或在修改成员拒不履行裁决结果时，不能实施相应的报复措施。其结果可能会纵容修改成员拒绝在谈判阶段达成补偿性调整协议，使争端进入DSB仲裁程序，通过仲裁，即使DSB最终做出补偿性调整裁决，也可使补偿性调整的范围大大缩小。可见，对于谈判结果和仲裁结果采取不同的适用原则，往往导致修改成员选择仲裁解决，而争端期间延长，增加争端解决成本，对各方尤其是受影响成员是非常不经济的。当然，这与GATS把承诺表的修改作为“例外”的制度设计有关，即既然是例外，就应给有权采取该例外措施的成员更多的选择权，而不是形同虚设。

9）审慎监管和金融信息保密例外及其限制

GATS附件之一的《关于金融服务的附件》规定了金融服务的两项重要例外，即审慎监管例外和金融信息保密例外。

（1）审慎监管例外

《关于金融服务的附件》第2款（a）项规定，GATS的任何规定都不得阻止一成员为审慎原因而采取的措施，包括为保护投资人、存款人、保单持有人或为保护金融服务提供者对其负有信托责任的人而采取的措施，或为保证金融体系完整和稳定而采取的措施。

金融服务业对任何成员来说都是敏感的行业，金融服务提供者业绩的优劣、风险的大小、内控机制的完善与否等，不仅关系到该金融服务提供者自身的利益得失，而且牵系着广大金融消费者的切身利益以及金融体系乃至整个社会的稳定；从国家利益的角度来说，任何成员都无权要求其他成员为遵守GATS的规定而损害金融服务消费者的利益或使其金融体系陷入混乱。但这种例外权利的行使也是受到严格限制的，即任何成员都不能将该项例外用作逃避履行其金融服务承诺或义务的手段；如果其他成员认为某一成员所采取的名为审慎监管的措施，实际上是在逃避其应履行的义务，则可以向DSB提出仲裁请求。

（2）金融信息保密例外

《关于金融服务的附件》第2款（b）项规定，任何成员都不能要求其他成员披露有关个人客户的事务和账户的信息，或公共实体拥有的任何机密或专有信息，即金融信息保密例外。根据规定，除非征得金融服务消费者本身的同意，金融服务提供者无权向其他任何第三方披露该金融服务消费者本身的信息或其所拥有的机密或信息。各国银行法也普遍做出类似的规定。因此，保护客户的机密和信息已成为金融服务提供者必须遵守的一项重要义务和行业惯例，除非为了查处某一国际犯罪或基于两国政府的特别约定，否则，任何成员都无权要求其他成员为其提供有关金融服务消费者的任何机密或专有信息。

货物贸易领域也存在着许多名称与服务贸易相同或类似的例外，但从其具体内容和所附的条件来看，许多例外措施在货物贸易领域的援用受到非常严格的限制，但这些例外在服务贸易领域则表现出极大的弹性，成员可援用的机会明显大得多。尽管对这些例外措施也规定一些限制条件，但往往由于没有更具体、明确的关于限制措施的规定，在实践中难以对这些例外形成有效的限制。善用这些例外，是推进服务贸易自由化进程中的关键环节，但善意地利用和恶意地滥用，有时并不泾渭分明，在做出判断时，需要对利用该例外条款成员的服务业发展水平、国内经济和社会状况、外部的经济和社会环境等加以综合分析。

7.3.4　服务贸易总协定的意义

GATS的签订与实施是国际贸易发展史上的一大进步，对加速世界贸易的发展和在世界范围内实现服务贸易自由化具有积极的意义。

1）促进世界多边贸易体制的完善

国际贸易本身就是由货物贸易和服务贸易两大部分构成的，随着国际服务贸易的迅速发展，国际贸易结构已经发生了很大变化，将国际服务贸易纳入多边贸易体制进行管理势在必行。国际货物贸易自由化在经过几十年的多边贸易谈判之后已取得了可喜的进展；而国际服务贸易的政策协调以双边和区域协调以及行业协调为主，许多国家签订双边贸易协定，在服务贸易上相互给予互惠待遇，有关的规则谈判在国际性行业组织的主持下进行；双边和行业性质的政策和规则的协调方式并不能完全适应国际服务贸易发展的要求，妨碍了国际服务贸易的完全自由化，减缓了国际服务贸易流量的增加。因此，国际服务贸易多边规则的形成为世界贸易的发展提供了一个稳定的政策标志，完善了多边贸易体制，营造了一个健康的多边贸易环境。

2）促进各国广泛的参与

GATS在协议制定上采取了一般义务与特定义务分开规范的做法，使成员在服务贸易领域既要遵守共同的原则和普遍的义务，又可以根据本国服务业发展的实际情况安排服务市场开放的步骤，照顾成员发展水平，给予发展中国家成员适当的灵活性，在国民待遇、最惠国待遇、透明度、市场准入、逐步自由化以及经济技术援助等方面都对发展中国家成员做了特别规定，这些规定都有助于提高发展中国家对国际服务贸易的参与程度，加强发展中国家服务业的竞争力，扩大服务贸易出口。同时，GATS所倡导的自由贸易可以使发达国家进入发展中国家市场，一方面带来发展中国家稀缺的资金，另一方面还可以为发展中国家带来国际上先进的现代化技术、营销方式和管理经验，从而促进发展中国家自身竞争能力的提升，使发展中国家更好地融入国际社会。

3）促进多边承诺效应的发挥

由于多边规则实行的是非歧视原则，这使得各国的自由化减让具有了多边效应。一个国家可以自主地根据本国经济发展的需要开放其服务市场，这种自主自由化是政府在任何时候都可以决定的，不需要任何国际协定，因而一个国家政府是否参加多边贸易自由化进程取决于多边自由化所获得的利益是否高于自主自由化所获得的利益。多边规则中的多边承诺效应就在于：一是可以将一国现行的政策制度与贸易自由化程度结合起来，或者与未来的自由化承诺结合起来，使其国内政策比过去更具有可预见性。二是一国贸易自由化需要与其对宏观经济政策的正确、适当管理相结合，在多边贸易规则项下承诺将来实现贸易自由化，其实质是为自己确定了一份宏观政策和管理体制改革的时间表，对本国宏观经济的规划和管理体制改革具有强有力的推动作用。三是多边贸易谈判中的承诺意愿，可以促进其他国家效仿以取得互惠。贸易自由化对进行改革的国家利益更大些，积极参加谈判可以使未来谈判的气氛宽松。

4）促进国际服务贸易自由化的发展

GATS通过一系列措施为服务贸易的逐步自由化提供了体制上的安排与保证，对于建立和发展服务贸易多边规则是一项重大突破。GATS确立的通过各成员连续不断地多边谈判，促进各国服务市场开放和发展中国家成员服务贸易增长的宗旨，使各成员有了进一步谈判的基础，得以向服务贸易自由化方向迈进。各成员根据自身的经济发展水平，对本国某些部门实行适度开放做出承诺，一些发达国家成员已经按照GATS规则发展服务贸易，许多发展中国家成员在为履行有条件地开放服务市场的承诺积极做好准备，这些活动都将有助于构筑一个更加开放的国际服务大市场，促进服务贸易自由化的发展。

5）促进服务贸易和相关货物贸易的发展

国际服务贸易与世界产业结构的调整有着紧密联系，GATS不仅会对服务贸易本身产生直接影响，还会对国际货物贸易和国际经济关系产生连带影响。在服务贸易领域，GATS的运行必然促进传统服务行业和高新服务行业贸易额较大幅度的增长，这会对各国服务业水平提出更高、更新的要求，刺激各国改进服务技术，改善服务管理水平，提高本国服务业竞争力，从而促进世界服务业整体水平的提高；同时，GATS的运行对高新技术密集型服务贸易（如通信、视听、金融以及其他信息服务等）会有较大的推动作用，而对一些传统服务行业的推动作用较小，这种差异会加剧不同经济发展水平的国家间服务贸易的不均衡，但最终会使服务业的国际分工形式渐趋明显，有利于国际服务交换的进行；在透明度条款和发展中国家更多参与条款中关于提供信息、建立联络点的规定，有利于各成员服务信息的交流和服务技术的转让，客观上促进全球服务贸易的发展与繁荣。在货物贸易领域，新的国际服务贸易体制会促进外国直接投资的发展，推动国际贸易以及与服务密切相关的货物贸易的发展；发达国家在服务贸易领域具有相对优势，可能会在货物贸易方面对发展中国家做出更多的让步，从而促进货物贸易的增长。

7.4　TISA与国际服务贸易新规则①

7.4.1　TISA的发展历程、谈判路径与框架

1）谈判历程

国际服务贸易协定（Trade in Service Agreement，TISA，简称服务贸易协定）谈判起源于世贸框架。作为WTO乌拉圭回合谈判成果的GATS，是全球第一套具有法律约束力的国际服务贸易准则，迄今已有20年，而在此期间却无实质性进展，显然不能适应世界经济形势的变化，多哈回合的服务贸易多边谈判又停滞不前，无法就服务业市场开放达成具体共识，因此2011年12月，WTO第八次部长级会议就鼓励成员方继续开展某些领域的谈判，在单个承诺但完全达成之前，缔结基于共同意愿的临时性和决定性的协定，实现多哈发展议程的目标，次级团体“服务挚友”（Really Good Friends of Services，RGF），随即成立，并于2012年1月首次在日内瓦召开会议，讨论在多哈回合之外开展TISA谈判，推动达成更高标准的服务贸易协议。

① 唐宜红，等. 全球贸易与投资政策研究报告（2016）：国际贸易与投资新规则的重构［M］. 北京：人民出版社，2017.

新一轮的TISA谈判有23个参加方，欧盟28国作为整体加入，实际是包含了50个成员。这23个参加方拥有较好的合作基础，因为他们中的大多数，相互已经缔结了一些服务贸易协定，也就是说这些参加方之间已经形成了一层服务贸易关系网。更为重要的是，TISA的订立将在美国、欧盟和日本这三大全世界最大的服务市场之间首次形成有约束力的服务承诺。TISA于2013年开始正式谈判，迄今为止已经开展了15轮谈判。最新一轮谈判于2015年11月29日至12月4日由欧盟主持召开。但是，由于23个参加方需要在众多领域达成一致意见，比如电信、金融服务、快递、国内监管、补贴、透明度等，因此谈判进程较慢。

2）谈判路径

在谈判路径问题上，欧盟主张采取“正面清单”模式，以更方便未来其他WTO成员加入，从而将TISA纳入WTO的框架下，实现TISA与GATS的兼容。且欧盟本身就是正面清单的忠实拥护者，FTA均是欧盟以“正面清单”的路径方式签署的。而美国则反其道而行之，主张采取“负面清单”模式，经过各方磋商，就服务部门列表方式而言，TISA采取与GATS一致的正面清单，即只有列入减让表的服务部门，缔约方才在市场准入和国民待遇上受其约束。而对于TISA采用“混合清单”的说法，指的是在国民待遇上采用“负面清单”，同时保留市场准入承诺的“正面清单”。

3）覆盖领域与文本结构

TISA的谈判涉及的主要领域包括：模式4下的自然人移动，尤其增加商务访客、专家和技术人员准入的便利性，包括对公司市场开拓意义重大的内部调动人员（ICT），实现数据跨境自由流动，取消数据必须预先存储于使用国境内服务器的要求；对其他国家的服务提供者提供水平承诺下的国民待遇，采取有限限制，（即“负面清单”）；约束对跨境服务提供的限制，包括许可、居住要求等，约束对通过投资提供服务的机构设立、参与合资企业或经济需求测试等的要求。国有企业和政府采购领域也会是TISA涉及的重要议题。①

如表7-3所示，斜体字表示的是与GATS不同的条款名称，与GATS相同的条款则在括号内注明。可以看出，TISA的文本结构并不是完全重新设计，而是借鉴GATS的已有成果，有许多基本条款的名称与GATS保持一致，这为以后TISA若整合到GATS中也提供了便利。此外，第三部分的“新的和强化的纪律”，指的是“新的承诺减让表将极大地扩展规则的范围和影响”，是对GATS的扩展。

4）服务贸易规则的建立与强化

下面将从两个维度来描述TISA对服务贸易规则的建立与强化。首先，将TISA核心文本维度描述。TISA的核心文本包含了最常用的、经双方协议协定的临时性语言，建立了TISA的总体法律框架。专业领域，如海运服务、电子商务等内容，则是在核心文本之外的附件里规定。核心文本和附件共同体现了TISA在服务贸易领域建立与强化的规则。其次，由于TISA的一些条款是GATS框架中已经包括的，

① 王绍媛，张鑫．服务贸易协定谈判基本特征分析［J］．国际贸易，2014（4）．

所以从GATS规则的发展、GATS以外的新规则两个方面进行阐述。

表7-3 TISA核心文本结构

序言	一般例外（Art 14）
第一部分：总则一般条款	安全例外（Art 14之二）
范围（Art1；Art 28）	*利益的拒绝给予（Art 28）*
最惠国待遇（Art 2）	*政府采购（Art 13）*
经济一体化（Art 5）	（补贴：Art 15）
市场准入（Art 16）	第二部分：承诺减让表
国民待遇（Art 17）	*市场准入承诺减让表（cf Art 20）*
保密信息的披露（Art3之二）	*国民待遇承诺减让表（cf Art 20）*
国内法规（Art 6）	*市场准入和国民待遇不一致措施的减让表（cf Art 20）*
额外承诺（Art 18）	*额外承诺减让表（cf Art 20）*
行政决策审议（新）	第三部分：新的和强化的纪律
透明度（Art Ⅲ）	第四部分：机构条款
承认（Art 7）	争端解决
支付和转让（Art 11）	协议将来的参与
保障国际收支平衡的限制（Art 12）	多边化
垄断和专属服务提供商（Art 8）	制度条款
	附件

资料来源：蒋佳妮，黄婧．服务贸易协定（TISA）谈判核心文本评述（下）[EB/OL]．[2015-08-21]．http：//news.163.com/15/0821/17/B1IETU6900014JB5.html.

（1）核心文本第一部分所体现的服务贸易规则

①最惠国待遇：对于本协定所涉及的各项措施，任何一方都应立即而无条件地给予其他缔约服务商和其供应商，不低于其提供给其他国家服务商和供应商的优惠待遇；缔约方可实行与第一项不一致的措施，若该措施已列入有关豁免第二条义务的附件且符合其条件；本协议的条款不应被理解为阻碍缔约方，为促进仅限于邻近边界地区当地所供给及消费的服务的交易，给予邻接国优惠待遇。

②市场准入：对于通过供给模型在I-1条款中所形成的市场准入方式，任何一方都应该给予其他缔约方不低于本附表中一致、明细化的条款、限制和标准所规定的优惠待遇；在市场准入保证部分，缔约方应当在附表中，在基于地区细分基础或是整个领域基础上，必须明确定义不可保留或采纳的措施。

③国民待遇：如本附表任一标准和细则（规定），在所有影响到服务供应的措施方面，任何一方都应给予其他缔约服务商或服务供应商不低于其提供给其自身服务商和服务供应商的优惠待遇；无论是与其提供给自身服务商和服务供应商形式相同的待遇，还是形式不同的待遇。如果其改变了竞争条件使得其相比于其他服务商或服务提供商，更有利，都应被视为更不利的。

④保密信息的披露：本协议不允许要求任何一方提供保密信息，保密信息的泄露会妨碍执法或者违背公众利益，或者损害特定企业、公众和个人的合法商业利益。

⑤国内法规监管：在国内法规监管这一问题上，谈判方各执己见，仍没有达成一致意见。欧盟等国家提议：在其领域范围内的服务供应，为了达到政策目标，缔约方意识到其管理和引进新规章的权利，而美国则提议：任意一方都应该确保其所有普遍适用而可能影响到服务贸易的措施，都是以合理、客观且公正的方式运作。

（2）核心文本第二部分所体现的服务贸易规则

①市场准入承诺减让表：在以市场准入条款为依据的承诺减让表中，各缔约方应在第一部分的B章节和其承诺的减让表［明细］的第二部分，以及应承诺减让的部分中的任何条款、限制和标准中列出（规定）。

②国民待遇承诺减让表：在以国民待遇条款为依据的承诺减让表中，对于所有影响服务供应的措施，任何一方应给予其他缔约方不低于其给予自身服务商和服务供应商的优惠待遇，且缔约方都应依从其在承诺减让表中所列出的任何条件和资格。

③市场准入和国民待遇不一致措施的减让表：这一减让表目前争议较多，欧盟以及澳大利亚等国家提议：要求依据市场准入待遇承诺减让表条款和国民待遇承诺减让表条款列举在缔约方承诺表中的任何措施，都应包括有关于市场准入条款的减让总数和有关于国民待遇条款的承诺减让总数。

7.4.2 TISA与GATS规则的比较

从TISA核心文本及附件的基本构成来看，可分为两类：一类是以GATS为基础进行修正发展的条款，第二类是超越GATS的新增条款。由于服务业的新发展，需要在更多的领域设立新规则，而GATS之前是没有涉及这些领域的，因此TISA在这些领域建立新规则以满足当今服务贸易发展的需要。

根据彼得森国际经济研究所发布的TISA研究报告，关于对谈判框架内容的预判分析，TISA和GATS的比较见表7-4。

7.4.3 对TISA核心内容的评述

先前维基解密公布的关于TISA的秘密文件中，还包括奥克兰大学的教授凯尔西（Jane Kelsey）对TISA的核心文本的分析与评述。我国工业和信息化部国际经济技术合作中心的蒋佳妮和黄婧对这篇《Analysis -TISA-Core-Text》进行了全文翻译，下面将参考二者译文阐述凯尔西教授对TISA核心文本的分析。

1）服务业将出现更多的既存的和新的规则

TISA的三个特征结合并超越了现有的GATS。第一，新的且对政府行使权利的实质性限制被写入了核心规则。第二，出现了新的或更广泛的针对决策的标准和给予贸易公司的权利，包括外国公司，即施压政府以保护这些公司的利益。第三，在非歧视性原则两个主要规则下，承诺表的改变带来了更多的服务业开放，有利于当地国民待遇、不再限制外国商业存在的规模和形式、不再限制市场准入。TISA文本也预料到会更广泛地使用“额外承诺”，随之政府的某些行动和某些部门将受限于一系列新的限制，这其中有些与承诺减让表有关，有些无关。

表7-4 TISA和GATS对比

	项目	GATS	TISA
	谈判方式	正面清单为主	负面清单为主
架构及核心要素	最惠国待遇	包含所有WTO成员之间的无条件最惠国待遇义务，但WTO成员可以提出豁免，通常不超过10年	有条件的最惠国待遇规则，非TISA成员不能自动从TISA自由化中获益。TISA成员可能会决定将无条件最惠国待遇利得延伸到不发达国家，但像巴西、印度和中国等规模和地位的国家不能成为“搭便车者”
	临时流动自由化（模式4）	四种服务贸易提供模式中，自然人临时流动自由化，即模式4最具争议。GATS中模式4的承诺往往很受限制，主要集中于专业服务提供商	继续强调高技能人才的临时流动，但也可能涉及其他人员，包括半熟练技术工人。同时还包括一项绑定要求，即临时流动人员必须返回母国
GATS规则的发展	政府采购	从核心市场准入条款中剔除政府采购服务	包括政府采购条款。GATS中宽泛的政府采购排除条款应被限制在有限职能上，有助于把国有企业（中小企业）纳入TISA权利义务范围内
	竞争政策和监管连贯性	包含关于垄断的条款，但无法执行	包含关于竞争政策的条款或章节，适用于所有服务提供商以及滥用垄断地位和限制价格等情况
	相互承认	关于相互承认的条款仅鼓励政府确定对等的竞争力，实践中很少达成互相承认的协议	包含有关专业服务提供资格和执照的章节，来解决相互承认的问题，且应制定规则以避免执照和资格认证过程中固有的歧视性待遇
	国内法规	包含国内法规的条款，但通常缺乏“必要性”测试	包含GATS类型的国内法规条款，且应在会计准则谈判中强调“必要性”测试。这一条款可以在有关监管连贯性的章节之外单独列出，也可以包含在该章节内
GATS以外的新规则	国有企业	—	由于TISA将建立关于服务贸易的单独协议，而服务领域中小型企业数量众多且逐渐增加，因此TISA中有必要包含关于国有企业的实质性规则
	跨境数据流动	—	TISA应包含一系列跨境数据流动的规则，以保证不受限制的数据服务跨境贸易权利，除非属于例外情况
	强制性本土化	—	包含关于服务活动强制性本土化的条款，以限制政府在服务部门出台新的本地成分要求
	补贴和紧急保障措施	—	由资深独立专家组成的咨询机构，来评审保障措施请求
	投资者—东道国仲裁	—	包含针对模式3投资（服务业FDI）的投资者——东道国仲裁制度，但是否适用应当可以选择，由所涉成员双方决定
	争端解决	—	设立由资深独立专家组成的咨询机构。在一成员境内有真实公司总部及相当规模的服务企业可以向咨询机构对另一成员提起申诉，咨询机构给出意见并提出建议。但是针对成员的不利意见并不导致财产损害赔偿或者报复行动

资料来源：沈玉良，等. 国际服务贸易新规则研究［M］. 北京：对外经济贸易大学出版社，2014.

2）承诺减让表

在GATS中国民待遇和市场准入规则仅适用于政府许可其受到管制的服务。每一个国家都有自己的清单和减让表，并且有许多方式去限制它的披露程度。例如，不承诺非歧视规则或保留以某种方式限制其市场的权利；也可以对服务的交付方式设置限制，例如通过国外投资者或通过互联网。

TISA的第二部分对市场准入和国民待遇设置了不同的规则。服务业仍旧在市场准入方面采用正面清单的形式，这意味着在市场准入规则仅适用于一个做出具体承诺的特定行业，并且受到承诺表的内容、限制和条件的约束。

国民待遇（外国服务和提供者必须至少得到与本国相关服务和其提供者同等的待遇）是一个发生重大变化的地方。所有的服务和所有的提供服务的方式均被TISA规则涵盖，除非它们确实已得到保护。

一成员的政府可以用这一承诺减让表中第一篇A部分清单中与某一行业、其分支或活动相关的措施来保护将来的权利。

一成员的政府也可以在其减让表中列出较低保护的清单，这样的清单将保留其违反国民待遇原则采取某种措施的权利。但是，这不能增加其“未能遵守”的水平（例如，外国公司新的限制或当地公司的利益），并且一个棘轮条款将得以应用，将自动锁定任何新的自由化。

在一个或其他行业下，没有被列入这一承诺减让表中的行业将被要求适用国民待遇原则，且可能是永久地适用。这种负面清单措施被设计用于在TISA下扩大政府的责任范围，这超过了GATS正面清单措施对政府的要求，给一个国家设置了在错误、疏漏、无法预见或不可预见风险下的规制能力，或者对一个高度自由化政府试图对其接替者施加约束。

欧盟也建议设立一个针对（精英）服务人员的临时流动的特殊承诺减让表，这似乎也是要在市场准入和国民待遇原则方面应用一个正面清单措施。

3）制定了新行业的和其他的协议附件

TISA对GATS其他的扩展主要体现为增加新的“纪律”，如相关的国内法规、透明度、电子商务，以及特定行业新的或修改的附件，如海上运输、通信和金融服务。TISA的成员试图确保这些内容能作为实质协议的一部分得到考虑，特别是它们的战略计划使得TISA成为WTO的一个诸边贸易协议。它们也试图确保新的纪律和行业附件，这些行业附件允许国家GATS承诺减让表中包含的“额外承诺”的存在。

4）对发展中国家没有特殊对待

TISA核心文本并未重申GATS中的发展条款。TISA不允许任何处于发展目标的敏感性议题。当发展中国家进入非WTO的服务协定，GATS或多或少会受到必要的约束性要求，即其他国家在其关心的领域对发展中国家的让步。这意味着当任何发展中国家参与或者试图加入TISA时，TISA均将受制于同样繁重的约束。

7.4.4 TISA与中国

1）中国加入TISA谈判对多边服务贸易谈判的影响

从最开始的反对到之后的积极申请加入，这一态度转变反映出我国希望加入TISA从而与其他成员方共同参与国际服务贸易新规则的制定。

作为世界上最大的发展中国家，中国的加入将给TISA注入新鲜血液，同时将凭借自身影响力推进TISA谈判的多边化进程。首先，作为金砖国家中的重要一员，中国的加入会在一定程度上改变其他金砖国家对TISA谈判的反对态度，使这些国家重新审视TISA谈判的作用与影响力。目前，金砖国家中的印度仍处于观望阶段，印度商务部部长在回应世界银行贸易与经济一体化研究经理的关于印度应考虑加入TISA谈判的言论时表示，印度并不反对加入TISA谈判，但是印度在分析加入TISA的利弊之前不会贸然决定加入。而中国的加入无疑会使印度意识到加入TISA的有利影响，在一定程度上能推动印度加入TISA谈判，从而使TISA谈判更趋多元化。其次，由于中国与东盟贸易关系密切，中国的加入将会吸引东盟国家加入TISA谈判。目前已有一些东盟国家表示如果中国加入TISA谈判，他们也很有可能加入。总之，中国的加入将会吸引更多国家选择加入TISA谈判，从而促进TISA谈判的多边化进程。

虽然中国的加入给TISA谈判带来好处，但这一行为对多哈回合下服务贸易谈判来说，却不是一个好消息。这表现在：中国的加入推动了TISA的多边化，而多边化的TISA就更有可能回归到WTO的框架下，从而架空目前“多哈回合”中关于服务贸易的谈判内容。

2）加入TISA谈判对中国的影响

加入TISA对中国来说是机遇与挑战并存。机遇体现在以下方面：

第一，获得更开放的市场准入，同时推动我国服务业市场开放。TISA的目标是要减少各成员方间的市场进入壁垒，加入TISA使我国的服务业能进入其他TISA成员的市场，从而为我国的服务贸易发展提供更广阔的外部空间。同时，减少的市场进入壁垒也使得更多国外服务业进入我国市场，带来更丰富的服务种类、更先进的技术。

第二，把握制定服务贸易规则的主动权，避免边缘化。加入TISA谈判使我国可以在谈判进程中考虑自身利益，提出符合自身利益的主张，成为国际服务贸易新规则的制定者，而不是被动的接受者，在制定规则阶段加入可使我国根据自身服务业发展水平提出有利于我国服务业发展的规则建议。

第三，推动国有企业改革，强化服务市场竞争。在发展中国家，例如电信、金融和运输等基础设施的服务部门往往由国有企业主导，政府会对这些国有企业进行保护扶持，故TISA谈判中包含了有关国有企业竞争中立的问题。如果我国加入TISA，则需要对国有企业进行改革，推动国有企业市场化，强化服务市场竞争。

由于TISA谈判旨在推动达成更高标准的服务贸易协议，而当前我国服务业发展仍处于较低水平，因此加入TISA给我国带来的挑战也是不容忽视的：

第一，市场高度开放的压力。目前，中国对GATS中155个服务部门中的近100个部门进行了约束性承诺，承诺比例远远高于发展中国家的承诺水平。而相比GATS，TISA谈判设定了更高的关于服务贸易自由化的要求和目标，这无疑使中国服务业处于更高程度的开放市场的压力之下。由于我国在某些服务部门的国际竞争力仍处于比较低的水平，如果进一步高强度的开放，那么这些服务部门将会受到很大的打击。

第二，为监管政策带来挑战。我国目前在服务业的监管政策上仍存在不够透明的问题，对特定服务部门的扶持保护力度仍过大。而TISA谈判追求的是高标准的服务贸易自由化，如果我国加入TISA，不可避免地需要对涉及服务业的监管政策进行一定程度的调整，加强监管政策的透明度。

第三，威胁经济与信息安全。在经济安全上，追求高度服务贸易自由化的TISA会在一定程度上削弱我国的经济独立性，使我国一些重要的服务部门，如通信、运输、金融等部门的经济决策自主权受到其他国家跨国公司的支配。在信息安全上，TISA要求跨境数据自由流动，这将威胁有关国家安全隐私的信息保护。

从长远来看，中国加入TISA还是利大于弊的，有利于中国服务业的对外开放和成员发展，扩大企业的市场空间，同时促进国内的经济改革和转型升级。此外，中国应该趋利避害，依据自身处境在TISA谈判中提出相应的主张并且积极实施国内制度改革，从而在TISA中获得最大的收益。

● 本章小结

1.长期以来，美国一直致力于建立一个类似于GATT的全面的国际服务贸易规则。综观GATS的谈判过程，争论主要集中在以美国为首的发达国家一方和发展中国家一方，双方争论的根本问题是经济利益。作为服务提供大国，美国等发达国家积极争取在市场准入、国民待遇、取消限制、扩大协定适用性等方面取得较为宽松的规定；发展中国家主要是服务的进口国，出于保护民族服务业、减少贸易赤字等考虑，则积极寻求给予发展中国家和地区以特殊待遇，有限度地开放市场，逐步实现国民待遇，限制服务贸易自由化原则的适用范围。

2.作为服务贸易制度发展中的第一份基础性制度文件，GATS首次确立有关服务贸易规则和原则的多边框架，以在透明和逐步自由化的条件下扩展服务贸易，并促进所有贸易伙伴的经济增长和发展中国家的发展。

3.服务贸易总协定规定了各成员必须遵守的普遍义务与纪律，包括最惠国待遇、透明度与机密信息披露、发展中国家更多参与、经济一体化与劳动力市场一体化协定、国内法规、承认、垄断和专营服务提供者、商业措施、紧急保障措施、支付和转移、保障国际收支的限制、政府采购、一般例外与安全例外以及补贴等主要内容。而市场准入、国民待遇和附加承诺是GATS具体承诺的内容，其中市场准入和国民待遇是GATS的最重要条款，是各方争论的焦点。

4.服务贸易总协定附件主要是各成员就共同关心的国际服务贸易的某一部门或某一领域签署的专项文件，这些专项文件在国际服务贸易规则中具有极其重要的意义。GATS第29条规定，附件是协定的组成部分，与协定其他部分一样具有同等的法律效力。附件包括6个方面的内容：关于第二条豁免的附件；关于本协定项下提供服务的自然人流动的附件；关于空运服务的附件；关于金融服务的附件及关于金融服务的第二附件；关于海运服务谈判的附件；关于电信服务的附件及关于基础电信谈判的附件。

5.服务贸易总协定的基本原则有最惠国待遇原则（“豁免清单”和边境贸易是最惠国待遇原则的例外）、透明度原则（国内发生紧急情况例外、机密资料免除披露义务、安全例外）和给予发展中国家更多参与权原则。而市场准入、国民待遇、资格措施和资格承认则是服务贸易总协定规定的特定义务。

6.服务贸易总协定的例外及其限制在服务贸易多边规则中具有与GATS基本原则和具体承诺义务同等的地位，也是服务贸易自由化渐进性的重要表现。包括：一般例外及其限制；安全例外及其限制；紧急保障措施例外及其限制；经济一体化例外及其限制；垄断与专营例外及其限制；保障国际收支例外及其限制；政府采购例外；具体承诺表的修改及其约束；审慎监管和金融信息保密例外及其限制。

7.TISA谈判起源于世贸框架。TISA的三个特征结合并超越了现有的GATS。第一，新的且对政府行使权利的实质性限制被写入了核心规则。第二，出现了新的或更广泛的针对决策的标准和给予贸易公司的权利，包括外国公司，即施压政府以保护这些公司的利益。第三，在非歧视性原则两个主要规则下，承诺表的改变带来了更多的服务业开放，有利于当地国民待遇、不再限制外国商业存在的规模和形式、不再限制市场准入。作为世界上最大的发展中国家，中国的加入将给TISA注入新鲜血液，同时凭借自身影响力将推进TISA谈判的多边化进程。加入TISA对中国来说是机遇与挑战并存。

● 扩展阅读

1.在世界贸易组织官方网站（http：//www.wto.org）上可以浏览《服务贸易总协定》原文，分详细服务项类的诸多服务贸易多边规则，以及多哈回合关于服务贸易谈判的最新内容。

2.冯宗宪，郭根龙. 国际服务贸易［M］. 西安：西安交通大学出版社，2008.

3.何茂春. 国际服务贸易：自由化与规则［M］. 北京：世界知识出版社，2007.

4.李国安. WTO服务贸易多边规则［M］. 北京：北京大学出版社，2006.

5.沈大勇，金孝柏.国际服务贸易：研究文献综述［M］. 北京：人民出版社，2010.

6.陶林. 国际服务贸易紧急保障措施法律制度研究［M］. 北京：人民出版社，2009.

7.王灵桂. 国外智库看TPP［M］. 北京：社会科学文献出版社，2015.

8.张晗. 跨太平洋伙伴关系协定与中国：贸易与投资［M］. 北京：对外经济贸易大学出版社，2016.

● 基本概念

多边服务贸易规则　服务贸易总协定　市场准入　国民待遇　透明度　紧急保障措施

● 复习思考题

1.分析服务贸易总协定的基本原则与特定义务。

2.分析服务贸易总协定的例外与限制规定。

3.结合服务贸易多边谈判的内容试析服务贸易总协定的签署意义。

4.阐述服务贸易争端解决机制的适用范围和法律依据。

5.结合服务贸易经典案例分析服务贸易争端解决中的实质问题。

6.试述TPP协议对我国服务贸易发展产生的影响。

第8章/区域性服务贸易规则

学习目标

了解欧盟、北美自由贸易区、亚太经济合作组织、东盟自由贸易区有关服务贸易相关规则的规定；掌握服务贸易区域性规则与多边规则的关系；重点掌握各区域集团主要服务行业的贸易规则。

[引导案例]

2014年11月11日，亚太经合组织第二十二次领导人非正式会议在北京怀柔雁栖湖国际会议中心举行。这次APEC领导人会议的主题是“共建面向未来的亚太伙伴关系”。在这个主题下有三个重要的议题：推动区域经济一体化、促进经济创新发展、改革与增长，加强全方位互联互通和基础设施建设。各成员领导人围绕“共建面向未来的亚太伙伴关系”主题深入交换意见，共商区域经济合作大计。

据悉，与会各方就会议议题进行了热烈而富有成果的讨论，达成许多重要共识：大力加强亚太伙伴关系；推进区域经济一体化，启动亚太自由贸易区进程，亚太自贸区可提升各个自贸区合作，为实现亚太各国之间合作打下坚实基础；批准全球价值链、供应链、能力建设等领域重要合作倡议；支持多边贸易体制，推动多哈回合谈判早日结束；加快创新和改革步伐；共同探索适合自身实际的发展道路和发展模式，加强交流互鉴；加强全方位基础设施和互联互通建设；拓展基础设施投融资领域务实合作；共同应对全球性挑战；倡导推进区域经济一体化 共建互信、包容、合作、共赢的亚太伙伴关系。

资料来源：新华社. APEC授权分布：习近平主持APEC第二十二次领导人非正式会议并讲话［EB/OL］.［2014-11-11］. http://politics.people.com.cn/n/2014/111/c1024-26007525.html.

8.1 区域服务贸易协定的发展

世贸组织多哈回合谈判于2001年发起，原来预期2005年结束，但由于各方利益不同，多哈回合谈判受阻甚至一度中止，如今，多哈谈判已经进入了第17个年头，成员方仍难达成一个综合性的决定。在多边贸易体制发展遭遇瓶颈时，区域经济合作成为各国经济合作的主流形式，许多国家放弃世贸组织“大而全”的谈判，转而缔结区域和双边贸易协定，区域贸易协定（Reginal Trading Arrangements，RTAs）受到世界各国的青睐。截至2017年5月10日已通知GATT/

WTO且已生效的区域贸易安排数量高达297项，其中将服务贸易纳入管辖范畴的RTAs就有147项。

21世纪以前，尽管每年通知GATT/WTO且已生效的区域贸易安排数量很多，不过涉及服务贸易范畴的RTAs却很少，1958—1999年，签订的服务贸易协定平均每年也不到一份，进入21世纪以后，越来越多的区域贸易安排逐渐将服务贸易纳入其管辖范畴，区域服务贸易协定的数量迅速增长（具体数据见表8-1）。由于美、欧、日以及一些发展中大国都积极参与区域服务贸易，目前受区域服务贸易规则以及相关承诺约束的服务贸易已经占世界服务贸易总量的80%以上。①

表8-1　历年来通知GATT/WTO且生效的区域服务贸易协定数量

年份	数量	年份	数量	年份	数量
1958	1	2000	2	2009	14
1960	1	2001	5	2010	8
1973	1	2002	3	2011	8
1983	1	2003	6	2012	10
1991	1	2004	7	2013	10
1994	2	2005	7	2014	9
1995	2	2006	12	2015	10
1997	1	2007	4	2016	5
1999	1	2008	12	2017	1

注：2017年的数据截至5月10日。

资料来源：根据世界贸易组织秘书处资料整理获得，见http：//rtais.wto.org/UI/PublicAllRTAList.aspx。

8.2　服务贸易区域性规则与多边规则的关系

8.2.1　服务贸易区域一体化的动因

目前，尚未有专门就服务贸易自由化而签订的区域性经济一体化协定和单纯的区域性服务贸易协议，②区域性服务贸易规则通常是作为有关区域经济一体化的一部分而存在的；在现有的区域性经济一体化协定中，将服务贸易纳入其中的为数也不多。综观与服务贸易有关的区域性协定，其旨在实现服务贸易自由化的动因大致可以归纳为：

① ROY，MARCHETTI and LIM.The Race Towards Preferential Trade Agreements in Services：How Much Market Access is Really Achieved［M］//GATS and the Regulation of International Trade in Services［M］. PANIZZON，POHL and SAUVÉ，London：Cambridge University Press，2008：77-110.

② 《东盟服务贸易框架协定》是目前唯一的以单一法律文件问世的区域性服务贸易规则。

第一，各国服务业在其经济生活中扮演的角色日益重要，服务成为产品增值的主要来源之一，影响着资本和消费品在世界市场上的竞争地位。一国国内自然资源、市场规模和技术能力等因素的限制，往往很难支付其发展新兴服务部门所需要的高昂代价，服务部门的合作和一体化发展，可以使一国在超越国力的水平上最大限度地利用市场容量和资源，建立有效的、有竞争力的、有活力的服务部门；区域经济一体化内部货物贸易的发展促进了运输、保险等服务贸易的发展，同时，区域性服务合作和一体化也有助于成员之间维持并增加货物贸易，而且有助于成员之间创造贸易机会，提供充足的服务，增加成员国内生产部门的效益，提高其在国际市场上的竞争力，并减少贸易转移所带给消费者的福利成本。

第二，服务贸易壁垒主要采用的是歧视性的国内规定的形式，往往深入到国内政策领域，较多涉及国家主权等敏感性问题和一些重要的服务贸易领域，如金融、电信、沿海运输等，关系到一国的国计民生，再加上服务业发展的不平衡，各国出于自身的政治经济利益考虑，很难在多边体制下做出令各方利益都得到充分满足的安排。区域性一体化是在地缘政治经济模式下与发展水平类似或相容的国家和地区间进行的，相对较为容易协调各方立场和利益，使有关各方在多边贸易体制下暂时无法实现的自由化利益在较小的范围内首先得以实现。

第三，第二次世界大战后，服务贸易成为许多发达国家的主导产业，大部分服务贸易发生在发达国家之间，发达国家与发展中国家的服务贸易则以发达国家流向发展中国家为主。发达国家凭借其服务业的比较优势，在多边框架下积极推进服务贸易屡屡受阻的情况下，转而通过区域内服务贸易自由化逐步推进，如在乌拉圭回合服务贸易谈判举步维艰之时，美国成功地将服务贸易纳入《北美自由贸易协定》中，以此相关规定为样本，在多边贸易体制内兜售其主张，以实现其战略目的。从已经比较成功达成的服务贸易自由化的区域性协定来看，成员多为发达国家。

第四，就广大发展中国家而言，将服务贸易纳入区域经济一体化进程中，除了顺应全球范围服务贸易自由化的趋势外，更主要的是面对具有强大实力的发达国家服务提供者，各发展中国家加强区域服务领域的合作，给予区域内服务提供者特惠，以巩固本区域内的服务贸易市场，提高区域内服务提供者的竞争力，加强各成员参与多边服务贸易谈判的能力。

概括而言，一项国际协定所实现的服务贸易自由化程度，可以通过协定中的一系列制度加以衡量，包括实现自由化所凭借的方式和手段、协定所覆盖的服务部门的范围、对有关政府政策（如补贴和政府采购等）的规制、争端解决机制及强制性、原产地规则以及允许暂时或长期背离条约义务的保障措施条款。

8.2.2　服务贸易区域性规则与多边规则的关系

国际服务贸易规则多边化过程中伴随着蓬勃发展的国际服务贸易规则区域化，是国际服务贸易自由化进程中的重要特征。区域性服务贸易规则对多边体制的影响具有两面性。

1）积极影响

第一，区域性服务贸易规则也是以服务贸易自由化为目标，在一定程度上对多边贸易体制起到了补充作用。服务贸易的区域一体化，在区域经济集团内部产生了“贸易创造”效应，即在区域经济一体化组织内部实行自由贸易后，国内成本高的服务为其他成员国成本低的同类服务所代替，原来由本国服务提供者提供的服务现在从区域内其他成员国进口，新的贸易得到“创造”；由于从其他成员国进口成本低的服务代替原来成本高的服务，该国就可以把原来生产成本高的服务的资源转向生产成本低的服务，从而获得新的利益。区域经济一体化至少在区域成员国之间取消彼此间的贸易限制，虽然对外实行较严格的贸易保护主义，但不失为贸易自由化的一种“次优”选择。

第二，区域性服务贸易规则可以将已取得的区域内服务贸易自由安排制度化，抵制区域内某些成员国内部利益集团的贸易保护主义。国际服务贸易规则大量存在于各国国内法层面，对国际服务贸易提供者及其所提供的服务产生最直接、最广泛的影响；而国内立法者的贸易立法价值取向较易受相关利益集团的影响，其摇摆不定往往阻碍国际服务贸易自由化的发展。区域性服务贸易规则在一定程度上将各成员国间已采取的服务贸易自由化措施锁定，借国际条约之力量抵制某些成员国内部利益集团的贸易保护主义，防止各国立场的倒退，并以此为基础进一步推进多边服务贸易自由化。

第三，区域性服务贸易自由化规则的制定及实施，可为多边服务贸易规则起到实验田的作用。区域性服务贸易自由化的发展，有助于进一步加深各国对服务贸易自由化的认识，消除疑虑，为多边规则的达成和实施提供一定的思想认识基础。区域性服务贸易规则的相关规定，为多边服务贸易规则提供了可供借鉴的先例。如GATS产生之前，欧盟、北美自由贸易区等区域性经济一体化组织对服务贸易自由化已有大量细致的规定，服务贸易理事会十分重视区域性协定相关规则的研究和借鉴。

2）消极影响

区域主义旨在实现本地区的贸易利益最大化，对区域外成员多采取贸易保护主义，对多边贸易体制造成一定的消极影响。

第一，区域性经济一体化作为贸易自由化的次优选择，无法实现资源的最优配置，这在信息化背景下的服务贸易领域尤为突出。区域经济一体化对非成员国实行贸易保护主义，所带来的“贸易创造”效应在一定程度上被“贸易转移”效应所抵消。“贸易转移”是指由于区域性集团内部取消贸易壁垒，对外实行贸易保护主义，会使原来从区域外国家进口的服务转为从区域内成员国进口；贸易转移无法实现资源的最优配置，给世界经济带来一定的失衡。随着经济全球化趋势的加深，越来越多的跨国公司在全球范围内经营，企业与日俱增地在全球范围内生产、销售其产品，分割成“块状”的区域性市场及相应的一体化规则将无边界的技术人为地区域化，对全球及各国的经济发展都将带来消极影响，特别是电信服务、金融服务和电子商务等经济活动越来越多地在统一的全球大市场内进行，地理上的距离已不足为障，在这一无边界的信息时代，区域经济一体化已不足以促进，甚至在一定程度上背离经济全球化的进程。

第二，区域经济一体化协定中的服务原产地规则在一定程度上侵蚀了多边贸易体制，尤其是多边体制下的最惠国待遇原则。区域经济一体化为解决第三国乘机享受区域内部服务贸易自由化便利的问题，都有严格的原产地规则规定，如《北美自由贸易区协定》以原产地规则来判定服务提供者的“原产地”（国籍），用以决定是否可以享受区域性服务贸易自由化安排。原产地规则除了产生贸易限制外，其管理也增加了行政负担，并使厂商为取证和举证而额外增加成本。服务贸易的歧视待遇，不仅存在于市场准入方面，而且存在于准入后的国民待遇中，因此，原产地规则对服务贸易实施歧视性待遇的负面效果远大于货物贸易，容易被区域经济一体化成员利用来作为一种贸易保护工具，背离多边体制下的最惠国待遇原则。

第三，区域性服务贸易自由化将拉大发展中国家与发达国家在世界服务贸易格局中的差距。美国及欧盟作为世界上两大主要经济力量，以区域经济一体化作为其加强对世界市场争夺的重要工具，并为此而致力于提升区域经济一体化进程的广度和深度。从世界经济一体化形势来看，呈现出以美欧为轴心不断向外辐射、扩展的区域经济一体化格局，美欧处于这一格局的中心，操纵着游戏规则，而发展中国家处于外围，最不发达国家往往被排除在区域经济一体化之外。在服务贸易领域，发达国家与发展中国家的实力更不能同日而语，就服务贸易达成区域性安排也主要存在于发达国家之间，这些区域性服务贸易规则进一步增强了发达国家在国际服务贸易市场上的竞争力，发展中国家更处于劣势地位。欧美皆已形成成熟的服务经济，在服务贸易领域具有绝对优势，尤其在金融服务及电信服务方面，正是基于欧美的共识，GATS及相关附件得以顺利通过，而发展中国家具有比较优势的劳动、雇用服务自由化却受到强行封杀。

服务贸易区域一体化对多边贸易体制产生的影响，在一定程度上取决于服务贸易区域一体化的具体条件和情况。区域性服务贸易规则作为国际服务贸易规则的重要组成部分，是多边服务贸易规则必要和有益的补充，但不能取代多边服务贸易规则。处理二者关系的正确途径是区域全球化，而非全球区域化。

8.3　欧盟服务贸易规则

8.3.1　欧盟内部的服务贸易规则

《世界贸易组织法》所涉领域属于《欧洲经济共同体条约》（EEC）、《欧洲原子能共同体条约》（EURATOM）和《欧洲煤钢共同体条约》（ECSC）的规制范围，根据EEC、EURATOM和ECSC相应成立的共同体才有缔结国际条约的法律人格，而欧盟并不具有这样的国际法地位；就服务贸易领域而言，所涉条约为EEC和

EURATOM条约，并且由共同体和成员国分享在签署GATS方面的缔约权力。从《世界贸易组织法》的角度考察其服务贸易法律规范，更严谨的表述是欧共体的服务贸易规则。

《欧洲经济共同体条约》（又称《罗马条约》）以“在各成员国之间废除阻止人员、服务和资本的流通的各种障碍”为其宗旨之一，是欧共体规范区域内服务贸易最重要的法律文件。历经多次修改补充的《罗马条约》，其调整范围涉及大量的服务活动，但《罗马条约》作为欧共体的一级立法，仅为框架性协定。为了保证欧共体内部服务贸易的自由化，欧共体及其成员国制定了一系列法规贯彻实施，其中欧洲理事会制定和发布了多项相关的条例、指令、决定、建议和意见等。

1）有关服务的定义

《罗马条约》第60条规定：“按照本条约的意义，通常以取得报酬为对等条件而提供的服务应认为是服务，但以不受关于商品、资本和人员自由流动的规定所管辖者为限。”欧共体将服务限定为“以获取报酬而提供的服务”，即在雇佣合同下提供的服务，而将免费服务排除在外；在条约实践中，欧共体法院倾向于对“免费服务”这一例外作扩大解释，将与体育、艺术相关的带有一定公益性质的服务也包括在内。服务贸易自由与从业人员的自由流动、开业自由密不可分，“服务以不受关于商品、资本和人员自由流动的规定所管辖者为限”的区分仅仅是从法律的角度而非经济意义，并无多少实践上的意义。事实上，提供服务的自由，包括了服务提供者有权进入并居留于服务接受者境内直至服务提供完毕，也意味着服务接受者有权进入并居留于服务提供者境内；也有可能是提供一项服务，无需人员实际进入并居留于接受者境内。

2）非歧视性原则

非歧视性原则是适用于欧共体内部成员国间贸易的一项基本原则，从条约规定及欧共体法院的判例、解释可以看出，尽管条约未提及市场准入和国民待遇的概念，但非歧视原则无论其适用于开业自由或提供服务，均涵盖了GATS项下这两个概念，并作为服务贸易自由化的一般性原则加以适用；对于最惠国待遇原则，《罗马条约》除了将其囊括在第7条的一般性规定中，并没有再提及这一概念。《罗马条约》未对最惠国待遇原则和国民待遇原则加以区分，将其总括为条约的一般性原则，体现了较高的一体化共识。

3）专业资格的相互承认

开业自由部分是对自雇职业者而言的，自雇职业者大致可分为两类：一类是从事工商经营的一般自雇职业者，如一般企业和公司的老板等；另一类是专业自雇职业者，如医师、律师、建筑师和会计师等。对于自雇职业者开业，各国通常都规定了一定的资格要求，如一定的文凭、证书或其他证明某种资格的材料。如果一成员国不承认其他成员国相应的文凭、证书或其他的证明材料，就会对其他成员国有关人员的开业自由构成障碍。《罗马条约》第57条规定，共同体部长理事会应根据规定的程序发布指令，相互承认文凭、证书和其他正式的资格证明，便于有关人员作为自雇职业人员从事或继续其活动。若干年来，共同体部长理事会已经发布了一系列指令，以相互承认文凭、证书和其他正式的资格证明，如医生、兽医、牙医、助产士、护士、药剂师、建筑师、美发师、水运承运人和民用航空人员等，特别是欧盟部长理事会于1989年制定了第89/48号指令，以实施《罗马条约》的上述规定，该指令的目的在于保证在一成员国合法取得的有效专业资格在其他成员国亦能得到承认。同样，为实现提供服务的自由，成员国间亦须相互承认文凭及其他专业资格。

4）透明度原则

《罗马条约》第64条的规定体现了透明度原则的一个方面，“在一个成员国整体经济情况和有关部门的情况许可的范围内，成员国除依据第63条第3款所制定的指令解除有关的服务限制措施外，还应将其余拟解除的服务限制措施进行公布。”这一规定并未要求成员国公布所有现存的与条约实施有关的法律、法规、行政命令等，而只是要求公布拟将执行的消除服务限制的措施，并且是除指令规定必须执行的措施以外的新措施。这样规定一方面是由于缔约国数量较少，各国之间获得信息较容易；另一重要原因在于，在欧共体法律体系中，共同体立法引导着成员国立法，在经济领域已形成自上而下较相近的法律规则。

5）服务原产地规则

《罗马条约》第58条规定，根据一成员国的法律组成并在共同体内拥有注册办公机构、中心管理机构或主要营业场所的公司与商号，应受到如同作为成员国国民的自然人那样的对待。在一成员国境内的非共同体内企业在另一成员国境内设立企业（即“二次开业”）或者该企业提供跨境服务时，要享受共同体内企业的同等待遇，需符合第58条规定的条件，而且与该成员国存在持续、有效的联系。“持续、有效的联系”类似于GATS第5条第6款“实质性经济活动”的要求。若“初次设立”即非欧共体成员国的公司在欧共体一成员国境内设立子公司时，除非存在允许共同体以外国家进入内部统一大市场的相关规定，否则只适用该成员国的法律，而不能享有共同体内部企业的开业自由。这同样适用于非欧共体成员国的公司开设分支机构的情形。关于消费者的跨境消费及自然人的开业自由，条约并没有具体的服务原产地规则，若要适用条约的相关规定，消费者或提供服务的自然人需具有欧共体一成员国的国籍及住所。

6）保障措施

《罗马条约》包括了一系列一般性保障条款，除允许成员国对进口加以限制，以维护公共政策、安全、健康，抑或为保护国家财产或商业财富以及有关保障收支平衡的措施外，这些一般性保障条款也适用于商品贸易。《罗马条约》仅有一条专门针对服务贸易的保障措施条款，该条款规定，当共同运输政策将严重影响某些领域运输企业的就业时，欧共体成员国有权行使否决权。

7）补贴和政府援助

根据《罗马条约》第29条的规定，由一成员国发放或经由不论任何形式的国家财源给予的任何援助，凡以优待某些企业或某些商品生产而扭曲或威胁扭曲竞争者，只要影响到成员国间的贸易，均是与共同市场相抵触的。这一规定也同时适用于服务贸易领域。

8）政府采购

根据《罗马条约》的规定，欧共体颁布了一系列指令，以协调各公共部门政府采购的程序，这些指令以三项原则为指导：一是须在整个欧共体范围内招标，使所有成员国的企业均有机会投标；二是禁止为歧视潜在的外国投资者而规定的特定技术要求；三是在招标和评标时须采用客观标准。1992年欧共体委员会颁布了第92/50号指令，协调服务领域政府采购的程序；水力、电力、运输及电信领域服务的政府采购适用欧共体第93/38号指令。

9）例外和保留

《罗马条约》允许成员国以公共政策、公共安全或公众健康为理由，限制开业自由以及提供服务的自由。为防止这些限制性措施扭曲共同体内部市场的竞争条件，欧共体委员会及所涉成员国可进行审查并对其进行调整，以适应条约的要求。

10）争端解决机制

成员国间、欧共体委员会与成员国间、服务提供者与某一成员国或欧共体间均可能发生诉讼。服务提供者与某一成员国或欧共体间的诉讼可在成员国法院、欧盟初审法院及欧洲法院进行。

11）主要服务部门的自由化进程

（1）金融服务

金融服务包括银行、保险和证券服务。欧盟统一大市场的建立使各成员国彼此开放金融服务市场，推动各成员国金融机构的竞争和调整，任何银行、保险机构均可在共同体内任一市场上直接提供服务，而不必通过设立机构来经营，这一自由是建立在统一实质性标准的协调立法基础之上的。金融服务自由化进程和资本流动的自由化密切相关，而欧共体12国在1992年1月1日就已实现了资本流动的自由化。

第一，银行业。1977年12月12日，欧共体理事会通过了“关于协调有关从事信贷机构业务的法律、规则和行政规章的理事会指令”，即一般所称的“第一项银行业指令”。“信贷机构”是指经营从公众接受存款或其他应偿还的资金和为自己的利益发放贷款的企业，不包括未接受存款的投资公司。1989年12月15日，欧共体又通过了“关于协调有关从事信贷机构业务的法律、规则和行政规章以及77/780号欧共体指令的第二项理事会指令”，即“第二项银行业指令”，该指令作为共同体新银行业的核心，主要目标是制定各成员国银行监督制度，特别是协调准许营业的条件，消除共同体银行服务活动和设立分支机构的内部障碍，创建单一的银行业市场。

第二，保险业。欧盟在保险业方面的目标主要是创建单一保险市场，使设立于一成员国的保险公司可在另一成员国完全自由地设立分公司，保险企业无须通过设立分公司即可在欧盟范围内经营其全部保险业务；保险单签发人在价格、产品性质和提供的服务等方面遵守基本一致的监督规则，展开公平竞争。

在非人寿保险领域，1973年理事会通过了“关于协调有关从事非人寿保险业务的法律、法规和行政规章的第一项指令”，即“第一项非人寿保险指令”，规定了非人寿保险企业的法律形式，对保险企业的保险活动及其直接从事的经营活动的限制，各种保险均应受国家监督的要求，对技术性储备金、偿付准备金和保证基金等做出了规定。1988年6月22日，理事会通过了“关于协调有关非人寿保险业务的法律、法规和行政规章的第二项指令”，即“第二项非人寿保险指令”，于1990年7月生效，该指令规定了两种独立的制度，对于“大风险”，根据“母国控制原则”，由保险公司设立国管理；对于“普通风险”，风险所在国可根据一定的条件，使用审批要求和实行欧洲法院设计的有关管制。

在人寿保险领域，1979年3月5日，理事会通过了“关于协调有关从事直接人寿保险业务的法律、法规和行政规章的指令”，该指令于1981年9月5日生效。1991年，理事会通过了“关于在人寿保险领域服务实行自由化的提案”，根据该提案，所有欧共体公民可根据其意愿在其居住国以外的成员国取得人寿保险单，但必须遵守该国现行的保护和监督制度，这表示“母国控制原则”已在人寿保险领域开始实施，但如果根据投保人意愿在居住国以外的成员国达成保险协议，适用的将是风险所在国的规则。1994年7月1日，理事会对保险业的第三项指令的实施，旨在使所有的人身保险和非人身保险，包括大的风险投保都受到本国的批准和监督，这表明任何成员国的保险公司都可以在欧盟范围内出售其保险单。

第三，证券业。统一大市场关于证券业方面的法律规范旨在消除成员国之间不同的证券发行和交易法律制度所产生的障碍，建立具有较大灵活性并对投资者提供同等保护的单一证券市场。从20世纪70年代开始，欧共体就在进行有关成员国批准上市证券和信息披露方面的协调。如1979年3月5日，理事会通过了欧共体79/279号指令，协调上市证券准入条件，包括最低发行价格、公司存续时期、自由谈判能力、充分的分配以及为投资者提供适当的信息等；在信息披露方面，1980年3月17日，理事会通过了有关协调上市证券准入而公布的上市项目的制定、审查和分类要求的指令，即欧共体80/390号指令，规定当股票、债券和股权证书被允许上市交易时应提供的信息。1982年2月15日通过的欧共体82/182号指令要求上市公司按期公布其盈亏情况的半年报告。

（2）运输服务

运输服务是欧盟经济发展的基础，各成员国对这一领域的管理都非常严格，所以运输服务统一大市场的建立既有必要，又有难度。运输服务业具体包括内河和海洋航运、航空运输及陆运，其自由化进程可分为两个阶段：第一阶段是成员国间自由化；第二阶段是通过向非本国承运人开放本国市场，实现各成员国内运输自由化。国内交通运输权在1993年已成为一项基本原则，成员国内的任何运输企业均可在任一成员国内提供服务。

第一，内河和海洋航运方面。欧盟的内河和海洋航运在世界上占有重要地位，其成员国拥有的商船队占世界商船队总数的1/3，其中希腊是最大的海运国。为使欧盟内河和海洋航运自由化，实现各运输企业在欧盟范围内的公平竞争，20世纪80年代中期以来，理事会通过数项法规和指令，逐渐形成了共同海运制度：成员国间提供内河和海洋航运服务自由化，逐步取消海运货物份额安排，清除各成员国在内河和海洋航运服务方面设置的种种障碍；各成员国对本国的有关法规进行协调，使有关证书的申请、核发程序和条件以及其他有关标准统一化；制止在内河和海洋航运方面的不正当竞争行为，保护欧盟船队不受来自第三国的不公平低价倾销行为的影响；各成员国对于在其领海悬挂本国国旗的航船都给予补贴，以补偿与不同国家注册登记有关的成本差异。

第二，航空运输方面。欧盟关于内部航空运输服务的法律规范原主要分为两类：一类是成员国之间有关航空费用、载运量和航空线路的双边协定；另一类是有关航空运输机的双边或多边协定，从而限制了自由提供空运服务和航机自由竞争。为此，欧盟采取了对内协调和对外限制政策，一方面，国际航空权仍由各成员国和第三国之间的双边协议进行管辖，保持竞争；另一方面，在共同市场中的开业权仅给予欧盟成员国。自1987年起，欧盟开始逐步放开航空领域，并于1997年4月1日起完全开放天空，各国航空公司可在各成员国之间自由从事航空客货运输业务，可自行制定服务价格，还可开通飞往其他国家的航班等。在航空领域自由化的进程中，欧盟公布了多项相关指令，以实现空运自由化，增强欧盟航空业的国际竞争力，如关于协调民用航空领域技术性要求和行政程序的第91/3922号法规，关于航空运输计算机管理系统的联合行动的第93/3652号法规，关于共同体机场地面管理市场准入的第94/590号指令。

第三，陆运方面。为促使欧盟范围内陆运服务的自由化，委员会制定了一系列建议，以逐步取消陆运货物配额限制，使各成员国允许非本国车辆在本国运送货物和乘客。最主要的法令是1988年6月21日在欧共体运输部长会议上通过的，规定至1991年1月1日，各成员国均需取消与他国订立的双边陆运货物配额，同时共同体每年将增加配额数量，并以一种统一的许可证允许货物在共同体内自由运载而不再受各国的配额检查。1992年理事会通过关于汽车运送旅客共同规则的第92/684号法规，以统一成员国对于以汽车提供国际性客运服务的有关规则，简化这类运输所需程序，使用欧盟统一的许可证。近年来，欧盟又陆续通过了一些新规则，如关于驾驶执照的第91/439号指令，关于统一公路运输危险物品检查程序的第94/340号指令，关于铁路运输许可证的指令和关于铁路设施业务量分配及收取设施费用的第94/316号指令，关于非居民承运人在成员国内经营货运服务条件的第93/3118号法规，关于铁路运输危险物品的第94/573号指令，关于货物和旅客公路运输经营者市场准入和互相承认文凭、证书和其他资格证明的第93/586号指令。

（3）电信服务

电信服务贸易是欧盟信息行业中的最大部门，电信服务统一大市场建立的目标是为电信设备和电信服务创造一个更加自由、更加灵活的市场环境。尽管在原则上欧盟委员会承认各成员国电信管理机构对本国电信服务垄断的国家特殊利益的合法性，但委员会区分了基础性电信服务和竞争性电信服务，基础性电信服务仍可由各成员国垄断经营，但对其内容应作严格的分析和定期检查，目前仅包括电话服务；竞争性电信服务包括其他所有的电信服务，应对外开放，自由竞争。

早在1988年欧盟就实现了终端设备提供的自由化；1990年实现了增值服务、数据服务、局域网内声讯服务的自由化；1994年各国微波通信服务市场开放；基础电信领域自由化进程具体体现在欧共体条约承诺表的第四议定书上。从总体上看，欧盟逐步缩小各成员国之间的规则差异。1987年，委员会公布了“关于电信业的绿皮书”，之后又发布了有关贯彻绿皮书的文件，各成员国的增值电信服务、数据服务和终端设备包括卫星地面站市场都已开放，不再由各国垄断经营。1990年欧共体开放的网络指令允许专营的公共网络继续运行，但要求准入条件必须是客观的、透明的、非歧视性的；理事会1992年的一项指令要求各成员国保证在公共网络中至少提供一条租赁线路，以符合协调的技术性能。1993年6月理事会决议规定，自1998年1月1日起全部放宽电信服务，包括公共有声传送。面对电信网络自由化的现实，理事会已授权委员会制定具体的法规框架，包括使欧盟的服务提供者能够有效进入外国市场，建议在各成员国有关当局之间建立数据通信网络，在全面网络基础上建立欧洲的国际用户拨号电话网络，以及建立多媒体使用的宽泛网络。

（4）视听产品服务

在视听产品服务领域，早在1984年，《无边界的电视媒体服务》绿皮书就宣称了在共同体范围建立广电系统以促进文化信息交流的重要性，播放服务自由化的目标已实现。

8.3.2　欧盟对外服务贸易规则

1）对外金融服务协议

1988年10月，欧盟委员会通过《欧洲——世界的伙伴》宣布，非成员国公司要想获得统一大市场的利益，其所在国就须保证向欧共体公司提供对等的，至少是非歧视的机会。1989年“第二项银行业指令”规定，欧共体可对一个未向欧共体银行提供国民待遇的国家金融机构拒绝签发许可证。这些规定都体现了欧共体金融服务的法律规范在调整对外关系方面的对等原则，但欧共体也承认在经济水平悬殊的国家之间强调严格的对等互惠会造成实质上的不平等、不公正，因此可能根据不同情况做出某些妥协。

第一，对外银行业。根据“第二项银行业指令”，非欧共体国家（简称第三国）信贷机构设立于欧共体成员国的子公司，由于取得了该成员国的银行执照，就可与其他欧共体信贷机构一样，从“单一银行执照”制度中获得在欧共体范围内自由设立子公司和提供服务的好处，如果不具有欧共体成员国的银行执照则无此权利。对于第三国信贷机构能否在欧共体内设立子公司或取得欧共体信贷机构的股权，该指令明确适用“互惠原则”，如第三国存在对欧共体信贷机构的歧视待遇，即欧共体信贷机构未得到同样的竞争机会和有效的市场准入，委员会可发起谈判和进行补救，但理事会并不直接参与。

第二，对外保险业。1973年“第一项非人寿保险指令”和1979年“第一项人寿保险指令”规定，成员国可根据其批准程序同意第三国保险企业在共同体内部设立分公司。同时，“第一项非人寿保险指令”还规定共同体可以根据互惠条件向第三国开放有关的保险服务，使第三国保险机构可取得共同体内部保险机构的同等待遇；设立于共同体内的分公司应保持自己的偿付准备金，而且还应通过证券资产的形式来保持保证基金。1995年全球金融服务谈判后，欧盟承诺给予第三国保险机构全面最惠国待遇基础上的国民待遇。

第三，对外证券业。欧盟对非成员国证券机构的市场准入基本上是互惠的国民待遇，即如果欧盟与第三国有互惠安排，并且第三国法规给予欧盟投资者以平等的保护，欧盟可能根据与第三国的协议，承认根据第三国法规制定和审查的公开发行证券说明书。全球金融服务谈判后，欧盟放宽了这一限制，承诺在全面最惠国待遇基础上给予国民待遇。

2）对外运输服务协议

第一，海运服务。20世纪70年代后期，共同体就已建立了海运监管机制。为反对国际货运班轮中的不正当定价，通过理事会第86/4057号规则制定了关于价格承诺或补偿税款的有约束力的程序，并规定在共同体船东和共同体利益受到重大损害或损害威胁时，可采取必要的保障行动。第85/4058号规则规定，当其他国家用货载分摊方式限制或威胁共同体运输货物进入该国时，共同体可采取协调行为；若协调不成，可采取外交措施或诸如配额、税收方面的制约措施。

第二，航空运输服务。欧盟在对外航空运输服务方面主要集中于与美国就“互开天空”问题进行的谈判，但谈判几经拖延未果，1997年4月1日，欧盟内部航空市场实现一体化之后，美国又将目标定位在与欧盟整体达成多边开放天空协议。欧盟在对GATS的航空运输承诺中，对计算机订票和空运服务列出了最惠国待遇例外，涉及计算机守则中规定的互惠条款，如果第三国对欧盟航空公司不提供同等待遇，欧盟将解除对该国航空公司自动订票的义务。

3）对外电信服务协议

受到美国电信业的竞争压力，欧盟电信业在其对外开放方面一直有所保留。在进行电信服务谈判时，欧盟承诺开放各种先进的电信服务，包括增值电信服务、电子邮件、有声邮政、运行中的信息和基数的更正、电子数据互换、代码和规程的更换等。1996年欧盟通过了电信自由化计划，要求各成员国开放诸如有线网络等“另类基础建设”市场，并要求各成员国从1998年1月1日起开放基本电话服务市场，从而结束了欧盟各国国营电信事业垄断的历史。

4）对外视听服务协议

20世纪80年代欧盟各国纷纷取消对电台和电视台的垄断权以来，大量的外国视听产品进入欧洲市场。为保护其视听产业，欧盟对视听产品的进口设置了一些壁垒，其中最重要的保护方式是影视配额制度和补贴制度。影视配额制度要求所有成员国的电视台在每天播放的节目中，欧洲原产的电视节目不得少于50%；补贴制度在欧盟各国几乎得到了普遍的使用，其中以法国贯彻得最为典型，例如对录像带的销售和出租征收特别税等。

在乌拉圭回合谈判中，欧盟没有就视听业的市场准入和国民待遇做出任何承诺，而是将其列为最惠国待遇的例外，以保护欧洲影视产品对本地市场的占领。欧盟承认GATS的主要规定，如透明度、逐步自由化等，适用于视听服务业。

8.4　北美自由贸易区服务贸易规则

8.4.1　北美自由贸易区服务贸易规则的基本架构

美国、加拿大和墨西哥三国签署的《北美自由贸易协定》(North American Free Trade Agreement，NAFTA) 自1994年1月1日起全面生效，美、加、墨三国在15年的过渡期内全部取消商品、服务及投资领域的所有关税及非关税壁垒，其目的是通过在自由贸易区内扩大贸易及投资机会，促进美、加、墨三国的就业机会和经济增长，增强三国在全球市场的竞争力。《北美自由贸易协定》是《美加自由贸易协定》的进一步扩大，突破了贸易自由化的传统领域，纳入了服务贸易，并在自由化步伐上迈得更大，在一定程度上成为乌拉圭回合谈判GATS的范本。

在谈判NAFTA时，各缔约方就尽可能地将服务贸易作为一个有机联系的整体加以考虑，包含了较全面的服务贸易自由化措施，对服务贸易加以规范的条款主要分布如下：第12章“跨境服务贸易”覆盖了绝大多数服务领域，涉及各成员国政府影响服务贸易的大部分措施，但补贴和政府采购除外；第13章、第14章分别就电信服务、金融服务进行了专章规定；第9章“与标准有关的措施”、第10章“政府采购”、第11章“投资”、第15章“竞争政策、垄断和国有企业”、第16章“商人临时入境”也有相关规定。此外，还有一些附件，包括陆地运输、专业服务以及对协定的特殊保留和例外规定。

为了确保贸易自由化的有效推进，协定要求缔约方以“否定清单”的方式提出一套对协定的有关外资和过境服务贸易纪律的保留或例外的附件，协定包含的附件共有7份。附件一列举了现有与投资和过境服务贸易中的国民待遇、最惠国待遇、当地商业存在、公司董事和高层管理人员的国籍要求等与协定义务不符的措施，包括联邦及州或省一级，所列明的措施不得进一步加强，也不允许在所列举的领域采取新的限制措施，特别强调在航空服务、陆地运输及增值电信领域进一步采取自由化措施。附件二列举了可能采取新的与协定不符措施的部门、分部门及活动，即不受协定约束的部门，主要是社会服务等未实行商业化运作的服务部门或有待GATS进一步谈判的部门。附件三列举了允许墨西哥就投资提出保留的部门，而与跨境提供服务无关。附件四列举了就现行双边条约及将达成的GATS中最惠国待遇的例外。附件五列举了缔约国采取的非歧视性的数量限制措施，使之具有透明度。附件六列举了其他自由化承诺。附件七列举了就金融服务部门的特别保留、特别的承诺及其他条款。

8.4.2 北美自由贸易区服务贸易规则的主要内容

1）服务的范围

就服务部门而言，NAFTA覆盖的服务部门相当广泛，采用列举“否定清单”的方式来规定其适用的服务部门的范围，即如果一个服务部门没有被明确排除在协定调整范围之外，那么该服务部门就会自动地适用。第12章明确规定不适用于下列服务和活动：金融服务、与能源或基础石油化工有关的服务；航空服务及其支持服务，航空器维修服务和特种航空服务除外；跨境劳工贸易、政府采购、政府补贴、成员国政府所进行的与法律执行、收入保障、社会福利和国家安全有关的活动。其他部门，允许各成员国做出不同程度，或全部或部分的保留。此外，其他章节和附件还分别就电信服务、金融服务、陆地运输、专业服务进行专门规定。通过列举“否定清单”的方式，NAFTA使北美形成了一个较为开放的服务贸易市场，在许多复杂和高度控制的服务部门取得了较大的自由化进展，其服务贸易市场的自由化程度超过了国际多边服务贸易谈判所能达到的程度。在美国、加拿大、墨西哥三国中，美国、加拿大做出的服务贸易自由化承诺多一些，而墨西哥在对许多服务部门做出服务贸易自由化承诺的同时，又提出许多保留，其不受约束的保留部门主要有基础电信、空运和海运、政府服务等。

就服务提供的方式而言，NAFTA完全覆盖了GATS项下有关提供服务的四种方式，第12章“跨境服务贸易”包括了对一项服务的生产、分配、营销、销售、交付、购买、使用、与服务有关的运输、支付等要素，涵盖了GATS项下方式1“跨境提供”和方式2“境外消费”；第11章“投资”适用于包括非股权利益的各种形式的投资，含义广于GATS项下的相应定义，适用于为提供服务而进行的投资活动，即GATS项下的方式3“商业存在”；GATS项下方式4“自然人移动”的相应规定可见第16章“商人临时入境”。

2）国民待遇和最惠国待遇

各成员国在NAFTA生效或生效后的一段时间内，要消除与国民待遇原则和最惠国待遇原则相抵触的限制服务贸易自由的措施。第11章“投资”、第12章“跨境服务贸易”、第13章“电信服务”、第14章“金融服务”均规定了国民待遇原则和最惠国待遇原则。如第12章规定，每一协定成员国应像对待本国的服务提供者一样对待另一协定成员国的服务提供者；关于省级及州级的措施，国民待遇是指向另一协定成员国服务提供者提供的待遇应不低于本国、省或州对本地服务提供者提供的待遇。最惠国待遇原则要求一协定成员国对待另一协定国服务提供者应不低于向任何一国服务提供者提供的待遇。此外，该章还规定了成员国不能以在该国设立代办处、代表处、分支机构及任何形式的企业，作为另一协定成员国服务提供者提供服务的前提条件。该章连同有关附件列举了成员国可对上述原则提出保留的服务部门或活动，但对于新制定的措施，各成员国必须保证其与协定的一般性义务相一致。

NAFTA对成员国采取或维持的与上述原则不一致的措施采用了“否定清单”的规定方式，使未列入该清单的部门和措施均属应实行自由化的范围。在金融服务、陆地运输服务、投资服务、特种航空服务、专业服务和某些商业服务领域适用“禁止回退（rollback）”原则，即所有的保留或例外只能朝着自由化方向发展，而不能更趋严格。附件六具体列明了成员国应承担的自由化义务。此外，“北美自由贸易协定委员会”还下设了“服务与投资工作小组”，旨在督促各成员国履行协定项下的义务，并进一步推动服务与投资领域的自由化。

3）市场准入

NAFTA的核心原则之一——国民待遇原则，保证了来自另一成员国的服务提供者将与所在成员国的服务提供者享受同等待遇，这一规定使服务提供者在进入另一国服务市场时，有了更广泛的服务提供方式可供选择。第12章规定了“非歧视性数量限制”，要求每一成员国把在某一行业限制服务提供者数量或活动的非歧视性措施列明，任何另一个协定成员国均可要求对这些措施进行咨询以及就这些限制性措施的自由化及取消进行谈判。

4）透明度原则

除做出保留者外，区域内几乎所有的服务领域均受NAFTA相关章节的约束，成员国不可能像在GATS体制下那样不列出某一部门即可隐藏其限制性措施；NAFTA第1802条还有一个总体性要求，每一成员方保证其与协定相关的法律、法规、程序及行政规章及时出版或以其他方式公布；与GATS第3条和第4条的义务类似，第1801条也有“联络点”的要求。

5）许可及证书

NAFTA第12章宣称，一成员国对其他成员国国民的许可和证书要求，不应构成对服务贸易不必要的壁垒。成员国对许可和证书的要求及核准应基于客观、公开的标准，以能够保证提供服务的质量为限。协定规定了相互承认许可证和证明的机制，但成员国并没有义务对另一成员国颁发的许可证予以承认；一旦成员国同意此种承认，该成员国即应给予其他成员国的服务提供者以出示证书的机会。此外，协定还以一个专门的附件对专业服务提供者特别是律师和民用建筑业者的许可和证书做出规定。该附件规定了许可证和证书的申请过程，并对建立共同接受的专业标准和临时许可进行规范，放开对外国法律咨询服务许可以及对外国工程人员的临时限制，对此，协定还规定，对于外国的专业服务提供者只有取得东道国国籍或永久居留权才能被颁发许可证和证明这一措施，成员国须在协定实施后的两年内予以取消，否则另一成员国可保留或设置相应的要求和规定。

6）利益的拒绝

如果缔约方证实一项服务是由另一缔约方的一个企业提供的，但该企业为非缔约方国民所有或所控制，且在任一缔约方的领土内都没有进行实质性的经营活动，那么，该缔约方就可拒绝对该企业给予协定第11章、第12章中的利益。“实质性经营活动”的判断标准，应依个案而定。该条款一方面防止了所谓的“壳公司”利用协定机制获益，另一方面使各成员国可自主行使外交政策上的权益，对非建交国或经济批准机制的受审国所属企业拒绝给予协定项下的利益，如对于未在成员国注册的船舶所提供的运输服务，该成员国即可拒绝给予上述利益。

7）垄断性行业及国有企业的服务提供者

对于垄断性行业及国有企业的服务提供者，NAFTA规定：不得采取与协定义务不一致的措施；在购买或提供垄断性服务时，必须仅依商业考虑行事；对于其他缔约方的服务提供者不得给予歧视；不得滥用垄断优势直接或间接（如通过其母公司、子公司或其他关联企业）在非垄断性市场上采取不正当竞争手段。

8）政府采购

NAFTA对每一成员国的联邦政府部门、机构及联邦政府企业所从事的采购规定了具体的约束纪律，为另一成员国的服务提供者打开了一成员国的大部分政府采购市场。受政府采购规则约束的服务部门范围得到扩大，包括了一些在过境服务贸易中无法控制的服务部门，如电脑服务、工程咨询、建筑业等。

9）争端解决机制

NAFTA没有特别的服务贸易争端解决机制，服务贸易争端适用与其他类别一样的争端解决机制。协定的中心机构即由各国任命的部长或内阁级官员组成的贸易委员会，负责管理协定的执行，解决因协定适用和解释产生的任何纠纷；解决争议的途径有协商、贸易委员会的调停、调解或其他方法、发起小组诉讼等。NAFTA所解决的争端不仅包括缔约国间的争端，还包括投资者或服务提供者与缔约国之间的争端；当争端可以同时在WTO和NAFTA机构得到解决时，NAFTA规定控诉国可以选择其一；如果第三个成员国想将同一诉讼提交另一机构，则两诉讼国可以协商，寻求选择同一个机构；如果达不成协定，争端的审理通常由协定小组承担。

10）电信服务

NAFTA第13章“电信服务”专门用以规范电信服务业，是对第9章“标准”、第11章“投资”、第12章“跨境提供服务”有关规定在电信服务领域的具体化，要求各成员国的公共网络服务应在“合理的”及“非歧视性的”条件下向利用网络经商的企业及个人提供，包括增值电信服务及企业间的通信网络；强调透明度原则，要求各成员国对使用和进入公共网络有关信息的规定方面做到公开和透明。同时，NAFTA对运用于公共网络的电信设备采取统一标准措施，并成立了“电信标准分委员会”，该委员会在协定生效后的6个月内制订出统一标准工作计划，要求三国政府在协定生效后1年内互相承认各自的评估程序。

11）金融服务

NAFTA第14章“金融服务”制定了一套综合性的原则和方法，对管理金融服务的政府措施进行约束。受此约束的措施包括成员国对其他成员国金融机构维持的措施、对非成员国投资者在本国金融机构投资的措施以及与跨境金融服务（包括银行、保险和证券服务方面）有关的措施。但该套约束方法不适用于一成员国关于退休金计划或社会保障制度所采取的行动，或者为政府账户以及涉及政府金融资源的使用而采取的行动。

从第14章的内容安排来看，既有原则性规定，又有一些具体国家的自由化承诺、遵守有关协定原则的过渡期及某些保留意见。在非歧视待遇原则下，每一国家对于在其境内营业的另一成员国服务提供者必须给予国民待遇，包括给予同等的竞争机会和国民待遇。在透明度原则下，要求各成员国在处理关于进入其国内金融服务市场的申请时要保证程序的公开、信息的及时提供，同时应尽可能事先公布该成员国将要采取的涉及另一成员国金融服务提供者的措施，并给予受影响的成员国评价此措施的机会。具体承诺和保留主要涉及墨西哥逐步开放其金融服务市场的承诺，也包括美国、加拿大有关金融服务的承诺和保留。墨西哥允许其他成员国的金融机构在墨西哥建立金融机构，但在2000年以前要受市场份额的限制；在此之后，仍保留行使安全例外措施的权利，以对其国内银行和证券部门提供暂时保护；同时，《美加自由贸易协定》的金融服务条款仍适用于两国间贸易；美国对墨西哥金融服务的唯一承诺是允许在美国境内进行合法并购，并且有业务设施的墨西哥银行在实施并购后的5年内，继续在美国的证券机构营业。

12）陆地运输

NAFTA专门规定了时间表，以期实现成员国间陆路运输服务的自由化，统一陆运技术及安全标准。为了在北美陆运市场创造平等机会，NAFTA规定逐渐取消三国跨国界陆运服务的限制，其目标在于保证三国的陆运服务业有充分的机会提高竞争力，避免在向贸易自由化过渡阶段被置于不利地位。

13）专业服务

NAFTA第12章规定了资格和证书的相互认可；在有关专业服务的附件中又规定，鼓励并支持在贸易协定中就专业服务资格的标准达成相互承认协定，并制定具体程序就专业证书、考试、经历、专业行为及专业伦理标准、责任保险、居民身份要求等方面的相互承认做出规定，以达成共同接受的标准，从而真正使专业服务贸易走向自由化。第16章对一成员国的商务人员临时进入另一成员国境内从事商务贸易活动做出了程序规定，以便通过建立一致、客观、协调的标准和程序，在互惠的基础上便利商务人员的临时进入；成员国应互相提供有关其对商务人员临时进入的措施的信息，并在协定生效后1年内对商务人员临时进入的要求提供解释性资料；另一成员国国民提交居民身份证明、其从事某种国际性商务活动的证明和其不会进入当地劳动力市场的证明，可得到临时进入一成员国的许可。协定并未建立劳动力自由流动的共同市场，每个成员国有权为了保障本国劳动力的就业，执行自己的移民政策和边境措施。专业人员，即从事要求一定专业水平的经营活动，通常至少需要学士学位或学历加3年从业经验，或者执业许可证的有关人员，作为例外，依据第14章的规定，有临时进入另一成员国提供商务的资格。

8.5 亚太经济合作组织服务贸易规则

8.5.1 亚太经济合作组织服务贸易自由化的发展

亚太经济合作组织（Asia-Pacific Economic Cooperation，APEC）成立于1989年，在贸易、投资自由化和经济技术合作方面均取得了一系列进展，其贸易、投资自由化目标包括了服务贸易自由化。1994年的《APEC经济领导人共同决心宣言》（简称《茂物宣言》）宣布把实行自由和开放的贸易和投资作为长远目标，但考虑到APEC成员经济发展水平的巨大差异，在实现自由化目标的具体步骤上，采取区别对待的方式，制定了两个时间表，即发达国家不迟于2010年、发展中国家不迟于2020年在亚太地区实现贸易和投资自由化。此后，APEC先后在1995年和1996年通过了实施《茂物宣言》的《大阪行动议程》和《马尼拉行动计划》，开始通过单边行动计划和集体行动计划两种途径，实践贸易和投资自由化。1997年的温哥华会议再次将APEC推入新的发展阶段，部长级会议建议包括服务业在内的9个部门要提前在1999年至2005年间完成自由化计划，但因成员立场分歧过大，未取得实质性成果。

APEC是一个地区协商合作组织，其功能是在成员经济体共同感兴趣的领域推进合作，目的主要是推动地区市场的开放和促进地区的经济发展。但是，APEC推动这些合作不是靠制定有约束力的规则，而是靠倡导和协商，通过采取“承认多样性、协调灵活性，坚持协商一致、自主自愿、循序渐进”的方式，即“APEC方式”。协商的结果并不具有法律效力，是非约束性和非强制性的单边自愿承诺，因此，从这个意义上讲，APEC还不是一个严格意义上的区域组织。但APEC机制化的倾向正逐渐加强，通过比较审评、集体行动、格式指导和确定时间表等方式，使“自愿、灵活”的空间逐渐缩小。同时，APEC又是一个开放型的区域经济组织，一再强调坚持非歧视性原则，在贸易、投资自由化和便利化方面与WTO保持一致。《APEC经济领导人共同决心宣言》对这种开放性的APEC方式做了明确的阐述：“我们强调坚决反对建立一个与全球自由贸易背道而驰的内向的贸易集团，并且我们坚定地承诺保持开放的区域合作。我们重申让APEC为加强开放的多边贸易体制起带头作用的决心。我们相信，扩大APEC成员对WTO的参与将会进一步促进区域合作。”在其后的苏比克会议、温哥华会议也多次重申了区域经济合作的“开放性”问题，APEC成员内部贸易、投资自由化的成果，将同样适用于APEC之外的任何国家，APEC的开放性与WTO是一致的，目的在于推动全球贸易与投资自由化，APEC的发展为WTO多边贸易体制的完善和发展做出了积极的贡献。

8.5.2　《大阪行动议程》服务贸易规则的主要内容

1）《大阪行动议程》的目标和指导原则

《大阪行动议程》确定在电信、交通、能源和旅游四个部门开展工作，成员可在自愿的基础上在其他部门采取行动。APEC经济体根据APEC服务业领域的工作政策架构通过减少服务贸易市场准入的限制，逐步提供服务贸易的最惠国待遇及国民待遇，在受规范部门提供服务贸易法规及管制程序等信息的公平、透明度发展、确认与适用达到区域内自由及开放的贸易与投资。

《大阪行动议程》还规定了电信、交通、能源和旅游四个部门的行动指导原则，要求APEC各经济体对WTO服务贸易谈判做出积极贡献；扩大GATS在市场开放与国民待遇项下所做出的承诺，并在适当时机消除最惠国待遇的例外；在适当时机采取进一步措施，以执行服务贸易及投资自由化、便利化及促进经济与技术合作自愿性清单；尽力提供相关当事人在法规与管制程序中公平且透明的适用法规及对法规适用迅速考察的参与机会；支持APEC在能力建构上的努力，经由强化基础建设、推动先进科技的使用及为发展人力资源提供服务。

2）《大阪行动议程》的主要内容

为率先实现在电信、交通、能源、旅游四个部门的自由化，《大阪行动议程》要求APEC经济体在上述服务业采取共同行动，并继续寻求其他部门的共同行动。

在电信领域，APEC经济体应致力于缩小国内、区域内及全球的数字落差，并与企业/私人部门共同合作以达成上述工作；依循APEC网际网络服务国际收费安排原则，促进政府与企业/私人部门间的讨论，以寻求适当方式，就APEC经济体间整合网际网络服务所提供的产品及服务予以评估及评价；促进有效政策的发展，以支持国内及国际电信暨信息工业市场的竞争；加速电信设备相互承认协议的履行；致力使政策及法规环境能促进电子商务的接受度；依自愿性时间和过程，履行APEC网络互联原则，并研商对互联作进一步讨论的必要性；注意使用者对开放性标准及系统的要求，以支持互通性。

在运输领域，APEC经济体将响应1999年经济领袖的《奥克兰挑战》[①]，将基于自愿性基础执行8项可以使航空运输更具有竞争性的建议，遵循茂物目标，使航空服务自由化，同时通过资深官员会议向领袖提报年度进度报告；2005年以前在区域内通过改善海运与港埠政策的透明化，发展一个使海运包括港埠有效率、安全及竞争的营运环境；完成道路运输调和计划，并鼓励发展有关汽车产品认证的相互承认协议，以及经由与联合国欧洲经济委员会合作，来调和各成员的车辆管制；尽一切可能在2005年之前，寻求消除所有与国际运输及贸易有关的纸本文件需求。

在能源领域，APEC经济体将以下列方式促进投资：于1996年年底前，确认影响电力基础设施投资的制度、法规及程序的障碍；于1996年年底前，消除前述障

---

① 《奥克兰挑战》1999年APEC部长会议宣言。

碍，并建立促进投资的指导框架；于1999年年底前，依上述工作结果，对更为复杂的议题，拟订并执行已协调的解决方案，并扩展前项活动至能源供应链的其他方面；长期而言，考虑与促进跨国境基础建设及其融资相关的议题。以下列方式接受相互认证及增加能源标准的调和：于1996年年底前，建立测试议定书与实验室签订的相互认证基础，并接受由上述方式得到的测试结果；于1999年年底前，针对测试议定书与实验室签订的相互认证基础达成协议，并接受由上述方式得到的测试结果；长期而言，将能源标准工作延伸至特定产品，首先由国内电器用品开始，再扩及选定的工商业设备项目。

在旅游领域，APEC经济体将通过下列方式消除旅游营运与投资障碍：推动及促进技术、训练及劳工的移动；推动及促进旅游及相关部门具有生产力的投资；消除旅游营运与投资的法规障碍；在GATS框架下鼓励旅游相关服务贸易自由化。通过下列方式增进游客移动及旅游商品与服务需求在APEC区域内的移动：促进旅客旅游的便利；增进游客的体验；促进区域内及区域间营销机会及合作；推动及促进旅游业的电子商务发展；加强游客的安全维护；促进以无歧视的做法提供游客设施及服务。通过下列方式持续处理旅游的演变所衍生的影响与冲击：对自然环境表示感谢与了解，并致力于保护环境；培养旅游部门可持续发展的机会，特别是中小企业就业及提供开放与可持续旅游市场等方面；保护旅游地社区的社会淳朴性，在旅游经营及发展上特别关注性别的问题；承认、尊重及保存本土及当地文化及自然资源与国家文化遗产；加强管理与发展能力。通过下列方式加强认知与了解旅游是带动经济及社会发展的动力：协调主要观光统计资料的搜集方法，使其与其他国际组织的做法一致；促进经济体间旅游信息的交流；推动就旅游业在各经济体持续成长方面所扮演的角色，进行全面分析；扩大旅游议题共识的基础，理清课题及利于APEC旅游法规的执行。

8.5.3 《马尼拉行动计划》服务贸易规则的主要内容

1）《马尼拉行动计划》的目标和指导原则

《马尼拉行动计划》提出了各成员推动服务贸易自由化的集体行动计划。该计划的目标是各成员逐步取消服务领域限制市场准入的措施，实施国民待遇和最惠国待遇原则，以实现亚太地区开放性的贸易和投资自由化。为此，各成员须遵循如下指导原则：积极参与WTO服务贸易领域的相关谈判；适当扩大GATS中有关市场准入和国民待遇的具体承诺，并削减对最惠国待遇原则提出的保留；进一步采取服务便利化措施。

2）《马尼拉行动计划》的主要内容

APEC各成员在电信、运输、能源和旅游领域采取下述行动计划，并积极探求在其他服务领域的集体行动。

在电信领域，各成员在1998年前已遵守APEC国际增值电信服务指引；若情况允许，则应立即遵守统一设备标准的指引；继续合作以协调各成员管制终端电信设备标准的行政程序；在1997年年底前，制定并逐步有选择地实施关于标准一致性评审结果的示范性相互承认安排。

在运输领域，促进贯彻实施国际民用航空组织和国际海事组织的标准、规则和安全措施要求；实施陆路运输标准协调计划并鼓励达成相互认同陆路运输工具的安排；积极寻求与联合国欧洲经济委员会的对话，并在近期内举办论坛，统一各成员管理陆路运输工具的规则；研究促进运输部门私有化或公司化的可行性；确认运输业使用电子数据交换系统所存在的障碍（1995年已完成），进行一项航空电子数据交换的实验项目，并且考察区域内整个运输领域普遍采用电子数据交换的可行性，以确定运输服务贸易的发展方向。

在能源领域，通过以下手段实现该领域的投资便利化，即到1996年年底确认影响区域内跨国电力建设投资的各成员国内法规或程序上的障碍；到1996年年底形成该领域投资便利化的指引性框架；到1999年年底，协调解决上述活动带来的更为复杂的问题，并将这些活动扩展到能源供应的其他环节；促进跨国建设及融资的便利化；接受成员国间对能源标准的对等认可及统一化；到1996年年底，达成相互承认检测标准及认可实验室的协定，并接受相应的检测结果；将有关统一能源标准的工作扩展到具体的产品，包括国内的部件及部分工商业设备。

在旅游领域，APEC各成员将确认影响跨境旅游增长的因素，并采取促进跨境旅游服务提供及跨境旅游投资的措施。

在其他服务部门，自1996年起，已开始寻求APEC领域内除上述四个服务部门以外其他服务部门的集体行动，并在有关成员之间开始服务贸易壁垒及障碍的信息交换。此外，与服务相关的投资、商业人员自由移动也取得一定的进展。在投资领域适用国民待遇原则、最惠国待遇原则及透明度原则，并通过内部的技术援助与合作使投资活动便利化。1996年，APEC出版了《APEC商务旅行指南》，提供成员间短期入境及签证安排协定的相关信息。

8.6　东盟自由贸易区服务贸易规则

8.6.1　东盟自由贸易区服务贸易的合作进程

1）东盟各成员国服务贸易发展的比较

“东南亚国家联盟”（Association of Southeast Asian Nations，ASEAN以下简称“东盟”）创立于1967年，现有马来西亚、菲律宾、新加坡、印度尼西亚、泰国、文莱、越南、老挝、缅甸、柬埔寨10个成员国。东盟于1992年签订了旨在实现货物贸易自由化的《东盟自由贸易区协定》，1995年12月第五届东盟领导人峰会上签署了《东盟服务贸易框架协定》（以下简称《框架协定》），以加强东盟服务提供者的竞争力，并促进区域内服务贸易的自由化。

一国服务贸易总量与其经济规模密切相关，服务贸易的发展水平及变化在一定程度上反映了其总体经济发展水平。东盟自由贸易区现有10个成员国，约5亿人口，各成员国的经济发展水平相差悬殊，既有新兴工业化国家新加坡，也有中等收入发展中国家印度尼西亚、马来西亚、菲律宾、泰国，还有最贫穷国家越南、老挝、柬埔寨。

从东盟各成员国服务贸易进出口总量可以看出，东盟服务贸易规模小，在世界服务贸易中所占比重低，服务贸易发展两极分化情况较为突出。2005年东盟服务贸易总量占世界服务贸易总量的4.67%，2008年为4.98%，2011年为5.71%，2012年突破6%，2016年上升至6.26%。新加坡、泰国、马来西亚、印度尼西亚、菲律宾5国从2005年到2016年一直稳居服务贸易进出口总量的前5位，属于东盟服务贸易发展的第一梯队，其中新加坡、泰国、马来西亚排名比较稳定，而且新加坡服务贸易进出口在世界排名也居于前列。越南、柬埔寨、文莱、缅甸、老挝一直排名居后5位，服务贸易发展规模较前5个国家差距较大（见表8-2）。

表8-2　**东盟各成员国经济体服务贸易进出口总量**　单位：百万美元

年份	2005	2008	2011	2012	2013	2014	2015	2016
世界	5 260 399	7 933 490	8 687 313	8 970 318	9 526 377	10 223 872	9 620 457	9 676 706
东盟10国	254 511	410 177	516 778	562 287	617 153	645 629	631 456	637 079
文莱	1 726	2 270	2 320	3 122	3 352	2 744	2 292	2 666
柬埔寨	1 760	2 427	4 044	4 727	5 243	5 692	5 856	6 007
印度尼西亚	35 194	43 871	53 580	57 885	57 958	57 072	53 138	54 788
老挝	243	510	880	916	1 315	1 262	1 384	—
马来西亚	41 705	61 021	77 187	83 930	87 237	87 376	74 681	73 272
缅甸	778	974	1 849	2 691	4 933	5 405	6 300	—
菲律宾	15 074	24 139	31 194	34 700	39 656	46 420	52 675	55 590
新加坡	102 592	180 857	237 532	258 252	286 750	312 825	303 103	305 223
泰国	46 724	79 146	87 642	95 394	106 179	100 783	104 277	108 619
越南	8 715	14 962	20 550	20 670	24 530	26 050	27 750	30 914

资料来源：联合国贸易和发展会议数据库（UNCTADstat，网址 http：//unctadstat.unctad.org/wds/ReportFolders/reportFolders.aspx）。

新加坡、泰国、马来西亚、印度尼西亚、菲律宾属于新兴工业化国家和增长较快的发展中国家，也是东盟内部经济增长速度最快的国家，其服务贸易发展速度也相应较快。排名后5位的国家，其共同点是经济规模小，所以服务贸易总量必然受到限制。

2）东盟服务贸易自由化的渐进性

1995年9月，东盟第27届经济部长会议原则上达成共识，决定循序渐进地开放服务业市场。1995年12月，第5次东盟首脑会议发表的《框架协定》宣布：从1996年1月1日起，各成员国针对服务业的市场准入等进行谈判，重点是金融服务、海事工程、电信、航空交通、旅游、建筑和专业服务等服务部门。其目的是拆除服务业市场的壁垒，加强成员国在服务业方面的合作，通过扩大GATS的深度和广度来提高东盟各成员国之间的服务贸易自由化水平，提高服务业的效率和竞争力。

在2001年9月的东盟第33届经济部长会议上，各国经济部长同意在2002—2004年完成包括所有服务业部门和所有提供方式的谈判。考虑到各成员国服务贸易发展水平的差异，2002年9月的第34届经济部长会议同意在服务贸易自由化过程中运用“10-X”原则，允许两个或多个成员国率先实现服务贸易自由化，其他成员国在准备好后再加入；为了保证有关条款的有效实施，在必要时可以对《框架协定》做出修改。

8.6.2 东盟自由贸易区服务贸易规则

1）《东盟服务贸易框架协定》的主要内容

第1条“宗旨”。加强成员国之间的服务合作以增强本区域服务提供者在本区域内外的经营效率、竞争力及多样化产品的供应能力；在成员国之间消除服务贸易的实质性限制；除了在GATS中承诺的自由化措施外，各成员国应进一步采取扩大和加深自由化的举措，以实现服务贸易自由化的目标。

第2条“合作领域”。第1款规定所有成员国均应根据本《框架协定》参加合作安排。但是，如果其他成员国还未准备好履行这些安排，则两个或两个以上的成员国可首先起步。第2款规定成员国应在各服务部门努力加强现有的合作，并且进一步开展那些还没有被包括在现有合作安排内的服务领域的合作。合作应当包括建立或改善基础设施；达成联合生产、营销或购买的安排；共同研究和发展；信息交换。第3款规定成员国应确认合作的部门，并提出包含详细合作措施及力度的行动计划、进度安排以及谅解书。

第3条“自由化”。规定成员国应在合理的时间内通过下列措施在大多数服务部门实施贸易自由化：在成员国之间实质性消除所有现存的歧视性措施和市场准入限制；禁止新的和更多的歧视性措施和市场准入限制。

第4条“具体承诺的谈判”。第1款规定成员国应该按具体服务部门就影响贸易自由化的措施进行谈判。这类谈判应促使各成员国在GATS已有承诺的基础上进一步做出具体承诺，并根据最惠国待遇原则在区域内部实施。第2款规定每一成员国应在承诺表中列明其具体承诺事项。第3款规定该《框架协定》并不阻碍任何成员国基于边境地区内的服务流动而给予邻国的优惠。

第5条“相互承认”。第1款规定就服务提供者的执照和证书而言，每一成员国可承认在另一成员国获得的学历和从业经验、已满足的条件及所颁发的许可证或证明。第2款规定上述规定并非要求各成员承担接受或达成此类相互承认协定或安排的义务。

第6条“利益的拒给”。《框架协定》的特惠不必给予非成员国国民的自然人服务提供者或者属于或受制于非成员国居民的法人。

第7条“争端解决”。成员国间因《框架协定》或相关安排的解释或适用而产生的分歧，应依《东盟争端解决机制议定书》的规定解决。

《框架协定》其余各条款主要就协定的完善、与其他协定的关系、具体承诺的修改程序、制度安排、协定修改、新成员的加入等做出规定。

2)《东盟服务贸易框架协定》的实践

除了上述《框架协定》，第5届东盟领导人峰会还促使各成员国在GATS基础上就市场准入和国民待遇做出更多的具体承诺，尤其是在航运、商业服务、建筑、金融、海运、电信和旅游等优先开放的服务部门。1997年10月，东盟各成员国签署了首批GATS以外的一揽子承诺协定，12月实施该协定的议定书也由各成员国签署。1998年10月，第二批GATS以外的一揽子承诺协定及实施该协定的议定书签署。至此，除老挝和马来西亚外，东盟各成员国均已对第5届东盟领导人峰会上确立的优先开放的服务部门做出开放承诺。

第6届东盟领导人峰会宣布采取更大的自由化举措，在1999—2001年进行涉及所有服务部门和服务方式的新一轮服务贸易谈判。短期内（1999—2001）通过各成员国在GATS之外做出进一步的承诺，取消限制“跨境提供服务”和“境外消费”的措施。这样，东盟内部的服务提供者无须在另一成员国境内建立“商业存在”即可提供服务。就“商业存在”和“自然人移动”而言，东盟各成员国同意逐渐取消限制性措施。目前，东盟正在拟订服务贸易自由化的长期目标及相应的措施，以期在2020年完全实现区域内的服务自由流动。

《框架协定》一方面强调服务贸易自由化，另一方面要求加强区域内合作，提高服务提供者的竞争力。在具体服务部门开展的合作包括：第一，金融业。1998年建立了东盟监督机制，通过早期预警和区域内经济监督活动防止金融危机的再次发生；1999年为实施《加强宏观经济和金融合作的河内宣言》制订了《五年金融工作计划》，目前已完成各国资产证券化和债券市场的调查。第二，保险业。1998年各成员国保险监管高层人员进行了会晤，确认了通过协调各国立法、行业发展和业务统计的信息交流、监管人员的教育和培训合作等方式进行合作。第三，旅游业。东盟国家旅游组织发起的“访问东盟运动”从2001年的“东盟旅游论坛”开始启动，旨在扩大东盟旅游业的影响，并将该区域作为单一的旅游目的地。同时，东盟强调通过加强旅游设施建设、扫除贸易壁垒和完善市场运行机制等区域内合作，促进区域内旅游业的发展。第四，运输领域。该领域的合作包括政策的协调和发展；在多式联运、运输途中货物的便利性服务和竞争性航空服务方面启动自由化；加快高速公路和铁路联网方面的建设；统一相关的运输标准；加强技术合作和信息交流。

【专栏8-1】　　　　　　　　澳新服务贸易议定书

亚太地区近年来区域经济一体化活动相当活跃。APEC作为新型的区域经济一体化模式，虽非严格意义上的区域经济一体化组织，但服务贸易自由化已纳入其贸易、投资自由化的目标中，并着手实施，东盟自由贸易区（ASEAN）、澳新自由贸易区（ANZTPS）、北美自由贸易区（NAFTA）作为亚太经合组织的次区域组织，均达成了旨在实现区域内服务贸易自由化的约束性规则。

APEC、NAFTA和ASEAN的服务贸易规则在正文中已经做出了介绍，ANZTPS的服务贸易规则在此专栏中加以介绍。

澳大利亚和新西兰的经济往来历来比较密切。1966年两国曾签订过自由贸易协定，逐步取消了许多商品的关税，但是由于两国的贸易保护主义色彩都很浓，非关税壁垒使贸易自由化的目标很难达到。为加强经济合作，澳、新两国于1983年签署了《澳新更紧密经济关系协定》（Australia-New Zealand Closer Economic Relations Trade Agreement），两国于1988年重新审查这个协定，并就协定的修改和扩充达成一致意见。1988年8月18日签署的《服务贸易议定书》（Protocol on Trade in Services）就是该协定的有机组成部分，并于1989年1月1日生效。

《服务贸易议定书》（以下简称《议定书》）共23条，系统列明了实行服务贸易自由化的一般性规定，覆盖了除附件例外性列举以外的成员方所有服务部门，但《议定书》并未对具体服务部门的自由化措施专门进行规定。其主要内容如下：

（1）服务的范围

《议定书》采用"否定清单"的方式明确其适用范围。第2条规定：除成员国在附件中列明的与服务有关的措施外，任何成员国所采取的关系或影响到在其境内的另一成员国国民所提供的服务的措施，均适用《议定书》规定。即使某一服务部门被列入附件中，也仅限于保留国采取的措施作为例外。

附件中所做的保留由成员国在协定签订之前提供，尽管允许成员国在1989年3月31日前提出附加的保留，但成员国并未附加。第10条规定：一成员国有义务审查附件中列明的服务部门状况以促进自由化进程，并可基于另一成员国的请求或单方面做出决定，部分或全部撤回附件中提出的保留。自《议定书》签署以来，成员国间提出保留的服务部门已大为缩减。截至1997年4月，澳大利亚保留的服务部门有机场服务、航空服务、近海运输、广播电视服务、短波及卫星广播电视服务、基本人寿保险、第三人保险、工伤保险及邮政服务；新西兰保留的服务部门有航空服务、近海运输及邮政服务。在上述各部门中，许多部门仅仅将其某些具体项目列入附件中。

尽管《议定书》明确表明通过"商业存在"提供服务要受成员国外资政策的调整，但并未区分不同的服务提供方式。与《北美自由贸易协定》相似，《议定书》规定，要求通过"商业存在"提供服务的措施，若构成武断或不公平的歧视、抑或实质上用以限制成员国间的服务贸易，则属禁止之列。此外，《澳新更紧密经济关系协定》还形成了类似欧共体条约下的共同劳务市场，一成员国国民可自由在另一成员国境内受雇，因此无需类似《北美自由贸易协定》就商业人员的临时入境另行加以规定。

（2）国民待遇和市场准入

《议定书》要求成员国给予另一成员国的服务提供者及其服务不低于相同情况下给予本国服务提供者及服务的待遇，但是，国民待遇原则并不适用于附件中所列的服务。同时还规定了例外，即只要不造成本国服务提供者与外国服务提供者的实质性差别待遇或出于审慎、公众健康及国家安全考虑，允许成员国给予本国服务提供者以某种补助。《议定书》并未将数量限制作为限制市场准入的措施加以规制，这就暗含着成员国可继续保留此类限制措施。

（3）标准与承认

每一成员国须保证许可及证明措施不至于对另一成员国国民产生损害或构成歧视性限制。《议定书》同时鼓励成员国承认为提供服务而在另一成员国境内取得的许可及证明书。为保证标准的相互承认，1996年澳、新两国缔结了一项协定（Trans-Tasman Mutual Recognition Arrangement），通过履行相互承认的原则，逐渐消除缔约国间货物流动和服务提供的规则障碍。

（4）补贴和政府援助

成员国不得采取新的或扩大现有的出口补贴、出口激励或其他直接扭曲缔约国间服务贸易的措施，且此类措施须在1990年6月30日前取消。截至目前，该《议定书》是唯一对服务领域的贸易补贴加以规范的协定。

（5）争端解决

当一缔约方认为《议定书》的义务未被履行或将不被履行，或《议定书》目标的实现正在受阻或行将受阻时，有权提出磋商请求。另一缔约方接到书面请求后，必须及时与其磋商，以期早日取得公平、满意的解决。值得注意的是，《议定书》并未规定强制性的争端解决程序。

【专栏8-2】　　中澳服务贸易议定书

2015年6月17日，中国与澳大利亚签署《中华人民共和国政府和澳大利亚政府自由贸易协定》（以下简称《中澳自贸协定》）。澳大利亚成为首个与我国谈判、签署自由贸易协定的经济总量较大的主要发达经济体，也是首个承诺以“负面清单”方式对我国开放服务贸易的国家。《中澳自贸协定》一方面为我国今后与发达国家进行自贸谈判提供了宝贵经验，另一方面也给中国国内服务贸易监管提出新要求。

从协定内容上看，涉及以下几个亮点：一是澳方以“负面清单”方式开放服务部门，除少数领域外，给予中方全面最惠国待遇；二是澳方专门针对中方投资项下工程和技术人员赴澳设立新的便利机制，促进中国企业在澳从事投资活动。该机制系发达国家首次对中国做出的特殊便利安排，有助于缓解中方在澳企业劳动力短缺和高用工成本等压力；三是澳方单方面为中国青年赴澳提供每年5 000人的假日工作签证，获得该签证的中国青年可在澳居留12个月；四是澳方给予中国特色职业人员（中医、汉语教师、中餐厨师和武术教练）每年共1 800人的入境配额，在澳首次停留期限最长可达4年，到期后可以续展；五是在中方要求下，澳方承诺将对外国银行分行的流动性覆盖率要求从100%降到40%，中资银行在澳分行的资金成本将大幅降低。协定涉及的服务贸易部分共25条，相关内容如下：

1.承诺方式

《中澳自贸协定》下服务贸易承诺方式较其他自贸协定更为特殊，分为两个部分，即中国“正面清单”方式承诺和澳大利亚“负面清单”方式承诺。

《中澳自贸协定》第八章是有关两国服务贸易的规定，其中第二部分承诺方式下第一节是有关中国对澳大利亚服务进入中国市场的正面清单的规定。第4条有关具体承诺减让表第1款规定，以正面清单方式承诺的缔约方，应出具一份“具体承诺减让表”，并在表中列明具体减让承诺所依据的市场准入条款、限制和条件，国民待遇的条件和资格，与附加承诺有关的承诺，以及实施此类承诺的合理期限。第4条第2款规定，与本章国民待遇和市场准入均不一致的措施，应列入本章有关市场准入规定下的相关措施，并认定该措施的国民待遇亦受到限制。第4条第3款规本协定附件三具体列明中方正面清单方式下承诺开放的服务部门，是本协定的组成部分。

条关于不符措施清单第1款规定若以负面清单方式做出承诺，则本节有关国民待遇、市场准入及最惠国待遇的规定不适用于：（1）本协定生效之日，一方中央政府或地区政府在本协定附件三不符措施清单第一节中列明的其所维持的不符措施；（2）本协定生效之日，地区政府外的地方政府维持的任何不符措施；或者（3）对上述两款所指任何不符措施的延续或及时更新。这也意味着，澳大利亚中央政府及地区政府采纳的不符措施，仅限于本协定附件三不符措施清单第一节所列明的措施，共计35条。第9条第2款规定，国民待遇、市场准入及最惠国待遇也不适用于本协定附件三不符措施清单第二节列明的其所采取或维持的与部门、分部门或活动相关的任何措施。第9条第3款规定不符措施清单详见本协定附件三，是本协定的组成部分。

2.电信服务规则

《中澳自贸协定》下电信服务市场开放是在GATS框架下进一步磋商的结果，其中包括对基础电信服务和增值电信服务市场的开放。

第19条第2款规定一方对于另一方电信网络或服务提供者的许可要求，应确保以对贸易限制最小的实施方式，且负担不得超过必要限度。本协定就许可证制度做出进一步规定，要求许可证应以对贸易限制最小的方式实施，且负担不得超过必要限度，防止许可证制度成为贸易壁垒，以支持更自由接入电信服务市场之政策。

第19条第3款、第4款是对《关于电信服务的附件》第4条透明度的进一步规定，即保障另一方电信服务提供者磋商、建议的权利。一方面，就电信产业政策、监管制度和标准制定方面，一方应为在其领土内运营的另一方公共电信网络或服务提供者就此展开磋商提供便利。另一方面，一方应通过国内立法，确保其领土内运营的另一方公共电信网络或服务提供者能够适度提前获知电信监管机构提议的任何普遍适用的监管决定，并有机会对此做出评论。

第19条第5款是对本协定双方相关合作的规定，即各方应鼓励各自电信服务提供者展开合作，以降低缔约国间国际漫游结算价水平，进而降低其国际漫游资费水平。本款规定则要求缔约方相互协助，强调双向性互助，目的在于降低相互间国际漫游结算价水平，进而降低国际漫游资费水平。

8.7 TPP国际服务贸易新规则

8.7.1 TPP的发展阶段

跨太平洋伙伴关系协定（Trans-Pacific Partnership Agreement），是目前重要的国际多边经济谈判组织，前身是跨太平洋战略经济伙伴关系协定（Trans-Pacific Strategic Economic Partnership Agreement）。它是由亚太经济合作会议成员国中的新西兰、新加坡、智利和文莱等四国发起，从2002年开始酝酿的一组多边关系的自由贸易协定，旨在促进亚太地区的贸易自由化。2015年10月5日，跨太平洋战略经济伙伴关系协定（TPP）终于取得实质性突破，美国、日本和其他10个跨太平洋国家就TPP达成一致。2016年2月4日，美国、日本、澳大利亚、文莱、加拿大、智利、马来西亚、墨西哥、新西兰、秘鲁、新加坡和越南12个国家在奥克兰正式签署了跨太平洋伙伴关系协定协议。

跨太平洋伙伴关系协定文本涵盖的内容无论从深度还是广度上看，均超越了已有的双边及区域FTA，这为国际服务贸易新规则树立了高标准的典范。概括而言，其发展进程大致可分为以下四个阶段：

酝酿阶段（1990—2000年）。这一时期，全球区域经济一体化的势头迅速兴起，在亚太地区主要体现为亚太经济合作组织（APEC）的诞生。1994年11月APEC在《茂物宣言》中阐述了“开放的地区主义”理念，明确提出了发达国家和发展中国家实现贸易投资自由化的时间表和目标。在APEC的推动下，亚太地区各经济体的开放程度不断提升，经济合作领域迅速拓展，新加坡、智利等贸易自由化程度较高的国家开始考虑建立高标准的自由贸易区，这为TPP的出现奠定了重要基础。

起步阶段（2001—2008年）。这一时期，WTO多边贸易体制进展缓慢，多哈回合谈判陷入停滞。与之相对照，区域自由贸易协定（FTA）呈现迅速发展的态势。随着中国-东盟、韩国-东盟、日本-东盟等FTA的成功签署，亚太地区逐渐成为全球FTA的中心。受此影响，新西兰、新加坡、文莱、智利四国于2005年共同签署了跨太平洋战略经济伙伴关系协定（TPSEP），这也是TPP的前身。

快速发展阶段（2008—2015年）。2008年下半年爆发的国际金融危机对世界经济产生了严重的冲击。出于应对金融危机和美国战略重心转移的需要，加上美国反恐战争和伊拉克战争基本结束，奥巴马政府将TPSEP作为美国介入并主导亚太地区经济一体化进程的重要杠杆，于2008年11月正式宣布加入TPSEP。在美国的主导下，2009年年底TPSEP被更名为TPP。这一时期，除美国以外，越南、秘鲁、澳大利亚、马来西亚、加拿大、墨西哥、日本等国相继加入谈判，从而使TPP成员国范围由最初的4国（P4）迅速扩大到目前的12国（P12）。

达成实施阶段（2015年至今）。历时5年的谈判，在美国亚特兰大当地时间2015年10月5日，跨太平洋战略经济伙伴关系协定（TPP）终于取得实质性突破，美国、日本和其他10个跨太平洋国家就TPP达成一致。12个参与国加起来占全球经济的比重达到了40%，创下人类历史上规格最高、规模也最大的区域自由贸易协定。但在2017年1月23日，美国新上任总统特朗普正式签署命令，启动美国撤出"跨太平洋伙伴关系协定"的进程。同年2月10日，在中国外交部例行记者会上，外交部表示中国正在积极研究参与TPP成员国会议事宜。虽然美国的退出会对TPP的未来走向产生实质性影响，但是TPP作为全覆盖、宽领域、高标准的"21世纪的协议"，开创并主导了21世纪贸易协议的新标准，代表了国际贸易规则最新的发展趋势。

8.7.2　TPP中关于服务贸易的文本评析

服务贸易是美国等发达经济体一直以来推动的领域，但多哈回合谈判启动以来推进维艰。TPP采取了与传统做法不同的服务贸易开放承诺模式，提高了协议效率，也在一定程度上锁定了各方对服务业市场的开放方向。

1）TPP有关服务贸易的条款和内容

TPP中关于服务贸易的条款主要有5章正文和4个附件。正文分别是：投资（第9章）、跨境服务贸易（第10章）、金融服务（第11章）、商务人员临时入境（第12章）和电信（第13章）。附件分别是附件Ⅰ投资和跨境服务贸易的不符措施、附件Ⅱ投资和跨境服务贸易的不符措施、附件Ⅲ金融服务的不符措施以及第12章商务人员临时入境附件12-A。

其中列举在TPP文本中的跨境服务贸易一章，该章包含13个条款和3个附件。具体内容见表8-3。

2）对TPP中服务贸易条款的总体评述

（1）服务贸易管理理念

GATS所建立的服务贸易承诺模式已被广泛认可和采用，在各种双边或区域经贸协定中均采取相似的模式。GATS采取的是正面清单的方式，列出各成员对其他成员开放本方服务业市场的模式，虽然也以例外方式对市场准入和国民待遇的承诺不涵盖内容予以列出，但只有列入承诺表中的行业才会开放。与之不同，TPP采取的是负面清单的方式约定成员国开放服务业市场的义务。负面清单是美国一贯坚持并主导的外资管理模式，除在清单中列出的暂不开放的行业之外，各成员不得对其他行业设定市场准入限制。该方式不仅能够基本锁定各成员市场开放的方向，而且大幅简化了协议内容。

表 8-3　　TPP服务贸易条款部分内容表

条款	名称	具体内容
		正文
第1条	定义	一缔约方（或自然人）向另一缔约方（或自然人）提供服务。以商业存在形式提供的服务除外
第2条	适用范围	适用于一缔约方采取的，对另一缔约方提供的跨境交付产生影响的措施，具体包括：服务的生产、分销、销售和交付，服务的购买、使用和支付、分销、运输、允许网络的接入和使用，另一缔约方的服务提供商在一缔约方境内的存在，为提供服务而要求的债券发行或者其他金融安全形式。本章不适用于非商业存在的金融服务、政府采购、有政府当局提供的服务以及一缔约方提供补贴或补助金的服务、政府支持的贷款、担保及保险以及航空服务
第3条	国民待遇	在可能的情况下，一缔约方给予另一缔约方的服务和服务提供商的优惠待遇不得低于给予本国服务和服务提供商享受的优惠待遇，并且不得低于最惠国待遇条件下给予的缔约方的服务以及服务提供商享受的优惠待遇
第4条	最惠国待遇	在可能的情况下，一缔约方给予另一缔约方的服务和服务提供商的优惠待遇不得低于其他缔约方或非缔约方的服务和服务提供商享受的优惠待遇
第5条	市场准入	各方不得对其他缔约方的服务提供者在其境内或者部分区域内对以下对象进行限制：服务提供者的数量、服务贸易额或资产总额、服务的数量、特殊服务行业从业人员的数量以及服务业企业的类型
第6条	当地存在	各方不得要求其他缔约方在其境内设立分支机构（以及其他形式的机构）或成为其居民来作为其他缔约方提供跨境服务的条件
第7条	负面清单	第3条“国民待遇”、第4条“最惠国待遇”、第5条“市场准入”和第6条“当地存在”不适用于以下几种情况：（1）成员国中央政府、地方政府在附件1和2中列出的现有的负面清单，负面清单的更正和修订只能越来越少；（2）缔约方在未来保留完全自由裁量权的部门和政策，如果地方政府列出的负面清单对跨境服务造成一定阻碍，则各成员方应该及时协商解决
第8条	国内规则	各方确保对影响贸易措施的管理应建立在合理、客观和公正的基础之上。各方有权对服务提供进行管理和更新规章制度以满足其政策目标的实现，但与此同时对资格的要求和审批程序、技术标准以及许可证要求等行为不能对服务贸易造成阻碍。这些行为应该建立在客观和透明的基础之上，并逐渐形成国际标准。如果一缔约方要求对其提供的某种服务进行授权，则相关缔约方主管当局应在申请人提交申请后的合理时间内给予答复，如被拒绝则需说明理由，各方应保证所收费用合理公开。如服务资格或许可需进行考试，则各方应合理安排考试时间和考评机制

续表

条款	名称	具体内容
第9条	相互承认	缔约方应该与另一缔约方或非缔约方签订协议或安排，或者自动承认服务提供者在另一缔约方或非缔约方所获得的教育经历、工作经验以及专业资格认证，而不得有任何歧视。缔约方会竭力促进专业服务的跨境贸易，并会成立专业服务工作小组来敦促此事
第10条	利益的拒绝给予	本章利益将拒绝给予：（1）由非缔约方自然人控制的服务提供商；（2）享受本章利益给予后会对跨境服务产生阻碍的非缔约方或其境内的自然人；（3）另一缔约方在其他缔约方境内设立的空壳公司
第11条	透明度	各方应建立相关机制以应对利益相关方对本章任何条款和事务的查询。如果一缔约方未能将本章项下的条款和事务进行提前告知或提供评论机会，则需出具书面答复或者通知利益相关方进行解释。各方应在最大可能的情况下，合理安排信息公布、最终审批以及生效的时间
第12条	支付与转移	各方应允许服务贸易的跨境交付所涉及的资金自由的进出国境，并以即期汇率折算后的自由流通货币进行支付，破产、犯罪等例外情况除外
第13条	其他事项	各方已经认识到航天服务的重要性。各方可以通过论坛、协议等形式促进航天服务的自由化，并给予航空运营商更多的自由来选择航线和班次
		附件
附件1	专业服务	各方应该对两个或两个以上缔约方共同感兴趣的、想要开展专业资格、执照、注册互认的专业服务进行识别并积极咨询相关机构为开展互认做准备。鼓励各方通过开展对话、协定的形式来促进资格互认。如果可行的话，一方可以根据外国提供者在国内取得的执照或专业机构会员等信息提供无需考试的临时资格认定。特别对工程与建筑服务和法律服务进行了详细的规定
附件2	快递服务	本附件对快递服务的定义进行了规定，并对其适用范围进行了界定。航空服务、海运服务以及政府当局实行的快递服务不包含在内。对邮政垄断的定义进行了规定，并认为保留邮政垄断的缔约方应在客观的基础上对垄断的范围、数量标准（如价格和重量）进行说明。各方应确保在本协定签约时本国快递市场的开放性。如果其他缔约方认为本方没有达到该要求，则本方需为其他缔约方提供充分协商的机会。各方应确保邮政提供商不得将其垄断收益用于补贴，同时不得滥用其垄断行为，从事与本附件相悖的事情。任何缔约方不得要求另缔约方提供授权或执照，以作为在本国提供快递服务的条件。而且任何缔约方不能要求另一缔约方缴纳市场准入费以补贴第三方快递服务提供商
附件3	负面清单的棘轮效应	负面清单的棘轮效应是指负面清单只能越改越少，否则无效。越南不可以通过对负面清单进行修改的方式撤销赋予另一缔约方境内服务提供商的权利或利益。如果要进行修改的话，必须在修改前90天或者更早的时间里通知其他缔约方所有关于负面清单修改的细节

TPP涵盖贸易、投资在内的广泛议题，其中不少属于所谓“21世纪议题”。为减少政府对市场的干预和扭曲，尽可能促进缔约方降低服务贸易的监管门槛。在约定服务贸易的过程中采取分散管理与组合的模式，有关服务贸易的承诺不仅出现在几个主要的服务业章节，也在投资章节等内容中有所体现。第9～14章均与服务贸易相关，在遵循服务贸易四种模式分类的前提下，模式三的商业存在的相关约定纳入投资章节一并阐述。

（2）四个传统章节

TPP中专门列出了跨境服务贸易、金融服务、商务人员临时入境和电信服务等四个传统章节。这些章节中所涉及的服务贸易在未来发展中较为重要。

其中，跨境服务贸易相对笼统，涵盖模式一、二和四，各成员以负面清单方式列出各自不符措施。同时明确了不符措施应采取棘轮原则，除越南给予了3年的宽限期外，其他成员方不得撤回其不符措施，限制自身的市场开放。各成员列出的不符措施均需要有国内的法律依据，限制了其例外的范围。

金融服务涵盖银行、保险及其他金融服务，相对较为敏感，即便是金融强国美国也在倡导开放的同时置入风险应对的审慎原则。金融服务中专门提出“新金融服务”，为市场创新预留入口。同时，第11章中专门列出金融服务的争端解决机制，提高了其保护度。各成员也在附件中列出其金融服务开放的不符措施。

商务人员入境并不只涉及模式四，也与模式三的投资密切相关，促进各方加大对投资相关人员的入境便利，对于促进跨国投资活动尤为重要。TPP在第12章中明确了临时入境的程序，促进各方加强数据共享，也单独设定了专业委员会进行磋商，并有专门的争端解决机制处理矛盾与纠纷。

电信服务也属于相对敏感行业，不仅多涉及市场垄断地位与自由竞争的关系，而且在不少国家属于投资审查中的敏感行业，TPP对此予以专章约束并建立统一监管模式。

（3）电子商务章节

作为相对较晚出现的贸易模式，电子商务正在改变全球贸易的模式，各个电子商务大国以及发展潜力较大的国家正在积极商议、探讨电子商务的国际规则和标准。TPP单独设立电子商务章节，进入已有国际协定均未涉及的领域。可以看出，TPP希望将电子商务置于美国等国家主导的数据流动框架之下，约束各方的义务，减少政府干预对电子商务的阻碍。在TPP案文第14章中，除了强调对无纸贸易的保护、禁止对电子传输的内容征收关税或国内税、保护电子签名和电子认证的法律效应、加强网络安全和确定跨境费用分摊等问题之外，还专门强调了各方不应对其他成员国的服务提供方的数据服务器位置予以限定，不得要求服务提供者提交源代码，与美国的一贯主张一脉相承。

受现有的各国法律框架、贸易水平和监管模式等差异的影响，TPP有关电子商务的规定有不少并无明确的内容和约束力。例如，在网络安全事项合作领域，协议仅强调了各方认识到加强国家计算机安全事件应对机关的能力建设，以及利用现有合作机制减少影响缔约方电子网络的恶意侵入或恶意代码传播的重要性，并无实质内容。

8.7.3 TPP与GATS服务贸易协议内容的对比

在美国宣布加入TPP谈判的声明中首次提出TPP的目标是达成一份“与21世纪贸易协定相匹配的高标准的区域协定”。随后，TPP成员国的一份首脑声明中也表示“TPP将着眼于应对新老贸易问题和21世纪的挑战”。在TPP协议宣布达成的同时，日本财政经济大臣马上宣称：很自豪达成了贸易协定，这将是21世纪的贸易模板。可见，TPP一直被看成是高标准的“21世纪贸易协定”而备受瞩目。

至于何为“21世纪贸易协定”，目前尚无统一界定，但有两点可以达成共识：一是代表更高水平和更全面的贸易自由化；二是涉及更多在传统贸易协定中鲜有涉及的新议题。从已公开的文本看，TPP在承诺方式、整体架构、重点服务部门的自由化推进、借助“监管一致性”议题促进服务市场开放等方面均呈现出高标准的特征，的确具备了“21世纪贸易协定”的基本要素。这主要表现在：

第一，在承诺方式上，TPP采用了“负面清单”模式，这是TPP作为新一代贸易协定的标志性特征之一。以往的双边和区域FTA协议有的以正面清单为主，有的以负面清单为主，也有两种方式共存的混合谈判方式。如GATS是正面清单为主的谈判方式，TISA采取了混合谈判方式，TPP则彻底采用了负面清单的方式。美国在20世纪80年代的双边投资条约中最早使用了负面清单列表的形式，1994年生效的北美自由贸易区（NAFTA）创立了“准入前国民待遇+负面清单”的投资规则模式，在实践上取得了新的突破，美国因此成为负面清单模式的最大推动者。尽管从本质上讲，“正面清单”与“负面清单”承诺方式均能促进服务部门的自由化，然而后者比前者更具有透明性、稳定性、普遍适用性和高效性等优势，因此，采用“负面清单”方式也被认为蕴含着高标准的自由化。

第二，在国民待遇方面，TPP明确国民待遇是成员国的一般义务，即对所有服务部门，包括不可预知的新型服务部门实行准入前国民待遇。而在GATS协定中，国民待遇不是一项普遍适用的原则，即国民待遇只适用于成员国承诺开放并列入清单的部门，因而被认为是多边层面最具灵活性的开放规则。发展中国家可以根据其意愿选择开放较少部门和降低开放程度。最不发达国家则可以完全免于开放其服务部门。早期签署的大多数双边投资协定广泛采用控制模式，很多双边投资协定甚至没有提及国民待遇原则，只有一般禁止歧视待遇的规定。美国依然是在双边投资协定中最早纳入准入前国民待遇的国家。北美自由贸易协定（NAFTA）是世界上最先采用国民待遇和最惠国待遇相结合模式的贸易协定，也是最先明确提出准入前国民待遇的贸易协定。此后准入前国民待遇才逐渐成为部分双边或区域协定中成员国的一般义务，即普遍适用的原则，TPP协议也不例外。TPP文本中明确提出“每一缔约方应给予另一缔约方的服务和服务供应商不低于本国服务和服务提供商享有的优惠待遇”。

第三，在最惠国待遇（MFN）方面，由于TPP在性质上属于部分国家签订的自由贸易协定（FTA），是WTO协定所允许的最惠国待遇的例外，因而TPP执行的是有条件的MFN。WTO体制下的MFN不同于双边贸易条约中规定的最惠国待遇条款，它是一种无条件的最惠国待遇，即确保WTO的一方成员给另一方成员的任何贸易优惠都立即无条件地提供给所有其他成员，从而使最惠国待遇多边化，因此，WTO成员之间实行的是无条件MFN义务，但WTO成员可以提出豁免，通常不超过10年。

第四，在市场准入方面，GATS强调只是在做出市场准入承诺的部门（除非在其减让表中另有列明）不得实施数量限制；而TPP协议则强调除列入负面清单的部门外，均不得对服务提供者强制实施数量限制。

第五，在国内规则方面，GATS协定虽然对各成员国的国内规则表示尊重，并对各成员国提出了一定的义务和要求，但缺乏"必要性测试"，而必要性测试是各国实现国内规则自主权的工具，是合理调控与滥用调控权的界限。如果没有必要性测试，GATS国内规则款项下的资格要求、许可要求和技术标准都将失去现实意义。因此，近年来的双边和区域经贸谈判中，各方进一步加强对透明度、公平竞争、服务补贴等的约束，规定了许可的颁发以及资格要求的认证等，努力推动监管一致性，试图实现不同体系规则之间的无缝连接，促进全球或区域生产网络内生产要素的优化配置。TPP协议特别强调各缔约方应以合理、客观、公正的方式来管理影响贸易的一般适用的所有措施，以确保其不构成对服务贸易的障碍。在必要的情况下，要对国内规则进行"必要性测试"。

此外，与GATS条款不同的是，TPP协议规定了锁定开放现状，未来的自主开放措施一旦实施不可撤销的"禁止反转机制"，即"棘轮条款"，其意义在于保证服务贸易自由化不断向更高水平推进。任何缔约方不管是以诸边方式还是单边方式，减少或取消的歧视性贸易措施，一旦做出承诺就被锁定，不得回退，这样"当前的"自由化水平总是低的，而未来的水平总是相对高的。

【专栏8-3】　　TPP的主要特点

与现有的各类FTA相比，TPP具有以下三大显著的特点：

一是广覆盖。TPP的12个成员国，遍布北美、南美、东亚、东南亚和大洋洲，横跨太平洋。据IMF数据测算，2014年TPP成员国的经济规模占全球经济总量的36.21%，其贸易规模占全球贸易总量的27.64%。这些国家中，既有人口大国，也有人口小国；既有资本主义国家，也有社会主义国家；既有基督教国家，也有佛教国家，还包含儒家文化圈；既有发达国家，也有发展中国家；既有以制造业为主导产业的国家，也有以资源为主导产业的国家。TPP主张全面市场准入，取消或削减所有货物和服务贸易以及投资的关税和非关税壁垒，促进区域内生产和供应链的发展。

二是宽领域。TPP协议条款超过以往任何自由贸易协定，既包括货物贸易、服务贸易、投资、原产地规则等传统的FTA条款，也包含知识产权、劳工、环境、临时入境、国有企业、政府采购、金融、发展、能力建设、监管一致性、透明度和反腐败等亚太地区绝大多数FTA尚未涉及或较少涉及的条款。TPP倡导包容性贸易，加强成员国的合作和能力建设，帮助中小企业了解并利用好相关条款，以确保规模不同的经济体和企业均能够从中获益；同时，注重解决数字经济和国有企业带来的新的贸易挑战，促进创新能力、生产力和竞争力的提升。

三是高标准。作为亚太经济一体化的重要平台，TPP虽然本质上仍属于FTA范畴，但其协议内容和标准均显著超过现有FTA的水平。TPP的“高标准”，在很大程度上体现了美国的自由贸易理念及其战略利益诉求。第一，在货物贸易领域，要求最终实现全部贸易品零关税；在服务贸易领域，采用了“准入前国民待遇+最惠国待遇+例外条款”这一自由化程度较高的方式，即对所有服务部门均给予准入前国民待遇和最惠国待遇，仅对国防、金融、航空等少数特殊服务业设置例外条款。而且，在服务贸易、金融服务、投资等领域均采用“负面清单”的模式。第二，在知识产权领域，TPP在地理指标、版权保护、反规避责任、专利保护、药品定价等方面提出的标准也明显高于WTO《与贸易相关的知识产权协定》（TRIPS）的水平。以药品专利保护为例，美国在TPP谈判中最初希望给予生物制剂12年的专利保护期，但却遭到了其他缔约方的反对，最后只好妥协将保护期缩短至8年。新西兰等缔约方认为，对专利过度保护可能会阻碍创新和仿制药生产并有损TPP内发展中国家的利益。第三，TPP协议中专门增设了劳工和环境条款，并与贸易相挂钩，通过强加于别国较高的劳工和环境标准等，将有助于美国借此对其他成员国特别是发展中国家出口产品实施贸易制裁，以达到维护其自身利益的目的。第四，TPP协议还针对国有企业单列一章，主张取消对国有企业的政策支持、财政补贴和其他福利待遇的贸易条款，包括对国有企业海外投资所给与的特惠融资措施、保护外国私营企业经济活动、撤销政府采购的优惠偏好等内容。这些规定对现有成员国影响可能并不大，但对拥有众多国有企业的中国来说，短期内将难以承受。

资料来源：吴涧生．TPP的特点、影响及对策建议［N］．中国发展观察，2015-10-26.

8.8　RCEP国际服务贸易新规则

区域全面经济伙伴关系（Regional Com-prehensive Economic Partnership，RCEP）是由东盟发起的，邀请中国、日本、韩国、澳大利亚、新西兰、印度共同参加，通过削减关税及非关税壁垒，建立16国统一市场的自由贸易协定，是以“10+6”为基础的区域经济合作安排。其目标是在东盟成员方和东盟自贸区协定伙伴之间建立起一个现代化的、全面的、高质量的和互惠的经济伙伴协定。若RCEP谈成，将涵盖约35亿人口，GDP总和将达23万亿美元，占全球总量的1/3，所涵盖区域也将成为世界最大的自贸区。RCEP谈判的指导原则总结见表8-4[①]。

① 唐宜红，等．全球贸易与投资政策研究报告（2016）：国际贸易与投资新规则的重构［M］．北京：人民出版社，2017.

表8-4 RCEP谈判的指导原则

1	RCEP将与世界贸易组织保持一致，包括1994年《关贸总协定》（GATT）条款中第24条和《服务贸易总协定》（GATS）条款中第5条
2	在承认参与国特殊和不同条件的前提下，RCEP致力于在现有的“东盟+1”自贸区框架下推动更加广泛的参与
3	RCEP将包括贸易便利化和投资条款，提高参与国之间在贸易和投资关系上的透明度，促进参与全球和区域价值链
4	考虑到参与国的不同发展水平，RCEP将包括适当形式的灵活规定，包括特别待遇和差别待遇，并在此基础上基于最不发达东盟成员方额外的灵活性
5	参与国所签署的“东盟+1”和双边、诸边自贸区协定将继续有效，RCEP的规定将不降低成员所签署的双边和诸边条款的效力
6	为在初期未参加RCEP谈判的东盟自贸伙伴可以在其他参与成员谈判达成一致的条件下参与谈判，RCEP协定将包括开放式的准入条款，确保任何东盟自贸伙伴和其他外部经济伙伴在RCEP谈判完成之后加入
7	在“东盟+1”自贸区框架下，技术援助和能力建设条款将包括向RCEP的发展中参与国和最不发达参与国提供技术援助和能力建设，确保谈判的广泛参与和RCEP利益的广泛享受
8	货物贸易、服务贸易、投资和其他领域的谈判将同步进行，以保证全面性和平衡的谈判结果

1）RCEP关于服务贸易的有关规则

RCEP谈判领域包括货物贸易、服务贸易、投资、经济技术合作、知识产权、竞争政策、争端解决机制等八个方面，RCEP将承认东盟在新区域框架中的中心地位，以及东盟自贸区伙伴在支持区域经济一体化、经济公平发展和增强参与成员之间合作等方面的利益。

RCEP是全面的、高质量的区域贸易协定，将在很大程度上取消RCEP参与国之间在服务贸易方面的限制和歧视措施。RCEP在服务贸易上的规则与义务将与GATS保持一致，遵循“最惠国待遇”和“透明度”两条最基本的原则（具体条款见前文GATS基本原则）。在具体承诺条款下，有关国民待遇和市场准入方面的规定也同GATS保持一致，同时，和东盟有关规定也一致，并且沿用东盟的争端解决机制。可以说，RCEP有关服务贸易的规则在很大程度上是在东盟的服务贸易规则基础上制定的，与东盟的服务贸易有关规则基本一致，更确切地说，RCEP成员方是在GATS和“东盟+1”自贸区协定的基础上来实现服务贸易自由化的。

2）中国与RCEP

（1）中国参与和推动RCEP

中共十八届三中全会提出了要“加快自由贸易区建设”，在坚持世界贸易体制规则的基础上，坚持双边、多边、区域、次区域开放合作，扩大同各国各地区利益汇合点，以周边为基础加快实施自由贸易区战略。RCEP是中国目前参与谈判的最大规模的自由贸易区，其成员均是中国周边重要的经贸伙伴。推动RCEP达成协议，是中国加快实施自贸区战略，构建以周边为基数、面向全球的高标准自贸区网络的关键环节。

（2）中国在RCEP中发挥的作用

由于中国的经济规模大，拥有得天独厚的地缘优势，亚太地区的区域合作机制要想实现福利效应的最大化，都不能缺少中国的参与，中国已经成为大部分RCEP成员的最大出口市场，未来中国在服务贸易和投资领域的开放程度将会成为决定RCEP成员从中国的贸易自由化安排中获益多少的关键。当然，中国想要进一步发展对外贸易，也需要积极参与区域贸易合作。中国要充分利用其主体经济地位，发挥自身的地缘优势，在RCEP谈判中继续发挥协调与推进作用，积极推动RCEP的建设。

（3）参与RCEP对中国的影响

RCEP谈判顺利结束，能够统一东盟同其他六个自贸伙伴国的规则，改变不同贸易伙伴使用不同贸易规则的情况。整体贸易自由化程度提高，降低关税壁垒，扩大服务贸易，改善投资环境等，能够推动中国同其他成员方之间形成更为紧密的贸易投资关系，可见，降低关税、促进贸易自由化、贸易便利化将在很大程度上使中国受益，对中国的贸易活动将产生很大影响。由于中国的服务贸易发展同发达国家还有较大差距，进一步开放服务贸易领域能够为中国的服务贸易发展提供机遇。

● 本章小结

1.国际服务贸易规则多边化过程中伴随着蓬勃发展的国际服务贸易规则区域化，是国际服务贸易自由化进程中的重要特征。区域性服务贸易规则对多边体制的影响具有两面性，既有积极影响，又有消极影响。

2.服务贸易区域一体化对多边贸易体制产生的影响，在一定程度上取决于服务贸易区域一体化的具体条件和情况；区域性服务贸易规则作为国际服务贸易规则的重要组成部分，是多边服务贸易规则必要和有益的补充，但不能取代多边服务贸易规则。处理二者关系的正确途径是区域全球化，而非全球区域化。

3.欧盟成员国之间的服务贸易大于与集团外国家的服务贸易，成员国之间基本上实现了服务贸易自由化。为了确保在国际服务贸易中的地位，获得更多的经济利益，欧盟积极推进全球服务贸易自由化。欧盟各成员国的经济发展不同步，各国对其他国家的服务贸易政策也不统一，但总体趋势是向欧盟内部的经济自由化和一体化方向发展。

4.美国、加拿大和墨西哥三国签署的《北美自由贸易协定》在15年的过渡期内全部取消商品、服务及投资领域的所有关税及非关税壁垒，其目的是通过在自由贸易区内扩大贸易及投资机会，促进美、加、墨三国的就业机会和经济增长，增强三国在全球市场的竞争力。

5.亚太经济合作组织（APEC）在贸易、投资自由化和经济技术合作方面均取得了一系列进展，其贸易、投资自由化目标包括了服务贸易自由化。1994年的《APEC经济领导人共同决心宣言》（简称《茂物宣言》）宣布把实行自由和开放的贸易和投资作为长远目标；考虑到APEC成员经济发展水平的巨大差异，在实现自由化目标的具体步骤上，采取区别对待的方式，制定了两个时间表，即发达国家不迟于2010年、发展中国家不迟于2020年在亚太地区实现贸易和投资自由化。

6.东盟于1992年签订了旨在实现货物贸易自由化的《东盟自由贸易区协定》，1995年12月第5届东盟领导人峰会上签署了《东盟服务贸易框架协定》，以加强东盟服务提供者的竞争力，并促进区域内服务贸易的自由化。

7.TPP对服务贸易的影响深远，不仅对各成员的服务业市场开放形成强有力的约束，而且通过示范、引导甚至争端解决等方式，明晰表达美国利益诉求和习惯做法，以此影响全球服务贸易转向美国等主要发达经济体主导的做法，甚至可预期影响未来WTO等现有国际规则。

● 扩展阅读

1.世界贸易组织的区域贸易协定数据库（RTA Database）详细统计了GATT/WTO中缔结的货物及服务贸易相关的区域贸易协定，可以在其官方网站（http：//rtais.wto.org）上查找WTO成员方在服务贸易领域签订的RTA协定。

2.国际货币基金组织统计数据库中的国际收支统计（Balance of Payments Statistics，BOPS）分年度详细记录了世界各国和地区的国际收支平衡状况，并可以查询其经常项目下服务贸易以及具体服务贸易部门的贸易收支情况，此数据可以在IMF官方网站（http：//www.imf.org/external/data.htm）免费下载。

3.陈宪，程大中．国际服务贸易［M］．2版．上海：立信会计出版社，2008.

4.宫占奎，刘晨阳．APEC走向亚太自由贸易区问题研究［M］．天津：南开大学出版社，2009.

5.何茂春．国际服务贸易：自由化与规则［M］．北京：世界知识出版社，2007.

6藤田昌久，克鲁格曼，维纳布尔斯．空间经济学：城市、区域与国际贸易［M］．梁琦，等，译．北京：中国人民大学出版社，2011.

● 基本概念

区域性服务贸易规则　区域经济一体化　区域性服务贸易自由化　贸易创造　贸易转移

● 复习思考题

1.分析服务贸易区域性规则与多边规则的关系。

2.试析欧盟服务贸易规则的主要内容。

3.试析北美自由贸易区服务贸易规则的主要内容。

4.试析亚太经济合作组织服务贸易规则的主要内容。

5.试析东盟自由贸易区服务贸易规则的主要内容。

6. 试评述TPP服务贸易条款的内容及特点。

7. 试述中国在RCEP中发挥的作用及其影响。

第9章/主要发达国家（地区）的国际服务贸易

学习目标

了解美国、欧盟、日本等发达国家和地区国际服务贸易的发展现状，掌握其服务贸易发展的特点和服务贸易政策的内容。

［引导案例］

美国是目前世界上服务贸易最发达的国家。商务部研究院世界经济研究所美洲与大洋洲研究部副主任、研究员周密对国际商报记者表示，美国服务贸易发达是长期发展的结果。伴随产业转移，美国经济发展的竞争优势从制造业转向服务业，通过大量的科研投入，在充分竞争的市场环境下形成了服务领域的跨国公司。美国政府通过世界贸易组织及各类协定拓展全球市场，扩大其服务业的市场准入，以互联网和信息技术为服务业的发展创造良好环境。

对外经济贸易大学国际经济研究院副教授姜荣春对国际商报记者表示，作为全球第一经济大国和经济强国，美国早在20世纪60年代就最先完成了产业结构从农业经济、工业经济向服务经济的转型，逐步成为服务贸易特别是最有活力的新兴服务贸易的主要引领者和规则主导者之一，服务贸易的强大由来已久且是系列因素长期协同发展和共同演进的结果。姜荣春指出，首先，美国服务贸易的强大建立在高度发达的服务经济基础之上。其次，美国拥有大量具有全球视野、卓越国际运营能力和高生产效率的服务型跨国公司。再次，美国创造了有效的制度体系和产业生态环境，包括良好的服务行业准入环境，拥有大量受过高等教育的人才储备，以及严格的知识产权保护，还拥有较为完善的政府治理体系和政策决策机制。此外，美国学术界在服务贸易政策决策中发挥着基础和先导性作用，美国服务贸易政策决策机构注重对学术研究成果的转化、利用和吸收。

从2000年开始，美国发起“贸易协定执行计划”，全面跟踪、监督与各国所签贸易协定对方的遵守情况，并作为对外谈判交涉的重要内容。为了加强对贸易协定的监督执行，商务部和美国贸易谈判代表办公室都成立了监督实施办公室，专门负责推动贸易协定的执行。

资料来源：佚名．美国服务贸易：厚积薄发　领跑全球［EB/OL］．［2016-05-23］．http：//intl.ce.cn/sjjj/qy/201605/23/t20160523_11889455.shtml.

9.1　美国的国际服务贸易

根据世界贸易组织的报告，美国是世界上最大的服务贸易进出口国家，2010年其服务贸易出口额占全球服务贸易出口总额的14.1%，服务贸易进口额占全球服务贸易进口总额的10.2%，同时也是世界上最大的服务贸易盈余国。

9.1.1　美国服务贸易的发展

从服务贸易的地区结构来看，2014年，美国最大的出口地区是欧盟，占全部出口的31.2%；最大的出口对象国是加拿大、日本和中国，分别占出口的8.6%、6.6%和6.0%。在美国服务贸易进口中，欧盟占32.4%，加拿大和日本分别占6.3%和6.5%，墨西哥占了4.1%。可以看到，除欧盟外，美国与北美自由贸易区内合作伙伴的服务贸易占了其服务贸易总额的较大比例。另外，中美之间的服务贸易合作交流较往年也都有所提高，其中2014年美国对中国的服务贸易出口额占其全部出口额的6.0%。

就美国服务贸易的部门结构而言，2016年占其服务出口最大比例的五个部门分别是旅游占27.5%，其他商业服务占18.1%，知识产权与专利使用占16.2%，金融占12.9%，运输占11.2%。服务进口方面，旅游、运输、其他商业服务部门名列前茅，分别占服务贸易进口总额的24.2%、19.3%、19.1%。美国服务业绝大多数部门是贸易顺差，只有运输，建筑，保险，通信、计算机和信息服务部门存在逆差。综上可见，美国服务贸易的整体收支顺差巨大，服务贸易盈余2 494亿美元，其主要贡献的服务部门是旅游、金融服务、知识产权与专利、其他商业服务和个人、文化与娱乐服务。特别是其他商业服务、金融服务和与知识产权、技术等相关的专利服务贸易的净出口额有较大的提高，在美国服务贸易中所占的比重也逐渐增大。2016年美国的服务贸易结构见表9-1。

表9-1　　**美国服务贸易进出口分项目情况（2016年）**　　金额单位：百万美元

项目	出口额	比重（%）	进口额	比重（%）
运输	84 634	11.2	97 176	19.3
旅游	206 835	27.5	121 527	24.2
建筑	2 053	0.3	2 563	0.5
保险	17 742	2.4	48 399	9.6
金融	96 752	12.9	25 232	5.0
知识产权和专利使用	122 226	16.2	42 743	8.5
通信、计算机和信息	37 262	5.0	37 527	7.5
其他商业服务	136 049	18.1	96 076	19.1
个人、文化和娱乐休闲	2 513	0.3	2 015	0.4

资料来源：联合国贸易和发展会议统计数据库（UNCTADstat，网址：http：//unctadstat.unctad.org/wds/ReportFolders/reportFolders.aspx）。

9.1.2 美国服务业的市场准入

美国是当今世界上最大的服务贸易国家，也是服务贸易自由化的积极推行者。美国政府在市场准入方面的立场总的来说是开放的，但是一些部门仍然存在严格的市场准入和经营业务限制，对外国经营者形成不公平竞争，这集中表现在金融、海运和空运等领域。

第一，以开放国内服务业为基础，增强国内服务业的竞争优势，为倡导国际服务贸易自由化奠定基础。1993年克林顿把信息高速公路建设作为优先发展项目，制订了《国家基础设施行动计划》，确保美国在未来的信息服务竞争领域的国际领先地位。1994年克林顿在向国会递交的《出口战略实施报告》中指出，美国政府将集中力量支持国内服务业的发展。从美国国内经济和就业增长着眼，政府优先考虑对环保、信息、能源、交通服务、卫生保健以及金融等服务业提供大力支持，以增强这些服务部门的竞争力。

第二，通过多元贸易谈判迫使外国政府消除服务贸易壁垒，扩大美国进入他国服务市场的机会。为了进一步打开国外市场，美国政府以多边谈判和双边谈判为手段，迫使他国政府开放国内服务市场。在乌拉圭回合谈判中，美国与其他发达国家联手向发展中国家施加压力，最终达成《服务贸易总协定》，不仅形成了全球性服务贸易自由化浪潮，而且还使美国获得了巨大收益。美国在积极推动多边谈判的同时，为了缩短谈判时间，保证率先占领外国市场份额，还常常避开多边谈判，采用双边谈判，凭借经济实力在谈判中施压，在一定程度上改善了美国服务业进入他国服务市场的条件。

第三，通过国内立法，把服务贸易、货物贸易、知识产权结合在一起，实行单边报复。美国《1988年综合贸易法》将服务贸易和货物贸易并列作为扩大出口的两项内容，要求外国取消“不公平、不合理和歧视性”的贸易政策，否则将实行报复。服务贸易也将同样适用于“超级301条款”。

9.1.3 美国的服务贸易壁垒

1）金融业

由银行业、保险业、证券业组成的美国金融服务业具有全球竞争力。至2005年年底，来自65个国家的包括260家分支机构、54个代理处、88个外国多数股的商业银行等的外国银行在美国经营业务，拥有1.34万亿美元资产，占美国商业银行总资产的18.3%、贷款的11.4%和存款的14.8%。虽然美国在1999年3月1日正式生效的《金融服务协议》就金融服务部门的市场准入和国民待遇做出了一些承诺，但承诺的水平有限，尤其是未禁止对金融部门的许多政策性干预，金融领域的谨慎法规仍受到《服务贸易总协定》分立条款的保护。

经过20世纪30年代的经济危机后，美国金融业一直按照1933年《格拉斯-斯蒂格尔法》的要求，对投资和商业银行实行严格的分业经营限制，按1956年的

《银行持股公司法》实行银行和保险公司的分业。20世纪90年代，经济全球化和IT业带动的美国新一轮经济增长对金融业的发展提出新的要求。在新的融资要求推动下，银行与证券业的融合以及银行从事保险业务的步伐加速。1999年生效的《金融服务现代化法》推进了美国金融监管的进一步完善，打破了投资、银行和保险的分业经营的限制，但是该法没有改变银行业和商业之间的壁垒，外国银行在进入和经营上依然受到限制。

美国至今未完全履行“公开银行市场准入的资格要求、技术标准、许可条件、审批的各个环节、相关的法律法规和政策措施”的承诺，投资申请往往不能在合理的时间内得到答复。例如，在中国的银行进入美国方面，迄今为止，只有中国银行在美国设有分行，招商银行在纽约设有代表处，并且申请在美国设立分行或代表处的过程中都遇到了众多的麻烦。中国银行提出设立旧金山分行已近十年，但至今仍没有结果。美国提出的理由是：其一，不符合资本充足率的要求；其二，对中国母行监管当局的监管能力表示怀疑。这其中明显包含对中国的歧视因素。

在保险方面，各州立法不统一是保险市场准入的一个严重障碍。在美国，保险业由州管理，没有联邦注册或监管的保险公司。每个州有自己的保险法规结构，各州有不同的注册、偿付和运营要求，并且不是所有的州都有“进入立法终端”，外国保险公司要在没有准入立法的州经营保险业务，须先在另一个州注册后才能在该州注册。这种体制限制了外国保险公司市场准入的机会。

外国保险公司在业务经营上面临不同于美国国内机构的要求。虽然很多州规定外国公司可以分公司或子公司的形式经营，但分公司往往面临与美国保险公司不同的要求，包括注册资金、税收和管理费等。对于外国公司跨境提供保险，联邦政府征收1%的寿险税和4%的非寿险税；对外国保险商跨境提供再保险，征收1%的联邦税。有的州禁止向外国政府拥有或控股的保险公司发放经营许可证，还有的州规定已在其他州获得从事保险业务执照的外国保险公司不得在其州内再设立保险公司。

不论是美国的还是外国证券经纪人，都应当在证券交易委员会（SEC）注册。在SEC注册的外国证券经纪人在美国可以享受国民待遇。绝大多数州要求经纪人在州监管当局进行注册。尽管外国证券公司在美国建立分支机构从事交易、经纪业务在法律上是许可的，但操作起来却不容易。《1940年投资公司法》要求外国投资顾问在SEC注册，但SEC的要求外国公司就不大可能满足。

2）专业服务

《服务贸易总协定》的实施对专业服务的市场准入产生了一些积极影响。但是由于法规往往是在各州实行的，造成了实际实行的一个严重障碍。美国市场的开放和透明度问题还有待解决。在法律、咨询、会计、审计、建筑和相关工程服务、咨询等方面，美国已经取得一些进展，但仍然存在大量限制。例如，自然人流动问题、对专业服务的监管权保留在州一级、在许可证发放和注册上存在限制。一个在国外合格的专业人员进入某一州时，必须满足大量的当地法律和法规要求。美国各州都规定了对外国专业人员服务机构发放营业执照的法规。各州管理制度的差异和透明度的缺乏对外国专业人员服务构成了障碍。此外，严重的限制还表现在当地居民要求、只有注册了的人才能合伙、跨州提供服务等方面。

3）通信业

《服务贸易总协定》中的《基础电信协议》自1998年实施以来已经在市场准入方面取得很大进展，但美国在市场准入方面依然存在一些限制，如投资限制、冗长的手续、有条件的市场进入以及互惠基础上的程序。例如，美国虽然允许外国投资电信业，但是不能超过20%的股份。美国还对进入卫星通信市场进行限制，这与美国市场的准入政策相违背。由联邦通信委员会（FCC）负责通信业的市场进入和经营。依据的主要法律有《1934年通信法》和1996年修订后的《1996年通信法》等。

4）航空运输业

美国在航空运输业方面并未实现完全自由化，特别是对外国人拥有和经营的航空企业还是设有限制，国内航线也只限于由国内航空企业营运。

在美国航空公司里，外国所有的股份不超过25%，董事会主席以及2/3以上的股东和管理者必须是美国人。但运输部根据个案原则，只要实际控制权保留在美国人手中并且美国和外国投资者所在国签署了开放领空协议，允许外国居民通过持有25%以上没有表决权的股份的形式来持有一个航空公司股份。外国航空公司被禁止进行国内航空运输，即不能与美国航空公司竞争提供国内航线服务。从事国内航空客运和货物服务的机组人员必须是美国公民或常驻居民等。

《关税与贸易总协定》涉及计算机存储系统服务、空运服务的销售和营销以及当飞机结束服务时采取的维修与护养服务，但是交通权利与交通权利的实施直接相关的服务并不在《关税与贸易总协定》的范围之内，尤其是把航线的维护排除在外。美国在《关税与贸易总协定》中的承诺仅限于飞机的维修与维护，而且美国制定了关于销售和营销航空运输服务以及计算机储存服务的运行和规范的最惠国豁免的时间表。

美国《飞行法案》通常要求由美国政府提供经费的货运和客运运输须由美国航空公司来承运。与美国航空公司分享信号的外国航空公司被认为是美国承运人。然而，法律授权美国参加双边或多边协议，如果这个协议与美国国际航空政策目标一致并且提供同等程度的权利或利益互换，将允许由外国航空公司提供这样的服务。2001年“9·11”事件以后，美国总统于9月23日签署《空中运输安全和系统稳定法》（ATSSSA），弥补对事件造成的损失，加强对航空运输的管理。

5）海运业

海运业是美国经济中受到保护程度最高的领域之一。《美国大陆架法》和《1920年商船法》（也称《琼斯法》）限制外国船只从事近海和美国国内运输业务，美国国内的运输只能由美国船只从事。此外，联邦政府支出项目的运输由美国船只承运。最近海洋安全措施对贸易的影响也引起关注，这会导致港口间和世界贸易组织成员间相当长一段时间的歧视。除个别情况例外，《琼斯法》和《美国大陆架法》禁止外国制造的船只在美国两码头之间或经过一个外国码头进行直接的沿岸贸易，与美国岛屿地区及领地的贸易也被包括在沿岸贸易内；外资企业必须得到美国的许可，方能进行深水港的开发及在美国专有经济区捕鱼。此外，外国船只不允许注册进行挖泥、牵引支架和在美国捕捞。

美国有大量的法令要求政府所有或政府融资的货物必须由美国船只承运。50%的政府运输（主要是农产品）、军事运输以及进出口银行提供贷款的运输必须由挂美国国旗的船只运输。外国竞标者能否用挂美国国旗的船只运输货物，只有在授权合同后才能知道。美国联邦海事委员会（FMC）按照美国《1984年航运改革法》和《琼斯法》制定了"受控承运人"的规定，其中，对"受控承运人"的定义为"受国家控制，或者国家直接或间接拥有运营资产的航运企业"。受控承运人和其他承运人相比，有许多不公平待遇，如30天运价生效制度，这些与世界贸易组织非歧视原则不一致。

9.2　欧盟的国际服务贸易

9.2.1　欧盟服务贸易的发展

欧盟不仅是全球最大的商品贸易集团，而且也是世界上最大的服务贸易集团。因为欧盟各国的经济核心就是服务业，涵盖信息技术、咨询业务、银行业、保险、经销、运输和旅游等，是欧盟最活跃的经济领域。据欧盟统计，服务业是欧盟经济中最重要的部门，以发达的服务业为基础，欧盟也就成为世界上主要的服务贸易进出口地区。2015年，其服务贸易出口占世界份额的42.0%，进口占了37.2%。同时，在欧盟以区域经济一体化推动地区经济发展的步伐中，服务领域的一体化和便利化也是欧盟一体化进程的重要内容。因此，在积极参与多边框架下的服务贸易谈判的同时，欧盟更加注重提升其内部服务业市场的一体化程度，消除壁垒，破除垄断，确保盟内各国的服务企业充分竞争，以增加其服务领域在全球的整体竞争力。欧盟服务贸易额占到世界服务贸易总额的近1/2，成为第一大服务贸易进出口地区。到2015年欧盟28国服务贸易出口额达20 499亿美元，2010—2015年年均增长率达17%；服务贸易进口额达17 843亿美元，年均增长率达16%；欧盟服务贸易竞争力也不断提高，贸易顺差持续扩大。欧盟统计局公布的数据显示，欧盟28国2015年对外服务贸易顺差为2 656亿美元。

对于欧盟的服务贸易结构见表9-2。2016年，欧盟服务贸易顺差为2 351亿美元，其连年持续顺差得益于金融、保险、旅游、运输、建筑、计算机信息服务等部门的贸易盈余，欧盟只在知识产权与专利、其他商业服务和个人、文化与休闲等服务部门存在少量逆差。另外，根据统计数据计算，欧盟间的服务贸易进出口额占了欧盟服务贸易总额的很大一部分，但就出口来看，区域间的服务贸易出口占了欧盟服务贸易出口总额的54.7%。

表9-2　欧盟服务贸易进出口分项目情况（2016年）　金额单位：百万美元

项目	出口额	比重（%）	进口额	比重（%）
运输	349 340	16.9	323 970	17.7
旅游	375 840	18.2	348 760	19.1
建筑	29 530	1.4	18 470	1.0
保险	63 900	3.1	44 530	2.4
金融	212 180	10.3	116 370	6.4
知识产权与专利使用	108 120	5.2	177 850	9.7
通信、计算机和信息	271 140	13.1	152 730	8.4
其他商业服务	532 610	25.8	544 820	29.8
个人、文化和娱乐休闲	24 400	1.2	26 270	1.4

资料来源：联合国贸易和发展会议统计数据库（UNCTADstat，网址：http：//unctadstat.unctad.org/wds/ReportFolders/reportFolders.aspx）。

9.2.2　欧盟的服务贸易政策

欧盟的服务业竞争力极强，许多行业的出口都占据世界首位，因此，欧盟也是服务贸易自由化的倡导者。

首先，由于欧盟成员国之间的服务贸易大于它与集团外国家的服务贸易，因此欧盟首先致力于内部服务贸易自由化。经过几十年的不懈努力，尽管在证券业、保险业、电信业和运输业等方面还有很多障碍有待克服，但是欧盟成员国之间基本实现了服务贸易自由化。其次，为了确保在国际服务贸易中的地位、获得更多的经济利益，欧盟积极推行全球服务贸易自由化，支持建立多边框架来规范和管理服务贸易，要求服务贸易自由化的多边性质应通过某种形式的最惠国待遇原则予以保障，是否存在对外国服务提供者的歧视应以国民待遇为原则为尺度来检验，并以此为原则，通过双边和多边谈判，打开他国服务市场的大门，为其服务业的发展提供广阔的空间。例如，在新一轮的服务贸易谈判中，欧盟就率先提出了贸易自由化方案。最后，对于欧盟不具有优势的服务行业，尤其是相对于美国等发达国家不具有优势的行业，欧盟仍实行或明或暗的保护，甚至列入市场准入和国民待遇例外之列。根据欧盟委员会2002年的一份报告，企业若希望在一个以上的欧盟国家提供服务，将遭到92项壁垒的阻碍。在金融市场的综合方面，欧委会虽出台了42项相关的法规，但由于各成员意见存在分歧而迟迟得不到批准。

9.2.3　欧盟的服务贸易壁垒

1）主体资格的限制

主体资格的限制一般是指对外国个人与组织在本国经营某种服务业的权利进行限制。例如，许多国家禁止外国银行及其他金融保险机构在本国设立分支机构，有的虽允许建立分支机构，但要求其必须与母行中断业务上的直接联系。又如，一些发展中国家在建筑工程服务方面较有优势，但一些发达国家拒绝在这方面提供开业权，阻止这类服务的“进口”。此外，对在外国注册或取得医生、律师执业资格的歧视也较普遍，因而限制了外国医生、律师等在本国开业，如德国对外来专业服务人员在签证、工作期限、工作范围等方面进行限制。

2）经营权限的限制

经营权限的限制是通过对外国服务实体在本国的活动权限进行规定，以限制其经营范围、经营方式等，甚至干预其具体的经营决策。例如，对外资金融保险机构，禁止其经营某些业务；对外国银行，限制其只能在低储蓄率的地区开业，或通过信用额度限制、储备金要求、资本控制等手段进行调控，以确保国内货币政策的顺利执行，以及本国国际收支的安全和国内资本市场的健康发展；对外国咨询公司，要求其必须与本国相应的机构合作经营业务。随着服务贸易自由化的逐步推进，对具体经营权限的限制既体现了适度的对外开放，又能有效地削弱外国服务经营者在本国的竞争力和获利能力。因此，这已成为欧盟国际服务贸易的重要壁垒。

3）信息的限制

信息是许多服务产业的战略资源。如果不能及时、准确地获取所需的信息资料，往往意味着一个服务经营实体将陷入瘫痪。现代电信技术的发展已经极大地改变了金融、保险、商贸等国际服务领域的发展面貌。一国公共电信传输网及其服务（如数据交换、视频通信等）在何种程度上对外开放，即允许外国服务者进入使用，很大程度上决定了对外国的金融、保险、商贸等基于电信传递技术进行国际信息交流的服务业进入该国的可能性。尽管由于信息障碍所形成的服务贸易壁垒已经受到关注，但出于国家机密安全的考虑，不论是电信服务的对外开放，还是政策规章的透明公开化，都不得不受到一定的限制。

9.3　日本的国际服务贸易

9.3.1　日本服务贸易的发展

2015年，日本服务贸易出口额达到1 579亿美元，占世界服务贸易出口总额的3.3%，同比下降0.2%，列居世界第七位。2009年受全球金融危机的影响，日本服务贸易出现了较大的滑坡，2010年开始回暖，服务贸易总额从2010年的2 948亿美元增加到2015年的3 316亿美元。从2009年到2015年日本服务贸易规模不断扩大，总量不断增加，其中，出口额由2009年的1 184亿美元上升到2015年的1 579亿美元，增幅为33.3%；进口额由2009年的1 540亿美元扩大到2015年的1 737亿美元，增幅为12.8%。

2008—2015年间，日本的服务贸易出口规模持续扩大，而进口规模相对比较稳定，从而使得日本的服务贸易收支逆差不断减少，从2008年的381亿美元下降至2015年的158亿美元。具体见表9-3。

表9-3　**2008—2015年日本服务贸易发展的总体情况**　金额单位：百万美元

年份	进口额	出口额	服务贸易差额	贸易总额	进口比重（%）	出口比重（%）
2008	176 769	138 696	-38 073	315 465	56.0	44.0
2009	153 971	118 447	-35 524	272 418	56.5	43.5
2010	162 921	131 833	-31 088	294 754	55.3	44.7
2011	173 807	137 871	-35 936	311 678	55.8	44.2
2012	182 829	133 838	-48 991	316 667	57.7	42.3
2013	169 040	132 650	-36 390	301 690	56.0	44.0
2014	190 185	158 626	-31 559	348 811	54.5	45.5
2015	173 689	157 863	-15 826	331 552	52.4	47.6

资料来源：联合国贸易和发展会议统计数据库（UNCTADstat，网址：http：//unctadstat.unctad.org/wds/ReportFolders/reportFolders.aspx）。

2016年，日本服务贸易发展状况见表9-4。与其商品贸易在国际贸易中的地位相比，日本的服务贸易相对落后，但其服务业的总体竞争实力仍很强，发展速度较快。2016年日本服务贸易出口额为1 738亿美元，进口额为1 841亿美元，分项目来看，运输、旅游、知识产权与专利和其他商业服务始终占据其进出口总额的前四位。正因为日本的服务贸易具有较大的发展潜力，日本也积极推行服务贸易自由化政策。但是由于日本国际服务贸易连年赤字，所以从维护本国利益的目的出发，日本对本国的某些服务行业也严加保护，使外国服务和服务者在日本市场只能起补充作用，而无法占据重要地位和较大的市场份额。

表9-4　**日本服务贸易进出口分项目情况（2016年）**　金额单位：百万美元

项目	出口额	比重（%）	进口额	比重（%）
运输	31 651	18.2	37 976	20.6
旅游	30 751	17.7	18 562	10.0
建筑	9 379	5.4	7 440	4.0
保险	1 702	1.0	5 636	3.1
金融	11 646	6.7	6 200	3.4
知识产权使用费	39 013	22.4	19 672	10.7
通信、计算机和信息	3 789	2.2	14 071	7.6
其他商业服务	38 668	22.2	62 387	33.8
个人、文化和娱乐休闲	812	0.5	1 396	0.8

资料来源：联合国贸易和发展会议统计数据库（UNCTADstat，网址：http：//unctadstat.unctad.org/wds/ReportFolders/reportFolders.aspx）。

9.3.2　日本服务贸易的发展特点

（1）出口增长快于进口，服务贸易逆差规模呈缩减之势。

2010年可以视为日本服务贸易发展的分水岭。2009年，日本服务贸易进、出口跌入低谷，出口和进口的降幅均超过10%；2010年进、出口同时转跌为升；自2010年起，出口和进口均呈现波浪式上升趋势。2008—2015年间，日本服务贸易出口和进口的年均增速分别为16.6%和1.1%，出口的增势明显强于进口，贸易逆差规模总体呈缩减之势，从2008年的380.73亿美元降到2015年的158.26亿美元。

（2）进、出口集中于运输、专有权利使用费和特许费、其他商业服务、旅游等行业。

这主要表现在：

第一，运输为第一大服务贸易进出口行业。2007—2014年间，运输服务出口在日本服务贸易出口总额中的年均占比达30.0%，进口的年均占比为28.0%。2010年以来，运输服务出口稳中有升。2012年和2013年，日本运输服务进、出口明显加快；2012年，日本运输服务出口329亿美元，比上年增长11.9%；2013年进口440亿美元，增长12.7%；逆差111亿美元。

第二，其他商业服务进、出口平衡发展。其他商业服务是日本服务贸易第二大进出口行业，2014年该行业出口和进口在日本服务贸易出口总额和进口总额中分别占有22.9%和30.7%的份额。近年来，日本的其他商业服务进、出口增长较快，已扭转20世纪90年代末下滑的局面，且出口和进口保持平衡发展。2014年，其他商业服务出口额和进口额分别为379亿美元和600亿美元，分别比上年增长43.3%和31.8%；逆差221亿美元。

第三，专有权利使用费和特许费进、出口呈上升趋势。专有权利使用费和特许费分别为日本服务贸易出口和进口的第三和第五大行业。2007年以来，专有权利使用费和特许费出口在起伏中呈上升趋势，特别是2012—2014年，始终保持较大增幅；在服务贸易出口总额中的占比也呈上升趋势。2014年，日本专有权利使用费和特许费出口375亿美元，为2007年的1.4倍。2007年以来，日本的专有权利使用费和特许费进口总体呈增长态势，在服务贸易进口总额中的占比缓慢提升，基本稳定在10%～11%。2014年，日本专有权利使用费和特许费进口212亿美元，为2007年的1.1倍，所占比重为10.9%。

第四，旅游为服务贸易第一大逆差行业。旅游为日本服务贸易第一大逆差行业，且常年呈现逆差，但近年来逆差规模呈下降之势。2007—2014年，日本旅游进、出口逆差由2 020亿美元下降至45亿美元。旅游进口出现显著下降。日本的旅游出口在2009年和2011年均出现较大幅度的下降，降幅分别为13.9%和24.5%；而进口的降幅也分别达18.4%和11.2%。

9.3.3　日本的服务贸易政策

通过对日本服务贸易政策变迁的研究发现，日本服务贸易的变迁主要经历了

“政府管制–放松限制–适度开放”的过程。

1）政府管制

1955年日本加入GATT，为了缓和贸易自由化的冲击，日本采取了一系列有效措施，在服务领域建立了政府主导型的服务贸易政策体系。如《外汇及外贸管理法》对与服务贸易有关的金融服务（如外汇）的管制与支付，证券债券以及商业性服务中的不动产服务等做了规定。

2）放松限制

20世纪70年代中期开始到80年代末，日本推行“贸易和投资自由化”政策。在这一阶段，日本对已有的服务贸易政策进行了一些调整与修改，主要是为了适应国内货物贸易蓬勃发展的需要。在遭受两次“石油危机”冲击后，日本开始将放松限制作为政府的一项重要任务正式提出。20世纪90年代“泡沫经济”崩溃之后，政府开始改善服务业出口结构并调整服务贸易政策，但是日本服务业自由化进程仍然十分缓慢。

3）适度开放

20世纪90年代中期以后，日本经济依然低迷，政府开始加快规制改革步伐。1997年亚洲金融危机后，日本政府宣布了一系列旨在减少服务业规制壁垒以及加强金融市场稳定性的措施，涉及电信、国内航空改革、证券市场自由化、土地使用配置的调整和金融市场稳定等方面。

【专栏9-1】　　新时期日本服务贸易政策的变化

随着世界经济全球化趋势日益加强，服务贸易在国际贸易领域中的竞争占据越来越重要的位置，日本以振兴服务贸易为目标，对传统的贸易政策进行了重大变革，积极探索双边自由贸易的可能性，以便在新的国际贸易格局中维护日本的利益份额。

首先，日本希望凭借世界最大债权国的实力，主导亚洲地区的金融市场。在亚洲金融危机后各国金融体系十分脆弱的情况下，通过充当“最后贷款人”的角色，扩大日本金融大国的影响力。日本经济虽经历了10年的衰退，但其经济实力在亚洲地区还占据首位。因此，日本希望在亚洲的金融服务贸易领域发挥主导作用，使日本的地位与其世界最大债权国、亚洲唯一的发达工业国集团成员国的身份相吻合。因此，在金融危机后不久，日本政府发起了一轮又一轮的金融改革攻势，一是组建、落实亚洲货币基金；二是发展金融服务业依赖的信息技术，签订《电子东盟协议》，借以扩大其在金融服务领域的影响力，并由此带动国内产业结构调整和金融体制改革，其贸易政策也发生了历史性转变。

日本还希望通过建立亚洲货币基金援助遭受危机打击的亚洲国家，扩大日本的影响力，并在此基础上由日本主导培育亚洲资本市场，缩小与欧美资本市场的巨大差距，但亚洲货币基金构想的实际作为与日本的希望存在很大差距。因此，日本积极利用与新加坡协商金融合作的机会，共同设立基金，弥补亚洲货币基金的欠缺。同时，还招募美国的基金进行投资，以便使其共同投资的构想具体化，同时也推动亚洲货币基金发挥作用。

其次，尽力提高日元作为国际货币的地位。日本财务省组建了日元国际推进委员会，召集政府官员、国内外产业界精英和学术界人士讨论日元国际化的可能性，以提高日元的使用率和非居民的持有率，积极推动以日元为核心货币的货币汇率政策。在2001年1月召开的神户亚欧财长会议上，日本财务省再次重申了日本政府的上述观点。

再次，积极倡导作为服务贸易基础的通信技术的发展。信息技术方面，在日本的推动下，2000年11月24日闭幕的东盟首脑会议签订了《电子东盟协议》，该协议的目的在于振兴东亚区域内的信息技术。该协议规定要在2005年之前，撤销与信息技术即IT技术有关产品的区域内关税，并在最早加入东盟的6个成员国中撤销非关税壁垒。

最后，强调双边自由化贸易政策。日本要形成其服务贸易领域的优势地位，最具可行性的途径是首先在亚洲区域内发挥更大的影响力。根据WTO事务局统计，到2007年年底，世界上已签订的区域贸易协定近300个，但亚洲的贸易一体化组织占世界贸易额的比重却很小，尽管亚洲有中国、日本、韩国、中国台湾地区和中国香港地区等位居世界前列的贸易区，但贸易一体化程度却并不发达。同时，随着世界经济的发展，亚洲国家或经济体与日本的差距逐步缩小，就不同地区对日本的进口额看，1990年东亚仅占26%，1998年上升到34%，2007年进一步上升为40%左右。而同期来自美国和欧盟的进口额分别在20.4%和14%的水平上徘徊。因此，日本认为固守多边贸易自由化是不明智的，如果日本能够首先在亚洲地区分别签订双边自由贸易合作协定，那么其不仅能获得更大的贸易利益，而且还可以利用在亚洲的地位逐步形成其在服务贸易领域的优势。在日本的积极推动和多方协调下，签订双边自由贸易协定或建立自由贸易区的热潮在亚洲兴起。2000年11月下旬，在新加坡召开的东盟10国及中国、日本、韩国的首脑会议上，东盟提议并就建立包括东盟10国和中、日、韩在内的“东亚自由贸易区”达成了协议。

资料来源：刘东升. 国际服务贸易概论［M］. 北京：北京大学出版社，2009.

9.3.4　日本的服务贸易壁垒

近年来，日本一方面对服务贸易领域的管理进行改革，积极倡导贸易自由化政策，放宽进出口限制，改善服务贸易准入环境；另一方面又在某些行业设置服务贸易壁垒，影响服务贸易进口的发展。具体表现如下：

1）运输服务

首先，外方代表或外方表决权占1/3以上的公司，在利用船舶或者航空器从事国际货物运输时，适用不同于日本人或日本法人的许可制度。如在航空运输方面，外方或外方表决权占1/3以上的公司拥有的飞行器不能在日本国内注册。其次，在现行港运体制中，外国船公司只能租用码头，无权经营码头的装卸业务，这给外国船公司的经营设置了障碍。另外，日本港运协会规定，根据事前协议制度，船公司在新开航线、增加停靠港和更换船名时需向该协会提出申请，协会接到申请后与中央及地方的码头工会进行事前协议。这导致日本港口装卸费较高，且外国航运公司无法自由选择服务水平较高、费用相对较低的装卸公司。最后，外资货运代理公司签发提单问题。如日本对中方独资的货运代理公司适用对等原则，即如果中国政府不批准日本在华独资货运代理公司签发提单，则日本亦不同意中国独资公司签发提单。

2）金融服务

日本金融检查制度在实际运用中有时也会对外资金融企业造成实质上的影响。日本对外资银行加入日本国债托管和清算系统会员资格规定了不合理的限制，中资银行反映加入此系统需要加大中资银行对日本国债的投资。日本政府在信托管理服务领域存在非审慎性措施，如规定投资信托管理服务必须由在日本注册的法人机构提供，外资银行的分支机构吸收的存款纳入日本存款保险的覆盖范围内。

3）建筑与工程服务

日本的《出入境管理法》规定：禁止单纯劳务进入日本市场，只允许中标的外国建筑公司的管理、技术人员赴日。此类规定使外方难以运作和管理，只能转包给日本建筑商。由于日本劳动力成本昂贵，日本分包商报价很高，这使得外国中标者成本核算严重恶化，最后只能被迫退标。

9.4 德国的国际服务贸易

德国服务业非常发达，据联邦统计局数据，2014年德国第一、二、三产业占GDP的比重分别为0.7%、25.7%和73.6%。由于国内服务业有良好的基础，因此带动了服务贸易的发展。其服务贸易处于全球领先地位，服务贸易占对外贸易总额（货物贸易+服务贸易）比例高于其他发达经济体，2014年为18.42%。据世界银行统计数字，2002年以来，德国服务贸易金额呈稳步增长趋势，贸易额占GDP的比重从2002年的12.28%增至2014年的15.76%。

9.4.1 德国服务贸易管理体制

德国联邦政府交通部、财政部、教育部、健康部、经济能源部等部门，分别为交通、运输、金融、保险、证券、教育、医疗卫生和社会服务等服务行业的发展提供指导和帮助。其次是通过行业组织对服务贸易进行管理。德国政府资助的机构或者行业组织对服务贸易的协调与管理也很重要。各行业协会、市场研究协会、管理咨询协会等，负责提供相关领域的专业服务。

1）联邦各部门

联邦层面，交通运输方面的主管部门是联邦交通部，金融、保险、证券方面是财政部，教育方面是教育部，医疗卫生与社会服务方面是卫生部，其余则基本划归经济能源部管理。

联邦经济能源部所辖第五司，也就是“对外经济政策司”，下设“贸易政策、服务业、知识产权特别问题处”。该处对服务贸易方面的部分职权是：收集全德服贸信息，全面掌握德国服贸情况，协调政府各部门和经济部内部在服贸领域的政策和促进措施，代表德政府在欧盟和世贸组织内参与谈判和协商，负责德服贸的统计和信息发布。

联邦经济能源部下设的德国联邦外贸与投资署（Germany Trade& Invest）具体负责服贸发展促进工作，该机构是德国促进外贸和在德投资的官方机构，其主要职责是：在海外推广德国作为经济与技术投资地的优势；为德企提供海外市场信息；为有意在德投资的外企提供信息和咨询，其为德企所提供的海外市场信息包括主要市场与行业分析、经济与税法信息、海关与关税条例、国际项目、招标和商业联系、实用商业建议等。

除上述机构外，同服务贸易相关的政府机构还有：联邦经济能源部下设的联邦经济与出口管理局（BAFA）、德国国际合作有限公司（GIZ）等机构负责服贸促进项目实施工作。

2）行业协会

德国的各个行业几乎都有自己的协会组织，尤其是商业领域、服务业领域。其注册的协会对行业的发展、法律法规的制定以及促进内外交流、提供信息等方面都发挥着重要的作用。与服务业相关的主要协会有：

（1）德国工商总会（DIHK）。德国工商总会是德重要的经济团体之一。其主要任务是维护工商业主的整体利益，促进工商业经济的全面发展。其主要职能是：与联邦政府和联邦议会及欧盟等国际组织保持联系，通过对重要经济和法律政策表态，参与和影响德经济政策的形成和制定；通过建议、鉴定和报告等形式向有关部门和企业提供咨询和帮助，并举办各种研讨会，交流信息；负责制定职业学校的教学大纲和考核标准，并对学徒进行考试和颁发技能证书；提供设立驻外商会或代表处，促进对外经济合作与交流。德国工商总会为向德国中小型企业开拓世界市场提供统一的世界范围的服务，其服务内容包括咨询、广泛范围的地址搜索、关于各有关国家的详细信息、联系安排与当地政经界的接触，以及为企业提供详尽的市场分析、销售与法律咨询、重要的博览会展览会活动概况等。

（2）德国贸易展览协会（AUMA）。该协会系德国展览业界的代表性组织，其成员包括展览组织、观众协会和展览会公司。其主要任务是：向国内外对德国展览会感兴趣的个人或团体提供信息和咨询服务、维护展览业界的利益、推广德国各展会的项目、提高展览市场的透明度、代表官方参与海外展会等。AUMA拥有广泛的展览信息和来自各方面的对展览业的支持，出版多种刊物，同时还对个体参展商在选择展览项目方面提供咨询。

除此之外，还有德国外贸批发商协会（BGA），德国零售业外贸协会（AVE），德国直销联合会（HDE），德国联邦采购与物流协会（BME），德国信息经济、通信与新媒体协会（BITCOM）等众多协会组织，它们在德国经济生活（包括服务贸易领域）中发挥着不可替代的作用。

9.4.2 德国服务贸易相关立法情况

德国政府在联邦一级和州一级法律的基础上，编制《电信法》《建筑法》《招投标法》《银行法》《保险法》《多媒体法》等行业性法律法规，为服务业发展提供公平、规范的法律环境。德国政府还通过了《电信服务数据保护法》，并根据发展信息和通信服务的需要对《刑法》法典、《传播危害青少年文字法》、《著作权法》和《报价法》等做了必要的修改和补充。为适应欧盟统计要求，德国于2000年12月颁布了《服务业统计法》，并于2001年开始对上个报告年度进行了首次服务业结构年度统计调查。2002年8月，德国又颁布了《特定服务业景气统计法令》，规定自2003年第一季度起，开始实施特定服务业季度统计调查，进一步完善了德国服务业统计，为更好地掌握德国服务业的经济实力、结构特征和发展状况提供了可靠依据。每一部法律或法规都对行业的运作和行为做出了严格的规定。服务行业的立法工作，由所涉行业主管部门负责收集信息、征询相关行业商协会意见、提交法案，交由立法机构经过立法程序变成正式法律付诸实施。

9.4.3 德国服务贸易的重点发展领域

1）信息与通信技术

德国是欧盟第一大经济体，其信息与通信技术（ICT）产业起步早，发展快。就其销售规模、产业范围、成长潜力、研究实力和员工素质而言，该产业在欧洲都位居第一，约占欧洲20%的市场份额，是欧盟最大的信息通信产品与服务出口国。德国还是欧洲软件业中心，占欧洲市场的24.5%，无论客户群还是生产商规模都居欧盟国家之首。在世界市场上，其ICT产业位居第四，约占全球总份额的5.5%。据德国信息通信和新媒体协会（BITKOM）估计，2014年德ICT行业产值（包括设备及服务）为1 550亿欧元，同比增长1.5%；相关企业9.1万家，从业人员约100万人。

2）旅游服务

旅游业在工业欠发达和远离工业和服务业中心区的地区是重要的收入来源，它对创造就业、保持和促进地方经济实力有很大作用。从中获益的不仅是当地旅店业，还有零售业和各种服务行业。2014年，旅游业从业人员为490万，占德国就业总人数的12%。2014年，在德国共有4.24亿次旅店过夜住宿，住宿者为国内外客人，创历史新高，同比增长3%，其中，国内客人住宿同比增加2.5%，达3.484亿次，国外客人住宿次数为7 558万次，同比增加5.1%。

3）运输、物流服务

据德国联邦统计局公布的数字，2014年“运输和仓储”业从业人员为210万人，同比增加2.1%。德国是欧洲最大的经济体，也是欧洲最大的物流中心。由于地处欧洲中心，拥有1.25万千米高速公路，4万千米铁路和0.745万千米水上运输线路，可为整个欧洲5亿多人口提供物流服务，其中一半能做到隔夜送到。

9.4.4　德国服务贸易促进及便利化措施

德国服务贸易发达，是继美英之后全球服务贸易第三大出口国。德国政府对服务贸易采取了多种发展促进政策及便利化措施，主要体现为促进、扶持本国服务业发展并积极拓展海外市场，同时对关键行业和领域采取一定的保护措施。

1）财政支持

为提高服务业的竞争力，德国政府每年都要从联邦财政中拨款加大对服务业的投入。财政拨款主要用于新产品研发、市场营销（包括开辟海外市场、举办各种推介活动、建立业务联系等）、提高产品质量等方面。一些具体项目和措施包括：

（1）促进企业国际化。为帮助企业开拓国际市场，德国联邦经济部自2010年起针对知识密集型中小企业推出“国际化”促进措施。来自电信、数据处理和建立数据库、传媒服务、法律、经济、税务、企业咨询、广告、工程、建筑、设计服务、行业培训和进修等领域的企业，在举办信息推介、市场营销、经营管理培训等活动时，可获得政府资金补助。德国联邦经济部委托德国联邦经济与出口控制局负责这类项目的实施。

（2）促进研发、革新。德国推出的一系列促进研发和革新的措施同样适用于服务行业。比如2006年8月启动的“高科技战略”，统一协调包括教育研究、经济、卫生和环境等领域的科研政策，使科技创新能够更好地转化为生产力。再如中小企业创新核心项目（ZIM），为中小企业和企业与科研机构间合作开展科研创新项目提供资助，科研内容不受技术领域限制。此外德国政府还不定期地推出其他一些鼓励中小企业研发的措施，如中小企业创新项目（KMU-innovativ）、研发津贴和促进创新管理项目等。

2）加快服务业标准化建设

为推动德国服务业拓展国际市场，促进德服务出口，德国政府于2009年在德国工业标准（DIN）框架内成立服务业标准委员会（NADL），负责对企业和终端客户的服务标准制定等做一些基础性工作。德国联邦经济部作为该机构咨询委员会成员，协同配合其相关事务。同年还成立了服务业协调机构（KDL）专业委员会，其职责是：作为中心机构，对德国工业标准框架内服务业领域与标准化相关的所有活动进行整合、系统化和协调统一。服务业标准化相关议题包括：教育服务、革新管理、房地产经纪服务、工程学服务、评级服务、中医、旅游业等。

3）金融、咨询类一般对外贸易促进政策，也同样适用于服务贸易

这类促进政策主要包括：实行优惠税率或免税，给予出口津贴、发放出口信贷、建立国家担保出口的贷款制度，以及对遭遇风险的出口商给予补偿等。此外，德国政府还通过建立外贸服务机构，提供贸易咨询服务等方式来促进服务贸易的发展。

4）对本国服务贸易采取一定保护措施

德国政府为保护本国市场的稳定和国内企业的利益，采取限制国外投资者进入

和促进本国企业拓展海外市场并行的政策措施。通过制定审计、会计、税务咨询等专项法律设立较高的准入门槛限制外国投资者的进入，如对于投资于毒物品和某些批发零售业等特殊行业的外来投资者设立特殊的审批程序。

5）外汇管制

德国自1958年起实行货币自由兑换制，因而不存在任何形式的外汇管制。企业和个人可以自由持有和买卖外汇。政府对企业或个人的外汇汇出也没有限制，企业或个人可通过银行将其账上的存款汇出德国，但超过12 500欧元的汇款（进出口业务除外），负责汇款的银行必须向州银行申报，并说明汇款理由。

6）人员流动

金融危机给德国经济带来较大的影响，对各个行业产生了不同程度的冲击，加剧了就业市场的严峻形势。为了应对金融危机，同时解决本国长期以来高层次、高学历专业人才匮乏的难题，德国政府加快了引进外来人才的步伐。2008年年底，德国政府通过了“工作移民行动项目”新政策，对外国精英人才更加敞开怀抱。享受特别优惠的首先是来自欧盟9个新成员国的大学毕业生，自2009年1月1日起，德国就业市场向他们全面开放，无须审核这个工作岗位是否应优先考虑接纳具备同等条件的德国籍公民。而对于来自非欧盟国家的经营人才，德国则努力降低门槛，放宽到达德国后第一年年薪要求等政策，以期吸引更多的外国精英到德国就业。

● 本章小结

1.美国是当今世界上最大的服务贸易国家，也是服务贸易自由化的积极推行者。美国政府在市场准入方面的立场总的来说是开放的，但是一些部门仍然存在严格的市场准入和经营业务限制，对外国经营者形成不公平竞争，这集中表现在金融、海运和空运等领域。

2.欧盟的服务业竞争力极强，许多行业的出口都占据世界首位。由于欧盟成员国之间的服务贸易大于它与集团外国家的服务贸易，因此欧盟首先致力于内部服务贸易自由化。为了确保在国际服务贸易中的地位、获得更多的经济利益，欧盟积极推行全球服务贸易自由化。对于不具有优势的服务行业，尤其是相对于美国等发达国家不具有优势的行业，欧盟仍实行或明或暗的保护，甚至列入市场准入和国民待遇例外之列。

3.日本服务贸易的变迁主要经历了“政府管制-放松限制-适度开放”的过程。近年来，日本一方面对服务贸易领域的管理进行改革，积极倡导贸易自由化政策，放宽进出口限制，改善服务贸易准入环境；另一方面又在某些行业设置服务贸易壁垒，影响服务贸易进口的发展。

4.德国服务业非常发达，其服务贸易处于全球领先地位。德国服务贸易管理体制和立法制度比较完善，德国政府对服务贸易采取了多种发展促进政策及便利化措施，主要体现为促进、扶持本国服务业发展并积极拓展海外市场，同时对关键行业和领域采取一定保护措施。

● 扩展阅读

1.世界贸易组织每年发布《世界贸易报告》(World Trade Report)，按地区和国家对上一年度的世界服务贸易进行总结分析，可以在世界贸易组织网站（http://www.wto.org）免费下载。

2.世界贸易组织每年发布《国际贸易统计》(International Trade Statistics)，包括上一年度世界服务贸易发展总体概况和主要国家的各类服务贸易的统计数据，可以在世界贸易组织网站免费下载。

3.商务部中国服务贸易指南网（www.tradeservice.mofcom.gov.cn）按国别和地区分服务贸易项目对世界主要国家和地区进行服务贸易数据的统计，在此网站可以免费下载包括中国在内的许多国家的服务贸易行业状况。

4.刘绍坚. 服务贸易在中国的发展——新世纪首都经济的增长级［M］. 北京：同心出版社，2005.

5.中华人民共和国商务部. 中国服务贸易发展报告［EB/OL］.［2018-05-18］. http://www.mofcom.gov.cn/.

● 基本概念

市场准入　服务贸易自由化　服务贸易壁垒

● 复习思考题

1.试析美国服务贸易的市场准入规则及其服务贸易壁垒。

2.试析欧盟的服务贸易政策及其服务贸易壁垒。

3.简析日本服务贸易的特点及其服务贸易政策。

4.评述德国的服务贸易促进及便利化措施。

主要参考文献

[1] 井原哲夫. 服务经济学 [M]. 李桂山，等，译. 北京：中国展望出版社，1986.

[2] 富克斯. 服务经济学 [M]. 许微云，等，译. 北京：商务印书馆，1987.

[3] 格鲁伯，沃克. 服务业的增长、原因与影响 [M]. 陈彪如，译. 上海：上海三联书店，1993.

[4] 谢康. 国际服务贸易 [M]. 广州：中山大学出版社，1998.

[5] 韩玉军. 国际服务贸易——理论模型与实证分析 [M]. 青岛：青岛海洋大学出版社，1999.

[6] 陈宪，程大中. 国际服务贸易中的政府行为 [J]. 国际贸易问题，1999 (12).

[7] 顾经仪，侯放. WTO法律规则与中国服务贸易 [M]. 上海：上海财经大学出版社，2000.

[8] 黄少军. 服务业与经济增长 [M]. 北京：经济科学出版社，2000.

[9] 黄胜强. 国际服务贸易多边规则利弊分析 [M]. 北京：中国社会科学出版社，2000.

[10] 华而诚. 论服务业在国民经济发展中的战略性地位 [J]. 经济研究，2001 (12).

[11] 张汉林. 国际服务贸易 [M]. 北京：中国对外经济贸易出版社，2002.

[12] 卢进勇，等. 国际服务贸易与跨国公司 [M]. 北京：对外经济贸易大学出版社，2002.

[13] 王粤. 服务贸易——自由化与竞争力 [M]. 北京：中国人民大学出版社，2002.

[14] 波特. 国家竞争优势 [M]. 李明轩，邱如美，译.北京：华夏出版社，2002.

[15] 戈莫里，鲍莫尔. 全球贸易和国家利益冲突 [M]. 文爽，乔羽，译. 北京：中信出版社，2003.

[16] 叶全良，王世春. 国际商务与服务贸易 [M]. 北京：人民出版社，2005.

[17] 尹翔硕，等. APEC的服务贸易发展 [M]. 天津：南开大学出版社，2005.

[18] 申朴. 服务贸易中的动态比较优势研究 [M]. 上海：复旦大学出版社，2005.

[19] 邓力平，陈贺菁. 国际服务贸易理论与实践 [M]. 北京：高等教育出版社，2005.

[20] 王绍媛. 中国服务贸易竞争力分析——基于进出口数据的指标分析 [J].

世界经济与政治论坛，2005（1）.

［21］王绍媛. 国际服务贸易与海关监管制度的关系辨析［J］. 东北财经大学学报，2005（3）.

［22］李国安. WTO服务贸易多边规则［M］. 北京：北京大学出版社，2006.

［23］刘绍坚. 服务贸易在中国的发展［M］. 北京：同心出版社，2006.

［24］王绍媛. 中国－东盟服务贸易自由化研究［R］. 辽宁省教育厅人文社科研究项目（2005151），2006.

［25］李慧中，程大中. 国际服务贸易［M］. 北京：高等教育出版社，2007.

［26］汪素芹. 国际服务贸易［M］. 北京：机械工业出版社，2007.

［27］陈宪，程大中. 国际服务贸易［M］. 2版.上海：立信会计出版社，2008.

［28］冯宗宪，郭根龙. 国际服务贸易［M］. 西安：西安交通大学出版社，2008.

［29］黄建忠，刘莉. 国际服务贸易教程［M］. 北京：对外经济贸易大学出版社，2008.

［30］裴长洪，彭磊. 中国服务业与服务贸易［M］. 北京：社会科学文献出版社，2008.

［31］王绍媛. 国际服务贸易自由化理论与规则［M］. 大连：大连理工大学出版社，2008.

［32］何德旭，夏杰长. 服务经济学［M］. 北京：中国社会科学出版社，2009.

［33］刘东升. 国际服务贸易概论［M］. 北京：北京大学出版社，2009.

［34］吕世平，等. 国际服务贸易竞争论［M］. 北京：中国金融出版社，2009.

［35］沈大勇，金孝柏. 国际服务贸易：研究文献综述［M］. 北京：人民出版社，2010.

［36］王绍媛. 服务贸易对中国经济增长的贡献分析［J］. 国际经贸探索，2010（5）.

［37］藤田昌久，克鲁格曼，维纳布尔斯. 空间经济学：城市、区域与国际贸易［M］. 梁琦，等，译. 北京：中国人民大学出版社，2011.

［38］马图，等. 国际服务贸易手册［M］. 陈宪，译. 上海：格致出版社，2012.

［39］黄益平，何帆，张永生. 中国对外直接投资研究［M］. 北京：北京大学出版社，2013。

［40］汪小娟，等. 服务经济：理论演进与产业分析［M］. 北京：人民出版社，2014.

［41］王绍媛. 服务贸易协定谈判基本特征分析［J］. 国际贸易，2014（4）.

［42］王灵桂. 国外智库看TPP［M］. 北京：社会科学文献出版社，2015.
［43］赵瑾. 国际服务贸易政策研究［M］. 北京：中国社会科学出版社，2015.
［44］丛连，郭苏文.中国服务贸易壁垒的测度与贸易自由化［M］. 成都：电子科技大学出版社，2016.
［45］石良平，沈桂龙. 中国服务业扩大开放与服务贸易发展［M］. 上海：上海交通大学出版社，2016.
［46］张晗. 跨太平洋伙伴关系协定与中国：贸易与投资［M］. 北京：对外经济贸易大学出版社，2016.
［47］樊纲，许永发. 中国对外直接投资战略：机制与挑战［M］. 北京：中国经济出版社，2017.
［48］唐宜红，等. 全球贸易与投资政策研究报告（2016）：国际贸易与投资新规则的重构［M］. 北京：人民出版社，2017.
［49］宁吉喆. 新常态下的服务业：理论与实践［M］. 北京：中国统计出版社，2017.
［50］国际贸易》《国际贸易问题》《世界经济》等期刊杂志的相关文章。
［51］商务部、国研网、国际经济组织等网站的相关文章。

附录　服务贸易总协定

各成员：

认识到服务贸易对世界经济增长和发展日益增加的重要性；

希望建立一个服务贸易原则和规则的多边框架，以期在透明和逐步自由化的条件下扩大此类贸易，并以此为手段促进所有贸易伙伴的经济增长和发展中国家的发展；

期望在给予国家政策目标应有尊重的同时，通过连续回合的多边谈判，在互利基础上促进所有参加方的利益，并保证权利和义务的总体平衡，以便早日实现服务贸易自由化水平的逐步提高；

认识到各成员为实现国家政策目标，有权对其领土内的服务提供进行管理和采用新的法规，同时认识到由于不同国家服务法规发展程度方面存在的不平衡，发展中国家特别需要行使此权利；

期望便利发展中国家更多地参与服务贸易和扩大服务出口，特别是通过增强其国内服务能力、效率和竞争力；

特别考虑到最不发达国家由于特殊的经济状况及其在发展、贸易和财政方面的需要而存在的严重困难。

特此协议如下：

第一部分　范围和定义

第1条　范围和定义

1.本协定适用于各成员影响服务贸易的措施。

2.就本协定而言，服务贸易定义为：

(a) 自一成员领土向任何其他成员领土提供服务；

(b) 在一成员领土内向任何其他成员的服务消费者提供服务；

(c) 一成员的服务提供者通过在任何其他成员领土内的商业存在提供服务；

(d) 一成员的服务提供者通过在任何其他成员领土内的自然人存在提供服务。

3.就本协定而言：

(a)“成员的措施”指：

(Ⅰ) 中央、地区或地方政府和主管机关所采取的措施；及

(Ⅱ) 由中央、地区或地方政府或主管机关授权行使权力的非政府机构所采取的措施。

在履行本协定项下的义务和承诺时，每一成员应采取其所能采取的合理措施，

以保证其领土内的地区、地方政府和主管机关以及非政府机构遵守这些义务和承诺。

(b)“服务”包括任何部门的任何服务，但在行使政府职权时提供的服务除外。

(c)“行使政府职权时提供的服务”指既不依据商业基础提供，也不与一个或多个服务提供者竞争的任何服务。

第二部分　一般义务和纪律

第2条　最惠国待遇

1.关于本协定涵盖的任何措施，每一成员对于任何其他成员的服务和服务提供者，应立即和无条件地给予不低于其给予任何其他国家同类服务和服务提供者的待遇。

2.一成员可维持与第1款不一致的措施，只要该措施已列入《关于第2条豁免的附件》，并符合该附件中的条件。

3.本协定的规定不得解释为阻止任何成员对相邻国家授予或给予优惠，以便利仅限于毗连边境地区的当地生产和消费的服务的交换。

第3条　透明度

1.除紧急情况外，每一成员应迅速公布有关或影响本协定运用的所有普遍适用的措施，最迟应在此类措施生效之时。一成员为签署方的有关或影响服务贸易的国际协定也应予以公布。

2.如第1款所指的公布不可行，则应以其他方式使此类信息可公开获得。

3.每一成员应迅速并至少每年向服务贸易理事会通知对本协定项下具体承诺所涵盖的服务贸易有重大影响的任何新的法律、法规、行政准则或现有法律、法规、行政准则的任何变更。

4.每一成员对于任何其他成员关于提供属第1款范围内的任何普遍适用的措施或国际协定的具体信息的所有请求应迅速予以答复。每一成员还应设立一个或多个咨询点，以应请求就所有此类事项和需遵守第3款中的通知要求的事项向其他成员提供具体信息。此类咨询点应在《建立世界贸易组织协定》(本协定中称“《WTO协定》”)生效之日起2年内设立。对于个别发展中国家成员，可同意在设立咨询点的时限方面给予它们适当的灵活性。咨询点不必是法律和法规的保存机关。

5.任何成员可将其认为影响本协定运用的、任何其他成员采取的任何措施通知服务贸易理事会。

第3条之二　机密信息的披露

本协定的任何规定不得要求任何成员提供一经披露即妨碍执法或违背公共利益或损害特定公私企业合法商业利益的机密信息。

第4条　发展中国家的更多参与

1.不同成员应按照本协定第三部分和第四部分的规定，通过谈判达成有关以下内容的具体承诺，以便利发展中国家成员更多地参与世界贸易：

（a）增强其国内服务能力、效率和竞争力，特别是通过在商业基础上获得技术；

（b）改善其进入分销渠道和利用信息网络的机会；以及

（c）在对其有出口利益的部门和服务提供方式实现市场准入自由化。

2.发达国家成员和在可能的限度内的其他成员，应在《WTO协定》生效之日起2年内设立联络点，以便利发展中国家成员的服务提供者获得与其各自市场有关的、关于以下内容的信息：

（a）服务提供的商业和技术方面的内容；

（b）专业资格的登记、认可和获得；以及

（c）服务技术的可获性。

3.在实施第1款和第2款时，应对最不发达国家成员给予特别优先。鉴于最不发达国家的特殊经济状况及其发展、贸易和财政需要，对于它们在接受谈判达成的具体承诺方面存在的严重困难应予特殊考虑。

第5条　经济一体化

1.本协定不得阻止任何成员参加或达成在参加方之间实现服务贸易自由化的协定，只要此类协定：

（a）涵盖众多服务部门[①]，并且

（b）规定在该协定生效时或在一合理时限的基础上，对于（a）项所涵盖的部门，在参加方之间通过以下方式不实行或取消第17条意义上的实质上所有歧视：

（Ⅰ）取消现有歧视性措施，和/或

（Ⅱ）禁止新的或更多的歧视性措施，但第11条、第12条、第14条以及第14条之二下允许的措施除外。

2.在评估第1款（b）项下的条件是否得到满足时，可考虑该协定与有关国家之间更广泛的经济一体化或贸易自由化进程的关系。

3.（a）如发展中国家为第1款所指类型协定的参加方，则应依照有关国家总体和各服务部门及分部门的发展水平，在第1款所列条件方面，特别是其中（b）项所列条件方面给予灵活性。

（b）尽管有第6款的规定，但是在第1款所指类型的协定只涉及发展中国家的情况下，对此类协定参加方的自然人所拥有或控制的法人仍可给予更优惠的待遇。

4.第1款所指的任何协定应旨在便利协定参加方之间的贸易，并且与订立该协定之前的适用水平相比，对于该协定外的任何成员，不得提高相应服务部门或分部门内的服务贸易壁垒的总体水平。

5.如因第1款下的任何协定的订立、扩大或任何重大修改，一成员有意修改或撤销一具体承诺，因而与其减让表中所列条款和条件不一致，则该成员应至少提前90天通知该项修改或撤销，并应适用第21条第2款、第3款和第4款中所列程序。

---

①　此条件应根据部门数量、受影响的贸易量和提供方式进行理解。为满足此条件，协定不应规定预先排除任何服务提供方式。

6.任何其他成员的服务提供者，如属根据第1款所指协定参加方的法律所设立的法人，则有权享受该协定项下给予的待遇，只要该服务提供者在该协定的参加方领土内从事实质性商业经营。

7.（a）属第1款所指任何协定参加方的成员应迅速将任何此类协定及其任何扩大或重大修改通知服务贸易理事会。它们还应使理事会可获得其所要求的有关信息。理事会可设立工作组，以审查此类协定及其扩大或修改，并就其与本条规定的一致性问题向理事会提出报告。

（b）属第1款所指的在一时限基础上实施的任何协定参加方的成员应定期就协定的实施情况向服务贸易理事会提出报告。理事会如认为必要，可设立工作组，以审查此类报告。

（c）依据（a）项和（b）项所指的工作组的报告，理事会可向参加方提出其认为适当的建议。

8.属第1款所指的任何协定参加方的成员，不可对任何其他成员从此类协定中可能获得的贸易利益寻求补偿。

第5条之二　劳动力市场一体化协定

本协定不得阻止任何成员参加在参加方之间实现劳动力市场完全一体化①的协定，只要此类协定：

（a）对协定参加方的公民免除有关居留和工作许可的要求；

（b）通知服务贸易理事会。

第6条　国内法规

1.在已做出具体承诺的部门中，每一成员应保证所有影响服务贸易的普遍适用的措施以合理、客观和公正的方式实施。

2.（a）对每一成员应维持或尽快设立司法、仲裁或行政庭或程序，在受影响的服务提供者请求下，对影响服务贸易的行政决定迅速进行审查，并在请求被证明合理的情况下提供适当的补救。如此类程序并不独立于做出有关行政决定的机构，则该成员应保证此类程序在实际中提供客观和公正的审查。

（b）（a）项的规定不得解释为要求一成员设立与其宪法结构或其法律制度的性质不一致的法庭或程序。

3.对已做出具体承诺的服务，如提供此种服务需要得到批准，则一成员的主管机关应在根据其国内法律法规被视为完整的申请提交后一段合理时间内，将有关该申请的决定通知申请人。在申请人请求下，该成员的主管机关应提供有关申请情况的信息，不得有不当延误。

4.为保证有关资格要求和程序、技术标准和许可要求的各项措施不致构成不必要的服务贸易壁垒，服务贸易理事会应通过其可能设立的适当机构，制定任何必要的纪律。此类纪律应旨在特别保证上述要求：

① 一般情况下，此类一体化为其参加方的公民提供自由进入各参加方就业市场的权利，并包括有关工资条件及其他就业和社会福利条件的措施。

（a）依据客观的和透明的标准，例如，提供服务的能力和资格；

（b）不得比为保证服务质量所必需的限度更难以负担；

（c）如为许可程序，则这些程序本身不成为对服务提供的限制。

5.（a）在一成员已做出具体承诺的部门中，在按照第4款为这些部门制定的纪律生效之前，该成员不得以以下方式实施使此类具体承诺失效或减损的许可要求、资格要求和技术标准：

（Ⅰ）不符合第4款（a）项、（b）项或（c）项中所概述的标准的；且

（Ⅱ）在该成员就这些部门做出具体承诺时，不可能合理预期的。

（b）在确定一成员是否符合第5款（a）项下的义务时，应考虑该成员所实施的有关国际组织①的国际标准。

6.在已就专业服务做出具体承诺的部门，每一成员应规定适当程序，以核验任何其他成员专业人员的能力。

第7条　承认

1.为使服务提供者获得授权、许可或证明的标准或准则得以全部或部分实施，在遵守第3款要求的前提下，一成员可承认在特定国家已获得的教育或经历、已满足的要求，或已给予的许可或证明。此类可通过协调或其他方式实现的承认，可依据与有关国家的协定或安排，也可自动给予。

2.属第1款所指类型的协定或安排参加方的成员，无论此类协定或安排是现有的还是在将来订立，均应向其他利害关系成员提供充分的机会，以谈判加入此类协定或安排，或与其谈判类似的协定或安排。如一成员自动给予承认，则应向任何其他成员提供充分的机会，以证明在该其他成员获得的教育、经历、许可或证明以及满足的要求应得到承认。

3.一成员给予承认的方式不得构成在适用服务提供者获得授权、许可或证明的标准或准则时在各国之间进行歧视的手段，或构成对服务贸易的变相限制。

4.每一成员应：

（a）在《WTO协定》对其生效之日起12个月内，向服务贸易理事会通知其现有的承认措施，并说明此类措施是否以第1款所述类型的协定或安排为依据；

（b）在就第1款所指类型的协定或安排进行谈判之前，尽早迅速通知服务贸易理事会，以便向任何其他成员提供充分的机会，使其能够在谈判进入实质性阶段之前表明其参加谈判的兴趣；

（c）如采用新的承认措施或对现有措施进行重大修改，则迅速通知服务贸易理事会，并说明此类措施是否以第1款所指类型的协定或安排为依据。

5.只要适当，承认即应以多边议定的准则为依据。在适当的情况下，各成员应与有关政府间组织或非政府组织合作，以制定和采用关于承认的共同国际标准和准则，以及有关服务行业和职业实务的共同国际标准。

---

①　“有关国际组织”指成员资格对至少所有WTO成员的有关机构开放的国际机构。

第8条　垄断和专营服务提供者

1.每一成员应保证在其领土内的任何垄断服务提供者在有关市场提供垄断服务时，不以与其在第2条和具体承诺下的义务不一致的方式行事。

2.如一成员的垄断提供者直接或通过附属公司参与其垄断权范围之外且受该成员具体承诺约束的服务提供的竞争，则该成员应保证该提供者不滥用其垄断地位在其领土内以与此类承诺不一致的方式行事。

3.如一成员有理由认为任何其他成员的垄断服务提供者以与第1款和第2款不一致的方式行事，则在该成员的请求下，服务贸易理事会可要求设立、维持或授权该服务提供者的成员提供有关经营的具体信息。

4.在《WTO协定》生效之日后，如一成员对其具体承诺所涵盖的服务提供给予垄断权，则该成员应在所给予的垄断权预定实施前不迟于3个月通知服务贸易理事会，并应适用第21条第2款、第3款和第4款的规定。

5.如一成员在形式上或事实上（a）授权或设立少数几个服务提供者，且（b）实质性阻止这些服务提供者在其领土内相互竞争，则本条的规定应适用于此类专营服务提供者。

第9条　商业惯例

1.各成员认识到，除属第8条范围内的商业惯例外，服务提供者的某些商业惯例会抑制竞争，从而限制服务贸易。

2.在任何其他成员的请求下，每一成员应进行磋商，以期取消第1款所指的商业惯例。被请求的成员对此类请求应给予充分和积极的考虑，并应通过提供与所涉事项有关的、可公开获得的非机密信息进行合作。在遵守其国内法律并在就提出请求的成员保障其机密性达成令人满意的协议的前提下，被请求的成员还应向提出请求的成员提供其他可获得的信息。

第10条　紧急保障措施

1.应就紧急保障措施问题在非歧视原则的基础上进行多边谈判。此类谈判的结果应在不迟于《WTO协定》生效之日起3年内生效。

2.在第1款所指的谈判结果生效之前的时间内，尽管有第21条第1款的规定，但是任何成员仍可在其一具体承诺生效1年后，向服务贸易理事会通知其修改或撤销该承诺的意向；只要该成员向理事会说明该修改或撤销不能等待第21条第1款规定的3年期限期满的理由。

3.第2款的规定应在《WTO协定》生效之日起3年后停止适用。

第11条　支付和转移

1.除在第12条中设想的情况下外，一成员不得对与其具体承诺有关的经常项目交易的国际转移和支付实施限制。

2.本协定的任何规定不得影响国际货币基金组织的成员在《基金组织协定》项下的权利和义务，包括采取符合《基金组织协定》的汇兑行动，但是一成员不得对任何资本交易设置与其有关此类交易的具体承诺不一致的限制，根据第12条或在基金请求下除外。

第12条 保障国际收支的限制

1.如发生严重国际收支和对外财政困难或其威胁，一成员可对其已做出具体承诺的服务贸易，包括与此类承诺有关的交易的支付和转移，采取或维持限制。各方认识到，由于处于经济发展或经济转型过程中的成员在国际收支方面的特殊压力，可能需要使用限制措施，特别是保证维持实施其经济发展或经济转型计划所需的适当财政储备水平。

2.第1款所指的限制：

（a）不得在各成员之间造成歧视；

（b）应与《国际货币基金组织协定》相一致；

（c）应避免对任何其他成员的商业、经济和财政利益造成不必要的损害；

（d）不得超过处理第1款所指的情况所必需的限度；

（e）应是暂时的，并应随第1款列明情况的改善而逐步取消。

3.在确定此类限制的影响范围时，各成员可优先考虑对其经济或发展计划更为重要的服务提供。但是，不得为保护一特定服务部门而采取或维持此类限制。

4.根据第1款采取或维持的任何限制，或此类限制的任何变更，应迅速通知总理事会。

5.（a）实施本条规定的成员应就根据本条采取的限制迅速与国际收支限制委员会进行磋商。

（b）部长级会议应制定定期磋商的程序①，以便能够向有关成员提出其认为适当的建议。

（c）此类磋商应评估有关成员的国际收支状况和根据本条采取或维持的限制，同时特别考虑如下因素：

（Ⅰ）国际收支和对外财政困难的性质和程度；

（Ⅱ）磋商成员的外部经济和贸易环境；

（Ⅲ）其他可采取的替代纠正措施。

（d）磋商应处理任何限制与第2款一致性的问题，特别是依照第2款（e）项逐步取消限制的问题。

（e）在此类磋商中，应接受国际货币基金组织提供的与外汇、货币储备和国际收支有关的所有统计和其他事实，结论应以基金对磋商成员国际收支状况和对外财政状况的评估为依据。

6.如不属国际货币基金组织成员的一成员希望适用本条的规定，则部长级会议应制定审议程序和任何其他必要程序。

第13条 政府采购

1.第2条、第16条和第17条不得适用于管理政府机构为政府目的而购买服务

---

① 各方理解，第5款下的程序应与GATT 1994的程序相同。

的法律、法规或要求，此种购买不是为进行商业转售或为供商业销售而在提供服务过程中使用。

2.在《WTO协定》生效之日起2年内，应就本协定项下服务的政府采购问题进行多边谈判。

第14条　一般例外

在此类措施的实施不在情形类似的国家之间构成任意或不合理歧视的手段或构成对服务贸易的变相限制的前提下，本协定的任何规定不得解释为阻止任何成员采取或实施以下措施：

（a）为保护公共道德或维护公共秩序[①]所必需的措施。

（b）为保护人类、动物或植物的生命或健康所必需的措施。

（c）为使与本协定的规定不相抵触的法律或法规得到遵守所必需的措施，包括与下列内容有关的法律或法规：

（Ⅰ）防止欺骗和欺诈行为或处理服务合同违约而产生的影响；

（Ⅱ）保护与个人信息处理和传播有关的个人隐私及保护个人记录和账户的机密性；

（Ⅲ）安全。

（d）与第17条不一致的措施，只要待遇方面的差别国在保证对其他成员的服务或服务提供者公平或有效地[②]课征或收取直接税。

（e）与第2条不一致的措施，只要待遇方面的差别是约束该成员的避免双重征税的协定或任何其他国际协定或安排中关于避免双重征税的规定的结果。

第14条之二　安全例外

1.本协定的任何规定不得解释为：

（a）要求任何成员提供其认为如披露则会违背其根本安全利益的任何信息；或

（b）阻止任何成员采取其认为对保护其根本安全利益所必需的任何行动：

（Ⅰ）与直接或间接为军事机关提供给养的服务有关的行动；

（Ⅱ）与裂变和聚变物质或衍生此类物质的物质有关的行动；

（Ⅲ）在战时或国际关系中的其他紧急情况下采取的行动；或

（c）阻止任何成员为履行其在《联合国宪章》项下的维护国际和平与安全的义务而采取的任何行动。

---

① 只有在社会的某一根本利益受到真正的和足够严重的威胁时，方可援引公共秩序例外。

② 旨在保证公平或有效地课征和收取直接税的措施包括一成员根据其税收制度所采取的以下措施：
（Ⅰ）认识到非居民的纳税义务由源自或位于该成员领土内的应征税项目确定的事实，而对非居民服务提供者实施的措施；或
（Ⅱ）为保证在该成员领土内课税或征税而对非居民实施的措施；或
（Ⅲ）为防止避税或逃税而对非居民或居民实施的措施，包括监察措施；或
（Ⅳ）为保证对服务消费者课征或收取的税款来自该成员领土内的来源而对在另一成员领土内或自另一成员领土提供的服务的消费者实施的措施；或
（Ⅴ）认识到按世界范围应征税项目纳税的服务提供者与其他服务提供者之间在课税基础性质方面的差异而区分这两类服务提供者的措施；或
（Ⅵ）为保障该成员的课税基础而确定、分配或分摊居民或分支机构，或有关联的人员之间，或同一人的分支机构之间收入、利润、收益、亏损、扣除或信用的措施。
第14条（d）款和本脚注中的税收用语或概念，根据采取该措施的成员国内法律中的税收定义和概念，或相当的或类似的定义和概念确定。

2. 根据第1款（b）项和（c）项采取的措施及其终止，应尽可能充分地通知服务贸易理事会。

第15条　补贴

1. 各成员认识到，在某些情况下，补贴可对服务贸易产生扭曲作用。各成员应进行谈判，以期制定必要的多边纪律，以避免此类贸易扭曲作用。[①]谈判还应处理反补贴程序适当性的问题。此类谈判应认识到补贴在发展中国家发展计划中的作用，并考虑到各成员，特别是发展中国家成员在该领域需要灵活性。就此类谈判而言，各成员应就其向国内服务提供者提供的所有与服务贸易有关的补贴交换信息。

2. 任何成员如认为受到另一成员补贴的不利影响，则可请求与该成员就此事项进行磋商。对此类请求，应给予积极考虑。

第三部分　具体承诺

第16条　市场准入

1. 对于通过第1条确认的服务提供方式实现的市场准入，每一成员对任何其他成员的服务和服务提供者给予的待遇，不得低于其在具体承诺减让表中同意和列明的条款、限制和条件。[②]

2. 在做出市场准入承诺的部门，除非在其减让表中另有列明，否则一成员不得在其一地区或在其全部领土内维持或采取按如下定义的措施：

（a）无论以数量配额、垄断、专营服务提供者的形式，还是以经济需求测试要求的形式，限制服务提供者的数量；

（b）以数量配额或经济需求测试要求的形式限制服务交易或资产总值；

（c）以配额或经济需求测试要求的形式，限制服务业务总数或以指定数量单位表示的服务产出总量；[③]

（d）以数量配额或经济需求测试要求的形式，限制特定服务部门或服务提供者可雇用的、提供具体服务所必需且直接有关的自然人总数；

（e）限制或要求服务提供者通过特定类型的法律实体或合营企业提供服务的措施；以及

（f）以限制外国股权最高百分比或限制单个或总体外国投资总额的方式限制外国资本的参与。

第17条　国民待遇

1. 对于列入减让表的部门，在遵守其中所列任何条件和资格的前提下，每一成员在影响服务提供的所有措施方面给予任何其他成员的服务和服务提供者的待遇，

---

① 未来的工作计划应确定有关此类多边纪律的谈判如何进行及在什么时限内进行。

② 如一成员就通过第1条第2款（a）项所指的方式提供服务做出市场准入承诺，且如果资本的跨境流动是该服务本身必需的部分，则该成员由此已承诺允许此种资本跨境流动。如一成员就通过第1条第2款（c）项所指的方式提供服务做出市场准入承诺，则该成员由此已承诺允许有关的资本转移进入其领土内。

③ 第2款（c）项不涵盖一成员限制服务提供投入的措施。

不得低于其给予本国同类服务和服务提供者的待遇。[①]

2.一成员可通过对任何其他成员的服务或服务提供者给予与其本国同类服务或服务提供者的待遇形式上相同或不同的待遇，满足第5款的要求。

3.如形式上相同或不同的待遇改变竞争条件，与任何其他成员的同类服务或服务提供者相比，有利于该成员的服务或服务提供者，则此类待遇应被视为较为不利的待遇。

第18条　附加承诺

各成员可就影响服务贸易、但根据第16条或第17条不需列入减让表的措施，包括有关资格、标准或许可事项的措施，谈判承诺。此类承诺应列入一成员减让表。

第四部分　逐步自由化

第19条　具体承诺的谈判

1.为推行本协定的目标，各成员应不迟于《WTO协定》生效之日起5年开始并在此后定期进行连续回合的谈判，以期逐步实现更高的自由化水平。此类谈判应针对减少或取消各种措施对服务贸易的不利影响，以此作为提供有效市场准入的手段。此进程的进行应旨在在互利的基础上促进所有参加方的利益，并保证权利和义务的总体平衡。

2.自由化进程的进行应适当尊重各成员的国家政策目标及其总体和各部门的发展水平。个别发展中国家成员应有适当的灵活性，以开放较少的部门，放开较少类型的交易，以符合其发展状况的方式逐步扩大市场准入，并在允许外国服务提供者进入其市场时，对此类准入附加旨在实现第4条所指目标的条件。

3.对于每一回合，应制定谈判准则和程序。就制定此类准则而言，服务贸易理事会应参照本协定的目标，包括第4条第1款所列目标，对服务贸易进行总体的和逐部门的评估。谈判准则应为处理各成员自以往谈判以来自主采取的自由化和在第4条第3款下给予最不发达国家成员的特殊待遇制定模式。

4.各谈判回合均应通过旨在提高各成员在本协定项下所作具体承诺总体水平的双边、诸边或多边谈判，推进逐步自由化的进程。

第20条　具体承诺减让表

1.每一成员应在减让表中列出其根据本协定第三部分做出的具体承诺。对于做出此类承诺的部门，每一减让表应列明：

（a）市场准入的条款、限制和条件；

（b）国民待遇的条件和资格；

（c）与附加承诺有关的承诺；

（d）在适当时，实施此类承诺的时限；以及

---

① 根据本条承担的具体承诺不得解释为要求任何成员对由于有关服务或服务提供者的外国特性而产生的任何固有的竞争劣势做出补偿。

（e）此类承诺生效的日期。

2.与第16条和第17条不一致的措施应列入与第16条有关的栏目。在这种情况下，所列内容将被视为也对第17条规定了条件或资格。

3.具体承诺减让表应附在本协定之后，并应成为本协定的组成部分。

第21条　减让表的修改

1.（a）一成员（本条中称"修改成员"）可依照本条的规定，在减让表中任何承诺生效之日起3年期满后的任何时间修改或撤销该承诺。

（b）修改成员应将其根据本条修改或撤销一承诺的意向，在不迟于实施修改或撤销的预定日期前3个月通知服务贸易理事会。

2.（a）在本协定项下的利益可能受到根据第1款（b）项通知的拟议修改或撤销影响的任何成员（本条中称"受影响成员"）请求下，修改成员应进行谈判，以期就任何必要的补偿性调整达成协议。在此类谈判和协定中，有关成员应努力维持互利承诺的总体水平，使其不低于在此类谈判之前具体承诺减让表中规定的对贸易的有利水平。

（b）补偿性调整应在最惠国待遇基础上做出。

3.（a）如修改成员和任何受影响成员未在规定的谈判期限结束之前达成协议，则此类受影响成员可将该事项提交仲裁。任何希望行使其可能享有的补偿权的受影响成员必须参加仲裁。

（b）如无受影响成员请求仲裁，则修改成员有权实施拟议的修改或撤销。

4.（a）修改成员在做出符合仲裁结果的补偿性调整之前，不可修改或撤销其承诺。

（b）如修改成员实施其拟议的修改或撤销而未遵守仲裁结果，则任何参加仲裁的受影响成员可修改或撤销符合这些结果的实质相等的利益。尽管有第2条的规定，但是此类修改或撤销可只对修改成员实施。

5.服务贸易理事会应为更正或修改减让表制定程序。根据本条修改或撤销承诺的任何成员应根据此类程序修改其减让表。

第五部分　机构条款

第22条　磋商

1.每一成员应对任何其他成员可能提出的、关于就影响本协定运用的任何事项的交涉所进行的磋商给予积极考虑，并提供充分的机会。《争端解决谅解》（DSU）应适用于此类磋商。

2.在一成员请求下，服务贸易理事会或争端解决机构（DSB）可就其通过根据第1款进行的磋商未能找到满意解决办法的任何事项与任何一个或多个成员进行磋商。

3.一成员不得根据本条或第23条，对另一成员属它们之间达成的与避免双重征税有关的国际协定范围的措施援引第17条。在各成员不能就一措施是否属它们之间的此类协定范围达成一致的情况下，应允许两成员中任一成员将该事项提交服务贸易理事会。[①]理事会应将该事项提交仲裁。仲裁人的裁决应为最终的，并对各成员具有约束力。

第23条　争端解决和执行

1.如任何成员认为任何其他成员未能履行本协定项下的义务或具体承诺，则该成员为就该事项达成双方满意的解决办法可援用DSU。

2.如DSB认为情况足够严重有理由采取此类行动，则可授权一个或多个成员依照DSU第22条对任何其他一个或多个成员中止义务和具体承诺的实施。

3.如任何成员认为其根据另一成员在本协定第三部分下的具体承诺可合理预期获得的任何利益，由于实施与本协定规定并无抵触的任何措施而丧失或减损，则可援用DSU。如DSB确定该措施使此种利益丧失或减损，则受影响的成员有权依据第21条第2款要求做出双方满意的调整，其中可包括修改或撤销该措施。如在有关成员之间不能达成协议，则应适用DSU第22条。

第24条　服务贸易理事会

1.服务贸易理事会应履行对其指定的职能，以便利本协定的运用，并促进其目标的实现。理事会可设立其认为对有效履行其职能适当的附属机构。

2.理事会及其附属机构应开放供所有成员的代表参加，除非理事会另有决定。

3.理事会主席应由各成员选举产生。

第25条　技术合作

1.需要此类援助的成员的服务提供者应可使用第4条第2款所指的咨询点的服务。

2.给予发展中国家的技术援助应在多边一级由秘书处提供，并由服务贸易理事会决定。

第26条　与其他国际组织的关系

总理事会应就与联合国及其专门机构及其他与服务有关的政府间组织进行磋商和合作做出适当安排。

第六部分　最后条款

第27条　利益的拒绝给予

一成员可对下列情况拒绝给予本协定项下的利益：

（a）对于一项服务的提供，如确定该服务是自或在一非成员或与该拒绝给予利益的成员不适用《WTO协定》的成员领土内提供的。

（b）在提供海运服务的情况下，如确定该服务是：

（Ⅰ）由一艘根据一非成员或对该拒绝给予利益的成员不适用《WTO协定》的成员的法律进行注册的船只提供的；以及

---

① 对于在《WTO协定》生效之日已存在的避免双重征税协定，此类事项只有在经该协定各参加方同意后可提交服务贸易理事会。

（Ⅱ）由一经营和/或使用全部或部分船只的人提供的，但该人属一非成员或对该拒绝给予利益的成员不适用《WTO协定》的成员。

（c）对于具有法人资格的服务提供者，如确定其不是另一成员的服务提供者，或是对该拒绝给予利益的成员不适用《WTO协定》的成员的服务提供者。

第28条　定义

就本协定而言：

（a）“措施”指一成员的任何措施，无论是以法律、法规、规则、程序、决定、行政行为的形式还是以任何其他形式。

（b）“服务的提供”包括服务的生产、分销、营销、销售和交付。

（c）“各成员影响服务贸易的措施”包括关于下列内容的措施：

（Ⅰ）服务的购买、支付或使用；

（Ⅱ）与服务的提供有关的、各成员要求向公众普遍提供的服务的获得和使用；

（Ⅲ）一成员的个人为在另一成员领土内提供服务的存在，包括商业存在。

（d）“商业存在”指任何类型的商业或专业机构，包括为提供服务而在一成员领土内：

（Ⅰ）组建、收购或维持一法人；或

（Ⅱ）创建或维持一分支机构或代表处。

（e）服务“部门”：

（Ⅰ）对于一具体承诺，指一成员减让表中列明的该项服务的一个、多个或所有分部门；

（Ⅱ）在其他情况下，则指该服务部门的全部，包括其所有的分部门。

（f）“另一成员的服务”：

（Ⅰ）指自或在该另一成员领土内提供的服务，对于海运服务，则指由一艘根据该另一成员的法律进行注册的船只提供的服务，或由经营和/或使用全部或部分船只提供服务的该另一成员的人提供的服务；或

（Ⅱ）对于通过商业存在或自然人存在所提供的服务，指由该另一成员服务提供者所提供的服务。

（g）“服务提供者”指提供一服务的任何人。[①]

（h）“服务的垄断提供者”指一成员领土内有关市场中被该成员在形式上或事实上授权或确定为该服务的独家提供者的任何公私性质的人。

（i）“服务消费者”指得到或使用服务的任何人。

（j）“人”指自然人或法人。

（k）“另一成员的自然人”指居住在该另一成员或任何其他成员领土内的自然人，且根据该另一成员的法律：

---

① 如该服务不是由法人直接提供，而是通过如分支机构或代表处等其他形式的商业存在提供，则该服务提供者（即该法人）仍应通过该商业存在享受本协定给予的待遇。此类待遇应扩大至提供该服务的存在方式，但不需扩大至该服务提供者位于提供服务的领土以外的任何其他部分。

（Ⅰ）属该另一成员的国民；或

（Ⅱ）在该另一成员中有永久居留权，如该另一成员：

（1）没有国民；或

（2）按其在接受或加入《WTO协定》时所作通知，在影响服务贸易的措施方面，给予其永久居民的待遇与给予其国民的待遇实质相同，只要各成员无义务使其给予此类永久居民的待遇优于该另一成员给予此类永久居民的待遇。此种通知应包括该另一成员依照其法律和法规对永久居民承担与其他成员对其国民承担相同责任的保证。

(l)“法人”指根据适用法律适当组建或组织的任何法人实体，无论是否以营利为目的，无论属私营所有还是政府所有，包括任何公司、基金、合伙企业、合资企业、独资企业或协会。

（m）“另一成员的法人”指：

（Ⅰ）根据该另一成员的法律组建或组织的、并在该另一成员或任何其他成员领土内从事实质性业务活动的法人；或

（Ⅱ）对于通过商业存在提供服务的情况：

（1）由该成员的自然人拥有或控制的法人；或

（2）由（Ⅰ）项确认的该另一成员的法人拥有或控制的法人。

（n）法人：

（Ⅰ）由一成员的个人所“拥有”，如该成员的人实际拥有的股本超过50%；

（Ⅱ）由一成员的个人所“控制”，如此类人拥有任命其大多数董事或以其他方式合法指导其活动的权力；

（Ⅲ）与另一成员具有“附属”关系，如该法人控制该另一人，或为该另一人所控制，或该法人和该另一人为同一人所控制。

（o）“直接税”指对总收入、总资本或对收入或资本的构成项目征收的所有税款，包括对财产转让收益、不动产、遗产和赠与、企业支付的工资或薪金总额以及资本增值所征收的税款。

第29条　附件

本协定的附件为本协定的组成部分。